中國國際法與國際事務年報

第 八 卷

（民國八十一年至八十三年）

中 國 國 際 法 學 會 編
中國國際法與 編輯委員會
國際事務年報

臺 灣 商 務 印 書 館 發 行

序

丘 宏 達

　　本卷年報編輯體例與以往七卷並無重大變化。內容方面，在最近
發展部分增加了智利國際法的研究。由於我國近年來與各國國際法學
界加強聯繫，中國國際法學會會員多人曾分別或組團到南美智利、阿
根廷、巴拉圭、巴西等國，以及東歐俄羅斯、波蘭、捷克等地拜訪當
地國際法研究機構及學者，瞭解當地國際法研究及發展之情況，並交
換我國國際法研究、發展之心得。以後在本年報中將陸續報導世界各
國研究國際法的情況。

　　以往每卷年報內容大體上均包括二個年度間的國際法問題與相關
文件，但因編印本書費時甚多，到正式付梓時為爭取時效性，往往也
將跨越該卷年度的最新資料列入。為方便讀者能瞭解每一卷所包括的
年度，自本卷開始年度的標示，以實際資料的收集及內容之包含年度
為準。

　　本卷年報編輯曾得到外交部條約法律司司長謝棟樑、副司長楊勝
宗、幫辦申佩璜及科長張大同之多方協助，以及屏東地方法院院長黃
一鑫先生代為蒐集我國涉外判決，在此特別表示深切謝意。

　　由於第八卷年報編輯期間，本人正忙於寫作現代國際法教本，撰
稿及實例收集工作繁重，因之許多編務工作均由杜芝友及張素雲兩位
女士負責；另外陳純一博士與歐陽純麗女士的有力協助，也使本卷年
報能順利出版，特在此申謝致意。

中華民國八十四年一月三十日

中國國際法與國際事務年報第八卷編輯人員*

顧　　問　朱建民　薛毓麒

總 編 輯　丘宏達

編　　輯　（依姓氏筆畫為序）

俞寬賜　菲律賓大學碩士，劍橋大學博士，現任國立臺灣大學國際法教授

馬英九　美國哈佛大學法學博士，現任法務部部長

陳純一　美國杜蘭大學法學博士，現任文化大學美國研究所副教授

黃一鑫　文化大學法學博士及美國馬里蘭大學訪問學者，現任屏東地方法院院長

程建人　英國劍橋大學法學士(LL.B.)，曾任外交部常務次長，現任立法院立法委員

傅崐成　美國維吉尼亞大學法學博士，現任國立臺灣大學法律系國際法副教授及國民大會代表

葉永芳　美國紐約大學法學碩士，現任德時法律事務所律師

趙國材　英國愛丁堡大學法學博士，現任國立政治大學外交系國際法教授

總編輯特別助理

任孝琦　美國西東大學亞洲研究碩士，現任政大國際關係研究中心特約副研究員

執行編輯

杜芝友　美國馬里蘭大學政策學碩士，現任馬里蘭大學法律學院東亞法律研究計畫副主任

副執行編輯

張素雲　美國賓州大學法律碩士，現任馬里蘭大學法律學

中國國際法與國際事務年報 （第八卷）

民國八十一年（1992）至八十三年（1994）

目　錄

壹、論　文

論美國國際貿易和智慧財產權之
協商策略及展望*

劉 江 彬**

孫 遠 釗

一、前　言

　　在國際貿易的領域中，鑒於許多國家都有政府介入其中運作，包括了程度不一的補貼，從而使它們的商品獲得更高的競爭能力，甚至許多企業的本身就是國營事業，因此當美國的企業欲在當地尋求救濟

---

*　　本文部分內容曾於中美技術合作研究會及工商時報一九九三年九月十四日在臺北市
　　舉辦之「美國智慧財產權最新發展與國際協商策略」研討會中發表。

**　劉江彬博士現任美國華盛頓大學法學院亞洲法研究所所長及兼任教授；孫遠釗為
　　美國馬里蘭大學法律博士(J. D.)，現任美國喬治・華盛頓大學法學院中國法學研究
　　計劃副主任兼任講師(Professorial Lecturer in Law)，亞太法學研究院(The Asia
　　Pacific Legal Institute)執行長。

時往往是徒勞無功，而回到美國境內又經常遭到外國主權豁免的抗辯或其他求助無門的困局①。早在一九六二年，美國國會受到企業界的壓力，通過了「貿易擴張法」(Trade Expansion Act of 1962)，針對企業界對於國務院處理這類事務的不滿，直接授權總統得逕行對侵害美國貿易利益的外國政府採取報復性的措施②。

隨著關稅暨貿易總協定（General Agreement on Tariffs and Trade, GATT，以下簡稱「關貿總協」）下的「東京回合」(Tokyo Round)多邊貿易協商在一九七三年展開之時，整個世界的貿易爭端，已經逐漸從如何消除關稅障礙轉移到了非關稅的障礙之上③。當國會在翌年對美國的國內貿易法進行通盤的修正時，便將企業向政府尋求救濟的程序予以擴充和制度化。這便是所謂「三○一條款」程序的由來。俟後經過一九七九年的貿易協定法(Trade Agreement Act of 1979)④，以及一九八四年的貿易及關稅法(Trade and Tariff Act of 1984)⑤的修正，這套程序也益加的完整。

根據一九七九年的修正案，聯邦行政部門應在每年定期受理企業的申訴後，即應在一定期間對有關的外國政府是否在履行貿易協定或是釐定貿易政策時，有不合理、不正當或是歧視性的行為予以調查認定，並採取適當的措施（包括報復等）⑥。透過「三○一條款」（指

① 參見 John Jackson, *The World Trading System,* Cambridge, Massachusetts: The MIT Press, 1989, pp. 103-105. 在一九七四年以前，企業界在尋求國務院的「外交保護」(diplomatic protection)之時，經常會面臨到於法無據的困擾。而國務院也常基於政治上或其他因素的考量，不願介入美國企業與他國企業或政府間的糾紛。

② Trade Expansion Act of 1962, §252, Pub. L. 87-794, 75 Stat. 879 (1962).

③ 「東京回合」自一九七三年展開，直到一九七九年方告完成，一共有九十九個國家參與了協商。這也是包括了關貿總協原始設立在內的第七次多邊貿易協商，而甫於一九九三年十二月十五日完成的「烏拉圭回合」，則為第八次。其實早在「東京回合」之前的「甘迺迪回合」(The Kennedy Round, 1962-67)協商，就已經把消除非關稅障礙列為準備達成的目標之一。惟這一回合的協商在這項議題上祇獲得了些微的成功。

④ 本法即為美國將「東京回合」的協議內容轉化為國內法的產物。Pub. L. 96-39, Title IX, *apprv'd* July 26, 1979, 93 Stat. 144.

⑤ Pub. L. 98-573, *apprv'd* Oct. 30, 1984, 98 Stat. 2948.

⑥ Trade Act of 1974, Pub. L. 93-618, *apprv'd* Jan. 2, 1975, 88 Stat. 1978, as amended. 貿易法第三○一條完全取代了一九六二年貿易擴張法第二五二條的規定。

貿易法第三〇一條至第三〇九條等整個相關的系列規定），美國政府
事實上可以行使「域外管轄」，藉著本身的龐大經濟實力，替本國的
企業申張訴求，促使其他國家對於本身的法規和政策進行修正，從而
達到美國的要求。自施行以來，「三〇一條款」儼然成為美國政府當
前對外關係最重要的王牌之一。每當美國採取了「胡蘿蔔與棍棒」交
互使用的策略之時，「三〇一條款」便成為威力強大的棍棒。尤其是
對於和美國貿易呈現出超的國家而言，「三〇一條款」更是如同揮之
不去的夢魘，面對美國經濟貿易制裁的壓力，必須做出相當的讓步，
而往往也因此傷及到其本國內的既得利益，形成另一股必須化解的內
部政治壓力。

　　鑒於「三〇一條款」的確發揮了相當的功效，美國的企業界和國
會便在一九八〇年代中期開始，把若干傳統上不屬於貿易法範疇之內
的一些事項，也準備納入到「三〇一條款」的體系之中。在這一波進
一步加強貿易保障的立法行動中，對智慧財產權的保護便是新法草案
的重點之一。當雷根總統在經過和國會之間無數的反覆抗爭和折衝之
後，於一九八八年八月二十三日簽署了「綜合貿易及競爭法」（Om-
nibus Trade and Competitiveness Act of 1988）時，不但象徵了美國把貿
易列為國家安全的主要項目之一，也為智慧財產權的保護在美國貿易
政策下的角色奠立了里程碑⑦。

　　一九八八年的貿易法第一三〇三條，在一九七四年的貿易法中新
增了第一八二條，明白地把智慧財產權的保障列入到「三〇一條款」
的範圍之內，此即通稱的「特別三〇一條款」（" Special 301 "）。另
外，同法也增設了第三一〇條，對於涉及跨越不同領域間的市場通道
問題（cross-sectors market access）適用「三〇一條款」的各項認定、
調查和諮商程序以及制裁規定，此即通稱的「超級三〇一條款」（

---

⑦　Omnibus Trade and Competitiveness Act of 1988, Pub. L. 100-418, *apprv'd* Aug. 23,
　　1988, 102 Stat. 1107. 雷根總統在一九八七年時曾運用否決權否決此法。但當時的問
　　題關鍵並不在於本法中有關貿易部分的條款，而是其中一條規定雇主在集體解雇員
　　工前應給予至少三十日的事前通知。當國會把這個條文去除之後，本法即獲順利通
　　過。參照 19 U. S. C. § 2411（1993）。

" Super 301 ")。國會在制定這項法律時，顯然也意識到了其中所蘊
含的潛在殺傷力，如果使用不慎，不但造成對方的重大損害，也可能
導致美國本身的市場蒙受相當的損失，甚至激起外交事端，引發不可
收拾的貿易戰。因此，在法案中也放置了一項「落日條款」(Sunset
Clause)，明定「超級三〇一」的適用期間以兩年為限⑧。

雖然如此，美國擴大「三〇一條款」的行動，仍然激起了許多國
家和地區的強烈反應。它們認為整個「三〇一條款」（包括了「特別
三〇一」和「超級三〇一」）系統根本就是違反了關貿總協的規定和
精神⑨。隨著關貿總協之下，前後歷時七年的「烏拉圭回合」(The
Uruguay Round)多邊貿易協商終於完成，而且一個新的「世界貿易組
織」(World Trade Organization, WTO)即將於一九九五年元月正式成
立，取代現在的關貿總協和其下的國際貿易爭端解決機構，未來三〇
一條款的前景如何自然產生了問題。

究竟造成國際貿易和智慧財產權糾紛的原因是什麼？美國的國際
協商方式和策略又是如何？所謂的「三〇一條款」內容為何？負責執
行的權責機構有那些？它們如何相互搭配，從事有效的運作？而其影
響所及究竟如何？在新的國際貿易規範下，「三〇一條款」的前景又
將是如何？本篇論文即擬就這些問題分別進行探究和分析，並擬對未
來的發展趨勢予以評估。

⑧ 19 U. S. C. §2420 (1993). 根據本條規定，美國貿易代表應在一九八九及一九九〇
年分別對於造成美國商品外銷重大障礙以及貿易扭曲行為的國家予以指認，並採取
一切必要的行動。柯林頓總統業已於一九九四年三月三日簽署了行政命令，重新恢
復「超級三〇一」的效力。參見 Identification of Trade Expansion Priorities,
Executive Order No. 12901, *Federal Register*, Vol. 59, p. 10727，並詳見後述。
⑨ 例如：歐洲共同體在獲悉美國國會通過了一九八八年的貿易法後，待雷根總統正式
簽署法案，便逕向關貿總協提出了正式的抗議。而且歐體的部長級會議也發布聲
明，對於美國的這項立法表示了歐洲方面的「強烈關切」。參見 National Bureau
of National Affairs (BNA), *International Trade Reporter*, Vol. 5, p. 1302; *European
Community News*, No. 24 / 88 (September 26, 1988)。另外，日本政府也對於三〇
一條款的擴大表達了強烈的不滿。參見 Stefan Wagstyl, " Japan to Consider Rais-
ing U. S. Trade Bill with GATT, " *Financial Times*, Aug. 5, 1988, p. 1.

二、國際貿易與智慧財產權糾紛的導因

　　美國之所以需要與各國從事智慧財產權問題的協商，原因很多，有政治、經濟貿易、外交及法律上的各種因素。而其中的主因，實在是美國的經濟衰退，政府負債累累，和其本身的產品逐漸喪失國際競爭能力。另外，國際上的仿冒日益猖獗，美國企業的研究發展成果不祇無法收回成本，而且反而讓國外的製品傾銷美國；於是美國的企業必須透過種種管道遊說，要求政府向其他國家施壓，解決保護智慧財產權的問題。反觀國外，至少從美國的觀點而言，早年的日本和目前的中華民國、韓國、泰國、香港、新加坡及至中國大陸等地，或多或少因為智慧財產上的「不當得利」而加速了它們的經濟起飛和科技發展，其結果已經淘汰了某些美國的產業，並且正威脅著其他某些產業的生存發展[10]。

(a)美國的經濟衰退

　　近年來，美國因為貿易大量入超，許多部門的生產力減退，生活程度下降，製造業在全國生產毛額(Gross National Product, GNP)的比率也持續下滑，使得美國產業在國際間的競爭力無法與日本相比，也較韓國及中華民國遜色[11]。

　　美國自一九七〇年後，輸入比率逐年增加，而輸出則逐年減少。進口由一九七〇年的 12.9 %，到一九八六年增加為 17.5 %。出口由一九七〇年的 13.8 %，到一九八六年減少到 10.3 %（見表一：美國

---

[10]　根據美國國會一九八九年的統計，在美國國內的產品有四分之三以上都會面臨來自國際上的競爭，而諸如車衣、塑膠鞋類等產業，刻正遭到被淘汰的命運。參見 House Comm. on Small Business, *Summary of Activities*, H. R. Rep. No. 1128, 100th Cong. , 2d Sess. , pp. 30-31 (1989).

[11]　參見 Office of Technology Assessment, U. S. Congress, *Competing Economics: America, Europe, and the Pacific Rim*, OTA-ITE-499, Washington, D. C. : Government Printing Office, October 1991.

在世界輸出入所占比率）[12]。而每小時的平均薪資，由一九七八年的 9.5 美元，到一九九○年降為 8.0 美元，折算為實際價值後，比一九六四年還低（見表二：美國製造業每小時工資）[13]。至於週薪則由一九六九年的 330 美元，降至一九九○年的 320 美元（見表三：美國全職人員週薪統計）[14]。

反觀戰後的日本，從一九六八年至一九八八年的二十年間，輸出在世界上所占的比率，每年平均增加 3 ％，輸入每年平均僅增加約 0.8 ％。而就國內生產毛額(Gross Domestic Product, GDP)來看，日本從一九五○年至一九八九年每年平均增加 6 ％，而美國則祇增加 1.9 ％[15]。

為了挽回劣勢，美國政府的報告建議，除了減少聯邦的負債和加強勞工的教育與訓練外，還需要由政府提出有效的政策，協助產業開發及運用新技術，促進政府和企業間的科技研究發展合作。這些措施乃與智慧財產權的發展和保障息息相關[16]。

(b)仿冒抄襲問題

仿冒抄襲的問題是最直接引發智慧財產權的糾紛，和造成國與國之間不愉快的原因。其有如芒刺在背，無時無刻提醒當事者必須即刻將此問題解決。

仿冒抄襲也最容易促使受到仿冒侵害的國家團結一致，同讎敵愾，共同對外。企業界透過各種管道，往往可以提出非常具體的數據，證明它們因仿冒抄襲而受到的損失，並據以向國會遊說，向聯邦政府（尤其是行政部門）施壓，要求取回公道，進行貿易報復。

---

[12] 參見 United Nations, Department of International and Social Affairs, *1985 / 86 Statistical Yearbook*, 35th Issue, New York, NY: United Nations, 1988.

[13] 參見 U. S. Department of Labor, Bureau of Labor Statistics, the annual publication of *Employment and Earnings* from 1965-1991, Washington, D. C.：Government Printing Office, 1965-1991.

[14] 同上註。

[15] 同註[12]。

[16] 同註[11]。

表一　美國在世界輸出入所占比率

年　　次	輸入比率	輸出比率
1970 ………………………	12.9	13.8
1973 ………………………	12.4	12.4
1975 ………………………	11.7	12.7
1977 ………………………	13.6	10.8
1978 ………………………	13.8	11.1
1979 ………………………	13.1	11.1
1980 ………………………	12.5	11.1
1981 ………………………	13.4	11.9
1982 ………………………	13.4	11.6
1983 ………………………	14.4	11.1
1984 ………………………	17.2	11.5
1985 ………………………	17.9	11.1
1986 ………………………	17.5	10.3

資料來源：聯合國 1985/86 統計年鑑，35 期(1988)。

表二　美國製造業每小時工資

實際每小時工資（ 1982-84 美金幣值 ）

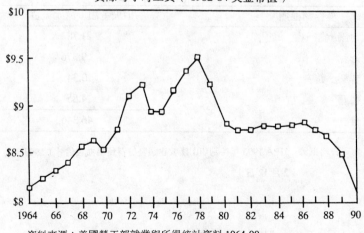

資料來源：美國勞工部就業與所得統計資料 1964-90

表三　美國全職人員週薪統計

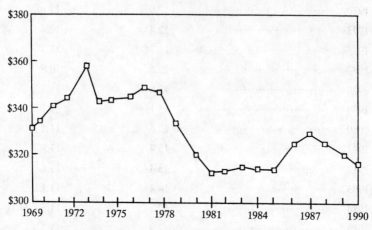

資料來源：美國勞工部就業與所得統計資料 1969-90

表四　1992 年美國著作權侵害損失估計

著作物種類	損失金額（億元美金）
電腦軟體	21.78
影片	9.376
音樂、錄音	10.34
書籍	4.85
合計	46.346

資料來源：IIPA 1993 年特別 301 條款建議暨仿冒貿易損失估計（1993 年
　　　　　2 月 12 日）

　　據「國際智慧財產聯盟」(International Intellectual Property Alliance, IIPA)的估計，在一九九二年，美國廠商的著作權因為二十六個國家的仿冒抄襲而受到高達 46.3 億美元的損失。在一九九三年，該聯盟指認了三十二個國家對於美國的著作權造成了 62 億美元的損失（見表四：一九九二年美國著作權所受損害估計）[17]。在仿冒國家中以中華民國、泰國、義大利、韓國、中國大陸、波蘭、菲律賓、土耳其、印度及巴西等國家最為嚴重[18]。而據「美國商標協會」(U.S. Trademark Association, USTA ；該會在一九九三年已更名為「國際商標協會」(International Trademark Association, INTA)) 的初步估計，美國每年因侵害商標及服務標章所蒙受的損失，當在數百億美元之譜[19]。

　　而根據美國國際貿易委員會(U.S. International Trade Commission, USITC)在一九八八年所發布的調查報告，估計美國在一九八六年因外國保障智慧財產不當而受到的損失，約為 430 億至 610 億美元[20]。由於聯邦政府自發布這份報告後迄今尚未有更新的統計調查，加上各種跡象均顯示國際間的仿冒活動日形猖獗，雖然聯邦政府在執行三〇一條款時仍舊尋求商務部及駐外使領館的資料蒐集和其他協助，事實

[17]　參見 IIPA, *Report in Response to Request for Written Submissions: Section 182 of the Omnibus Trade and Competitiveness Act of 1988 ("Special 301") (Feb. 12, 1993; Feb. 18, 1994).*

[18]　同上註。據該組織在一九九四年的報告，認為中華民國無論是在改善智慧財產保護的立法和執行上，在過去的一年中都有非常大的改善。而反觀中國大陸，則顯然每下愈況，尤其是未能遵守其與美國在一九九二年所簽訂的「諒解備忘錄」(Memorandum of Understanding, MOU)中所載的規定，確實對於仿冒抄襲的產品予以查組，並對主犯予以嚴懲。因此，該報告建議將中共列為一九九四年度的「特別三〇一」項目下的「優先國家」("Priority Country")。在美國貿易代表署所發布的一九九四年度「全國貿易評估──外國貿易障礙報告」，顯然接受了「國際智慧聯盟」的論點。

[19]　參見 USTA, *International Market Barrier to Trademark Protection, 1993 Report to the United States Trade Representative*, Feb. 1993.

[20]　參見 USTIC, *Foreign Protection of Intellectual Property Rights and the Effect on U. S. Industry and Trade*, Report to the USTR, Investigation No. 332-245, Washington, D. C. : USITC, 1988.

上政府對於企業本身所做的統計分析已是愈加的倚重㉑。「國際智慧財產聯盟」的執行長史密斯(Eric Smith)在最近的一項國會聽證會中，便表示根據該聯盟的統計，美國因全世界各地的仿冒抄襲活動，僅在著作權方面便蒙受了 120 億到 150 億美元之間的年度損失㉒。

無論這些機構的損失估計是否正確，是否偏高，仿冒抄襲確實使美國的企業蒙受了相當的損失，這是美國政府與企業間的共識，也是企業團體向行政和立法（國會）部門遊說的有效武器。

(c)國際貿易障礙

除卻美國國內經濟的因素，美國政府和企業始終認為造成美國產品輸出減少的主要導因之一，是國際市場未能充分開放。以日本為例，日本對美國大量出超，無論是汽車業、電子業和資訊業等莫不以美國為最大銷售市場。然而對於美國的產品輸入卻是十分地有限。無論是在法律上有形的限制、市場結構以及文化價值等無形的限制，均形成了貿易的障礙。由於雙方在整體架構上的根本歧異，以及對於產品品質認定的消費心態（包括美國的消費者亦認為日本製的產品品質較好），導致日本對美國的出超連年攀升，到一九九三年已達 604 億美元，較一九九二年增加了 100 餘億美元，占美國全部貿易逆差的半數㉓。

㉑　例如：在美國貿易代表最近數年的「全國貿易評估 —— 外國貿易障礙」報告中，便經常直接摘引由企業界所提供的數據資料，以為評估美國所受損失的佐證。又，國會在近年的幾項主要關於智慧財產和貿易政策立法過程中，也是以業者所提供的統計調查資料做為基礎。

㉒　參見 *Special 301 and the Fight Against Trade Piracy, Hearing Before the Subcomm. on International Trade of the Comm. on Finance*, 103rd Cong. , lst Sess. , (April 19, 1993)Washington, D. C. : Government Printing Office, 1993, p. 25 (Statement by Eric Smith, Executive Director, IIPA)。

㉓　關於日本市場結構的差異及調整，美、日兩國在一九八九年展開持續性的諮商，並透過「架構障礙方案」(Structural Impediment Initiative, SII)來做為基礎。這項方案實際上就是雙方在整個一九八〇年代所進行的「市場導向選擇性領域」(Market-Oriented Sector-Selective, MOSS)協商的延伸，其做法乃是針對具體的產品項目進行談判，以促使該類產品的行銷管道能夠暢通和開放。鑒於這整個談判協

在歐洲方面，歐洲共同體(European Community, EC ，現已改名為「歐洲聯盟」， European Union, EU)諸國對農產品的保護，也造成了美國的不滿。雖然美國和歐盟之間已經進行過了無數次的協商，甚至透過關貿總協的運作，仍然無法完全解決所有的爭端㉔。

美國對於其他國家未能開放市場的抱怨，基本上包含了以下幾個方面：仍然持續的傳統關稅障礙、政府採購措施不夠透明化或不公允、政府的外銷補貼、對投資和服務業的障礙、對智慧財產權欠缺保障、對進口的替代限制（亦即當進口國本身可以生產替代品時，該國政府即對外國的同類產品限制進口——此一政策在中國大陸甚為普遍，但業經其與美國在一九九二年十月十日所簽訂的諒解備忘錄中予以明文禁止）、對授權、標示和測試檢證等所設定的不必要限制（例如：強制專利授權規定等）以及在外匯管制和走私等違反經濟自由化的措施等。這些措施直接或間接促成了美國貿易的不平衡，導致一九九一年商品入超 667 億美元，一九九二年入超 845 億和一九九三年的

商的成果頗為有限，美國國會方面已日益感到不耐。參見 *Reviewing Structural Impediments Initiative (SII), Hearing Before the Subcomm. on International Trade of the Comm. on Finance*, U. S. Senate, 102d Cong. , lst Sess. , (April 15, 1991) Washington D. C. : U. S. Government Printing Office, 1991, pp. 1-5 (Statement by Senator Max Baucus (D-MT), Chairman of the Subcommittee on International Trade).迨至柯林頓政府主政後，即設法改善此一狀況。柯林頓總統在一九九三年七月十日藉著出席在東京市所舉行的「七國經濟高峰會議之便」，和當時的日本首相宮澤喜一簽訂了一項名為「美日促進新經濟合夥體系」的協定(" U. S. -Japan Frame- work for A New Economic Partnership "，簡稱「體系協定」)，針對雙方在國際收支的平衡以及日本政府在政府採購、市場通道的法規改革、汽車零件的進口、經濟調和措施（包括了對外人直接投資和智慧財產權的保障等）和對現有的雙邊協定的考核追蹤等六大事項予以規範。這也象徵了美國政府對日本的態度已經從過程取向(process oriented)轉為結果取向(result oriented)，在具體的產品項下設定數值目標，然後要求對方接受。關於美日貿易的數值，參見 United States Trade Representative (USTR), *1994 National Trade Estimate Report on Foreign Trade Barriers*, Washington, D. C. : Government Printing Office, 1994, p. 141.

㉔ 參見 USTR, *1993 Trade Policy Agenda and 1992 Annual Report of the President of the United States on the Trade Agreements Program* (hereinafter *Annual Report*), Washington, D. C. : Government Printing Office, 1993, pp. 64-71 ; USTR, *1993 Annual Report*, pp. 69-75 。

1,208 億入超[25]。亦即美國的民眾每人必須每年攤派 480 餘美元來支付這筆債務。

為了彌補這愈形擴大的貿易差距，柯林頓政府基本上承襲了歷任政府的措施，從五個方向齊頭並行：

㈠在多邊協商上——把前述的各項非關稅障礙問題納入到烏拉圭回合的協商議程中，並成功地完成了該回合的最後議定書(Final Act)，使得全球今後在這些問題上有了基本的準則和爭端解決的程序。

㈡在地區協商上——完成「北美自由貿易協定」，並開始與其他中南美洲的國家進行諮商，藉著現有的「中美洲共同市場」(Central American Common Market, CACM)[26]、「安地斯集團」(Andean Pact)[27]、「南方共同市場」(Southern Common Market, SCM or MERCOSUR)[28]、「加勒比海共同市場」(Caribbean Common Market,

---

[25] 參見 USTR, *1993 Annual Report*, p. 26。其中一九九三年的數值是根據商務部累計前十一個月的數字所得，而非全年。此一統計的金額均以美元在一九八七年的常值計算。

[26] 中美洲共同市場的成員為哥斯大黎加、薩爾瓦多、瓜地馬拉、宏都拉斯及尼加拉瓜五國。這個組織在九〇年代愈形活躍，除了訂立共同的關稅準則和協調彼此間的農業政策外，並強化了中美洲經濟整合秘書處(Central American Economic Integration Secretariat)和中美洲經濟整合銀行(Central American Bank for Economic Integration)等地區性的組織。除了宏都拉斯之外，其他四國已經先後加入關貿總協，而宏國也可望在一九九四年之內加入。

[27] 安地斯集團是由玻利維亞、哥倫比亞、厄瓜多爾、秘魯及委內瑞拉五國所組成。這五國在九〇年代透過一系列雙邊和多邊的協議，已多少在它們彼此間組成了一個自由貿易區。而美國也已分別和這五國簽訂了貿易及投資體系協定(Trade and Investment Framework Agreements)。

[28] 南方共同市場即將於一九九五年正式生效。其成員包括了阿根廷、巴西、巴拉圭及烏拉圭四國。根據這個共同市場的創始文件——「亞松森條約」(Treaty of Asuncion)，除了這四國彼此間必須在一九九五年一月前撤除一切的關稅和非關稅障礙之外，另外也須設立一套共同的對外關稅體系、貿易政策以及彼此間的貨物、服務及資本流通管道。而目前巴西亦正提倡聯合這共同市場的四國、安地斯集團的五國、三國集團(Group of Three, G-3 ——墨西哥、哥倫比亞和委內瑞拉)、亞馬遜盆地的國家和智利，共同籌組一個「南美自由貿易區」(South America Free Trade Area, SAFTA or ALCSA)。參見 BNA, *International Trade Reporter*, Vol. 11, No. 12, p. d41 (March 23, 1994)。

CARICOM)[29]和美國本身的「美洲企業方案」(Enterprise for the Americas Initiative, EAI)[30]及「加勒比海海盆方案」(Caribbean Basin Initiative, CBI)[31]等，擴大北美自由貿易協定的範圍到整個中南美洲。這項策略一方面是希望拓展此一協定的適用領域，以彌補烏拉圭回合最後議定書的不足之處；另一方面則是有劃地為營，準備和歐洲聯盟一爭長短的企圖。這從美國也積極參與「亞洲暨太平洋經濟合作會議」(Asian Pacific Economic Cooperation Conference, APEC)的決策及活動，便可見一斑[32]。事實上，由於「亞太經合會」的成長以及各方對於亞洲市場未來對全世界貿易主導力量的認知，加上關貿總協

---

[29] 加勒比海共同市場是在一九七三年成立。其目前成員包括了安地卡及巴布達、巴哈馬、巴貝多、貝里斯、多米尼克、格瑞那達、蓋亞那、牙買加、門索雷特（英屬）、聖克里斯多福、聖露西亞、聖文森和千里達等十三個國家及屬地。這個組織目前正在研商擴大延攬在同一個地區的其他國家和屬地（如：墨西哥、哥倫比亞、古巴、海地、馬丁尼克（法屬）、瓜得路培（法屬）、哥斯大黎加、尼加拉瓜以及委內瑞拉）在一九九四年七月簽訂協議，組成一個新的「加勒比海國家協會」(Association of Caribbean States)，來促進這個地區的經濟貿易發展。

[30] 所謂的「美洲企業方案」，是美國在一九九〇年針對與拉丁美洲國家之間的貿易、債權債務以及投資三大課題所推行的政策指導綱領。其中在貿易方面，便是由美國分別和整個拉丁美洲現行的區域性貿易集團和各別國家訂立「體系協定」(framework agreements)，其最終的目標乃是打破所有的貿易障礙，從而把整個美洲組成一個單一的自由貿易區。目前智利、哥斯大黎加及阿根廷等國均已表示有意加入北美自由貿易協定。而美國至少已對阿根廷表示阿根廷必須大幅改善其對於智慧財產的保護來做為加入協定的先決要件。參見USTR, *1992 Annual Report, supra* note 24, p. 50 ; BNA, *International Trade Reporter* Vol. 11, No. 10, p. d29 (March 4, 1994)。

[31] 所謂的「加勒比海海盆方案」乃是美國為了提振加勒比海地區的整體經濟發展，特別對於在該地區的二十四個國家或屬地所給予的關稅減免措施。自一九八四年這項方案開始實施以來，已經獲致了相當的成效。本來此一方案應在一九九五年結束，但國會已在一九九〇年立法將此方案規定為永久性的措施。參見 Caribbean Basin Economic Recovery Expansion Act of 1990, Pub. L. 101-382, Title II, *apprv'd* Aug. 20, 1990, 104 Stat. 629 ; 19 U. S. C. § 2101 note (1993)。

[32] 美國適為此一組織在一九九三年的輪值主席。因此，柯林頓總統在當年的十一月於西雅圖市召開了首次的「亞太經濟領袖會議」，與其中各會員國的領袖（馬來西亞除外）就簽訂貿易及投資體系協定和一九九四年的行動計劃進行商談。亞太經合會現有十七個會員國：澳大利亞、汶萊、加拿大、中共、香港、印尼、日本、韓國、馬來西亞、墨西哥（一九九三年加入）、紐西蘭、巴布亞紐幾內亞（一九九三年加入）、菲律賓、新加坡、中華民國（在該組織中係使用「中國臺北」Chinese Taipei 名義）、泰國和美國等國家和地區。另外智利將在一九九四年的部長會議後正式加入，而後此一組織在一九九八年之前將不再考慮增加新的會員。亞太經合會的構想最初是由澳大利亞總理霍克(Robert J. L. Hawke)所提出，其宗旨為替整個太平洋地緣的經濟提供更良好的合作及整合管道。這個組織基本上採取了非正式的型態和合議制，目前僅在新加坡設有一小型的秘書處。

對於地區性自由貿易區的認可，此種地區性的整合勢將持續，也必然會對未來世界貿易體系的發展產生莫大的影響。

　　㈢在雙邊協商上──積極展開與亞太及歐洲各國的諮商談判，訂定貿易及投資的「體系協定」(framework agreements)。根據這樣的安排，對於研判貿易障礙將從「過程」(process)轉為「結果」(result)。亦即祇要在特定的產品或服務項目下，任何國家沒有在所承諾的期限內達成所承諾的事項，即被美國視為違反了協定，而可能遭到「三○一條款」的報復。

　　㈣在法規執行上──加強執行貿易協定和相關法規。例如：「三○一條款」、採購及國際投標條款、反傾銷法等各項規定。尤其是當烏拉圭回合協議以及北美自由貿易協定都已圓滿達成後，美國更是沒有後顧之憂，而可以對其他國家擺出更高的姿態，採取「從嚴究辦」的方針。

　　㈤在設定議題上──把貿易政策的涵蓋面擴大，將諸如智慧財產權的保護、技術移轉政策、環境保護的相關問題以及勞工問題等均一併納入到國際貿易的諮商之中。

(d)智慧財產法規不健全

　　國際間因為各國在文化和歷史背景、法律和科技的發展程度、政府和民間的態度以及對法治的觀念上有著甚大的差異，因而對於智慧財產權的保護立法和制度，亦相差甚大。例如：大陸法系與英美法系在法律制度上本來就有相當的分歧，即使是屬於同一法系的國家，在智慧財產法規的架構與規定也不盡相同。即連最基本的專利法、商標法、著作權法和營業秘密法等，有些國家並不完全具備；或是即使具備了，但對其中的具體內容、保護範圍和期限、及至於對若干法律用語或專有名詞的定義等，也不相同；或者即使相同，但在法律的執行程度上也不一樣。事實上對於一國是否的確按照法律所定來執行，已成為現今國際上關於保障智慧財產的糾紛中最嚴重的問題之一[33]。

㉝　參見 *Special 301 and the Fight Against Trade Piracy*，前揭註㉒，頁8。

　　對於未開發的國家而言，因本身欠缺產生智慧財產的能力和條件，對它們而言保障智慧財產便是保護外國人的利益，對本身並無任何實質利益可言，甚至還增加支出（行政和執行費用）。對於開發中的國家而言，如果涉及到本身能夠發展的智慧財產，它們便非常樂意給予保障；對自己能力未及的，則興趣不大，在態度上即與未開發國家類似。而對於已開發的國家而言，它們自然視智慧財產權為科技發展的命脈，保護不遺餘力。這其中的理念和態度如此不同，糾紛與衝突自然容易發生。

　　近年來，透過協商和國際組織的努力，例如「世界智慧財產組織」(World Intellectual Property Organization, WIPO)，促進各國專利法的統一，提供模範條款；或是經由區域性和世界性的多邊協商，例如在烏拉圭回合協議中關於智慧財產權的協定(Trade-Related Aspect on Intellectual Property Rights, TRIPS)等，都有助於縮短彼此間的差距。無論如何，祇須從協商的過程及結果以觀，便可體認到此中問題的複雜與困難。

(e)企業團體強力運作

　　美國的企業和企業組織，對智慧財產的國內立法和國際協商同時有著正面和負面的影響。它們一方面幫助解決智慧財產的立法與保護；另一方面，至少從他國的角度而言，它們總會把事情由無化有，由小變大。尤其是在估算有關智慧財產的損失上，它們所提供的數值不免有浮誇之嫌。

　　不同的企業團體在遭遇到諸如國際性的仿冒侵害時，往往因同讎敵愾，而先相互結盟，形成龐大的聲勢；另外透過良好的協調，動員本身的一切力量，向國會和行政部門進行遊說，針對具體的事項，提出政策要求，並促使國會安排聽證會，然後推派代表前往作證，為本身的會員們爭取權益。

　　在特別三○一條款的調查程序上，許多的企業團體均會在法定期間內向美國貿易代表署提出各國侵害美國智慧財產的證據和統計數

值。也會透過在他國的經銷商或代理人向政府不時的提供訊息,以協助監控各項貿易協定的履行。

　　由於企業團體的介入和運作,以及它們本身充足的經費、良好的組織和專業的知識及經驗,以致產生了良性的民間與政府互動關係以及收效甚豐的遊說成果。而國際智慧財產權的保護問題,也因此歷久長新,常有新的課題[34]。

三、美國國際貿易及智慧財產協商之法律架構

　　美國政府的許多機構都與貿易和智慧財產權的國際協商有著直接或間接的關係,私人企業與企業團體也因為法律賦予一定的地位與角色而直接或間接參與了這些國際協商[35]。

(a)三〇一條款與美國貿易代表

㈠「三〇一條款」

　　藉著國會通過貿易法第三〇一條,企業團體成功地取得了直接透過政府向其他國家尋求救濟的途徑。「三〇一條款」的目的乃在由美國本身創設一套與關貿總協下的爭端處理制度相平行的系統,來補強後者的不足[36]。由於「三〇一條款」的授權,美國貿易代表得以限制進口或課徵稅收的方式對其他國家行使片面性的貿易制裁。

　　根據貿易法第三〇一條的規定,凡經由美國貿易代表確認一項他國的政策、執行或做法違反了該國與美國之間的貿易協定,或是與協

---

[34]　參見劉江彬、胡漢權、孫遠釗、鄭勝利、彭雅亮合著,**美國企業對智慧財產權相關立法與談判策略之影響研究**,臺北市:中美技術合作研究會出版(一九九三年),頁25～72。

[35]　企業與企業團體最重要的角色乃是擔任指控者。它們根據法律的規定提出外國政府或廠商進行不公平貿易、傾銷或侵害智慧財產權的事由,向主管機關指控後,政府即可據以採取行動。

[36]　依照烏拉圭回合協議前的關貿總協爭端處理程序,各會員國(Contracting Parties)享有充分的主權,因此可以不接受關貿總協合議庭(GATT Panel)的裁定。參見關貿總協第二十三條(GATT, Article XXIII), John Jackson ,前揭註①,頁91以下。

定的內容不一致，或是無法在協定的規範下予以正當化(justified)，
而且對於美國的商業造成了負擔或限制，美國貿易代表即必須執行該
貿易協定所賦予的權利，以確定消除該項行為、政策或慣例㊲。

如果美國貿易代表確認了一項他國的政策、執行或做法是不合理
或是有歧視性，而且美國可以適當地採取行動時，則美國貿易代表即
可依其裁量，視其對美國商業所造成的負擔或限制，決定所將採取的
行動。而美國貿易代表的決定，自是仍受總統的節制㊳。

一旦決定採取制裁行動，美國貿易代表即得對於準備報復的對象
國的任何產品或服務項目或是對該國全部的進口實施制裁，並不僅以
涉及該特定的政策、執行或做法的產品或服務為限。不過在具體的措
施上，第三○一條規定必須以課徵關稅做為優先考慮，而且對於其他
的限制進口措施，也應考量以逐步課徵等值的稅捐來予以取代。

自從貿易法中的「三○一條款」通過以來，這一系列的規定已成
為美國當前與其他國家進行雙邊貿易協商並獲取後者的讓步時，最有
效的工具和後盾。也因此企業界希望能夠擴大「三○一條款」的適用
範圍，使智慧財產權的保護和市場通道的開放等問題都能納入其中。
企業界的願望終於在一九八八年所通過的「綜合貿易及競爭法」獲得
了實現㊴。

(二)「特別三○一條」

美國的綜合貿易法第一三○三條在一九七四年貿易法中增設了一
條新的規定 —— 第一八二條，亦即通稱的「特別三○一條」，針對智
慧財產權的保護，規定：

㊲　參見 19 U. S. C. § 2411 (1993)。
㊳　同上註。不過國會在一九八八年的綜合貿易法中把本條所定的執行權從總統的手中
　　轉移到了貿易代表之處（在此之前稱為「貿易談判特別代表」(Special Representa-
　　tive for Trade Negotiations, SRIN)，是直屬於總統行政辦公室（即總統府）內的一
　　員）。鑑於對直接違反貿易協定的行為或政策，法律是「強制性」地要求貿易代表
　　採取一定的行動，這事實上等於是對於總統權力的剝削，也因此在立法過程中曾遭
　　到雷根總統的反對。參見一九七四年貿易法第一四一條，19 U. S. C. § 2171 (
　　1993)，並詳見後述。
㊴　參見前揭註⑦。以下簡稱「綜合貿易法」。

⑴美國貿易代表應在每年三月底前，向國會提出一份「全國貿易評估—— 外國貿易障礙報告書」(National Trade Estimate Report on Foreign Trade Barriers)，並且在提出報告後三十日內，指認有那些國家——

(甲)拒絕對智慧財產權給與適當及有效的保障，或是拒絕對有賴智慧財產權保障的美國自然人或法人給與公平允當的市場通道；以及

(乙) 是 符 合 前 款 要 件 的「優 先 國 家」(" Priority Foreign Countries ")，亦即在對智慧財產給與保障的政策、執行或做法上最為棘手或過分的國家(the most onerous or egregious acts, policies or practices)，而且對於美國的相關產品造成了最嚴重的影響。

⑵一旦「優先國家」被指認，依據貿易法第三〇二條(b)項的規定，美國貿易代表即應在三十日內展開調查。調查程序應依第三〇一條的規定，原則上必須在六個月內完成，然後根據調查的結果決定應採取的行動，包括報復性的措施在內。如果美國貿易代表決定不採取調查行動，必須是因為採取調查會對美國的經濟利益造成損害，而且必須向國會陳報。

⑶如果美國貿易代表決定採取報復性的措施，則如同第三〇一條的規定，可對被調查的國家任何的輸入品進行制裁，並不限於被調查的特定政策、執行項目或做法。在具體的措施方面，雖然國會授與了美國貿易代表相當的自由裁量權，但依第三〇一條的規定仍須以課徵稅捐做為優先考慮，而且採取報復性措施的效果應與美國在被調查的國家所受的損失相當。另依貿易法第三〇五條的規定，美國貿易代表應在做成採取報復性措施的決定後三十日內開始實施制裁。

⑷美國貿易代表得在任何時間指認新的或是撤銷任何現行的「優先國家」。如果是要撤銷一個「優先國家」，則必須在向國會提出的第三〇一條半年度報告中詳述撤銷的理由⑩。

⑸除了法律的規定，美國貿易代表署另外對於已經部分構成但尚

---

⑩　參見19 U. S. C. § 2242。

未完全符合「優先國家」指認要件的國家設置了一份「優先觀察名單」（＂priority watch list＂）。凡是列名於這個名單之上的國家，即表示應積極地採取行動，解決問題，並受到嚴密的監控，以做為是否有進一步採取「特別三○一條」的制裁措施的必要。此外，美國貿易代表署也對於需要在某些特定的智慧財產或市場通道障礙問題上予以特別關注的國家設置了一份年度的「觀察名單」（＂watch list＂），做為與這些國家進行協商的基礎。

　　由於「特別三○一」的指認和調查程序都是在每年的春季固定進行，許多在頭一年經指認需要做重大改進的國家往往等到了最後一刻才開始行動，冀圖能自下個年度的審核程序中除名。如此一來形成了每年的三、四月間美國貿易代表署的工作空前忙碌，不勝負荷，而在其他時間，卻不見來自這些國家的經常性改善措施。有鑒於此，美國貿易代表署從一九九三年開始復在「優先觀察名單」之中，分別增列了兩個子項——即所謂的「立即行動計畫」（＂immediate action plan＂）和「不定期審查」（＂out-of-cycle review＂）。依照「立即行動計畫」，美國政府單方面的詳列要求必須改進的事項、具體的目標以及時間限制（六個月的觀察期）。到了期限截止時，再由貿易代表來決定要如何採取下一步的行動——例如，提升到「優先國家」名單並引發「特別三○一」的調查程序、維持現狀或是降到「觀察名單」、乃至完全除名。至於「不定期審查」亦與行動計畫類似，衹是在時間方面略為從寬而已[41]。另外，在「觀察名單」中，也增設了

[41]　美國貿易代表肯特(Michael Kantor)在一九九三年四月三十日宣布，將匈牙利和中華民國列為「優先觀察名單」下的「立即行動計畫」之中，而阿根廷、埃及、韓國、波蘭及土耳其則被列為同一名單的「不定期審查」之林。在立即行動計畫的部分，當六個月（即七月三十一日）的期間屆滿時，匈牙利因與美國在截止期限的前三日簽署了一項廣泛的保護智慧財產的協定而獲除名；中華民國雖然也嘗試在期限內達成若干目標，但顯然未盡如美國所願，故仍留在「優先觀察名單」之中。參見 USTR, *Press Release 93-30*, April 30, 1993；*Press Release 93-51*, August 2, 1993。「特別三○一條」的調查程序基本上與第三○一條相同，惟在時間上要較前者為短。通常「特別三○一」的調查需時六個月，在例外的情形下可能延長至九個月；而三○一條則為十二至十八個月。

「不定期審查」的類別，以加強對各國改善對智慧財產保障的追蹤和考核。

㈢「超級三〇一條」

一九八八年的綜合貿易法第一三〇二條是在一九七四年的貿易法中另外增設了一個新的條款——第三一〇條，亦即通稱的「超級三〇一條」，規定在一九八九和一九九〇兩個年度，美國貿易代表應在「全國貿易評估——外國貿易障礙報告」公布後三十日內，指認包括了主要的貿易障礙及扭曲貿易行為在內的「優先執行項目」(priority practices)、運用這些項目從事貿易的「優先國家」以及在去除這些項目後，美國對於每個被指認為「優先國家」進行商品和服務輸出的潛在增幅和其總金額。本條也詳細列舉了美國貿易代表在進行認定時所應考量的因素（例如該外國的政策、執行項目或做法的普遍程度；如果雙邊的協定完全獲得履行時，對於美國的輸出產品或服務可能達到的程度；國際競爭的情況；在那些情況下某項產品或服務的少量銷售卻遠較其價值顯著；以及外國的政府採購措施對於美國輸入業者所做的承諾在中程或長程的影響）。

一旦決定了「優先執行項目」，行使這些項目的「優先國家」和所涉金額後，美國貿易代表即應分別向眾議院歲入委員會(Committee on Ways and Means)和參議院財政委員會(Committee on Finance)提出報告。而一旦經過指認，美國貿易代表署即應在二十一日之內依貿易法第三〇二條(b)項(1)款所定程序展開調查行動，其情形與「特別三〇一條」相同，也適用第三〇一條下所訂的授權和時限等規定[42]。

㈣美國貿易代表署

美國貿易代表署的主要權責來源，是貿易法第一四一條[43]。除了負責協調和研擬與美國的國際貿易和直接對外投資有關的政策外，美

---

[42]　參見 19 U. S. C. § 2420 (1993)。

[43]　參見 19 U. S. C. § 2171 (1993)。

國貿易代表並且為總統在國際貿易事務方面的主要發言人，並為美國
對外貿易事務談判的主談人。在對內的事務上，貿易代表亦為各個法
定的諮詢委員會和跨部會的貿易組織的主席，負責執行依貿易法所定
的各個事項，包括整個「三〇一條款」的調查程序。

　　美國貿易代表署的前身是「貿易談判特別代表署」(Office of the
Special Representative for Trade Negotiations, SRT)，在一九七九年時
改組為現制㊹。而根據聯邦政府一九九四年度的預算編制，該署包括
一位貿易代表和三位副代表（俱為大使銜，須經總統提名和參議院的
同意始能獲得任命）在內，共有全職幕僚人員一百五十七名㊺。

　　國會在通過一九八八年的綜合貿易法時，不但大幅擴張了美國貿
易代表的職權，並且有意讓其成為總統在任何有關國際貿易事務和整
個經濟政策方面的資深幕僚，而且參與所有的經濟高峰會議和做為與
貿易有關的國際會議代表㊻。因此，美國貿易代表在執行「三〇一條
款」時，除了應接受個人或法人的聲請，採取必要的行動來維護業者
的權益，亦有權自行採取行動，進行調查，要求他國切實履行與美國
所訂的雙邊或多邊協議。從一九七四年到一九九三年，美國貿易代表
署一共進行了九十一個依貿易法第三〇一條所發動的調查案。其中包
括了一九九三年的一件（自行展開）和一九九二年的二件（一為自行
調查、一為廠商聲請）；同時也繼續進行在一九九一年開始的五宗案

㊹　貿易談判特別代表署是根據一九六二年的貿易擴張法第二四一條和第二四二條建
　　制。卡特總統在一九七九年依據「一九七七年政府組織改組法」(Reorganization
　　Act of 1977)和一九七九年貿易協定法（參見前註④）第一一〇九條的授權將其改組
　　為「美國貿易代表署」，取代了貿易擴張法的規定，並於一九八〇年十月一日正式
　　成立。值得注意的是，卡特總統排除了將這個單位歸併到商務部或是其他部會之內
　　的建議，而且目前的名稱則象徵了貿易代表的權限已不再僅僅是負責對外的談判而
　　已，而是兼具了綜攬所有貿易的決策和協調之權。參見 Reorganization Plan No. 3
　　of 1979, 5 U. S. C. App. 1；" Executive Order 12188 ", *Fed. Reg.* Vol. 44, p. 69273 (
　　Jan. 4, 1980)。

㊺　參見 Michael Kantor, USTR, *Testimony before the Subcommittee on Trade, Com-
　　mittee on Ways and Means, U. S. House of Representative*, p. 6. (April 21, 1993)(
　　Mimeographic material, to be published by Government Printing Office).

㊻　參見 Comm. on Ways and Means, U. S. House of Representatives, *Overview and
　　Compilation of U. S. Trade Statutes*, WMCP 103-1, Washington, D. C.：Government
　　Printing Office, 1993, p. 189.

件⑰。

　　在「特別三〇一條」的執行上，美國貿易代表為了使若干國家不至於永久（或是經常）名列於「優先國家」等名單之上，開始採行了「立即行動計畫」及「不定期審查」等政策，冀圖藉著密集的雙邊諮商和經濟制裁的威脅，促使這些國家改進⑱。

　　至於在「超級三〇一條」的執行上，雖然此一條款已經在一九九〇年後自動失效，但柯林頓總統又在一九九四年三月三日以行政命令的方式「恢復」(reinstitute)了本條的效力，而且為時兩年⑲。雖然一般認為柯林頓政府採取這項措施是針對日本而來，但是美國貿易代表肯特(Michael Kantor)已表明本條是對任何在市場開放上的障礙或是貿易扭曲一體適用，並不限於那個特定國家⑳。

　　美國貿易代表在一九八九年指認了日本、巴西和印度，在一九九〇年則指認了印度、中華民國為「超級三〇一」下的「優先國家」；而在「特別三〇一」方面，美國貿易代表在這兩年中均未指認任何國家為「優先國家」，但中共、印度和泰國則名列一九九一年的「榜單」；到了一九九二年，則是印度、泰國和中華民國；一九九三年則為巴西、印度和泰國㉑。

---

⑰　USTR, *1993 Annual Report, supra* note 24, pp. 95-99. 在這些案件中最積極進行的包括了：㈠巴西智慧財產保護案（案號： 301-91)、㈡中共市場開放案(301-88)、㈢加拿大軟木材輸出案(301-87)、㈣泰國智慧財產保護案（分別為藥品專利保護301-84及著作權執行 301-82 兩案)、㈤加拿大限制啤酒案(301-80)、和㈥歐洲聯盟補貼油種子案(301-63A)等。

⑱　參見前揭註⑪，並參見 *Special 301 and the Fight against Trade Piracy, supra* note 22, p. 9 (Statement of Ira S. Shapiro, General Counsel, Office of the USTR).

⑲　參見前揭註⑧。

⑳　參見 Michael Kantor, *Statement on the Executive Order Reinstituting Super 301*, March 3, 1994, U. S. T. R.

㉑　布希政府較不願意援引「三〇一條款」，一方面認為這是國會過分干預和管理行政部門的產物，一旦採用，便受到其中所定各項時間和程序上的限制，頗為礙事；另一方面國際間的貿易爭端最終仍是有賴協商的方式去解決，鑒於當時烏拉圭回合的談判正在進行，為了避免因使用「三〇一條款」而對於此一談判造成不利的影響，因而儘量避免用此一方式來解決問題。柯林頓政府則採取了頗不相同的策略，以雷厲風行的態度來執行貿易法規。尤其在烏拉圭回合圓滿結束後，美國既無後顧之憂，柯林頓遂在不到三個月的時間內「恢復」了「超級三〇一」條。

(b)美國國際協商策略及方式

美國貿易代表署以百餘人的編制，卻要負擔沈重的任務。其廣泛的職掌和必須應付全球各國的問題，事實上已遠超過該署的組織和能力所能負荷。因此在實務上美國貿易代表署必須依靠各相關部會的從旁協助，各領域的專家和顧問提供諮詢，和來自國會方面的支持，以及企業團體所提供的數據資料和其他資訊等才能達成其任務。

(一)決策過程──跨部會協調

雖然美國貿易代表是美國國際貿易協商的主談和發言人，但在美國貿易代表署的背後卻有賴各相關部門的支持，運用集體的智慧和資源，集思廣益，在兼顧各單位的立場後，才擬定協商策略和戰術運用。而在協商之前或之際，也須徵詢相關的顧問委員會，匯聚產業界、政府和學術界的意見，才確定最後所擬定的貿易及保護智慧財產的政策的確能充分反應各方的立場和利益。雖然幾乎所有的政策性事項都是透過這樣的程序來釐定，不過美國貿易代表仍有最後的裁量權，而其建議事項或決策偶而也會與委員會的決定不同。

依照法令的規定，美國貿易和智慧財產權的政策和國際協商，是由美國貿易代表協調數個層級不同的跨部會委員會來進行審議和釐定。在部長的層級設有一個「貿易政策委員會」(Trade Policy Committee, TPC)[52]，而在次長的層級則是透過國家安全會議下的次長級會議(Deputy Committees)來協商。另在助理部長(assistant secretary

---

52　參見 USTR, *1993 Annual Report, supra.* note 24, pp. 116-117. 這三個層級的組織乃是根據貿易擴張法第二四二條的規定逐漸而來，在一九七五年時改組為現制。參見" Executive Order 11846, " dated March 27, 1975, *Fed. Reg.* Vol. 40, p. 14291. 一九八八年綜合貿易法第一六二一條進一步對二四二條進行修正，規定這跨部會的組織為「內閣的層級」(cabinet level)，而且由美國貿易代表擔任主席，經常的成員包括了商務部、國務院、財政部、農業部和勞工部的部長，也授權美國貿易代表視情形得邀請其他部會首長與會。鑑於絕大部分的政策均已在貿易政策審查小組的階段便已確定，而若干較有爭議性的政策也在國家安全會議內的次長級會議中即可釐定完成，因此貿易政策委員會在實務上的功能主要是針對具有重大爭議的問題進行協商，裨向總統提供政策建議。

or undersecretary)的層級有一個「貿易政策審查小組」(Trade Policy Review Group, TPRG)，而其下則設立了一個屬於科長或司長(director)層次的「貿易政策幕僚委員會」(Trade Policy Staff Committee, TPSC)。審查小組和幕僚委員會的經常成員包括了國務院、財政部、商務部、國防部、內政部、司法部、勞工部、交通部、能源部、農業部、預算及管理局、經濟顧問委員會以及國際開發合作局的代表。此外，國家安全會議和國家經濟會議聯合推派一名代表與會。至於國際貿易委員會的代表則是貿易政策幕僚委員會中不具投票權的成員和貿易政策審查小組的觀察員[53]。至於其他部會亦得因所涉及的問題與其業務相關而受邀派遣代表與會。而幕僚委員會之下又有三十餘個不同的小組委員會或專案小組來分別負責相關的業務。

以執行「特別三〇一條」的工作為例，在美國貿易代表署的幕僚協調下設有一「三〇一條款委員會」(Section 301 Committee)，成員約十名，包括了來自上述各部會的代表，也是在這個領域內的跨部會協調小組。他們共同合作多年，彼此已經十分熟稔，可以不拘形式自由溝通，對彼此間的立場和看法也有相當地瞭解。這個專案小組負責審查和分析企業界所提出的聲請，包括對其他國家指控的資料，然後討論並建議那些國家應該列上特別三〇一條的名單，也擬定相關的進度和時程。小組成員在必要時，並與企業代表會談，互相溝通意見。部分小組成員也擔任了對其他國家進行協商的代表團團員，實際參與國際會談[54]。

一旦特別小組協商決定後，即由貿易代表署的承辦人員將所有的相關資料予以彙整，然後提交貿易政策幕僚委員會進行審議。如果不具如何的爭議性，委員會再將全案交付政策審查小組通過，通常美國貿易代表即會簽署定案。如果其中涉及相當的爭議性或是可能對外交關係產生相當的影響時，則政策審查小組通常即將全案移送國家安全

---

[53] 由於國際貿易委員會為一獨立委員會，而且擁有行政司法權，因此不參與實際的政策票決。

[54] 與美國貿易代表署官員訪談（一九九三年四月二十日）。

會議的次長級會議做進一步的審議。

　　㈡決策諮詢──產業功能顧問委員會

　　美國國會在一九七四年的貿易法中設置了民間的顧問委員會，以確定美國的貿易政策忠實地反應了國內的商業和經濟利益[55]。俟後國會又逐步地擴張了這些委員會的角色和功能。目前整個民間諮詢的系統共包括了三十八個諮詢委員會，其中的成員總數約近一千名。而其中又分為三個層級──一個直屬於總統的「貿易政策及協商顧問委員會」(Advisory Committee on Trade Policy and Negotiations, ACTPN)、直屬於美國貿易代表的七個「政策顧問委員會」(Policy Advisory Committees)和三十個「產業功能顧問委員會」(Industry Sector / Functional Advisory Committees, ISACs / IFACs)[56]。

　　依貿易法第一三五條的規定，貿易政策及協商顧問委員會的成員可達四十五人，由總統直接聘任（經由美國貿易代表的推薦），任期兩年，並得連續獲得聘任。委員會的組成必須是對於整個的經濟具有代表性，包括了農業、林業、牧業、礦業、服務業等等各民間事業，尤其是必須涵蓋了與貿易有關的事業[57]。依照同法的規定，政策顧問委員會是由美國貿易代表單獨或與相關的部會首長聯合組織，而其成員則由貿易代表向各有關的部會首長諮商後予以聘任[58]。至於產業功能顧問委員會的組成情形則與前兩個層級委員會大致相同，不過法律並特別要求美國貿易代表在聘請其中的委員前，必須先行和各相關的民間團體進行諮商[59]。也由此可以看到美國的企業界對於整個貿易政策的形成具有莫大的影響（見表五：美國企業界與貿易政策的決策

---

[55]　參見 19 U. S. C. § 2155 (1993).

[56]　參見 USTR, *1993 Annual Report, supra* note 24, pp. 114-117.

[57]　截至一九九四年元月為止，柯林頓總統已聘任了三十七名委員。貿易法第一三五條(b)項明文規定聘任委員時應完全超出政治黨派以外，以涵蓋各經濟領域做為首要的考量。

[58]　在七個政策顧問委員會中，關於跨部會與地方政府協調、投資及服務三個項目是由美國貿易代表單獨主持；而關於農業、國防、產業和勞工的政策部分，則由貿易代表與各相關的部長共同協調和主持。而委員會的本身亦得應三分之二以上委員的要求而開會。

[59]　參見 21 U. S. C. § 2155 (C) (2) (A)(1993).

表五　美國企業界與貿易政策的決策流程

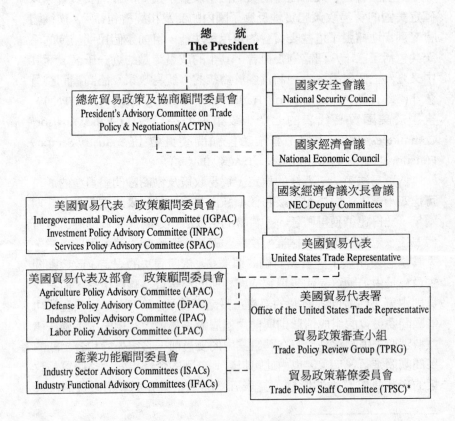

* 貿易政策審查小組和貿易政策幕僚委員會的經常成員包括了國務院、財政部、商務部、國防部、內政部、司法部、勞工部、交通部、能源部、農業部、預算及管理局、經濟顧問委員會以及國際開發合作局的代表。此外，國家安全會議和國家經濟會議聯合推派一名代表與會。至於國際貿易委員會的代表則是貿易政策幕僚委員會中不具投票權的成員和貿易政策審查小組的觀察員。至於其他的部會亦得因所涉及的問題受邀派遣代表與會。

流程）。

這些委員會的成員均是無給職，而且被視為極高的榮譽。其中貿易政策及協商顧問委員會主要是在每當美國與其它國家達成或簽署貿易協定後召開會議，針對該項協定向總統、國會及美國貿易代表提出報告。報告中必須對於該協定是否能促進美國的經濟利益和促進到如何的程度做一評估，尤其是協定是否符合綜合貿易法第一一○一條所載明的宗旨[60]。而政策顧問委員會與產業功能顧問委員會的職責亦大致相當。不過後兩者並得適時向美國貿易代表署提供各項在政策、技術方面的建議以及資訊等[61]。

由於這些委員會對貿易和智慧財產權的政策有相當的影響力，曾對關貿總協、「特別三○一條」、北美自由貿易協定等提出報告書，做策略性的建言，加上從其成員中的企業代表比例來看，自然不難想像美國政府在執行「三○一條款」的政策方向與策略上會採取如何的導向[62]。

(c)企業團體的協助

企業團體在國際協商中的任務和角色，與政府機構不同。雖然在正式的談判場合，它們不具有與外國政府直接進行協商的資格，但在

---

[60] 本項規定事實上便是要求這些顧問委員會對美國貿易代表署所協商達成的各項與它們有關的貿易協定予以支持或反對。而當美國貿易代表準備顯著地脫離了顧問委員會的建議而進行貿易協商時，也必須立即知會各有關的委員會。參見 *H. R. Rep.*, No. 576, 100th Cong., 2d Sess., p. 723 (1988).

[61] 同前註。其中產業顧問委員會向商務部部長及美國貿易代表就下列事項提出建言：(1)貿易協定之運作；(2)美國貿易政策之開發、執行及行政事項；(3)提供細節性的政策和技術性建言、資訊、影響智慧財產權的貿易程序與習慣和貿易協定的履行；(4)擔任相關貿易政策顧問委員會間的橋樑，參與委員會的討論；(5)其他由商務部部長與貿易代表所指定有關貿易政策之諮詢事項。

[62] 目前的委員中包括了如下的企業界代表：影片出口協會、製藥公會、智慧財產法律學會、蘋果電腦公司、國際商用機器公司(IBM)、 Pfizer 製藥廠、汽車製造公會、電腦通訊工業協會、華德狄斯耐公司、國際半導體公司、迪吉多公司(Digital Corp.)、國際智慧財產聯盟、杜邦公司及智慧財產所有人協會等。

幕前或幕後，它們一方面透過擔任顧問委員會委員的機會來表達企業界的利益與立場；一方面協助國際諮商的進行。在協商過程中，企業團體最常見的活動包括：(1)擔任指控者的角色，促成政府採取調查和磋商的行動；(2)提供資料，如損失估計數值和其他的相關數據，確使政府的行動持續進行；(3)提出建議，協助政府擬定國際諮商要求及報復名單⑱。以一九九二年為例，在由美國貿易代表署所積極進行的七個「三〇一條款」調查案例，其中五件是由企業界提出聲請而來，由政府主動進行調查的祇有兩案，一為中國大陸市場開放案，一為歐洲聯盟的擴大案。這兩案均是基於政策性和長期性的考量而來。

　　綜上所述，可以發現到一個事實，即企業界在與「特別三〇一條款」調查有關的每一個階段都扮演了某種程度的角色。從調查工作前的資料蒐集、評估損失數值到過程進行中的隨時諮商聯繫、乃至美國貿易代表提出的報告書和指認名單都以企業界所提供的資料做為主要的參考依據，而且在與其他國家簽訂協議時必須顧及企業界的立場與權益，再再顯示了在整個協商、運作的過程中，產、官兩界的密切搭配。

四、美國國際智慧財產協商之策略與展望

(a)策略

　　在國際社會，美國加入了許多的多邊智慧財產保護公約，俾使它的著作家或發明家的創作能在其他國家受到保障。這些公約包括了伯恩公約(Berne Convention for the Protection of Literary and Artistic Works)、世界著作權公約(Universal Copyright Convention)以及巴黎保護智慧財產公約(Paris Convention for the Protection of Intellectual Property)等。此外，在關貿總協的烏拉圭回合談判最後議定書

---

⑱　貿易法第一三五條(1)項規定，美國貿易政策各諮詢顧問委員會的成員得經授權加入美國的國際協商談判小組擔任顧問，但不得直接進行談判或代表美國政府發言。

中，也首次把與智慧財產有關的事項(TRIPS)予以專章列入，而在北美自由貿易協定(North American Free Trade Agreement, NAFTA)中，也關列了專章規範智慧財產權保障的有關問題[64]。

另外，美國在世界智慧財產組織(WIPO)內也扮演了非常積極的角色。尤其是在過去的十餘年當中，針對該組織意圖修改巴黎保護智慧財產公約、調和國際專利保障以及制定一項保護積體電路光罩(maskwork)設計的條約等三大方面都發揮了相當程度的影響。在修改巴黎公約方面，美國和若干已開發國家成功地阻止了若干開發中國家準備修改公約的提議，而把它納入到烏拉圭回合談判的議程中；在調和國際間對於專利權的保障方面，由於美國採行的是「發明優先」原則(first-to-invent)，而其他國家均採行「申請優先」(first-to-file)原則，因此形成了極大的爭論，也因美國的從中運作，使得世界智慧財產組織在一九八三年所提的一項公約草案，迄無結果。而在保護積體電路的光罩設計方面，該組織在一九九〇年所通過的「華盛頓條約」草簽，便是以美國的一九八四年半導體晶片保護法做為藍本而成[65]。

由此可見，美國在國際智慧財產問題的協商策略上，就如同在其他的國際貿易協商上一般，是採取了「單方行動」、「雙邊協商」、「地區性協商」以及「多邊協商」齊頭並行的方式。四者互補，以期發揮最大的功效。

所謂的「單方行動」，便是透過「特別三〇一條款」的指認、協商、調查程序和潛在的報復威脅，促使其它國家來與美國貿易代表署進行諮商，從而讓美國企業界獲得尋求救濟的途徑。而「雙邊協商」，則包括了透過「特別三〇一」等諮商程序，由美國和有關的各

[64]　參見前揭註[34]。

[65]　參見 United Nations Department of Economic & Social Development, *Intellectual Property Rights and Foreign Direct Investment*, U. N. Doc. ST/CTC/SER. A124, U. N. Sales No. E. 93. II. A. 10, New York; NY: United Nations Press, 1993, pp. 17, 18. 不過，隨著烏拉圭回合最後議定書的通過，美國專利制度改為二十年的專利期間以及「申請優先」原則已屬必然。參見 BNA, *Patent, Trademark & Copyright Journal*, Vol. 47, p. 422 (Issue No. 1170)(March 10, 1994) ; S. 1854, 103rd Cong. , 2d Sess. (1994)。

國分別訂立雙邊協定。在形式上這協定可能是較為整體性的「體系協定」(framework agreement)，指出各個具體的領域和每個領域之中必須解決的問題。通常協定中也會釐出確定的目標和時限。如果不能按時達成目標，即可能重新回到「特別三〇一」等單方的調查程序。也可能是「諒解備忘錄」(memorandum of understanding, MOU)，針對特定的事項予以規範。

至於「地區性協商」和「多邊協商」基本上非常類似，都是涉及了兩個以上當事國的貿易協商。目前美國的策略顯然是準備以關貿總協或未來的世界貿易組織規定做為一切有關國際貿易問題——直接或間接——的基準，然後透過地區性的貿易協定(如北美自由貿易協定等)來補強前者的不足之處；更透過雙邊的協定來處理雙方具體有待解決的問題。如此層層相裹，而包在中央的，則是美國的經濟利益，也就是美國企業界的利益。

(b)展望

自從美國通過了「三〇一」的系列條款以來，此一部分便是其他國家經常批評的對象，各國都對其又怕又恨，必欲除之而後快⑥。在未來的世界貿易組織架構之下，鑒於絕大部分的國際貿易爭端均將交由該組織下的「爭端解決單位」(Dispute Settlement Unit, DSU)來處

---

⑥　例如，歐洲聯盟對外經濟事務委員長，也是歐盟在烏拉圭回合談判的主談人布列坦爵士(Sir Leon Brittan)便明白表示，在整個烏拉圭回合的七年談判過程中，歐盟的首要目標之一便是要「粉碎三〇一」。但在回合完成後，他也坦承歐盟在這一點沒有完全獲得成功，但至少「希望已經阻止了(美國)單方行使這個條款。」參見 BNA, "Japan, EU Express Concern about Clinton's Super 301 Renewal," *International Trade Reporter*, Vol. 11, p. 10 d5 (March 9, 1994)。不過諷刺的是，歐盟(歐體)在一九八四年時通過了一項名為「新商業政策文件」(New Commercial Policy Instrument, NCPI)的決議，對於外來的「不公平貿易行為」進行調查並得實施報復制裁。其中的內容便是師法「三〇一條款」而來。參見 Council Regulation (EEC) No. 2641/84 of 17 September 1984 on the Strengthening of the Common Commercial Policy with Regard in Particular to Protection against Illicit Commercial Practices, Doc. No. 384R2641, *Official Journal*, No. L252 (20 September, 1984).

理，「三○一條款」是否違反了世界貿易組織的規定以及它的適用性
為何便產生了相當的爭議。雖然美國政府在表面上仍然堅持「三○一
條款」不會因烏拉圭回合協議的達成而受影響，但美國貿易代表署的
資深官員在私下也承認，未來至少凡是受到世貿組織的規章所直接涵
蓋的領域，美國政府勢必得將案件移請該組織來審理[67]。

　　環繞在「三○一條款」周圍的爭議主要是在未經國際組織授權的
情形下，一國便得進行以片面的方式對他國採取報復制裁措施，也就
是「結果」，而非其中的諮商程序，是否合乎世貿組織的規定。雖然
在以往的關貿總協審議庭還尚未有機會對此表示意見，但從美國以外
各方的負面反應來看，即使有機會來審查「三○一條款」，後者的前
景似乎是不太樂觀[68]。

　　雖然國際間對於「三○一條款」有著相當負面的觀感，但是美國
在過去的二十年中卻愈來愈有變本加厲，強化「三○一」的功效和擴
大它的適用範圍的跡象。以最近的數項發展為例來說，柯林頓總統
「恢復」了「超級三○一」條款；眾議院多數黨領袖蓋哈特(Richard
Gephardt, D-MO)準備提案，把環境保護及勞工問題也納入到「三○
一條款」的範疇之中，都再再顯示了美國一方面大力提倡「多邊主
義」，將全世界的貿易規範和爭端協商程序都納入到同一個體系，並
且成功地完成了烏拉圭回合談判，但在另一方面卻也大幅擴張「三○

[67]　參見 Michael Kantor, USTR, "The Uruguay Round: Growth for the World, Jobs for the U. S. , "*Testimony to the Comm. on Ways and Means, U. S. House of Representatives*, p. 5 (January 26, 1994) (Mimeographic material, to be published by Government Printing Office); BNA, "GATT and the Uruguay Round," *International Trade Reporter (Special Report)*, Vol. 11, p. 102 (January 19, 1994).

[68]　關貿總協曾在一九八九年受理了一宗由巴西政府控訴的案子，認為美國的「超級三○一條款」違反了關貿總協的規定和精神。巴西政府後來撤回了本案，以致關貿總協迄未有機會對「三○一條款」表態。參見 BNA, "Brazil Asks GATT to Consider U. S. Action under Super 301 at June 21 Council Meeting, "*International Trade Reporter (Special Correspondent)*, Vol. 6, p. 777 (June 14, 1989), and BNA, "Super 301 Investigation of Brazil Import Practices Closed by USTR, "*ibid.*, Vol. 7, p. 720 (May 23, 1990).

一條款」，準備把「單邊主義」發揮到極致[69]。

從實務的角度來觀察，美國在可見的將來仍將持續使用「三○一條款」，即使是世界貿易組織所涵蓋的範圍亦不例外。這不外基於下列的考量：(1)雖然在世貿組織下的爭端處理程序在時間上可望較目前縮短甚多，但仍較「三○一條款」的時間略長，因此，如果同時運用「三○一」來做為協商的工具和籌碼，也應在世貿組織的程序結束前便可將案件處理完成，從而就沒有再向世貿組織繼續申訴的必要。(2)對於美國的企業界而言，鑑於許多國家尚可享有最多十年的緩衝期來修改或制定其國家法規，以符合烏拉圭協議的要求，至少在這段過渡期間，它們自然強烈的傾向於透過自己的政府和較為簡易的國內程序（尤其是當它們對於這套程序還有相當的掌握時），來解決爭端。所以除非世貿組織明文禁止或宣示「三○一條款」違反了該組織的規定或精神，否則「三○一條款」系列可望繼續存在。

綜上所述，「三○一條款」的影響固然會因世貿組織的成立而打「折扣」，但它絕不會因此被棄置不用。至少從美國的角度而言，整個的問題並非「三○一條款」是否與世貿組織的規定相牴觸；而是兩者是否能相互為用，彼此搭配，從而達到開放其他國家市場的目標[70]。因此，未來單邊主義、雙邊主義和多邊主義（包括地區性的協

[69]　參見 Richard Gephardt, Testimony to the Subcomm. on International Development, Finance, and Money Policy of the Banking, Finance and Urban Affairs Comm. , U. S. House of Representatives (March 23, 1994)(Mimeographic material, to be published by Government Printing Office)。蓋哈特已瞻稱此一提案為「藍綠三○一」，象徵了藍領的勞工階級和綠色的環保訴求。另美國貿易代表也把這兩大問題列為所謂的「新議題」(" new issues ")，並開始在世貿組織的架構中大力推動。這自然又引起了他國的不安，認為這是美國變相的在推展保護主義和製造新的非關稅障礙。參見William Drozdiak, " Poor Nations Resist Tougher Trade Rules, " *The Washington Post*, p. 20A (April 14, 1994)。

[70]　值得注意的是，即使在美國本身對這個問題的看法也不盡一致。以反對北美自由貿易協定著稱的消費者保護運動領袖奈德(Ralph Nader)便認為「三○一條款」直接與關貿總協定第二十三條和烏拉圭回合最後議定書中關於爭端解決的規定牴觸，而他也認為美國在烏拉圭回合談判中讓出了太多的內國主權，而讓一個未經民選的新官僚體系來主導美國未來的貿易政策。參見 Ralph Nader, Testimony to the Subcomm. on International Trade of the Comm. on Finance, U.S. Senate (March 16, 1994).

議）交互盤繞，各自不斷伸展的局面恐怕仍將持續，而整個世界的貿易體系在國際化之餘，也未必因世貿組織的成立而更為單純，反而卻會在這個組織的基礎上發展出非常複雜的多元體系。

五、結　論

　　美國的國際貿易和智慧財產協商問題，在經過三十餘年的發展後，已經有了一套相當完整的體系。經由企業界與國會、行政部門和學術界的相互搭配和協調，美國政府至今已有相當一致的立場，並能一致對外，伸張本身的利益。藉著「三○一條款」系列，美國以其龐大的經濟勢力促使其他國家必須前來協商，並做出讓步；藉著雙邊協議的簽訂，美國更進一步讓其他國家束縛於本身的承諾之上；然後再藉著地區性和全球多邊性的協議，使得美國能夠保有一定的經濟實力和他人競爭。在這樣的策略運用下，美國的確大有斬獲，也使得他國難於招架。而在智慧財產權的問題上，美國更是採取了高姿態，揮舞著道德的大旗，在全球各地進行「掃蕩」，打擊仿冒抄襲。

　　截至目前為止，這樣的策略雖然頗具成效，但它的負面效應也已逐步顯現了出來，即在各國對於美國執行強硬的貿易政策日趨反感之際，世貿組織的成立極可能成為各國聯合起來對付美國的場所。它們認為今天的許多問題是牽涉到各國市場根本結構和文化的差異所致，要解決並非一蹴可幾。美國方面並非不瞭解這點，祇是它的耐性顯然已經耗盡。無論如何，美國政府應當體認到，它的角色乃是解決爭端，讓各方能在對等、互信和公平的體系下進行交易，而不是舞刀弄棒，平白製造出更多的問題。在這新的世界貿易組織和新的國際秩序即將問世之際，各國也應體認到，未來大家的互動發展絕不能再是閉門造車、墨守舊規。唯有各方真正拿出誠意，捐棄本位主義，整個世界的經濟才可望齊步同進，不均衡的貧富分配，才可望弭平。

後　記──有關「三○一條款」的最近發展

美國總統柯林頓在一九九四年九月二十七日向國會提出了「烏拉圭回合協議法」(Uruguay Round Agreements Act)草案[71]。這也就是根據美國貿易法有關「快速通關」(fast track)的授權，由行政部門向國會提出執行烏拉圭回合協議的整批立法，而國會在九十日之內祇得對於整個法案給予贊同或否定的票決，而不得提出任何的單項修正案[72]。由於部分國會議員對於這份厚達四千頁的法案和其相關附件抱怨沒有足夠的時間進行審查，美國國會已決定在十一月二十九日起召開第一○三屆會期的「跛鴨會議」(lame duck session ── 即在期中選舉後所召集的會議，許多議員都因選舉的結果無法在翌年的新會期中返回續任)，針對這個法案舉行四天的辯論和表決[73]。

假定這個法案果然如同事前各方所預期的會通過，成為正式立法，其中對於貿易法第三○一條的相關系列條款將有如下的主要修訂和增補：

一、第三○一條

「烏拉圭回合協議法」第三一四條(a)項首先澄清了美國貿易代表

---

[71]　H.R. 5110, 103d Cong., 2d Sess. (1994); S.2467, 103d Cong., 2d Sess. (1994).

[72]　由於這項立法動議的內容涉及美國的財政收支，因此國會依法有九十個立法日可以對其中的內容給予考量。參見美國一九七四年貿易法第一五一至一五四條，19 U.S.C. § § 2191-2194 (1994)。關於國會通過授權總統得依照「快速通關」方式來協商烏拉圭回合協議的法案，參見 Pub.L. 103-49 (H. R. 1876), *apprv'd* July 2, 1993 ; 19 U.S.C. § 2962 (1993)。

[73]　參見 140 *Congressional Record* H10957 (October 5, 1994); 140 *Congressional Record* S15073 (October 8, 1994) 關於國會兩院決議延後辯論及表決本項法案的紀錄。另參見 Kenneth J. Cooper & Mike Mills, " Trade Pact Vote Delayed in House ", *The Washington Post*, October 6, 1994, p.Al ; Helen Dewar, " Clinton, Republicans to Test Future Reiations on GATT Pac, " *The Washington Post*, November 11, 1994, p. A15.

的職權，包括了依總統指示，得涵蓋所有總統與任何外國政府從事關於各種商品和服務的貿易政策。同項規定也給予貿易代表更大的選擇空間來從事制裁：祇有當貿易代表準備採取「限制進口」(import restriction)的制裁措施時，才必須以課徵關稅來做為優先考慮（現行法的規定是所有的制裁都必須以課徵關稅為優先）。

　　第三一四條(c)項也修改了貿易法第三〇一條(d)項(3)款有關構成「不合理」的政策、執行或做法的定義。根據本款規定，縱使他國已經符合了烏拉圭回合協議關於智慧財產權的相關協定（亦即 TRIPS ）的要求，美國貿易代表仍得以該國違反了給予美國的智慧財產權公平及允當(fair and equitable)的保護為由，而指認該國的政策、執行或做法「不合理」，從而展開調查和協商。

　　此外，(c)項第(2)款也擴張了對於「智慧財產權適當及有效保護」的定義範圍。新的條款把任何關於限制使用、開發或是基於智慧財產權而衍生的商業利益措施都視為是「拒絕給予公平及允當和非歧視性的市場通道機會」(" denial of fair and equitable nondiscriminatory market access opportunities ")，從而把認定對智慧財產權的保護，擴大到不僅僅是一國的法規或政策是否給予了「適當及有效」的保障，而且在執行的具體結果上，還是否構成了事實上對智慧財產的侵害或忽視，從而影響到相關的產品或服務行銷到該國的市場通道。

　　第三一四條(d)項和第三四一條(a)項則修改了原貿易法第三〇四及三〇五條，明定如果美國貿易代表準備採取的措施是基於一國未能履行世界貿易組織爭端處理機構的決議時，必須先依照世貿組織的規定給予該國合理的期間來履行該決議[74]，然後在該期間屆滿後三十日內做成制裁措施的決定。換句話說，這項修正的目的是在確保美國的單方調查和制裁措施不會影響到世貿組織的爭端處理程序。而且，本條(d)項也把貿易法第三〇一條調查程序的十八個月期限同樣適用於「特

---

[74]　Article 21, *Understanding on Rules and Procedures Governing the Settlement of Disputes*, Annex 2 to Agreement Establishing the World Trade Organization (April 15, 1994).

別三〇一」的調查上。

二、「超級三〇一條款」

「烏拉圭回合協議法」第三一四條(f)項把貿易法第三一〇條，也
就是通稱的「超級三〇一條款」，做了修改。修改後的內容與柯林頓
總統在一九九四年三月三日所簽署的第一二九〇一號行政命令內容大
致雷同，規定美國貿易代表署在一九九五年度的「全國貿易評估──
外國貿易障礙報告」公布後的六個月內必須檢討美國貿易擴展的優先
順序，並向眾議院的歲入委員會和參議院的財政委員會分別提出報
告，同時刊載於「聯邦公報」(Federal Register)之上，指認「優先國
家執行項目」(priority foreign country practices)，即一旦消除了那些
外國的措施或執行項目之後，即可讓美國對該國的輸出產生最顯著的
潛在性增加。而一旦經過指認，美國貿易代表便須在提出報告後二十
一日之內對這些「優先國家執行項目」展開依貿易法第三〇二條(b)項
(1)款所定的調查工作。

本項也明定美國貿易代表在進行指認的過程中，應參酌包括下列
的各種相關因素，亦即該國的主要貿易障礙和扭曲交易行為、該國所
參與或簽訂的各項貿易公約和協定以及實際履行的情形、該國政府採
購計畫在中程和長程所可能產生的影響、以及美國的產品和服務的國
際競爭能力和輸出潛能等。

由於美國貿易代表通常是在每年的四月三十日發布年度的「全國
貿易評估──外國貿易障礙」報告，因此，這項規定便意味著貿易代
表必須在十月底前指認依「超級三〇一條款」所定的「優先國家執行
項目」，而且如果的確有的話，就必須在十一月二十一日前後展開調
查。

三、「特別三○一條款」

「烏拉圭回合協議法」第三一三條試圖進一步強化貿易法第一八二條（也就是通稱的「特別三○一條款」）在關於「優先國家」等指認程序上的範圍。根據本條規定，即使某個國家目前是符合了由美國提出保護智慧財產權的要求，但美國貿易代表仍可把該國過去在這方面的紀錄和與美國進行協商的表現等，尤其是在實際執行其保障智慧財產權的承諾，一併納入考量，以做為是否仍然指認該國為「優先國家」的基礎。

另外，本條所涵蓋的範圍，包括了著作權及其相關權利（例如紡織品設計）、專利權、商標權、積體電路光罩、營業秘密和植物育種權等。凡是因拒絕給予美國的商品或服務適當及有效的智慧財產保護從而達到事實上的關閉市場通道行為，也明定為「特別三○一條款」的指認根據之一。

尤其值得注意的是，依照本條規定，未來縱使某個國家已經做到了符合烏拉圭回合協議中有關保護智慧財產權協定(TRIPS)的要求，並不當然表示該國即得免於被美國貿易代表列名為「優先國家」的黑名單之上。站在美國的立場，烏拉圭回合協議所定的，祇是國際間保護智慧財產權的最起碼要求，因此這和「特別三○一條款」所要求的標準自然無關。尤有甚者，烏拉圭回合協議並沒有涵蓋所有與智慧財產權相關的權益和課題，因此，「特別三○一條款」自然還有甚大的適用空間。這樣的論點已激起了許多國家的疑慮。它們認為既然在烏拉圭回合協議中已經透過多邊國際協商達成了一系列關於智慧財產權的準則，這便成為了今後國際間在保護智慧財產方面所共認的規範。如今美國想要再透過單方的國內立法和雙邊的協商來逼使其他國家「就範」，其實便是以「走後門」的方式來破壞世界貿易組織的制約，對世界各國好不容易才達成的一些共識產生了非常負面的影響。

縱觀「烏拉圭回合協議法」以及相關的立法理由等附件，可以很

明顯地看到，美國的行政部門仍然堅持強化「三○一條款」的各個條文和這些條文與烏拉圭回合協議之間並不衝突的立場，行政部門甚至主張這個協議事實上加強了「三○一條款」的功效，尤其是在保護智慧財產權方面[75]。

　　有鑒於各國在這個問題上是各執一詞，堅持不讓，未來究竟美國在國際貿易和智慧財產問題上所採用的「單方—雙邊」和「區域—多邊」雙軌並行策略會衍生出什麼樣的結果，實在是值得吾人深思。畢竟在今日的國際環境中，各國彼此相互依存的程度已是愈來愈高，牽一髮便足以動全身。因此，從大局來看，「三○一條款」將來主要的還是用來做為嚇阻的工具。美國沒有必要在這個時候去同任何其他的國家捲入一場可能的貿易戰爭，導致各方均輸的局面。不過在執行保護智慧財產權方面，鑒於「特別三○一條款」在過去所獲得的成效，和 TRIPS 在涵蓋面的廣度和深度方面確實仍有不足之處，可以預期的是，祇要美國的企業界在幕後大力推動，美國政府將會持續以「特別三○一條款」做為手段，促使他國妥協，然後再設法把 TRIPS 的水準逐步拉高讓大家跟進[76]。

---

[75]　*House Doc.* 103-316, 103d Cong., 2d Sess., pp. 1033-36 (1994).
[76]　參見「烏拉圭回合協議法」第三一五條，同前註[71]。

中智(利)關係之回顧與展望*

周　　麟**

一、中智早期關係之回顧

一八四五年以前中智幾無任何接觸，一八四五年智利總統布爾奈
將軍(Gen. Manuel Bulnes)趁三年前清廷與英國議和訂立鴉片戰爭後
之「南京條約」的時機，向清廷提出要求派遣領事常駐廣州以照顧在
該地從事輸出「契約華工」之智利商人。兩廣總督耆英曾復文同意智
利領事在該埠辦事①，兩國間領事關係於焉建立。但是由於當初清廷
似未反對比照「南京條約」將給予英人之待遇同等給予智利人，因此
七十餘年後中智兩國政府曾為此事發生爭議及嚴重交涉。

*　本文西班牙文原文曾於一九九四年八月八日在智利大學國際事務研究所所舉辦之
「中智關係學術研討會」中發表。筆者誠摯感謝美國馬里蘭大學法學院教授丘宏達
博士慨贈中智關係珍貴史料。
**　淡江大學歐洲研究所碩士，智利大學國際事務研究所研究，現任我國駐智利臺北經
濟文化辦事處秘書。

一八七九年智利與秘魯及玻利維亞兩國發生「太平洋戰爭」（亦稱「硝石戰爭」），由於智利遠征軍統帥林契(Patricio Lynch)曾於鴉片戰爭時以智利海軍官校見習生(Guardia Marina)之身分在英艦上實習，適奉派隨艦赴中國，在當地曾接觸華人，故略諳我民族性，因此率軍攻打秘魯時即先後「解放」在當地農莊及鳥糞肥工場被虐待如奴隸之華工②。該群重獲自由之苦力為求回報林契，紛紛自告奮勇投入智軍行列擔任領路、斥候或雜役之支援性工作。據研究，參加智軍戰事之華工多達一千五百人以上，由於彼等之協助「內應」，對智獲得最後勝利頗有貢獻，嗣後若干華工領袖甚至獲邀移居智利內地定居③。戰後，原屬秘魯之 Tarapacá 省（目前為智利第一行政區）及原屬玻利維亞之 Antofagasta 省（今屬智利第二行政區）均割予智利，於是過去居住該地之華工，一夕之間成為智利人，此乃智北成為華人聚集地之濫觴④。

① Jacques Gernet, *El Mundo Chino*, Barcelona: Crítica, 1991, pp. 470 & ff. , cited by Javier Eduardo Matta Manzano, " Las relaciones bilaterales entre Chile y la República Popular China, " M. A. Thesis, Instituto de Estudios Internacionales, Universidad de Chile, Santiago, Chile, 1993, p. 21. 有關「契約華工」，可參閱顏清湟，**出國華工與清朝官員**，北京：中國友誼出版公司，一九九〇年十二月，尤其頁35～47。

② Cf. Watt Stewart, *Chinese Bondage in Peru, A History of the Chinese Coolie in Peru, 1849-1874*, North Carolina: Duke University Press, 1951, And Spanish translation: W. Stewart, *La Servidumbre China en el Perú, Una historia de los culíes chinos en el Perú, 1849-1874*, Lima: Mosca Azul Editores, 1976. 其中文譯文為瓦特·斯圖爾特，**秘魯華工史**，北京：海洋出版社，一九八五年二月。淡江大學熊建成教授之著作**華人在美洲**亦略有提及，原文為 Juan Hung Hui, *Chinos en América*, Madrid : Ed. MAPFRE, 1992, pp. 115-126。

③ Marcelo Segall, " Esclavitud y Tráfico, Culíes en Chile, " *Journal of Interamerican Studies*, Vol. X, No. 1, (Jan. 1968)，pp. 125-129. 由於當時華工均以板車(carreta)裝運食物、飲水及智軍需品為彼等服務，甚獲感念，故迄今智海軍仍以「板車」(carreta)一詞稱呼好朋友，上述說詞業經智海軍現任禮賓處處長羅曼上校(Jorge Román)及前任總參謀長，現任參議員麥金太(Ronald Mac Intyre)二人分別證實。

④ 據智人口普查資料，一八七五年（太平洋戰爭前），有八十八位中國人居住智利；十年後的另一次普查（戰後二年），結果有一千一百六十四位中國人。以此判斷，所增加之近千名華人應多係前居住秘魯或玻利維亞國境內者，人口資料見 " Recopilación estadística sobre el proceso de inmigración a Chile 1850-1930 " in *Inmigración y estadísticas en el Cono Sur de América*, Santiago, Pub. No. 452, Vol. VI, 1990. 定居智北華人曾有多人擔任市長、省長等要職，目前智第二行政區長官（下轄四省，為總統任命之職）李來玉(César Castillo Lilayu.)即為華裔。惜彼等多已不諳華語。

　　一八八〇及一八九〇年代以後，智利硝石大量開採及生產，成為
國庫主要來源⑤，因此尋求海外市場成為政府及業者關切之課題。中
國以其幅員遼濶及人口眾多自然成為其興趣所在。一九一二年智利駐
日本公使奉派赴華提議訂立商約，此乃智政府深盼建立與我國直接聯
繫以拓展其硝石外銷之明證⑥。智利公使之提議亦獲我政府之正面回
應⑦。

　　另方面，一九一三年四月三十日旅智利北部意基給(Iquique)之
華人商會主席梁應寶亦再度致函中國政府外交總長，促研議與智利訂
約以保護在智三千僑民之財產安全⑧。

　　在智利硝石商之外銷需要以及我旅智僑民之請求交互影響下，終
於促成我國袁世凱政府所派遣之駐英吉利公使施肇基，及智利巴羅斯
(Ramón Barros Luco)政府之駐英公使艾德華(Agustín Edwards)，分
別代表兩國政府於一九一五年二月十八日在倫敦簽訂友好條約建立外
交關係⑨。

---

⑤　Cf. Harold Blakemore, *British Nitrates and Chilean Politics, 1886-1896: Balmaceda and North*, London: The Athlone Press, University of London, 1974. Spanish translation, *Gobierno chileno y salitre inglés, 1886-1896: Balmaceda y North*, Santiago: Ed. Andres Bello, 1977. 智利硝石業多為私營企業，當時政府徵其出口稅，並多用於教育及公共建設上之投資。

⑥　Mauricio Jara Fernández, "Comercio e inmigración en las relaciones sino-chilenas, (1915-1930)," *La segunda*, Santiago, 25 de marzo de 1993, p. 18.

⑦　詳情請參閱「**中華智利通好約案(1)**」中華民國元年十月十二日天字三五六一號「智利擬派日本公使來華通好以便將來訂約通商」；同年十月十九日宙字一〇〇號「智利請派員通好開具說帖議決」；同月廿日無號「智利公使稱政府電令在英商訂條約」；同月廿八日天字四〇二六號「智利通使事業經國務會議公決接待訂約條款再行核定」。

⑧　民國二年七月廿五日地字七六一一號「僑居智利國華商總會呈懇請速與智利立約通商」，函中表示：「…清光緒十七、八年間彼國因爭總統起釁內亂甚劇當此之時商等萬分危殆…近年秘魯創禁華工進境之例甚嚴故來智者日眾下流土著愈存仇視之心…萬一…再起…何從按約索賠…」。

⑨　*China Treaties and Agreements*, number 1915/2 "Chile and China, Treaty of Amity-February 18, 1915," Taipei, pp. 1190-1191. And Jara Fernández "Comercio e inmigración en las relaciones sino-chilenas (1915-1930)," *supra* note 6. Also Matta Manzano "Las relaciones bilaterales entre Chile y la República Popular China," *supra* note 1, pp. 37-38.

　　我國於一九二〇年九月在智利設公使館,一九二二年派歐陽庚為代辦使事署一等秘書官。智利嗣於一九三五年元月在其公使館內增設一名譽商務專員負責促進雙邊貿易⑩。然而諷刺的是當初促成兩國建交之主要原動力一硝石,卻因在華被視為火藥原料以及其他因素,而未能輸華(按外銷歐美硝石多用作肥料)⑪。縱使如此,我國本世紀前二十年間仍為智利在亞洲之重要貿易夥伴⑫。

　　一九二四及一九二五年間,在上海連續發生數起若干自稱擁有智利國籍之我國人士因商務糾紛避入智利領事館要求援用「治外法權」,而智領事亦以享有「領事裁判權」為由要求對這些人予以保護,不受官署管轄。此事經我外交部一再「嚴重交涉⑬」,智利外交部終於表示「基於兩國友好關係,爰要求智領事勿再事堅持」,惟仍強調「此不意謂智在華利益與他國有殊⑭。」

　　然而,當日本入侵東北成立偽滿,智利則維持中立,並在國聯投票棄權,此一與多數拉丁美洲國家迥異之立場乃「基于其與日本間之密切經濟關係」⑮,由此可見智利重視經濟利益之歷史傳統。

　　俟智利決定加入同盟國行列,於一九四三年元月向日本宣戰,其駐華代辦馬琳(Dr. Juan Marín R.)奉令於是年隨我中央政府遷往陪都

---

⑩　Matta Manzano, *ibid.* , pp. 33-34 ; 39-40. 另參閱外交部檔案資訊處編,**中國駐外各公使大使館歷任館長銜名年表**,臺北:商務印書館,民國七十八年。

⑪　Jara Fernández, " Comercio e inmigración …, " *supra* note 6, p. 19.

⑫　Matta Manzano, *supra* note 9, p. 32 & ff.

⑬　詳見「**中華智利通好案(3)**」,第一號收上海特派員電,「中智條約有無領事裁判權」;第二號「解釋中智條約未便許予領事裁判權」;第三號收江蘇交涉員呈「葉清和投入智利國籍事」;第五號收江蘇交涉員呈「關於智利國人民控案管轄問題事」;第八號收江蘇交涉員呈「智利領事派員赴廨陪審陳明抗議情形事」;第十一號收上海特派員訓令「智領不應享有領事裁判權應嚴重交涉」;第十二號發駐智利歐陽代辦電「希知照智外部轉令智領不得再行主張享有領事裁判權」。

⑭　智外長 Ramón Briones Luco 一九二四年八月廿一日轉歐陽代辦英文函,八月廿六日呈外交部函附件,編於「**中華智利通好案(3)**」。

⑮　Matta Manzano, *supra* note 9, pp. 41-42.

重慶[16]。此亦為智利政府不輕言撤館之另一傳統[17]。

抗戰勝利後中智兩國政府旋分別提昇其駐館外交層次。一九四七年我國派吳澤湘大使駐智利，成為當時亞洲國家中唯一駐智大使。智亦派白朗哥大使(Oscar Blanco Viel)駐華，惟使館設於上海[18]。

一九四九年神州變色，智利關閉其駐華大使館，迄廿一年後智外交官始再重返大陸。

政府遷臺初期國際局勢尚未十分不利我國。一九四九年十二月，全球尚有四十七國承認我政府，其中包括英、美、法、義、加拿大等大國，智利亦為其中之一。一九六〇年我邦交國增至五十三國。縱使在我國退出聯合國前夕尚有六十一國與我維持邦交[19]，然而智利卻已於前一年（一九七〇）左翼政府上臺後即決定承認中共。

中共在六〇年代展開之「文化外交」，及隨後之經貿攻勢逐漸影響我與智關係[20]。一九五一年智利左傾詩人奈魯達(Pablo Neruda)（按嗣後成為諾貝爾獎得主）訪大陸，次年中（共）智友好文化協會成立[21]。此外「新華社」角色逐漸突顯並趨積極。一九六一年中共派南漢辰率經貿團訪智，趁機設立商務處[22]。後易名為「中華人民共和國商務代表團」，並享有官方待遇。

我國與中共在聯合國席位攻防戰中，智利在一九五〇年至一九六五年期間予我堅定支持。惟一九六五年智投下其第一次棄權票，此後

---

[16]　*Ibid.* pp. 43-44.

[17]　一九八九年中國大陸發生天安門事件，北京局勢陷入混亂，當各國紛紛撤館時，智使館仍奉令留駐。另一例為一九九四年八月間聯合國決議出兵協助海地恢復民主，大多數外國使館均已撤離時，智使館成為太子港少數外國使館之一。我國駐海地大使館亦為其中之一。前一例，見周麟，「智利與中共關係二十年」，**問題與研究**，第32卷，第6期（民國82年6月），臺北：國際關係研究中心，註五十八；後一例見智駐海地大使 Luis Larraín 接受專訪，*LA TERCERA*, September 1, 1994, p.5。

[18]　Matta Manzano, *supra* note 9, p. 45，另見外交部檔案資訊處編，前引註[10]。

[19]　外交部國際組織司編，**政府遷臺以來我國外交關係變動情形簡要**，臺北：外交部，民國七十五年元月十五日，附件一、三及六。

[20]　周麟，前引註[17]，頁66～67。

[21]　俞中原，「中共對中南美洲之動向」，民國七十五年五月十九日在政戰學校「睦誼班」講稿，臺北，自印，頁16。

[22]　同註[20]。

即反反覆覆，迄一九七〇年十一月三日智利「人民陣線」(Unidad Popular)政府上臺，旋轉而支持中共[23]。阿燕德(Salvador Allende)政府決定承認中共，惟並未明示與我斷交[24]。我國在一九七〇年十月間尚與六十九國維持外交關係，且中南美國家除古巴外，均屬有邦交國家[25]，但我政府基於「漢賊不兩立」之政策立場，片面宣佈與智斷交，我官方紀錄之中止外交關係日期為一九七一年元月五日[26]，智方之紀錄則為一九七〇年十二月廿五日[27]，應為中共與智利簽署建交公報之日期。

二、中智中止外交關係以來兩國交往情形 （一九七一至一九九〇）

　　一九七一年中智斷交後迄一九七五年我國駐智代表處設立之期間，中智兩國之往來，幾陷於停頓。一九七三年九月十一日智利四軍發動政變（右派認為係起義）推翻阿燕德政府。高舉反共大纛之軍政府上臺，原似有可能產生中智重建關係之契機，乃因陸軍總司令皮諾契將軍(Gen. Augusto Pinochet)與先總統　蔣介石先生同持堅定反共立場。然而，隨著智利宣佈與蘇聯、古巴及東歐國家斷交，中共隨即承認軍政府以及立即允諾維持原貸前政府惟尚未動用之貸款[28]，前述之契機旋即消逝。

---

[23]　外交部國際組織司編，「聯合國歷屆大會對所謂中國代表權問題投票紀錄」，民國六十年二月，載於王雲五社會科學大辭典第四冊，**國際關係**，臺北：臺灣商務印書館，六十二年十月，頁347～352。

[24]　Joaquín Fermandois, *Chile y el Mundo 1970-1973, La Política Exterior del Gobierno de la Unidad Popular y el Sistema Internacional*, Santiago: Ed. Univ. Católica, 1985, pp. 371, 380-381.

[25]　同註[19]，附件五。

[26]　見外交部條約法律司編，**我國與世界各國關係一覽表**，臺北：外交部，民國八十年七月。另見外交部檔案資訊處編，前引註[10]，頁49。

[27]　同註[24]。

[28]　周麟，前引註[17]，頁71。

　　嗣後歐美列強以及蘇聯集團不約而同在聯合國以違反人權投票譴責及打擊智利軍政府[29]，適正提供中共與智利政府維持關係之需要與機會。一九七三至一九七七年間雙方關係尚屬冷淡，惟由於中共乃是聯合國安理會常任理事國中唯一未在聯合國內抨擊智軍政府者之事實，令軍政府不得不視其為「重要友邦」。反之，我國與智利關係自然直接受到影響，尤其在發展政治關係方面更屬禁令，因為中共隨時不忘強調一九七〇年與智建交公報上「智利政府承認中共為中國唯一合法政府，臺灣乃中國不可分割之一部分」[30]之智利「政治承諾」，並隨時施壓打擊我國。一九七四年行政院新聞局「中華新聞社」記者翁正義遭智利驅逐，即乃中共一手策動，並經智外交部配合之舉[31]。

　　雖然中共一再阻撓中智發展關係，惟智反共人士仍力求與我國重建實質關係。一九七四年智總統顧問兼公共事務局局長布卡(Alvaro Puga)及執政團空軍總司令之法律顧問塔比亞上校(Julio Tapia F.)應世盟之邀聯袂訪華，曾拜會我外交部楊前政務次長西崑，經雙方坦誠就重建關係交換意見後，共同邁出中智實質關係之第一步。

　　布卡返智後次年，智利總統府秘書部長貝哈瑞將軍(Hernán Bejares G.)致函楊次長邀請其訪智。楊次長於一九七五年五月率團抵智訪問，並與智政府最高當局達成協議設置我駐智機構「遠東商務辦事處」。辦事處之名稱及所受待遇情形較諸中共一九六一年所設之代表團差別甚多，由此可知中共所施展之壓力以及智政府之戒懼情形[32]。

---

[29]　Heraldo Muñoz, *Las Relaciones Exteriores del Gobierno Militar Chileno*, Santiago: Ed. del Ornitorrinco, 1986, pp. 191-199.

[30]　同註[24]。

[31]　以下智利政府文件可為佐證。Confidencial RIO 01456/77 del 21 de junio de 1974, y el confidencial RIO 01667/92, del 18 de julio de 1974, ambos del Ministro de RR. EE. , Patricio Carvajal Prado al Ministro del Interior, Raúl Benavides Escobar. Y el ORD. No 2058-1069 SI, del Sr. R. Benavides E. al Ministro Secretario General de Gobierno, del 25 de julio de 1974, asi como el Resolución 554/5 del Director de Información de la Dirección Nacional de Comunicación Social de Gobierno, Acuña Mac Lean.

[32]　據瞭解，智政府嗣曾表示盼該團將該函原件攜還。另原擬訓令其外館發給赴智簽證，後改為不發給簽證，而由該團以赴南美其他國家之名義，中途在智下機入境。甚至據傳該團當初係以化名成行。

　　縱因中共之不斷阻撓破壞，中智實質關係仍在設置辦事處後逐步增進，雙邊貿易亦不斷擴大，迨軍政府最後一年（一九八九年）中智貿易額已達四億八千三百萬美元，較諸智利與中共貿易之一億五千一百餘萬超過三倍有餘[33]。

　　雙方互訪情形亦頗活絡。智總統之女皮露茜(Lucía Pinochet Hiriart)曾奉派以「國家文化基金會」執行長之官方身分率團訪華，獲行政院孫前院長運璿及外交部朱前部長撫松之親自接待[34]。此外，眾多教授、軍警、政府官員、記者赴華參訪或受訓絡繹於途，對增進雙方之瞭解及培養智利人民對我友誼收效甚鉅。

　　我政府官員訪智亦不在少數，我外交部楊前次長西崑兩度訪智，金前次長樹基、其他部會三次長及前新聞局長宋楚瑜均曾訪智，此外，十餘位民意代表及二位將領亦曾於一九七五至一九八九年期間訪問智利[35]。對雙方實質關係之加強裨益至宏，影響深遠。

　　一九八八年智決定在華設立商務辦事處以拓展貿易關係。雖然智利一再「低調處理」[36]，惟我政府為示友好，給予智方若干官方待遇；反之我駐智代表處除於一九九○年十二月獲智外交部「知悉」易名為「臺北商務處」[37]，並同意給予使用機場貴賓室之待遇外，其他均付闕如。

　　縱使如此，倘與一九七○至一九七五年期間相較，中智關係可謂「由無到有」，因為藉由經貿、文化及互訪等交流，兩國政府及人民已建立相當之認識、瞭解及友誼。

---

[33]　Sergio Valdivieso E. y Eduardo Gálvez C. , *Chile en la Cuenca del Pacífico*, Santiago: Ed. Andrés Bello, 1989, pp. 170-171.

[34]　同註[29]，頁223～224。

[35]　駐智利代表處，邀訪卷，（一九七五～一九九○）。

[36]　智利駐華商務處乃智利外交部外銷推廣司(PROCHILE)之駐外單位，惟迄今仍以智利工商總會之名義對外。該處雖受理承轉我國人赴智簽證之申請，惟須經智駐香港總領事館核發後在臺領取，手續較繁複，不若同屬南美洲之巴西、阿根廷及玻利維亞等國駐華單位便捷。

[37]　見 Nota No: 11902 de ProChile del Ministerio de RR. EE. de Chile, fechada 26 de diciembre de 1990, dirigida a la Oficina Comercial del Lejano Oriente.

三、最近四年中智關係之發展（一九九○至一九九四）

隨著國際間冷戰漸入尾聲，與智利國內政局變遷、民主化起步、文人政府獲選執政，以及我國威權政治結束，政治民主化之開始，中智關係自然進入另一飽含契機之新階段。

反觀一九八九年中共在天安門民主運動之屠殺慘案上所表現出之殘暴與顢頇態度令人髮指。智利當時即將下臺之軍政府雖然仍基於長久以來之「不干涉內政」原則未予抨擊，甚至連甫獲准成立之新政黨大多數亦未公開表示責難態度[38]，然而智利是年（一九八九）反對勢力──「爭取民主陣線」於大選期間一再強調之「民主」、「人權」說明中共與未來文人政府之間在先天上已具有不能契合之因子。

中智兩國在未維持外交關係之情況下，經貿關係成為雙邊關係重點之一。艾文總統（Patricio Aylwin）領導之文人政府上臺之際（一九九○年三月）我國已成為智利全球第六大、亞洲第二大貿易夥伴，雙邊貿易額達三億六千一百五十萬美元（此為智方統計額，我國統計數字則超過六億），遠超過智利與中共同年之貿易額──八千七百六十餘萬美元[39]。無怪乎智利大學國際事務研究所（國研所）教授海奈博士（Dr. Jorge Heine）在其「智利一九九○年外交政策」一文中指出：「智利外交最大挑戰之一乃是如何在北京之政治重要性及臺灣之經濟衝擊力兩者之間求取一平衡點」[40]。

---

[38] Matta Manzano, *supra* note 9, p. 154.

[39] 見附表一。

[40] Jorge Heine, " Timidez o Pragmatismo? La Política Exterior de Chile en 1990 ", *Documento de Trabajo Prospel*, Santiago, sep. de 1991, No 21, p. 34. 海奈博士為史丹佛大學政治學博士，隸屬左翼之「爭取民主黨」（PPD），曾為智政治學學會理事長。一九九三年十一月間應我外交部邀請訪華。現任駐南非大使，咸信渠乃智未來外長人選之一。

　　海奈大使之判斷適與實情相符，自後數年中智貿易額呈穩定成長。一九九一年中智貿易額達五億六百九十萬；一九九二年達到新高峯之七億八千四百八十萬美元，艾文總統執政最後一年（一九九三年）雙邊貿易額為七億二千零四十萬美元，其中智利享有二億六千九百萬之順差，占其總順差之大宗，我國亦成為智產品之全球第四大買主[41]。

　　值得一提的乃是智與中共之雙邊貿易額亦於一九九〇年後持續成長，究其原因與我國企業家赴大陸沿海投資設廠[42]，並且自當地進口智原料等產品有關。

　　艾文政府執政期間中智高層互訪，無論質與量方面均相當可觀。一九九三年八月初行政院丘政務委員宏達率領國際關係學者訪問團訪智，乃是近年來第一位訪智之我國部長級官員。該團訪智期間曾拜會智利大學國際事務研究所、拉丁美洲社會科學研究院智利分院(FLACSO-Chile)、智利外交部所屬貝佑外交學院、天主教大學政治研究所、喀布耶拉大學及其他學術文教機構，並與上述院校舉行學術研討會，闡述我國外交政策及參與聯合國之論題，深受歡迎。此外，當時並促成政治大學國際關係研究中心林主任碧炤與智大國研所所長伊凡德(María Teresa Infante)分別代表雙方簽訂學術交流協定，以及一九九四年駐智代表處與拉美區域性國際組織——拉美社會科學研究院簽訂學術合作協定[43]。

　　一九九三年八月底行政院另一位閣員，衛生署長張博雅應智利外交部外銷推廣司之邀請，率團赴智考察智鮭魚養殖及加工情形[44]，以

---

[41]　見附表一。

[42]　若干報導稱赴大陸投資之臺商總數已超過一萬家，有謂一萬八千家，甚至有超過三萬家的說法。

[43]　El Acuerdo de Cooperación Académica entre FLACSO-Chile y la Oficina Económica y Cultural de Taipei fue suscrito el 4 de marzo de 1994 por el Director de FLACSO, Dr. Norbert Lechner y el Director General de ésta, Embajador Steven F. Wang.

[44]　團員尚包括該署檢疫總所所長吳聰能博士、食品營養處副處長陳陸宏博士及阮娟娟科長。

作為是否開放智鮭魚進口之參考。嗣經由駐智代表處之推動以及智利駐華商務處之努力，衛生署終決定於一九九四年四月起初步採取「留置檢驗」之方式特准智利鮭魚進口。該項產品出口我國後，中智貿易額可望再度增加。

此外，經濟部部長江丙坤曾於一九九〇年十二月於該部次長任內率團訪智，曾拜會智利經濟部長歐密那米（ Carlos Ominami ）及其他財經農技官員。一九九一年六月間我外交部次長程建人應智基民黨（聯合政府中第一大黨）黨魁沙爾迪瓦參議員（ Andrés Zaldívar ）之邀訪智，曾拜會智利外交、國防、財政等部部長及經濟、農業部次長。一九九三年四月財政部次長王政一應邀赴智參加國際稅務會議，亦曾經駐智代表處安排拜會智財政部部長傅斯雷（ Alejandro Foxley ）及次長羅得里格斯（ Jorge Rodríguez Crossi ）[45]。

在民間訪團方面，一九九一年十月之中華民國女記者訪問團曾拜會眾議院議長及外交、經濟、農業各部。一九九二年九月民俗技藝團曾在智利作三場演出，場場轟動及爆滿。一九九三年四月我國工商協進會理事長辜濂松所率領之龐大經貿訪問團引起智利各界之高度重視，該團並曾獲艾文總統接見。

智利方面高級官員訪華亦不落人後，一九九三年九月間智利公共工程部部長烏達德（ Dr. Carlos Hurtado ）夫婦暨主任秘書及外人投資委員會顧問一行四人訪華。烏部長成為中智斷交廿二年後及我政府播遷臺灣後第一位應邀訪華之智利部長級官員。

此外，智內政部、衛生部、政府秘書部、國防部、農業部共五位次長應邀於是年分別訪華。另外艾文政府執政四年期間，智京總主教奧維鐸（ Carlos Oviedo ），十四位智利國會參眾議員及七位政府各部司處長級官員亦曾應邀訪華。總計上述期間應我外交部邀請訪華之智利政要共達四十九位之多[46]。

---

[45]　傅斯雷（ Alejandro Foxley ）為威斯康辛大學經濟學博士，現任智基民黨主席，據傳為智利下屆總統大選（一九九九年）該黨候選人。

[46]　駐智利代表處，邀訪卷（一九九〇～一九九四）。

其他部會之訪賓亦不在少數，四位農牧專家參加土地改革訓練所訓練，十八位專技人士應經濟部海外經濟合作會議邀請赴華參訓，十七位記者或編輯應行政院新聞局邀請訪華，二十二位軍警及其他各界人士參加政戰學校遠朋班訓練，五位青年政治領袖來華參加我外交部中南美青年領袖觀摩講習會[47]。渠等返智後均成為我國之堅定友人。

在駐智代表處待遇之改善方面，一九九二年五月智外交部正式致函同意更改代表處名為「臺北經濟文化辦事處」，同時給予若干優遇，俾利駐智人員更有效執行公務，以增進中智雙方實質關係[48]。

尤其值得一提者乃是一九九三年十月十六日智基民黨籍眾議院外交委員會主席皮沙洛(Jorge Pizarro)在聯合國全體會議中仗義發言支持我國參與聯合國。他指出：「…中國與臺灣同屬於亞太經濟合作組織(APEC) 及亞洲開發銀行(ADB)，此一事實應作為鼓勵彼等繼續在其他國際組織中攜手合作之第一步」[49]。智利成為一九九三年在聯合國公開發言支持我國之第廿四個國家，亦為其中四個無邦交國家之一[50]，尤屬難能可貴。

四、中智關係之展望

智利民主化以來，第二任文人政府於一九九四年三月上臺後中智關係之進一步提昇及改善呈現樂觀之前景，因為過去四年間雙方之互訪及合作已有效增進彼此之瞭解及互信。尤其智利眾多友華人士強烈主張「加強與臺灣關係」，更將是中智關係向前邁進之憑藉。

智利計劃及合作部一九九三年年報中指出：「與臺灣合作關係之

---

[47] 駐智利代表處，業務、協調、經濟及新聞四組分別提供資料，謹致謝忱。

[48] Carta N̲o̲ 4036 del Director de ProChile, Jaime Lavado Germain del 12 de mayo de 1992, dirigida al Director General de la Oficina Económica y Cultural de Taipei en Chile, Embajador Steven F. Wang.

[49] En su discurso pronunciado el 19 de octubre de 1993 en plenary meeting of the 48th session of the General Assembly of the U. N.

[50] 另三個國家為新加坡、象牙海岸及烏拉圭。

可能性取決於兩國之外交關係現況；然而基於雙方目前維持之良好關係，仍可預卜該國有意願與智利進行合作」[51]。

　　上述之分析與判斷尚屬中肯，惟仍欠完整。中華民國目前仍與十四個無邦交國家維持極密切之技術合作關係[52]，上述國家均同意其代表機構冠用中華民國國名並給予官方特權甚至豁免。以厄瓜多為例，我國在該國派駐有兩個漁技團以協助該國養殖蝦類及從事技術轉移，使厄瓜多成為蝦類重要出口國。在其他十三個國家我國則與彼等進行其所需之特定合作項目。

　　智利計劃及合作部另曾建議智經濟部加強爭取臺資。有關此節近期智利「水星報」刊載中華民國外交部所透露之推動外交計畫，擬激勵其企業家赴與其維持邦交之國家進行投資，因此中南美洲成為推動此計畫之重點地區[53]。

　　事實上中華民國政府為有效紓解一九九四年七月間已達九百億美元之龐大外匯存底的壓力，經常鼓勵其廠商赴包括智利在內之拉丁美洲國家投資。同時亦透過其派駐智利之「臺北經濟文化辦事處」建議智政府考慮洽簽「投資保障協定」，以期有效說服其企業人士赴智投資。然而迄目前為止似尚未獲智方正面回應。反觀阿根廷則已於一九九三年該國經濟部長卡巴羅(Domingo Cavallo)率團訪華之際與中華民國簽訂上述協定[54]。而且事實上中、阿雙邊貿易額遠遜中智貿易額，上述協定能獲簽訂尤屬難得。

　　臺灣目前之企業家較諸八十年前居住在智北，曾要求與智訂立商

[51]　AGCI, *Memoria Anual 1993*, Santiago, 1994, p. 34. El Director de la AGCI, Rodrigo Egaña visitó Taiwan entre 20 y 28 de marzo de 1992.

[52]　上述十四個國家為：Angola, Bahrain, Bolivia, Ecuador, Fiji, Jordan, Kuwait, Libya, Madagascar, Mauritius, Nigeria, Papua New Guinea, United Arab Emirates, and Zaire. See: Hungdah, CHIU (ed.), *Chinese Yearbook of International Law and Affairs*, Vol. 11, (1991-1992), pp. 616-629.

[53]　AGCI, *supra* note 51, p. 34 and " Campaña Taiwanesa, " *El Mercurio*, 23 de julio de 1994, D5.

[54]　El convenio fue suscrito el 30 de noviembre de 1993 por el subsecretario de Economia de la República Argentina Lic. Guillermo Harteneck, y el Viceministro de Economia de R. O. C. , Sr. Sheu Ke-sheng.

約保護財產之華商對保障權益方面之要求更為迫切，因此「投保協定」有助於彼等決定在智利投資。目前中華民國至少已與六個無邦交國家及四個邦交國簽訂類似協定⑤，倘中智簽有類似協定，臺灣廠商定將為智利優異之投資環境所吸引。前述國家均已不顧中共之政治壓力毅然與中華民國訂約，智利何所顧忌呢？何況中共亦大力吸引臺資，難道他們有權利阻止別國從事目前他們本身所正進行之舉嗎？

此外，兩國財經首長之互訪對增進雙邊經貿關係裨益甚大，尤其中智兩國之實質關係主要乃建立在經貿及技術合作之基礎上。智利傅雷總統(Eduardo Frei Ruiz-Tagle)閣下所揭櫫「為追求發展之外交」業經費格羅外長(Carlos Figueroa Serrano)一再強調應予重視，事實上已屆須將其具體付諸實施之時了。

迄目前為止，智利財政部長及經濟部長均尚未訪華。當大多數歐洲、北美國家及澳紐等國均已派遣其財經部長訪華，智利實沒理由不派其財經首長赴華訪問。尤其一九九四年底智將成為 APEC 會員國，中華民國亦為該組織成員，因此，兩國更可在其架構上進行部長級合作。

冷戰已然結束，經濟利益已取代政治、意識型態及軍事對立，是故採取務實彈性作法者注定將成為勝利者。

智利經濟部長賈西亞(Alvaro García)及外交部次長衣舒沙(José Miguel Insulza)上年以在野之身分合編之「疆界之外」一書中曾指出：「合作乃是雙邊關係之一項層面，而此種關係應以整體及協調之方式為之。就此意義而言，在不影響智利對外政策之條件下，彈性的給予臺灣官方待遇將是有益的…」⑤。

事實上，中華民國對智利而言，乃是一個有益並富活力的夥伴，目前在智利已約有一百七十個臺資企業，總投資額超過一億美元⑤。

---

⑤　六個無邦交國家包括新加坡、印尼、菲律賓、越南、拉脫維亞及阿根廷；四個邦交國為：巴拿馬、巴拉圭、南非及尼加拉瓜。

⑤　José Miguel Insulza et. al. (ed.) *Más allá de las Fronteras*, Santiago: Ed. Asociado Ltda, 1993, p. 174.

⑤　駐智利代表處經濟組蒐集提供。

此外，臺灣之經濟與智利呈互補型態，自智利進口原料，出口高附加
價值製造品及科技與資本，雙邊之合作定可互利互惠。

中華民國正全力為參與聯合國而努力，因此需要包括智利在內之
友好國家給予支持。智利有重視人權的良好傳統，怎能無視在臺灣兩
千一百萬人民要求加入國際社會的權利與殷望嗎？

中共口口聲聲強調其已代表臺灣人民，那麼試問智利人想去臺
灣，持用中共駐智「大使館」所發之簽證可否順利抵臺？另者，中共
既然堅決反對中華民國高級官員訪問外國，尤其赴無邦交國家，那麼
他何不直接註銷臺灣官員的護照？顯然上述兩點中共都無法做到，那
麼如何能說中共已在聯合國代表中華民國了呢？

在聯合國問題方面，智利能在一九六五年中共「文化大革命」前
夕開始予以支持，為何不能或不願支持一個與智利具有共同民主理
念、尊重人權及實行完全市場經濟的國家——中華民國呢？值得我們
努力的地方還有很多。

一九九三年十月皮沙洛眾議員在聯合國的發言對智利與全中國關
係之意義十分重大，因為他的讜論係鼓勵中華民國與「中華人民共和
國」共同在國際組織中攜手合作，試問「攜手合作」難道不比「針鋒
相對」來得有意義並對大家都有利嗎？

中國的問題應由中國人自己尋求解決途徑，無論是中國大陸的中
國人或臺灣的中國人，若著眼處是全人類的和平及福祉，為何不給予
他們一次機會，讓他們去攜手合作呢？

附表一　智利與中華民國及智利與中共雙邊貿易額之比較對照表*
(1983-1993)

智利與中華民國貿易額 | | | | 智利與中共貿易額 | | |

年份	雙　邊 貿易額	智　利 出口額	智　利 進口額	年份	雙　邊 貿易額	智　利 出口額	智　利 進口額
1983	**57.6	30.9	26.7	1983	103.6	93.7	9.9
1984	82.0	44.7	37.3	1984	137.6	125.3	12.4
1985	61.9	38.5	23.5	1985	148.9	124.9	24.0
1986	99.3	61.4	37.9	1986	121.3	100.2	21.0
1987	184.2	129.6	54.6	1987	135.8	78.7	57.1
1988	312.3	245.3	67.0	1988	154.1	99.1	55.0
1989	483.0	399.8	83.2	1989	151.9	104.1	47.8
1990	361.5	279.8	81.7	1990	87.7	30.6	57.0
1991	506.9	395.3	111.6	1991	174.6	79.4	95.2
1992	784.8	572.1	212.7	1992	427.3	280.6	146.7
1993	720.4	494.7	225.7	1993	396.0	212.5	183.5 ***

*　　周麟編製

**　　單位：百萬美元

***　資料來源：1) 1983-1992年智利外交部國際經濟關係總司統計資料(Dirección Gene-
　　　　ral de Relaciones Económicas Internacionales, Ministerio de RR.
　　　　EE.,Chile, 1983-1992).

　　　　2)中華民國財政部海關統計資料，民國八十二年十二月。

　　　　3) Sergio Valdivieso y Eduardo Galvez C., *Chile en la Cuenca del
　　　　Pacífico*, Santiago: Ed. Andrés Bello, 1989, p. 141, 171.

貳、特　載

讓正義的心聲，無遠弗屆！

——行政院連院長於九月二日新聞評議委員會成立三十週年講詞

連　　戰

中華民國八十二年九月二日

潘主任委員、賴秘書長、各位新聞界的先進、各位貴賓、
各位女士、各位先生：

今天欣逢中華民國新聞評議委員會成立三十週年，舉行慶祝酒
會，本人應邀參加，感到十分榮幸。三十年以前，由許多新聞界前
輩，創建了　貴會，使新聞自由與社會責任並重的觀念，受到重視，
從而也產生了深遠的影響。本人要代表政府，對　貴會及諸位新聞界
先進多年的貢獻，表示敬意和謝意。本人深信，　貴會在諸位先生的
卓越領導下，為了維護新聞自由，保障基本人權，提倡新聞自律，發
揮新聞正義，今後一定可以獲致更大的成就，對我國新聞傳播事業的
發展，也必然會有積極與正面的貢獻。

在座的諸位先進都是新聞界的碩學俊彥，本人也很難得有這個機
會當面向諸位請益，因此今天擬就「參與聯合國」一事，說明政府的
立場，還希望各位不吝賜教。

海內外廣泛迴響

提到「參與聯合國」這件事，很少人知道，李總統登輝先生早在
兩年多以前，就已經責成相關部會，正視這個問題，並且指示在國際
間開始爭取瞭解和支持。兩年以來，參與聯合國案，不但已在國內朝
野之間形成相當程度的共識，更因為國際媒體不斷的報導，在海內外

都引起了相當程度的迴響。

　　本人可以向諸位報告：最近國際輿論已出現許多支持我國參與聯合國的聲音。例如美國休士頓與舊金山等地之報紙，最近都刊出我政府駐外新聞機構的投書，呼籲全美民眾重視中華民國參與聯合國活動之權益。英國 BBC 電視臺於七月三日專題播出我國的立場與看法。澳州「西澳洲人報」在八月四日刊載一篇當地中國問題專家古德曼教授所撰的專文，強調聯合國如不允許我國加入，等於是「自限可資運用的資源與空間」。其他如德國、荷蘭、法國、比利時等國家的媒體，也都已經多次出現相關的報導，使我國拓展國際活動空間，參與國際組織之意願，廣受國際間之注意。此外，今年八月六日，中美洲七個友邦聯名致函聯合國秘書長蓋里，要求聯合國重視分裂中國家在聯合國內「平行代表權」的重要性，並促請聯合國就我入會事著手研擬可行的解決方案，更是令人鼓舞的訊息。

中華民國不容忽視

　　本人近來接見外賓的時候，也多次清楚懇切地向他們說明，我們有足夠而充分的理由，重新參與聯合國。

　　首先，自從我們退出聯合國以來，中華民國非但沒有在世界地圖上消失，反而在全民團結努力之下，獲得了舉世公認的非凡成就。今天，大家都知道中華民國是世界第十四大貿易國、擁有數一數二的外匯存底，國民平均所得高居全球第廿五名，即便是以人口計算，我們也足以躋身聯大現有一百八十四個成員國的前三分之一。像這樣一個根據任何指標，都稱得上是實力雄厚的國家，當然有權要求在聯合國中享有一席之地。

　　以前有人為了協助中共加入聯合國，曾經強調：「不可忽視中共實力，而且如果孤立中共，將不利於全球利益。」本人以為這個說詞，倒可以用來形容中華民國今天的現況。一九九〇年十一月十日，美國紐約時報就曾以「臺灣大到不容忽視」為題，發表社論，呼籲美

國和其他國家正視中華民國在臺灣的存在與發展，這無疑也指出了聯合國繼續漠視我們的不妥與不智。許多從事國際事務研究的人可能都已注意到，目前在聯合國及其周邊組織的出版品上，甚少見到有關中華民國臺灣地區的統計資料，這種疏失不但傷害了這些出版品的完整性和可用性，也影響了資料使用者之權益，是一個必須儘速糾正的現象。

此外，數十年來，西方民主國家不斷倡言自由民主的重要。而今天，中華民國臺灣地區的民主化早已斐然有成。各項調查更顯示，「參與聯合國」是我絕大多數國民，在自由意志及民主方式下所表達的意願。因此，任何一個國家，假如真正珍惜自由，尊重民主，就沒有理由對我們的意願，視若不見。

回饋國際社會的善意與實力

尤其值得一提的是，中華民國如果能重新參與聯合國，對國際社會一定會有實際助益。因為我們不僅有意願，更有能力，在維持國際秩序、推動經貿合作，以及提供人道援助等問題上，作出積極的回應與貢獻。眾所周知，近十年來，我國已從被援助國家蛻變為對外提供援助的國家，自民國六十九年提撥「國際災難人道救濟」經費，到民國七十七年設立「海外經濟合作發展基金」，以及我們派遣四十三個技術合作團隊深入三十一個國家協助它們發展的事實，在在都顯示，我們已經展開具體行動，回饋國際社會，並對發展層次不同的國家與地區，扮演貢獻者、合作者及參與者的角色。

遺憾的是，因為我們不是聯合國成員，使得這份回饋國際社會的善意常常無法落實。就拿兩年前波斯灣戰爭為例，當時我國曾有意提供經援給若干遭受戰火波及的國家，孰料這些國家竟因我非聯合國會員等種種顧慮，而遲疑延宕，以致這些援助因飽經周折而影響效益。又例如，近來為改善日益惡化的「溫室效應」，聯合國正大力推動各國簽署一項旨在保護臭氧層的「蒙特婁公約」，我國雖然有意參與，

卻囿於不是聯合國成員，而無法成為締約國，這不僅對一個有心積極
參與國際合作的國家不公平，影響解決全球環保問題之效率，造成了
政治干擾環保之惡例，而且果然是「自限可資運用的資源與空間」。
聯合國難道不明白，沒有全球性的積極合作，人類有效解決共同問題
的能力，必然受到影響？而聯合國作為國際上最重要的政府間組織，
必須著重「會籍普遍化」的原則，更不是沒有道理的！

匡正失誤，還我公道

　　我們爭取參與聯合國的另一個理由，是為臺灣地區兩千一百萬中
國人爭取在國際間的基本權利與尊嚴。從國際法理來看，一九四八年
的「世界人權宣言」，一九六六年「公民及政治權利國際盟約」，以
及同年通過的「經濟、社會、文化權利國際盟約」都強調：每個人均
有參與政治、文化、經濟活動的權利。這種權利，是任何人作為這個
世界一份子的基本權利與基本尊嚴，與每個政府所應保障的一般權利
不同。中華民國的國民目前享有充分的權利，不假外求。不過，二十
二年來，因為我們被排除在「聯合國」之外，卻使得臺灣地區兩千一
百萬同胞，參與國際社會中政治、經濟、文化活動的基本權利與基本
尊嚴，受到嚴重的歧視與傷害。這是一個極端不道德、不公平、不合
理的現象。如果聯合國真的重視人權，就不可以再繼續坐視這個現
象，而應該要對我們兩千一百萬人的基本權利遭受侵害的事實，儘速
採取補救行動。本人確實認為：現在已經是國際社會，尤其是聯合
國，「匡正失誤，還我公道」的時候了。
　　聯合國的會員們必須瞭解，一九七一年的大會決議雖然接納了中
共政權，並從而把我們排除在聯合國的體系之外，但卻忽視了中共不
能也無權代表中華民國臺灣地區兩千一百萬同胞的事實。今天，沒有
人在聯合國代表我們，沒有人替我們主張權利或承諾義務。一個如此
重要的國際間政府組織，忽視兩千一百萬人的存在，這是正常的現象
嗎？我們的兒童、婦女、老人、及殘障同胞，不能像世界其它國家的

兒童、婦女、老人、及殘障朋友一般，參與聯合國的活動，享受應享
的權益，這是正常的現象嗎？甚至我們的警察，在執行打擊國際犯罪
及緝毒的任務中，也不能得到充分的國際合作，這是正常的現象嗎？

參與聯合國、有利國家統一

　　當然，我們也瞭解，參與聯合國，最大的阻力，將是來自中共的
阻撓。對於中共近日動作頻仍，企圖進一步在國際社會中打壓我們，
阻止我們重新參與聯合國，本人要表示強烈的反對。中共一定要面對
現實，面對一個國家分裂分治的現實，它如果不能以理性務實的思
考，來探討這一個嚴肅的課題，必將有負於民族大義。

　　在國家未統一以前，中華民國有權利享有一個合理的國家地位，
而我們重新參與聯合國之決策，從來無意製造海峽兩岸永久的分裂。
相反地，我們認為中華民國一旦得以參與聯合國，必會增加我們對中
國統一的信心，使我們依據「國家統一綱領」，以更積極的作為，追
求中國未來的統一。中共只要看看東、西德在統一之前，同為聯合國
成員，結果卻無礙統一的事實，就應該得到啟示。南北韓並存聯合國
的例子，也可做為一個分裂國家中，兩個政治實體同屬一個國際組織
的最佳佐證。所以，不論就法理或實際而言，我們參與聯合國的主
張，都是合理可行的。而且，中華民國的立場十分堅定明確，我們重
新參與聯合國的努力，必然是在一個中國的原則下進行，對國家的最
終統一，也必然會有良性效應。我們希望中共當局平心靜氣，體察大
勢，不要阻撓中國統一的進展。

　　中共更必須瞭解，聯合國成立於第二次世界大戰之後，當時人類
慘遭流血浩劫，立意追求和平，所以聯合國的最高理想，用英文來
說，是「將刀劍熔為犁鋤」(Swords into Plowshare)，用中文而言，
則是「化干戈為玉帛」。西方著名的國際關係學者密傳尼(David
Mitrany)，也曾強調：「和平是點滴心血，累積而成」(Peace by
Pieces)。中華民國一向愛好和平，如今重新參與聯合國，正是本於

促進世界和平與中國和平之誠意。中共不應該反對海峽兩岸，在國際舞臺上，有更多的接觸互動機會。難道中共不願意經過這些接觸互動，而增加兩岸間的瞭解與互信嗎？難道中共不願意累積這些「點滴心血」，而締建民族的和平統一嗎？

理直氣壯、盡其在我
── 絕不是遙不可及的夢想

　　當然，更值得強調的是，我們今天參與聯合國是知其當為而為之，是理直氣壯，也是盡其在我，絕不會因為中共或任何人從中作梗，而有所軟化。我們可以斷言，未來我在國際社會中的地位，將與我國家實力之發展與壯大成正比，不論任何惡意阻擾，我們的國際活動空間，都會越來越寬廣，越來越遠大。只要我們努力，我們就會有實力，只要我們有實力，我們就會有前途。我們的未來不會由中共或任何外人決定，而必然是由我們自己決定。

　　各位先生、各位女士，　李總統登輝先生曾提醒我們：「存在就有希望」。今天，我們不但存在，而且在參與聯合國這件工作上，已經邁出堅定有力的第一步。雖然，我們面臨的將是一條遙遠崎嶇的道路，但絕非遙不可及的夢想！只要大家秉持信心，加強努力，全民團結，朝野一致，厚植國家實力，進而擴大國際影響，相信必能爭取更多的國際支持，達成參與聯合國的目標。

讓正義的心聲、無遠弗屆

　　本人誠摯希望　貴會發揮對新聞界廣大的影響力，經由各種媒體和管道，把我們的呼籲和期望，傳佈到海內外每一個角落，讓正義的心聲，無遠弗屆，為我們參與聯合國的行動，締造蓬勃的契機，使我們重新參與聯合國活動的日子，早日來到。謝謝各位。

外交施政及最近國際情勢

立法院第二屆第三會期
外 交 及 僑 政 委 員 會

報告人：錢　　復
民國八十三年三月七日

目　　錄

前　言

主席、各位委員女士、先生：

　　本人今天承　邀就我國外交施政及最近國際情勢提出報告並接受指教，感到非常榮幸。各位委員平日關切我國對外關係的拓展，積極

督導與支持外交部的工作，本人願藉此機會向諸位委員表達由衷的謝忱。

　　本人今天的報告分為五個部分：第一部分報告當前詭譎多變的國際情勢；第二部分闡明我國務實的外交政策；第三部分敍述當前外交新局；第四部分說明政府的便僑便民措施；第五部分強調完成自立自強外交使命的重要，敬請各位委員女士、先生不吝指教。

壹、詭譎多變的國際情勢

　　各位委員，最近半年來國際局勢發生一連串急遽變遷，同時也衍生許多國際問題。

　　在和解替代對抗的國際新潮流中，多國協商與國際組織的運作，已成為解決國際爭端的主要模式，我們由波斯灣危機、索馬利亞內戰、波士尼亞戰亂、柬埔寨及海地政局的調停方面，得到了證明。在此一潮流下，國際安全的模式已有了新的內涵，反映在全球性國際組織方面則是聯合國排難解紛功能的大幅提昇；而表現在區域安全體系方面，則是類似美國總統柯林頓於本年元月所提出的「和平夥伴計畫」(the Partnership for Peace)。此項計畫是擴充北大西洋公約組織的架構，納入前蘇聯集團國家，形成一種新的「夥伴關係」，以消弭敵意，解決歐洲地區的安全問題。

　　在傳統的權力觀念下，政治及軍事力量是衡量一國國力的最主要標準。但昔日各國以安全考量為重心，以武力鬥爭為手段的對立形勢，並未帶來進步與繁榮；當前國際社會以經貿利益為目標，以協商談判為主軸的互動模式，才是國家整體發展，國際社會穩定進步的基礎。因此，國際社會各成員莫不以追求整體國力的成長為施政重要目標，而特別著重在經濟的復甦以及經貿市場的拓展。各國或因地緣相近或因利害與共，或基於政治及經濟上互補互利的考慮，積極推動區域性經濟整合，近年來成果斐然。本年一月一日，歐洲聯盟十二個會員國與歐洲自由貿易協會五個會員國組成的「歐洲經濟區」(EEA)，

以及由美國、加拿大和墨西哥三國締結的「北美自由貿易協定」（NAFTA）同時生效：二者皆是總人口超過三億七千萬，區域內生產毛額達七兆美元的巨大市場。在亞洲方面，東南亞國協（ASEAN）亦計畫在十五年內推動成立「亞洲自由貿易區」（AFTA）。在此情況下，亞洲地區強勁的經濟成長力，使其在動盪的世局中，展現舉足輕重的地位。亞太經合會議國家的貿易規模，僅次於歐洲聯盟，是全球第二大區域經濟區，占全球貿易總額的百分之二十三點五，使得美國總統柯林頓也要指出「新太平洋共同體」的時代已經來臨。

當然，當前的國際社會仍面臨許多挑戰，例如核武的擴散、人權的蹂躪以及貿易壁壘的形成，均有待人類運用高度智慧共同解決。

在遏止核武擴散效應方面，國際社會正致力以談判方式謀求解決。本年元月，美國、俄羅斯與烏克蘭簽署撤除烏克蘭境內核子武器的協定，是裁減核武計畫的一大突破。此外，三十八國亦於去年元月在日內瓦召開國際裁軍會議，有意締結全面禁止核爆條約，但尚待克服的困難仍多。

人權問題也影響當前國際關係的運作。除中國大陸之外，亞、非、拉丁美洲的人權狀況均引起國際社會關注，聯合國鑒於全球人權問題日益重要，遂於去年十二月決議成立人權事務高級專員公署，以協調國際人權問題。

經貿衝突則已超越軍事對抗及意識形態的考慮，成為影響當前國際關係的最重要因素。由於日本與歐洲聯盟在經濟上已逐漸與美國鼎足而三，因此，貿易的競爭以及保護主義的摩擦，導致了美國與昔日盟邦間的緊張關係。美國與日本於上月間由於日本享有五百餘億美元的巨額貿易順差而引發貿易爭議，導致美國動用「超級三〇一條款」以資對付，一場貿易戰爭一觸即發。

在全球經濟集團化的趨勢下，區域經濟整合亦造成貿易保護主義抬頭及區域間的經貿壁壘，甚至對無法加入區域整合的經濟體構成歧視性的待遇，影響世局的穩定。上年十二月十五日，歷時七年的關稅暨貿易總協定（GATT）烏拉圭回合貿易談判終於開花結果，一百一十

七個國家達成了全球自由貿易協定，並將於下年成立世界貿易組織(
WTO)，以促成撤除關稅障礙與振興全球經濟的目標。然而，未來能
否排除各國藉反傾銷制度或類似美國挾三〇一報復條款所可能帶來的
貿易障礙或摩擦，仍待觀察。

貳、和平務實的外交政策

　　各位委員，推動務實的外交政策，是當前政府既定的方針，我們
始終秉持中國必將統一的一貫信念，然而也體認到中國目前處於分
裂、分治狀態的事實，我們是一個主權國家，作為一個負責任的有為
政府，我們理應憑藉己身實力，在國際社會中走出自己的道路。我們
無意對中共採取「零合」的作法；我們也認為兩岸不應封殺彼此的生
存及活動空間，這是務實的基本理念。

　　事實上，我們推動的務實外交政策清晰而且明確，從決策到執
行，皆以廣闊的國際視野為國家定位，謀求全體中國人的福祉。中共
以傳統國際法的絕對主權觀念，緊抱「一國兩制」框架，刻意貶抑乃
至企圖消滅我國際人格，無視海峽兩岸並存兩個政治實體的事實，極
力破壞我與邦交國家的關係，實與中國統一的方向，背道而馳。

　　我們在推展對外關係的方法上，是體察情勢，因地制宜，靈活運
用，通權達變；尤其為突破中共對我的孤立策略，我們必須積極走進
國際社會。誠如　行政院連院長日前向大院提出施政報告時指出，海
峽兩岸目前已沒有任何理由再存有勢不兩立的成見，只要雙方互重、
互信、互補，將在國際間進行對抗的資源移用於國計民生，則中華民
族必有光明前途，以民主和平方式統一中國的遠景也非遙不可及。我
們期望中共能深思這個問題。

參、縱橫捭闔的外交新局

　　各位委員，過去半年來，外交部針對國際情勢的演變，同時因應

中共永無休止的挑戰，以更積極的態度，更務實的作為、更靈活的手法，傾全力拓展對外關係，已獲致良好成效。茲就鞏固並加強與友邦間的雙邊關係、建立並提昇與無邦交國家間的實質關係及積極參與國際組織與活動三方面，分別提出扼要報告。

一、鞏固並加強與友邦間的雙邊關係

與邦交國間的雙邊關係，不僅是我整體對外關係的基礎，也是我維護國際合法地位的憑藉。近年來，我們多方努力，爭取與政治穩定及經濟上能與我互利的國家建交，並加強鞏固與我邦交國的關係及友誼。

在非洲方面，我們以務實的態度，針對各國迫切需要，提供贈貸款、技術援助及人道救濟，與既有邦交國家的關係已益形密切。另在奈及利亞的卡巴拉設立中華民國總領事館，這是我在尚未建交國家，所設立的第二個總領事館。目前我在非洲友邦派駐有五個農技團、二個醫療團以及一個手工藝團，對加強與各友邦關係甚有裨益。

在外交關係的加強方面，南非是我國在非洲最重要的友邦，目前雙方簽訂的各類合作協定達廿七項，早已建立全面的合作關係。目前南非憲政改革已面臨關鍵時刻，將來由多種族且以黑人為主的「非洲民族議會」(ANC)執政已成必然之勢。在中共多年來支持「非洲民族議會」的情形下，此項發展趨勢必然對中、斐未來關係造成相當影響。本部對南非政權遞嬗可能出現之變局早已有深切瞭解與佈署。我們自一九九〇年起，在南非政府的充份諒解下，已與「非洲民族議會」及「印卡塔自由黨」(IFP) 逐步建立良好關係及聯繫管道，以期南非全國團結臨時政府本年四月大選成立後，能與其繼續維持友好關係。政府已同意俟南非大選後，協助南非建立一所職訓中心及實施小農計畫，以紓解其勞工與失業問題，進而改善黑人生活。這種好的開始，正如同上年七月「非洲民族議會」主席曼德拉結束訪華前所稱：「雙方關係已開啟新頁」。

中南美地區（含加勒比海）與我有邦交的國家共十六國，為目前

我國外交工作重點之一，我與該地區國家有傳統友誼，並透過廣泛的合作，加強雙邊關係。本年元月，　總統特派行政院連院長率特使團赴宏都拉斯參加宏國新總統雷伊納就職慶典，而貝里斯副總理兼外長巴洛亦於上月抵華訪問，顯示雙方高層往來十分密切。

　　過去半年來，中共對我在中南美洲的部分邦交國拉攏滲透甚為積極，除了誘以經貿利益之外，更派遣訪問團在中南美地區大肆活動，意圖破壞我與中南美洲友邦的關係，本部已訓令外館妥為因應。上年九月，中南美洲邦交國對推動聯合國「研究平行代表權」問題展現善意支持，在中共威脅利誘下堅定立場，正是對我誠摯友誼的具體回應。未來除促請各友邦繼續支持我參與聯合國及其它國際組織與活動外，亦將爭取與國，以擴大區域內友我力量。

二、建立並提昇與無邦交國家的實質關係

　　實質關係的開拓，不僅是我務實外交的具體展現，也是在經貿導向的國際現實中提昇整體國力，爭取國家最高利益的途徑。近年來，由於我國經貿力量的殷實成長、政治民主化的大幅推進，以及回饋國際社會的具體能力與作為，使我國國際地位日益提昇，對外實質關係的開拓，屢有斬獲。

　　在亞太地區方面，本年二月，　李總統登輝先生率團赴菲律賓、印尼與泰國進行非正式訪問，以及稍早　行政院連院長赴馬來西亞、新加坡訪問，即是我國務實外交的體現，成果豐碩。有關　李總統赴東南亞訪問乙節，已另訂日期將對　貴委員會提出專題報告，在此不再贅述。

　　我國目前對東南亞的整體政策，即一般所稱的「南向政策」，主要植基於我國與該地區的密切關係。在政治層面，亞太區域和平有四項潛在威脅：北韓發展核武問題、中共對臺海情勢的威脅、南沙群島主權的爭端以及柬埔寨問題；其中與我國直接關聯者，至少就有二項。在經貿層面，我國目前在東南亞地區投資總額達一百六十億美元，我國在馬來西亞是第二大投資國，在泰國、印尼、菲律賓亦分居

第三、四、五位，顯示將來我國與東南亞地區間相互依存度非常高。
在區域安全方面，　李總統曾提出建立亞太集體安全體系的構想，在
區域經濟方面，則推動臺灣成為亞太營運中心已是我國當前施政重點
之一。我國現階段以推動參與亞太地區重要國際組織為重點，包含最
具規模的亞太經濟合作會議(APEC)。上年十一月，　李總統登輝先
生派遣經建會蕭主任委員萬長率團出席在西雅圖舉行的亞太經合會非
正式領袖經濟會議，與包括美國總統柯林頓在內的亞太地區國家領袖
交換意見，為我與亞太國家未來關係的發展奠定良好基礎。本部房政
務次長金炎於去年八月首度率團參加南太平論壇(SPF)的會後對談。
此外，東南亞國協(ASEAN)、有關亞太安全體系的東協區域論壇
(ARF)、亞太安全合作理事會(CSCAP)以及擬議中的東協自由貿易區
(AFTA)、東亞經濟共策會(EAEC)，均是我國爭取加入的區域性組
織。

　　在北美地區方面，中、美實質關係在各項雙邊條約、協定以及臺
灣關係法的基礎上穩定發展。美國是我國第一大出口國與第二大進口
國，中美經貿關係是兩國共同關切的重大議題。美國是我國第二大出
超國，中美貿易逆差經我多方努力已逐年遞減，雙方並經常舉行經貿
諮商。美國對我的防衛性軍售仍持續進行，雙方高層人員往來密切，
美國前總統布希上年十一月間訪華即為明證。在民間交流方面，目前
已有三十九個州與臺灣省締盟為姊妹州，並有一一五個市或郡與我各
縣市締結盟約，關係密切。

　　在亞西地區，我國駐俄羅斯代表處已於上年七月在莫斯科正式成
立，兩國並已簽署中俄民航合作協定，近期內可望完成通航及航權交
換。此外，我國中央通訊社也於上年十一月與俄羅斯「依塔‧塔斯
社」簽訂合作協定，對兩國資訊文化交流極具意義。

　　中東地區為世界油源所在，我國百分之八十進口原油來自中東，
為我國經濟發展所需，因此，加強與中東產油國家之關係以確保原油
長期穩定供應，為我國在中東地區外交工作首要目標。目前沙烏地阿
拉伯、約旦、土耳其與以色列在該區域的重要性日增，為我國在中東

地區推展關係的優先重點國家,今後將在既有基礎上爭取關係的突破。

在拓展對歐關係方面,近來外界對教廷與我之關係曾有甚多臆測;事實上我與教廷關係一直在穩定中發展。目前我國除在教廷設立大使館,在拉脫維亞設立總領事館外,並在包括歐聯十二國及東歐三個重點國家 —— 匈牙利、捷克與波蘭在內的二十個國家設立二十三個代表機構,整體對歐工作架構已大致成形,且該等機構經我多方努力已大多獲易名為較具代表性之「臺北經濟文化辦事處」。歐洲各國在調整駐華辦事處功能及提昇辦事處地位方面亦多有進展。法國已於上年二月將原經濟貿易辦事處併入法國在臺協會,並由現職外交官主持,成為目前歐洲各國最具規模及層次最高的代表機構。英國則於上年十月將駐華機構更名為「英國貿易文化辦事處」。在東歐國家方面,捷克業於上年十一月在華設立「捷克經濟文化辦事處」。此外,近年來歐洲國家部長級以上官員訪華頻仍,對加強中、歐關係裨益甚大。本年元月愛爾蘭國防部長安德魯斯抵華訪問,德國經濟部長富斯洛德亦將在下月率團訪華,顯示我與歐洲各國關係大幅提昇。

迄目前為止,我國已在六十一個無邦交國家設有九十三個代表處或辦事處,其中十七個是以中華民國正式國號設立的機構,五十九個冠有「臺北」名稱;此外,無邦交國家亦有四十一國在華設立四十五個辦事處。

另一方面值得一提者是,近來中共與英國針對香港政改方案引發的激烈衝突,深受各界關注。政府已揭示港澳政策的四項基本原則:亦即維護港澳地區自由民主繁榮;在互惠互利環境下發展港澳地區關係;尊重港澳地區人民意見以及讓港澳地區有長遠的定位。我們將會密切注意港澳情勢的發展,隨著港澳現實環境的改變,基於本身的理念與利益,適時調整港澳政策。

三、積極參與國際組織與活動

各位委員,參與聯合國不僅是當前政府重大施政要點,更是全國

人民的共同願望。在朝野共識以及全國各界的支持下，去年我們推動
參與聯合國的工作，已獲致相當的成果並得到國際社會廣大的回響。
本人上個會期曾就參與聯合國案向　貴委員會提出專題報告，今後除
繼續在國際間致力營造有利我國參與聯合國的環境，並設法在聯合國
內部擴大友我力量外，更將積極整合國內外各方意見，共謀有效推動
我國參與聯合國的工作。目前聯合國有一八四個會員國，我與其中二
十五國有外交關係，鑒於聯合國係採一國一票制，不分國家大小票票
平等，我參與聯合國案倘欲在聯合國取得重大進展，則我必須增加邦
交國，並設法增強我國與各國之雙邊關係，以爭取各國政府與民間各
界之支持，此均為本部目前努力的方向，基此，本部除將賡續促請各
國國會通過支持我參與聯合國案之決議案，增加各國媒體、學界報導
及討論我案以造成風潮外，並將繼續洽請友邦政府在聯大為我提案及
執言。此外，推動美國等主要國家支持我參與聯合國亦為我當前努力
的方向。上年九月，關島議會通過決議案（附件一）支持我加入聯合
國。本年二月，威斯康辛州議會亦通過決議案，支持我參與聯合國
（附件二）。

　　至於參加亞太經濟合作會議方面，上年十一月，我國以會員國身
分組團出席在美國西雅圖舉行的資深官員會議、部長級會議以及非正
式領袖經濟會議，使我國在該組織的地位益形重要。目前亞太國家正
透過亞太經合會以強化經濟合作，但在促進文化交流方面，仍有待加
強。　李總統日前接見參加「文化震源地—亞洲」研討會代表時，曾
針對此一問題指出，中華民國臺灣正可以扮演一個強化亞太經合會各
經濟體間文化交流與協調的觸媒角色。

　　在加入「關稅暨貿易總協定」（GATT）方面，上年十月關貿總協
第四次工作小組會議完成我貿易體制備忘錄之二讀審查程序；四月間
將進行第五次小組會議。此外，我與關貿總協締約成員之關稅減讓談
判也將次第展開。歐洲聯盟上月表示將全力促使海峽兩岸在今年內加
入關貿總協。為因應「世界貿易組織」（WTO）可能提前成立的趨
勢，我國將調整策略以資因應。在其他國際組織方面，我國是「中美

洲銀行」(CABEI)的區域外會員國，以正式國號加入該組織。對於
「經濟合作發展組織」(OECD)所舉辦之非正式研討會，我國一向積
極參與。此外，我國並與政府間國際金融組織「歐洲復興開發銀行」
(EBRD)合設「臺北中國—歐洲銀行合作基金」，以協助中、東歐國
家邁向市場經濟。

肆、便僑便民的領務措施

　　各位委員，隨著我國實質關係的開展，目前幾乎所有歐、美主要
國家均已與我國達成諒解，在平等互惠的原則下，國人的簽證待遇普
遍獲得改善。本部領事事務局為提高服務品質，已於上年十二月遷至
臺北世貿中心國際貿易大樓辦公。

　　為確實執行　大院通過領事事務局組織條例時所附加之決議：
「外交部應於一年內，在中、南、東部設立分支機構，以便利服務民
眾。」本部繼七十八年成立高雄辦事處之後，分別於八十一年七月設
立中正機場辦事處，八十二年元月設立台中辦事處。並於本年元旦正
式成立花蓮辦事處，順利完成　大院交付的任務，擴大便民服務層
面，國人反應十分良好。

　　同時，為了協助國內旅遊業者開創商機，提振我國觀光事業，本
部於上年六月一日起在桃園中正機場擴大開辦選擇性落地簽證。目前
先以美國、日本、英國、法國、德國、加拿大、紐西蘭、澳大利亞、
荷蘭、比利時、盧森堡、奧地利及瑞典等十三個先進且有觀光客源國
家的過境旅客為對象。今後將再視我與其他國家雙邊關係的發展，逐
步增加。自上年十二月一日起，此一業務在高雄小港機場同步實施，
將對南部地區觀光事業之推展有所助益。此外，為了進一步加強國際
交流，便利外國人士來華觀光商旅，本部自本年一月一日起在桃園中
正及高雄兩機場同步實施選擇性一二〇小時入境免簽證措施。初期實
施仍以前述瑞典除外之十二國旅客為對象。本項措施實施後，雖然每
年國庫將短收簽證規費，惟對提昇我觀光事業發展以及加強國際宣

傳，促進國際交流等均具有積極正面的意義。

伍、自立自強的外交使命

　　各位委員，我們推動務實外交的成果已是有目共睹，而我們拓展國際空間的困難，國人亦能深切體會。在這個經貿利益導向的國際新社會裡，地緣經濟觀念的崛起，正是我們開展對外關係的有利契機。中華民國臺灣地區根源於中國文化，但在歷史經驗上，曾深受日本及西方文化的影響，加上地緣上正位於西太平洋連鎖的樞紐，已成為亞太國家追求繁榮進步不可或缺的夥伴。我國將以雄厚的經濟實力，為亞太地區的經濟發展貢獻力量，並擔負更多責任，以善盡促進亞太文化交流的角色。另一方面，我們在參與國際社會時卻處處遭逢中共的挑戰；現階段兩岸民間交流日益蓬勃發展的背後，是中共企圖消滅我國際人格，對我國際活動百般的破壞與打擊。誠如　李總統在本年元旦祝詞中所言，中共應當正視兩岸人民福祉，放棄敵意與對立，努力增進相互瞭解與信任，雙方才能共創互利互惠的「雙贏」局面。

　　追求國家統一是我們最終的目標，在國家未統一之前，尋求尊嚴自主的國際地位是當前外交工作同仁責無旁貸的使命。本人欣見國人對重返國際社會、推動務實外交已逐漸凝聚共識。面對國際局勢的急遽變遷、中共日益增強的壓力以及國人的深切期許，本部同仁凜於責任的重大，自當在民意監督下，對我國外交藍圖做最縝密的規劃；對外交領域的拓展、國際地位的提昇以及國際事務的參與，盡最大的努力，更希望各位委員支持並隨時不吝指教。謝謝各位。

〔 附件一 〕

關島議會通過之決議案

COMMITTEE ON RULES
Resolution No. 235

Introduced by:
　J. T. San Agustin
　C. T. C. Gutierrez
　A. R. Unpingco

E. F. Arriola　　　　D. Parkinson
T. S. Nelson　　　　M. Z. Bordallo
A. C. Blas　　　　　V. C. Pangelinan
O. L. C. Shimizu　　J. P. Aguon
H. D. Dierking　　　D. F. Brooks
F. C. Lujan　　　　 M. D. A. Manibusan

Relative to congratulating the Chinese community on Guam on their coming Double Tenth Day celebration on October 10, 1993 commemorating the October 10, 1911 revolution that gave China its independence, and to supporting the Republic of China in Taiwan's bid to regain a seat in the United Nations.

BE IT RESOLVED BY THE COMMITTEE ON RULES OF THE TWENTY-SECOND GUAM LEGISLATURE:

WHEREAS, on October 10, 1993 the Chinese community of Guam will celebrate their Double Tenth Day to commemorate the October 10, 1911 revolution which freed China from the Ching Dynasty and established the Republic of China, and to honor those millions who fought bravely for so many years for freedom from oppression, with three hundred years of harsh and tyrannical Manchu rule finally ending on the first Double Tenth Day, a result sought by countless Chinese patriots guided by the valor and leadership of the founding father of the Republic of China, Dr. Sun Yat-Sen, who brought an open door to China that enabled an admiring outside world to learn the fascinating cultural and ethical heritage of the Chinese; and

WHEREAS, Chinese people all over the world celebrate in these annual Double Tenth activities the independence that occurred in 1911 and the heroics of the men and women who made it possible, and the Chinese community on Guam-the home to many long-time Chinese residents who have contributed to the island's social, business, political and cultural growth-will join the celebration of this important historical event, which opened China to the modern world; and

WHEREAS, since 1973, Guam has had a sister-city relationship with the City of Taipei, Republic of China, which tie was further strengthened by the State Department's approval in July of 1993 of a visa waiver program which will bring many visitors from Taiwan boosting the local tourist industry, and relieving it from a total dependence on the vagaries of the Japanese tourist market; and

WHEREAS, the Republic of China has recently requested the General Assembly of the United Nations to allow it to participate as a full-fledged member of this world body, Taiwan over the years having been a well-defined presence in the international community, offering technical as well as financial assistance to many developing countries, and adopting a series of political and constitutional reforms to maintain a stable political system; and

WHEREAS, the local Chinese community strongly back the quest of the Republic of China in Taiwan to become an active participant in the United Nations; now, therefore, be it

RESOLVED, that the Committee on Rules of the Twenty-Second Guam Legislature does hereby on behalf of the people of Guam pledge their support in Taiwan's rightful quest for a seat in the United Nations, and does further congratulate the Chinese community of Guam on their annual celebration of Double Tenth Day; and be it further

RESOLVED, that the Speaker and the Chairperson of the Committee on Rules certify to and the Legislative Secretary attest the adoption hereof and that copies of the same be thereafter transmitted to His Excellency Lee Teng-Hui, President of the Republic of China; to Dr. Lien Chan, Premier of the Executive Yuan; to Dr. Frederick F. Chien, Minister of Foreign Affairs; to Dr. Huang Thomas Ta-Chou, Mayor of Taipei City; to the Honorable Chen, James Chien-Chih, Speaker of the Taipei City Council; to the Honorable Clark K. H. Chen, Director General, Coordination Council for North America Affairs Office in Guam; to Dr. John C. Chiu, President, United Chinese Association of Guam; to the Honorable Richard Underwood, Guam's Delegate in Congress; and to the Governor of Guam.

DULY AND REGULARLY ADOPTED BY THE COMMITTEE ON RULES ON THE 29TH DAY OF SEPTEMBER, 1993.

JOE T. SAN AGUSTIN
Speaker

CARL T. C. GUTIERREZ
Acting Chairperson
Committee on Rules

CARL T. C. GUTIERREZ
Senator and Acting
Legislative Secretary

〔附件二〕

威斯康辛州議會通過之決議案

1993-94 Legislature　　　　STATE OF WISCONSIN　　　　LRB-5406/2
　　　　　　　　　　　　　　　　　　　　　　　　JS:jrd:ks

1993 SENATE JOINT RESOLUTION 45

February 1, 1994 - Introduced by Senators RUDE, HELBACH and SCHULTZ; co-
sponsored by Representative KUNICKI.　Referred to Committee on
Senate Organization.

1　Relating to recognizing the contributions of the Republic of China on

2　Taiwan.

3　　Whereas, the people of the state of Wisconsin enjoy a sister state

4　relationship with the people of the Republic of China on Taiwan; and

5　　Whereas, commercial interaction with the Republic of China on Taiwan

6　has grown substantially in recent years, to the benefit of our state; and

7　　Whereas, a democratic, multi-party political system has been smoothly

8　established in the Republic of China on Taiwan in recent years; and

9　　Whereas, the direct role of the Republic of China on Taiwan in inter-

10　national development programs and humanitarian relief operations has

11　expanded significantly during the past decade, often in close coordination

12　with our nation's own such efforts, and most recently the Republic pro-

13　vided $100,000 for flood relief to the people of Wisconsin; and

14　　Whereas, seven Central American countries have proposed to the Secre-

15　tary General of the United Nations that a supplementary item be included

16　in the provisional agenda of the 48th General Assembly session to consider

17　the exceptional situation of the Republic of China on Taiwan in the

18　international community, based on the principle of universality and in

19　accordance with the established pattern of parallel representation by

20　divided countries in the United Nations; now, therefore, be it

1993-94 Legislature　　　　　　　-2-　　　　　　　　LRB-5406/2
　　　　　　　　　　　　　　　　　　　　　　　JS:jrd:ks

1　　Resolved by the senate, the assembly concurring, That the legislature

2　　of the state of Wisconsin declares that this state's commercial relation-

3　　ship with the people of the Republic of China on Taiwan should be recog-

4　　nized as serving our mutual interests in an equitable and reciprocal

5　　manner; and, be it further

6　　Resolved, That the record of the Republic of China on Taiwan concern-

7　　ing democratization at home and humanitarian service abroad be accorded

8　　appropriate recognition by the people of this state; and, be it further

9　　Resolved, That due consideration should be given by the United States

10　to the readiness of the Republic of China on Taiwan for further contribu-

11　tions to, and broader participation in, the international community,

12　including participation in such forums as multilateral trade associations,

13　humanitarian relief organizations and the United Nations; and, be it fur-

14　ther

15　Resolved, That the senate chief clerk shall provide a copy of this

16　joint resolution to each member of this state's congressional delegation,

17　to President Clinton and to the Secretary General of the United Nations.

18　　　　　　　　　　　　　　　　　(End)

十二個聯合國會員國請求聯合國大會將中華民國會籍問題列入第四十九屆會議臨時議程內（附聯合國文件英文原文）

第四十九屆會議

請求在第四十九屆會議臨時議程內
列入一個項目

根據會籍普遍原則並按照分裂國家在聯合國
已建立的平行代表權模式，審議在臺灣的
中華民國在國際體系中的特殊情況

1994年6月28日

布基納法索、中非共和國、多米尼加、多米尼加共和國、格林納達、尼加拉瓜、尼日爾、聖基茨和尼維斯、聖盧西亞、聖文森特和格林納丁斯、所羅門群島和斯威士蘭＊常駐聯合國代表

給秘書長的信

我們各奉本國政府的指示，謹根據大會議事規則第13條，請你在大會第四十九屆會議議程內列入一個項目，題為「根據會籍普遍原則並按照分裂國家在聯合國已建立的平行代表權模式，審議在臺灣的中華民國在國際體系中的特殊情況」。茲按照大會議事規則第20條的規

＊　我國外交部分別譯為：布吉納法索、中非共和國、多米尼克、多明尼加共和國、格瑞那達、尼加拉瓜共和國、尼日、聖克里斯多福及尼維斯、聖露西亞、聖文森及格瑞那丁、索羅門群島、史瓦濟蘭王國。

定，附上一份解釋性備忘錄（見附件一）和一項決議草案（見附件
二）。

布基納法索常駐聯合國代表
　　加埃唐·蘭旺吉亞·韋德羅戈
　　　　　　　　　（簽名）

中非共和國常駐聯合國代表團代辦
　　費爾南·普克雷—科諾(簽名)

多米尼加聯邦常駐聯合國代表
　　弗蘭克林·安德魯·巴倫(簽名)

多米尼加共和國常駐聯合國代表
　　佩德羅·布蘭迪諾·坎托(簽名)

格林納達常駐聯合國代表
　　歐仁·皮爾蘇(簽名)

尼加拉瓜常駐聯合國代表
　　埃里克·比爾切斯·阿舍爾(簽名)

尼日爾共和國常駐聯合國代表
　　阿達穆·賽義杜(簽名)

聖基茨和尼維斯駐聯合國臨時代辦
　　雷蒙德·泰勒(簽名)

聖盧西亞常駐聯合國代表
查爾斯·弗萊明(簽名)

聖文森特和格林納丁斯常駐聯合
國代表
　　赫伯特·揚(簽名)

所羅門群島常駐聯合國代表
　　雷克斯·斯蒂芬·霍羅伊(簽名)

斯威士蘭王國常駐聯合國代表團
臨時代辦
　　卡爾頓·德拉米尼(簽名)

注

　　本文件以收到的原件印發。所用名稱並不意味著聯合國秘書處對任何國家、
領土、地區或其當局的法律地位表示任何意見。

〔附件一〕

解釋性備忘錄

　　一、　聯合國從 1950 年至 1971 年共二十二年期間，審議了中國兩個政治上不同實體的代表權問題。當時這個問題是在冷戰和兩極分化所產生的政治和意識形態對抗的框架內審議，在處理時產生若干困難，因為它具有法律、政治和程序方面的因素，使問題趨於複雜。在大會上，若干國家主張接納中華人民共和國作為一個新會員國，但該國及支持它的國家堅持要把這個問題作為中國代表權問題來解決。1971 年 10月，聯合國大會第二十六屆會議通過第 2758（XXVI）號決議，其中決定中國的席位由中華人民共和國占有。結果把在臺灣的中華民國排除在聯合國之外。

　　二、　然而，大會第 2758（XXVI）號決議事實上是冷戰時代意識形態對抗的一個產物。該決議只規定中國大陸、也就是中華人民共和國管轄領土上的中國人民的國際代表權。結果它也剝奪了在臺灣的中華民國管轄下二千一百萬人民的代表權。這一排除嚴重地違反聯合國會籍普遍的基本原則。結果阻止在臺灣的中華民國及其二千一百萬人民在國際社會中過著正常的生活。以下是一些顯著的例子：

　　(a)　國際人權合作。在臺灣的中華民國被阻止參加國際人權活動，例如 1993年在維也納舉行的世界人權會議，並被排除不能協助起草或加入幾項人權公約，例如 1979 年《消除對婦女歧視公約》和1989 年《兒童權利公約》。結果，在臺灣的中華民國二千一百萬人民參加國際活動和人權公約的基本權利不斷被忽視；

　　(b)　國際救災和人道主義援助。在臺灣的中華民國積極參加國際救災和人道主義援助行動，在過去五年向 40 多個國家直接或間接提供了1.17億美元的救災和人道主義援助。但是，在臺灣的中華民國仍然不能參加聯合國各機構，例如聯合國難民事務高級專員辦事處（難

民專員辦事處）和聯合國兒童基金會（兒童基金會）的行動；

　　(c)　環境保護和可持續發展。在臺灣的中華民國被阻止成為關於生態和環境保護的各項國際公約的締約國，例如《聯合國氣候變化框架公約》和《關於消耗臭氧層物質的蒙特利爾議定書》。在臺灣的中華民國已經採取符合上述國際公約的生態和環境保護措施，卻被迫處於該議定書所規定的貿易制裁的陰影之下；

　　(d)　國際經濟、貿易和發展合作。在臺灣的中華民國是世界上第十三貿易大國、世界上第七對外投資大國，願意同國際社會分享其本身的發展經驗和成績，並且已經向發展中國家發展項目提供財政和技術援助。但是，在臺灣的中華民國仍然不能參加聯合國開發計劃署（開發計劃署）所主辦的各項發展方案，而且被阻止參加國際貨幣基金組織（貨幣基金組織）和世界銀行。

　　三、　　大會第 2758（XXVI）號決議，對於 1949 年中國分裂所造成的中國人民在聯合國的代表權問題，並不構成一個全面、合理、公正的解決辦法。中國的分裂起因於中國共產黨從 1949 年在中國大陸建立中華人民共和國，而在 1912 年建立的在臺灣的中華民國則將政府所在地遷到臺灣，其後並繼續對其臺灣、澎湖（佩斯卡多爾）、金門、馬祖等領土行使有效統治。在臺灣的中華民國是一個獨立的政治和法律實體，具有民主的政府制度及其本身的機構、法律和安全與防衛安排；所有這些因素都使它與中華人民共和國完全不同。在臺灣的中華民國與中華人民共和國顯然是兩個單獨但平等的政治實體。各自在全世界有許多外交和商務關係，並各自對具體的、不同的領土行使專屬的完全管轄權。如果主張中國大陸是在臺灣的中華民國的一部分是無稽之談，那麼，主張臺灣是中華人民共和國的一省也是無稽之談。雖然中國的分裂是所有中國人的不幸，現在還不能預測中國會在什麼時候、在什麼條件下重新統一。在中國統一之前，臺灣海峽兩岸這兩個獨立的政治實體應在國際社會中互相尊重，以平等地位共同參加國際組織和國際活動。這種互相尊重將有助於雙方逐漸建立互信並創造中國統一的有利環境。

　　四、　聯合國有分裂國家平行代表權的先例。以前的東德和西德，以及南北朝鮮，都是同時加入聯合國。這些分裂的國家之中，東德和西德在 1990 年實現國家統一。分裂國家在聯合國的平行代表權顯然並不妨礙有關雙方最後統一。反而可能有助於雙方重新建立互信。目前，在臺灣的中華民國和中華人民共和國都是亞洲開發銀行（亞銀）和亞太經濟合作理事會（亞太經合會）的正式成員。雙方在關稅及貿易總協定（關貿總協定）都是觀察員，代表不同的地區，也同時在談判加入關貿總協定。雙方加入之後，將成為世界貿易組織（貿易組織）的創始成員。因此，國際社會應鼓勵並支持分裂國家在聯合國和所有其他國際組織的平行代表權。

　　五、　聯合國承認在臺灣的中華民國的權利是符合會籍普遍和各國法律地位平等的原則。在臺灣的中華民國充分而正式地參加聯合國及聯合國各項國際人道主義援助和經濟發展的多邊方案，不可否認地將帶來更全面的援助和利益，以促進國際繁榮。

　　六、　1993 年 8 月 6 日，中美洲七國的代表聯名寫信給秘書長(A/48/191)，要求大會第四十八屆會議審議在臺灣的中華民國的特殊情況及其參加聯合國的問題；信中提議成立一個特設委員會研究這個問題。這項提議只是一個程序性事項，要求各會員國從真正的現實觀點，以開闊的心胸，來分析這個問題。這項提議並未預先規定任何立場。聯合國作為一個公開的論壇，應能審議國際社會的任何問題。預防性外交規定，最理想、最有效的外交運用方式是在緊張局勢變成衝突之前予以緩解。聯合國審議在臺灣的中華民國的情況，完全符合預防性外交的原則和精神。然而，中美洲七國提議的項目未被列入大會第四十八屆會議的議程。但是，既然這個問題還存在，聯合國的會員應盡早考慮，由一個特設委員會全面分析在臺灣的中華民國的特殊情況的一切方面、乃至將來的各種後果，將帶來全球性利益。

〔附件二〕

決　議　草　案

大會，

回顧其關於中國在聯合國的代表權問題的 1971 年 10 月 25 日第 2758 (XXVI)號決議，並注意到，由於該決議，在臺灣的中華民國不再是聯合國的一分子，

認識到在臺灣的中華民國是國際社會的一個負責任的成員，具有穩定的政治制度和蓬勃的經濟，如參加聯合國，將對國際社會有益，

申明必須承認並充分尊重在臺灣島領土內、在政治上組成中華民國的二千一百萬中國人的基本權利，

注意到在臺灣的中華民國政府聲明願意接受《聯合國憲章》所列的義務，並願意對促進和維持國際和平與安全作出貢獻，

深信必須根據《憲章》的精神和會籍普遍原則，在聯合國範圍內，尋求和平及自願解決在臺灣的中華民國問題的辦法，

1.　決定設立一個特設委員會，由大會任命……個會員國組成，負責全面分析此一特殊情況的一切方面，並向大會第五十屆會議提出適當建議；

2.　敦促全體會員國向特設委員會提供協助，以完成其任務。

聯合國文件英文原文

**UNITED
NATIONS**

 General Assembly

A

Distr.
GENERAL

A/49/144
19 July 1994

ORIGINAL: ENGLISH

Forty-ninth session

REQUEST FOR THE INCLUSION OF AN ITEM IN THE PROVISIONAL AGENDA
OF THE FORTY-NINTH SESSION

CONSIDERATION OF THE EXCEPTIONAL SITUATION OF THE REPUBLIC
OF CHINA IN TAIWAN IN THE INTERNATIONAL CONTEXT, BASED ON
THE PRINCIPLE OF UNIVERSALITY AND IN ACCORDANCE WITH THE
ESTABLISHED MODEL OF PARALLEL REPRESENTATION OF DIVIDED
COUNTRIES AT THE UNITED NATIONS

<u>Letter dated 28 June 1994 from the representatives of Burkina
Faso, the Central African Republic, Dominica, Dominican
Republic, Grenada, Nicaragua, Niger, Saint Kitts and Nevis,
Saint Lucia, Saint Vincent and the Grenadines, Solomon
Islands and Swaziland to the United Nations addressed to the
Secretary-General</u>

On instruction from our respective Governments, we have the honour to
request you, pursuant to rule 13 of the rules of procedure of the General
Assembly, to include an item in the agenda of the forty-ninth session of the
General Assembly entitled "Consideration of the exceptional situation of the
Republic of China in Taiwan in the international context, based on the principle
of universality and in accordance with the established model of parallel
representation of divided countries at the United Nations". Pursuant to rule 20
of the rules of procedure of the General Assembly, we attach an explanatory
memorandum (see annex I) and a draft resolution (see annex II). 1/

(Signed) Gaëtan Rimwanguiya OUEDRAOGO
Permanent Representative of
Burkina Faso to the United Nations

(Signed) Fernand POUKRE-KONO
Chargé d'affaires a.i. of the
Permanent Mission of the Central
African Republic to the United
Nations

(Signed) Franklin Andrew BARON
Permanent Representative of the
Commonwealth of Dominica to the
United Nations

(Signed) Pedro BLANDINO CANTO
Permanent Representative of the
Dominican Republic to the
United Nations

94-29246 (E) 210794

A/49/144
English
Page 2

(Signed) Eugéne M. PURSOO
  Permanent Representative of Grenada
  to the United Nations

(Signed) Adamou SEYDOU
  Permanent Representative of the
  Republic of the Niger to the
  United Nations

(Signed) Charles S. FLEMMING
  Permanent Representative
  of Saint Lucia to the
  United Nations

(Signed) Rex Stephen HOROI
  Permanent Representative of
  Solomon Islands to the
  United Nations

(Signed) Erich VÍLCHEZ ASHER
  Permanent Representative of
  Nicaragua to the United Nations

(Signed) Raymond TAYLOR
  Chargé d'affaires a.i. of
  Saint Kitts and Nevis to the
  United Nations

(Signed) Herbert G. V. YOUNG
  Permanent Representative of
  Saint Vincent and the Grenadines
  to the United Nations

(Signed) Carlton M. DLAMINI
  Chargé d'affaires of the
  Permanent Mission of the
  Kingdom of Swaziland to the
  United Nations

Notes

1/ The document has been reproduced as received. The designations
employed do not imply the expression of any opinion whatsoever on the part of
the Secretariat of the United Nations concerning the legal status of any
country, territory or area, or of its authorities.

A/49/144
English
Page 3

Annex I

EXPLANATORY MEMORANDUM

1.   For a period of 22 years, from 1950 to 1971, the United Nations considered the question of the representation of two politically dissimilar entities in China. The question, which was considered against the background of political and ideological confrontation created by the cold war and its bipolar divisions, generated a certain amount of difficulty because it also involved legal, political and procedural elements which complicated the issue. In the General Assembly, some States advocated the admission of the People's Republic of China as a new Member, while the latter country and its supporters insisted that the question to be settled was that of the representation of China. In October 1971, at its twenty-sixth session, the General Assembly adopted resolution 2758 (XXVI), in which it decided that China's seat at the United Nations would be taken by the People's Republic of China. That decision excluded the Republic of China in Taiwan from the United Nations.

2.   However, as a matter of fact, General Assembly resolution 2758 (XXVI) is a product of ideological confrontation during the cold war era. The resolution only provides for the international representation of Chinese people on the Chinese mainland; that is, on territory under the jurisdiction of the People's Republic of China. Consequently, it also deprives the representation of 21 million people under the jurisdiction of the Republic of China in Taiwan. This exclusion seriously violates the principle of universality that is the foundation of the United Nations. As a result, the Republic of China in Taiwan and its 21 million people are prevented from leading a normal life in the international community. The following are some prominent examples:

     (a) International human rights cooperation. The Republic of China in Taiwan was prevented from attending international human rights activities, such as the 1993 World Conference on Human Rights held at Vienna, and was excluded from helping to draft, or becoming a party to several human rights conventions, such as the Convention on the Elimination of Discrimination against Women in 1979 and the Convention on the rights of the Child in 1989. As a result, the fundamental rights of the 21 million people of the Republic of China in Taiwan to participate in international activities and human rights conventions were continually ignored;

     (b) International disaster relief and humanitarian assistance. The Republic of China in Taiwan has participated actively in international disaster relief and humanitarian aid operations, and has in the past five years directly or indirectly provided disaster relief and humanitarian aid of US$ 117 million to over 40 countries. But the Republic of China in Taiwan still is unable to participate in operations of United Nations agencies, such as the Office of the United Nations High Commissioner for Refugees (UNHCR) and the United Nations Children's Fund (UNICEF);

     (c) Environmental protection and sustainable development. The Republic of China in Taiwan was prevented from becoming a contracting party to international conventions on ecological and environmental protection, such as the United

A/49/144
English
Page 4

Nations Framework Convention on Climate Change and the Montreal Protocol on Substances that Deplete the Ozone Layer. The Republic of China in Taiwan has taken measures in ecological and environmental protection in keeping with the aforementioned international conventions, but was forced to live under the shadow of trade sanctions imposed by the Protocol;

(d) International economic, trade and development cooperation. As the thirteenth largest trading nation in the world, and the world's seventh largest outbound investor, the Republic of China in Taiwan is willing to share its own development experience and achievements with the international community and has already offered to developing countries financial and technical assistance for development projects. But the Republic of China in Taiwan is still unable to join the development programmes sponsored by the United Nations Development Programme (UNDP), and is prevented from participating in the International Monetary Fund (IMF) and the World Bank.

3. General Assembly resolution 2758 (XXVI) does not constitute a comprehensive, reasonable and just solution to the question of representation of the Chinese people in the United Nations that arose from China's division in 1949. The division of China originates in the establishment of the People's Republic of China on the Chinese mainland by Chinese communists in 1949, while the Republic of China in Taiwan, established in 1912, moved its seat of Government to Taiwan and has since continued to exercise effective rule over its territories of Taiwan, Penghu (Pescadores), Kinmen (Quemoy) and Matsu. The Republic of China in Taiwan is an independent political and legal entity with a democratic system of government and its own institutions, laws and security and defence arrangements; all these elements make it totally distinct from the People's Republic of China. It is clear that the Republic of China in Taiwan and the People's Republic of China are two separate but equal political entities. Each of them enjoys a number of diplomatic and commercial relationships world wide and exercises exclusive full jurisdiction over a specific and separate territory. If the claim that the Chinese mainland is part of the Republic of China in Taiwan is a fiction, then so is the claim that Taiwan is a province of the People's Republic of China. Although the division of China is unfortunate for all Chinese, it is still unpredictable as to when and under what conditions China will be reunified. Prior to the unification of China, the two independent political entities across the Taiwan Straits should respect each other in the international community and participate together on an equal footing in international organizations and activities. Such mutual respect will help gradually to build confidence between the two sides and create a favourable environment for the unification of China.

4. In the United Nations, there are precedents for parallel representation of divided countries. Former East and West Germanys, as well as both North and South Korea, were admitted into the United Nations simultaneously. Of these divided countries, former East and West Germanys achieved national unification in 1990. it is clear that parallel representation of divided countries in the United Nations does not impede eventual unification of the parties involved. On the contrary, it may help to reconstruct mutual trust between them. Currently, the Republic of China in Taiwan and the People's Republic of China are full members of the Asian Development Bank (ADB) and the Asia-Pacific Economic Cooperation Council (APEC). Both are observers representing separate

A/49/144
English
Page 5

territories in the General Agreement on Tariffs and Trade (GATT), to which they are simultaneously negotiating accession. After their accession, they will become founding members of the World Trade Organization (WTO). The international community should therefore encourage and support the parallel representation of divided countries in the United Nations and all other international organizations.

5.　The recognition by the United Nations of the rights of the Republic of China in Taiwan would be consistent with the principle of universality and the equality of States before the law. The full and formal participation of the Republic of China in Taiwan in the United Nations and in United Nations multilateral programmes of international humanitarian aid and economic development undeniably would result in more comprehensive aid and benefits for the promotion of international prosperity.

6.　On 6 August 1993, representatives of seven Central American countries requested, in a signed letter addressed to the Secretary-General (A/48/191), that the General Assembly examine at its forty-eighth session the exceptional situation of the Republic of China in Taiwan and its participation in the United Nations; it proposed that an ad hoc committee be established to study the issue. This proposal was only a procedural matter asking Member States to analyse the issue from a true perspective of reality and with an open frame of mind. The proposal did not preordain any position. As an open forum, the United Nations should be able to examine any issue in the international community. Preventive diplomacy prescribes that the most desirable and efficient employment of diplomacy is to ease tensions before they result in conflict. The examination of the situation of the Republic of China in Taiwan by the United Nations completely conforms with the principles and spirit of preventive diplomacy. The item proposed by the seven Central American countries, however, was not placed on the agenda of the forty-eighth session of the General Assembly. But as the issue still remains, members of the United Nations ought to consider, as early as possible, the global benefits of an ad hoc committee to analyse comprehensively all aspects of the exceptional situation of the Republic of China in Taiwan and, moreover, its future ramifications.

A/49/144
English
Page 6

Annex II

DRAFT RESOLUTION

The General Assembly,

Recalling its resolution 2758 (XXVI) of 25 October 1971 on the representation of China at the United Nations, and noting that since then, as a result of that resolution, the Republic of China in Taiwan has not been part of the Organization,

Recognizing that the Republic of China in Taiwan is a responsible member of the international community, with a stable political system and a dynamic economy, whose participation in the United Nations would benefit the international community,

Affirming the need to recognize and fully respect the fundamental rights of the 21 million Chinese, who are politically organized as the Republic of China, in the island territory of Taiwan,

Noting the declaration made by the Government of the Republic of China in Taiwan stating that it is willing to accept the obligations laid down in the Charter of the United Nations and to contribute to promoting and maintaining international peace and security,

Convinced of the need to find a peaceful and voluntary solution to the problem posed by the Republic of China in Taiwan within the framework of the United Nations, in accordance with the spirit of the Charter and the principle of universality,

1. Decides to establish an ad hoc committee consisting of ... Member States, to be appointed by the General Assembly, whose mandate will be to analyse comprehensively all aspects of the exceptional situation and make appropriate recommendations to the General Assembly at its fiftieth session;

2. Urges all Member States to assist the committee in fulfilling its mandate.

- - - - -

參、學術活動報告

出席「中華民國與聯合國會議」報告書

俞 寬 賜*

```
目    錄

一、前言
二、會議主要內容
三、檢討
```

一、前　言

　　由美國卡芮基倫理與國際事務理事會(Carnegie Council on Ethics and International Affairs)主辦的「中華民國與聯合國會議」(Conference on the Republic of China and United Nations)於本（民國八二）年十月廿五至廿六日在美國紐約該理事會總部舉行；討論中華民國與聯合國之關係；出席中、美等國學者和民意代表等四十餘人（冊列人數多達六十三人）。其中排定演講者九人，評論者七人，午餐及晚餐「主題演説人」各一人；擔任此等角色者除我國五位出席者外，尚包括美方聞人丁大衛(David Dean)、高立夫(Ralph Clough)、費浩偉(Harvey Feldman)等，是一次水準較高的國際會議。筆者曾在會中以「中華民國與聯合國專門機構之關係」(The Relationship Between the Republic of China and UN Specialized Agencies)為題，發表演講。

*　英國劍橋大學法學博士、國立臺灣大學政治系國際法教授。

（該文請見 *Chinese Yearbook of International Law and Affairs*, Vol.
12, pp.42-66 ）。茲簡介會議的主要內容及檢討得失如後，以備參考。

二、會議主要內容

此一全程一天半的國際會議共分四階段進行：首先是「中華民國
與聯合國關係之歷史」，由美方丁大衛及我方周煦教授分別說明中華
民國對聯合國之籌備和最初二十餘年之運作所作之貢獻，和我國代表
權問題之演進與結局。周教授並說明我國在退出聯合國以後仍然支持
聯合國之集體安全措施和人道救助等活動。

第二、三兩階段均討論「中華民國與聯合國體系」。會中，在哥
倫比亞大學任教的韓籍金姓教授解說各類國際組織及聯合國體系之意
義和聯合國會員國之擴增，比較中華民國與中共參與各種國際組織的
消漲情形、並分析中華民國參與聯合國的幾種方式（重返、加入、參
與、平行代表權等）。依他的見解，由於臺灣海峽兩岸在資源及國際
承認方面的懸殊，德、韓兩國雙重代表的先例，中華民國恐難有效加
以援引和比照。他指出：兩德及兩韓在同時進入聯合國前皆已獲得上
百國家之外交承認。

反之，在第三階段討論期間，筆者和美方費浩偉均認為：中華民
國可以比照兩德及兩韓之先例，有權在各種國際組織享有代表權。不
過，由於聯合國為一高度政治化的國際組織，因此費氏認為中華民國
應在該組織的各個區域集團爭取支持，以克服中共之抵制。他並建議
我國先從國際糖業組織、熱帶木材組織、世銀及衛生組織等努力作
起。

筆者更就我國與聯合國專門機構之關係提出討論，除了說明各該
機構之特性及它們與聯合國之關係、和比較它們的會員資格及入會程
序外，並著重在分析中華民國與各該專門機構之今昔關係，探討重建
此等關係之途徑、及可能因此引發之法理爭議。

在第四階段進行政策性探討時，擔任演講及評論員者多達七人：

他們分別就我國參與聯合國可能涉及的問題——包括主權、名稱、方法、甚至統獨之爭，各說各話。我國張委員旭成除了說明臺灣未能加入聯合國的「迷思」外，他承認「中國」只有一個，中共就是該中國的合法政府。同時，他強調：占臺灣人口總數達百分之八十五的臺灣人不願臺灣成為中共的一部分。依他的說法：臺灣已經是一個主權獨立的國家，不待任何人或民進黨宣布獨立。他並宣稱：臺灣在政策上願與中共和平共存及合作。此等論調曾遭受我方邵教授質疑；在座的美國人士對此則多未置可否。

至於會外兩次「主題演說」，其內容仍以「臺獨」觀點較受矚目。美國眾議員外交委員會紐約共和黨籍議員吉爾曼(Benjamin Gilman)在其午餐演說中，首則針對中共之核武試爆、擴充軍備、及在南海主張主權等事實，指責中共在東南亞、東北亞、甚至全世界製造緊張和不安情勢；繼則表示他支持臺灣加入聯合國的訴求，並稱他已向美國國會提案，促請美國政府支持這種訴求。惟他在言詞中坦率支持「臺獨」。他說臺灣二千一百萬人中，一千七百萬人為臺灣人（其餘四百萬為大陸人），故主張中華民國改稱「臺灣共和國」，與中共併存於聯合國。對此，在座的美國人曾詢問他對美國政府的「一個中國」政策的看法；我國與會人士也曾加以質疑。

我方魏委員鏞在晚餐主題演說中表示：他贊成政府謀求參與聯合國，但反對以之為首要政策目標；更不願見到因為推行此項政策而導致海峽兩岸的緊張情勢，或影響我國與其他國家之外交關係，甚或被世人誤以為是推行「臺獨」的手段。

三、檢　討

正值我國朝野積極爭取參與聯合國之時，美國卡芮基理事會在我國退出聯合國廿二年週年之日主辦此項國際會議，意義深遠。惟由於與會者理念上的差距及統獨之爭，以致會中對我國參與聯合國時採用名稱的問題竟然發生歧見。哥大金姓教授及美國學者卡敏斯基

(Phillis Kaminsky)甚至建議我國舉行公民投票，以期統一國內在這一方面的歧見。此為不可不察者一也。

同時，由於與會人士無須提出論文，以致他們未必曾在會前就相關問題作有體系之研究。影響所致，會中言論多與近半年來中、外媒體所討論者類同，缺乏新意。此為美中不足者二也。

尤有進者，此項會議進行期間，除國內少數媒體曾有駐美人員簡略報導外，並未引起美國輿論的注意和報導。相反地卻有美國外交關係協會的「亞洲事務專家」容安瀾(Alan D. Romberg)在十月廿六日的華盛頓郵報發表專文，反對讓臺灣在聯合國取得席位(No U.N. Seat for Taiwan)，並建議美國政府抗拒臺灣重返聯合國的訴求。他認為要求將聯合國會員國身分賦與臺灣，「超越了可以容忍的極限」。此論不僅客觀性顯然可議，而且對我國參與聯合國的訴求確有不可忽視的負面影響。是又不可不察者三也。

肆、最近發展

化學武器公約提交聯合國大會審議
及某些重要條款

一九九三年一月在巴黎簽署

聯合國新聞部

　　一九九二年的裁軍談判會議分三期進行 —— 一月廿一日至三月廿七日，五月十一日至六月二十六日，七月二十日至九月三日。會議結束時通過了《禁止發展、生產、儲存和使用化學武器及銷毀此種武器公約》，並將該公約提交大會審議。

　　該公約共二十四條。它的通過是朝全球禁止化學武器邁出的重大步驟。

　　裁軍談判會議經過十多年的談判才通過了公約的最後草案。大會，在推荐這個新的公約之後，將請作為該公約的保存人的聯合國秘書長於一九九三年一月十三日在日內瓦舉行的一次特別會議上開放該公約供簽署。

　　該公約全面禁止化學武器和任何旨在或有助於使用化學武器的活動。它不但禁止化學戰劑本身，而且禁止投射工具。

　　該公約規定，締約國有義務銷毀一切化學武器，包括棄置的化學武器，以及化學武器生產設施。為了核查遵行情況，還要對政府和工業設施進行例行的以及臨時通知的＂質疑＂觀察。對於基本義務得不到遵守的情況，公約規定了自動保障措施，包括制裁。

　　為了執行該公約，將在荷蘭海牙設立一個主管禁止化學武器的組織。

　　這次會議除了審議化學武器問題外，還審議了：核禁試；停止核軍備競賽和核裁軍；防止核戰爭；防止外層空間的軍備競賽；保證不

對無核武器國家使用或威脅使用核武器的有效國際安排；新型大規模毀滅性武器和此種武器的新系統；放射性武器；綜合裁軍方案；以及軍備的透明度。

會議主席米歇爾・塞爾韋（比利時）在致閉幕詞時說，一九九二年的報告代表了"可能達到的水平"。雖然在某些方面取得的成果"頗有不足"，但在其他方面，尤其是在化學武器問題上，會議的成員國"很有理由為它們所取得的成就感到高興"。

裁軍談判會議是世界上唯一的多邊裁軍談判論壇。它由五個核武器國家——中國、法國、俄羅斯聯邦、聯合王國和美國——和其他軍事強國以及組成"二十一國集團"的中立和不結盟國家組成。會議根據非成員國的請求亦邀請它們參加它的工作。

"前所未有的機會"

聯合國秘書長布特羅斯・布特羅斯—加利在會議開幕詞中說，冷戰的結束為國際社會尋求一個新的國際關係制度提供了前所未有的機會，在這個新的國際關係制度裡，武器積累的高昂負擔將不會再有，取而代之的將是共同作出努力確保在大大削減了的軍備和武裝部隊水平上所有國家的安全。

九月十一日，布特羅斯—加利先生表示歡迎會議通過了禁止化學武器公約草案。他說，這是"多年多邊談判的成果"，為國際社會提供了一個"期待已久的徹底消除整個一類大規模毀滅性武器的機會"。

化學武器特設委員會主席阿道夫・里特・馮・瓦格納（德國）說，該公約將是一個"平衡的法律文件，它把基本義務規定得清清楚楚"，"執行事項也規定得十分精妙"，這樣，在締約國同意後，各項條款在將來的實踐過程中還會成熟和發展。

美國軍備控制和裁軍署署長羅納德・萊曼二世說，裁軍談判會議今年勝利地完成了禁止化學武器的"似乎是無休無止的談判"。這是

"朝向建立一個更加安全的世界方面取得的重大成就"。美國"承諾"在公約規定的十年銷毀期內"銷毀它的全部化學武器儲存"。

謝爾蓋‧巴察諾夫（俄羅斯聯邦）說，雖然某些條款草案給他的政府造成了"嚴重問題"——他指的是那些有關國際核查的費用和專門設備的定義的條款草案——俄國並沒有阻擋將公約草案提交大會審議。

邁克爾‧韋斯頓爵士（聯合王國）在通過該文本前指出了其中的一些缺點，尤其是在核查、時間表和監測公約的執行方面。聯合王國認為，該草案是在可以預見的將來"能達成的最好文本"，因而它接受該文本。

熱拉爾‧埃雷拉（法國）說，該公約可以看成是"第一個真正普遍裁軍條約"。只要各國具有意願，裁軍談判會議"就能夠實現雄心勃勃的目標"，而協商一致規則"已為普遍性鋪平了道路"。

侯志通（中國）說，中國，"作為一個無化學武器國家並深受外國化學武器之害的受害者"，一向"堅決主張"早日締結這樣一個公約。中國儘管在一些重要問題上有某些保留，但還是同意通過這個草案。

其他問題

裁軍談判會議本屆年會的特殊之處是把審議化學武器公約草案放在最優先地位。因此，其他附屬機構就減少了它們的工作量。儘管如此，鑒於化學武器談判業已結束，代表們就要求在其他領域也取得進展。

代表們普遍認為，裁軍談判會議必須立即開始認真審議核禁試問題，並著手在一九九三年屆會開始時重新設立禁止核試驗特設委員會。

代表們強調指出，鑒於最近世界上已發生了積極的變化，對無核武器國家的消極安全保證的實質需要"重新考慮"。國際社會也必須

為核裁軍和軍備限制的雙邊措施作出積極的貢獻。建立檢測和查明地震事件的全球監測系統 —— 包括它的整個設計 —— 的概念應重新評估。

一些東歐國家的代表團和"二十一國集團"成員國支持設立一個專家小組來查明新型大規模毀滅性武器。西方國家的代表團認為，鑒於自一九四八年以來尚未查出有什麼新型大規模毀滅性武器，並且也不是很快就會出現這種武器，迄今為止的做法，即在全體會議上發言和有時舉行裁軍談判會議的非正式會議，是處理這個問題的最適當的辦法。

軍備的透明度是根據大會第 46/36 號決議列入裁軍談判會議議程的一個新項目。裁軍談判會議本屆會議對這個問題的討論僅限於初步交換意見，並未企圖就已提出的設想中的任何一個設想達成協議。

新公約
為在全球禁止化學武器

禁止化學武器公約共二十四條，有三個附件（即關於化學品、核查和保密的附件）及一個關於設立禁止化學武器組織的籌備委員會的文本，共一八四頁。裁軍談判會議已將該公約提交大會。下面將該公約的某些重要條款作一介紹。

第一條規定，每一締約國承諾：在任何情況下決不發展、生產、以其他方式獲取、儲存或保有化學武器，或者直接或間接向任何一方轉讓化學武器；不使用化學武器或從事為使用化學武器而進行的任何軍事準備活動；不以任何方式協助、鼓勵或誘使任何一方從事本公約禁止的任何活動。

每一締約國承諾銷毀其擁有的或坐落在其管轄或控制下的任何地

方的化學武器和化學武器生產設施以及它遺棄在另一締約國領土上的所有化學武器。每一締約國將使用防暴劑作為一種作戰方法。

　　第二條給" 化學武器 "、" 有毒化學品 "、" 前體 "、" 老 "和" 已遺棄 "化學武器、" 防暴劑 "、" 化學武器生產設施 "和" 生產能力 "一一下了定義。

　　第三條規定，每一締約國應至遲於公約對其生效後三十天內向本組織宣布化學武器和化學武器生產設施，説明它們的確切地點和數量，並提出銷毀這些武器和設施的總計畫。

　　第四條和**第五條**對銷毀化學武器和化學武器生產設施，包括核查，作了詳細的嚴格規定。要求在十年之內全部銷毀。在特殊情況下，如果某一締約國出於技術、財政、生態或其他原因沒有能力銷毀其化學武器和化學武器生產設施，該公約允許延長該締約國銷毀期限可多達五年。此外，在" 迫切需要 "的特殊情況下，第五條允許締約國改變而不是銷毀化學武器生產設施，但必須在嚴格的條件下進行，以防止再改回去，並須採取嚴格的額外核查措施。

　　第六條，連同有關核查的附件，規定了通過宣布和現場視察對" 公約不加禁止的活動 "，尤其是化學工業中的此類活動，進行國際監測的全面的、累進的制度。

　　第七條是關於國家執行措施的，規定了締約國同將根據公約建立的組織之間的一般義務和關係。

　　第八條規定在海牙設立禁止化學武器組織，以確保公約的執行。該組織包括：一個由所有成員國（公約所有締約國均是該組織的成員）組成的締約國會議——這將是主要機構；一個由四十一個締約國組成的執行理事會；和一個以秘書長為首的技術秘書處。

　　第九條，連同有關核查的附件，規定了協商澄清和臨時通知進行" 質疑性視察 "的程序。

　　第十條是關於援助和防備化學武器的，規定了保護締約國免遭假設繼續有受化學武器威脅或攻擊的危險的公約自動保障措施。它規定：締約國會議設立一項自願基金用於提供援助；遇有對一締約國使

用或威脅使用化學武器時通過該組織提供援助；以及由其他締約國立即直接提供緊急援助。

第十一條旨在促進擴大化學部門進行為公約不予禁止的目的的國際貿易、技術發展和經濟合作。

第十二條被認為是公約保護締約國免受其他締約國違反基本義務而受到損害的主要保障措施。它規定了補救任何違反公約規定的情勢的手段。例如，該組織得要求被認為沒有充分遵行公約的締約國採取補救行動，如該締約國不照辦，可適用一些懲罰措施，包括制裁。如果情況特別嚴重，締約國會議得將該問題提請大會和安全理事會注意。

其餘十二條涉及該公約同其他國際協定的關係，爭端的解決，修正，公約的有效期和締約國退出公約，附件的地位，簽署，批准，加入，生效，保留，保存人和正式文本。

該公約應自第六十五份批准書交存之日後一八〇天生效，但無論如何應在開放供簽署後滿兩年生效。該公約將無限期有效。

〔**聯合國紀事**，第九卷第四期（一九九二年十二月），頁 65～67 。〕

聯合國大會批准「關於禁止發展、生產、儲存和使用化學武器和銷毀此種武器公約」及通過有關核武安全之決議

聯合國新聞部

大會在〔一九九二年〕十一月三十日正式批准了第一個普遍禁止化學武器公約——《關於禁止發展、生產、儲存和使用化學武器和銷毀此種武器公約》。

這份擁有二十四條條款、將在六十五個國家批准之後生效的案文，準備由聯合國秘書長布特羅斯‧布特羅斯-加利於一九九三年一月在巴黎舉行的一次特別會議上開放供簽署。

這項條約是在日內瓦的裁軍談判會議進行了十年談判的成果，大會在未經表決通過的第 47/39 號決議中讚揚了這項條約。

大會主席斯托揚‧加內夫（保加利亞）在該決議通過之後說，這項新條約是為消除化學武器而 " 可能實行的最佳妥協方案。 " 它向國際社會提供了 " 第一個經過多邊談判的、全球性的可核查的裁軍協定 " 。他說，這項條約與其他裁軍協定一起，能夠 " 推進為在世界範圍內消除所有大規模毀滅性武器而作出的努力 " 。

裁軍談判會議化學武器特設委員會主席阿道夫‧里特‧馮‧瓦格納（德國）說，條約草案中的核查條款 " 是最難談判的，因為核查措施深深地侵犯了國家主權 " 。

" 高度的現實主義精神 "

十月十二日，第一委員會（政治和安全問題）在開始實質性辯論時，主管政治事務的副秘書長弗拉基米爾‧彼得羅夫斯基呼籲委員會

的成員＂以一種高度的現實主義精神＂對待工作，＂並且提出著眼於
行動的建議＂。為此，各會員國應採取新的辦法處理實質性問題。

除了化學武器條約外，委員會二十三個項目的議程涉及廣泛的裁
軍問題，其中包括核問題和安全問題。委員會建議大會通過總計四十
八項案文。

十二月九日，大會就第一委員會建議的大批案文採取了行動。

在第 47/47 號決議中，大會敦促所有國家力求實現＂及早永遠停
止一切核試爆＂。本世界組織還敦促裁軍談判會議繼續努力，建立一
個國際地震監測網，以期有效地核查全面禁止核試驗條約的遵守情
況。

大會籲請〔第 47/46 號決議〕一九六三年《禁止在大氣層、外層
空間和水下進行核武器試驗條約》的所有締約國為該條約修正會議的
成功作出努力，以早日實現核禁試。在締結一項全面核禁試條約之
前，各核武器國家應中止所有核試爆。

其他的決議有：敦促立即凍結核武器〔第 47/53E 號決議〕；注
意到決定成立一個籌備委員會，以便為一九九五年的會議審議《不擴
散核武器條約》〔第 47/52A 號決議〕；請求繼續審議可予充分核查
的停止和禁止生產核武器和其他核爆炸裝置所用裂變材料的問題〔第
47/52C 號決議〕；開始就一項禁止在任何情況下使用或威脅使用核
武器的國際公約進行談判〔第 47/530 號決議〕；以及重申有必要就
關於保證不對無核武器國家使用核武器的有效國際安排早日達成協議
〔第 47/50 號決議〕。

軍備上的透明度

大會在宣布決心確保一年以前制定的《常規武器登記冊》的有效
實施的同時，請所有會員國提供有關它們本國的武器出口和進口政
策，以及批准武器轉讓和防止非法轉讓的法律和行政程序等資料〔第
47/52L 號決議〕。

　　由聯合國保存的登記冊，旨在提高諸如作戰坦克、裝甲戰鬥車、大口徑火炮、作戰飛機、攻擊直升機、單艦、導彈和發射器等武器的進出口方面的透明度。

促進安全

　　大會在第 47/52J 號決議中指出，全球和區域裁軍辦法是相輔相成的，因而應同時進行以促進和平與安全。它籲請各國“盡可能締結區域和次區域的核不擴散、裁軍和建立信任措施的協定。”

　　本世界組織籲請各國〔第 47/60A 號決議〕實施 1970 年《加強國際安全宣言》，並且締結〔第 47/52G 號決議〕區域一級的限制軍備和建立信任措施的協定。

　　為實現 1971 年《宣布印度洋為和平區宣言》的各項目標及探討“所涉各種問題的複雜細節及有關對這些問題的不同理解”，大會〔第 47/59 號決議〕請印度洋特設委員會考慮新的備選辦法。

　　大會敦促南亞各國〔第 47/49 號決議〕繼續為在該區域建立南亞無核武器區而作出一切可能的努力。本世界組織還敦促〔第 47/61 號決議〕在中東建立一個無核武器區。

　　大會正就議程上的一個新項目採取行動，它歡迎幾個國家〔第 47/61 號決議〕為鞏固《拉丁美洲和加勒比禁止核武器條約（特拉特洛爾科條約）》所建立的非核化軍事體制而採取的步驟，其中包括八月二十六日通過該條約的修正案。大會特別歡迎法國批准《第一號附加議定書》，這使該條約的所有附加議定書完全生效。

外層空間和科學成就

　　大會在強調有必要採取核查措施以防止外層空間軍備競賽的同時，呼籲所有國家〔第 47/51 號決議〕，特別是擁有“強大空間能力”的國家，對於這一領域的和平利用作出貢獻。大會促請俄羅斯聯

邦和美國本著建設性的精神加緊進行雙邊談判，以期就防止外層空間的軍備競賽早日達成協議。

在一項關於科學和技術發展及其對國際安全的影響的案文〔第47/43 號決議〕中，大會請秘書長繼續注意這些發展，以便評估出現的新技術。

在另一項決議〔第 47/44 號決議〕中，大會請會員國向有關國家提供有關裁軍的技術。大會還呼籲擴大多邊對話，並銘記著關於尋求可以普遍接受的指導方針，以對具有軍事用途的高技術的國際轉讓進行管理的提議。

南極洲與對環境的威脅

大會促請〔第 47/57 號決議〕國際社會確保在南極洲的一切活動，完全是為了造福全人類和保護該地的環境而進行的和平科學調查工作。

大會希望秘書長能被邀請參加＂南極洲條約協商國＂的各次會議。

大會還促請這些協商國建立監測和執行機制，以確保該條約《環境保護議定書》的遵行，並呼籲將禁止在南極洲及其周圍勘探和開採的五十年期限永久化。

大會的其他議案還有，促請〔第 47/52E 號決議〕所有國家都參加《禁止為軍事或任何其他敵對目的使用改變環境的技術的公約》，並且不為任何敵對目的使用這些技術。

大會表示嚴重關切〔第 47/52D 號決議〕使用核廢料都將構成放射性戰爭，並將嚴重影響到各國的國家安全，並關切最近報導的在索馬里傾棄有害廢料的企圖。它呼籲各國政府採取適當措施，以防止侵犯各國主權的任何傾棄核廢料或放射性廢料的做法。

其他事項

大會強調〔第 47/52F 號決議〕，裁軍和發展之間的共生關係在當前國際關係上日益重要，它請秘書長在現有資源內，繼續執行一九八七年裁軍與發展之間關係國際會議通過的行動綱領。

大會還通過了有關下述問題的決議：關於防禦性安全概念和政策的研究〔第 47/52H 號決議〕；禁止發展、生產、儲存和使用放射性武器〔第 47/52B 號決議〕；在歐洲建立信任和建立安全的措施及常規裁軍〔第 47/52I 號決議〕；以及 1976 年《東南亞和睦合作條約》〔第 47/53B 號決議〕。

大會還未經表決通過了三項決定──聯合國和平與裁軍區域中心、區域常規裁軍和國際武器轉讓。

〔**聯合國紀事**，第十卷第一期（一九九三年三月），頁 73～75。〕

聯合國大會通過關於「少數群體」及「被強迫失蹤」的新宣言

聯合國新聞部

聯合國兩個新的宣言——關於“被強迫失蹤”和關於在民族或族裔、宗教和語言上屬於少數群體的人的權利——十二月十八日已由大會通過。由於第三委員會（審議社會、文化和人道問題）的努力，已經通過了關於人權、種族歧視和自決的四十多個案文。上述新宣言就是其中的兩個。

此外，本國際機構還正式宣布 1993 年為世界土著人民國際年，主題是“土著人民——新伙伴”。它還歡迎聯合國教育、科學和文化組織（教科文組織）的倡議，即宣布 1995 年為聯合國容忍年，批准了 1993 年 6 月 14 日至 25 日將在維也納舉行的世界人權會議的臨時議程。

人們對世界許多地區的人權狀況表示嚴重關切；據大會主席斯托揚・加內夫（保加利亞）講，儘管冷戰已經結束，但虐待凌辱行為“繼續無減”。

大會描述了前南斯拉夫領土尤其是在波斯尼亞和黑塞哥維那發生的“大規模的、有組織的侵犯人權事件和嚴重侵犯人道主義法事件”的情況，譴責了〔47/147〕“‘種族清洗’的可憎行徑”，及“狂轟濫炸城市和平民區，有組織有步驟地恐嚇與謀殺非戰鬥人員，破壞重要服務設施，圍困城市及利用軍事力量反對平民和救援行動等行為”。

大會還提到海地的人權情況自 1991 年 9 月政變以來“大為惡化”，關於愛沙尼亞和立陶宛講俄語人口的問題、阿富汗境內難民日趨艱難的生活條件以及緬甸的嚴重局勢。在緬甸，諾貝爾和平獎得主昂山素季未經審訊就遭拘禁，現在已是第四個年頭了。大會要求蘇丹

國各方允許提供人道主義援助，要求薩爾瓦多各方履行他們根據《和平協定》所作的承諾。大會還對伊拉克、伊朗和古巴發生的侵犯人權行為表示關切。

這兩項新宣言是由人權委員會仔細擬訂，並經由經濟及社會理事會推荐給大會通過的。

《在民族或族裔、宗教和語言上屬於少數群體的人的權利宣言》，是第 47／135 號決議的附件。該宣言宣布促進和保護這類少數群體的權利＂有利於他們居住國的政治和社會穩定＂。

該宣言包括九條，它進一步宣布：

- 少數群體的存在及其民族或族裔、文化、宗教和語言特徵在他們各自的領土內應當受到法律和其他措施的保護；
- 屬於少數群體的人有權享受他們自己的文化、信奉他們自己的宗教及使用他們自己的語言；
- 少數群體可單獨或與其群體的其他成員一起行使其權利，而不受任何歧視；
- 各國應當為屬於少數群體的人提供學習其母語和充分參與其本國經濟進步與發展的充足機會；
- 國家政策和方案的制訂和執行應適當照顧少數群體的合法利益。

《保護所有人不遭受強迫失蹤宣言》，在第 47／133 號決議中被描述為＂適於各國的一套原則＂。它述及了大會深表關切的問題：在許多國家裏，往往不斷發生在以下意義上的強迫失蹤事件，即政府官員或代表政府行事或得到政府支持的有組織團體或個人，違背他們本人意願對個人進行逮捕、拘留或綁架，隨後又拒絕透露有關人士的命運或下落，或拒絕承認剝奪了他們的自由，從而將這些人士置於法律保護之外。

該宣言共有二十一條，全面而且清楚。它還宣布：

- 任何國家均不得進行、允許或容忍強迫失蹤；
- 每個國家應通過法律和其他措施以防止這類失蹤；並且所有這類行為——包括綁架父母遭受強迫失蹤的子女——皆屬犯罪，均可

予以嚴刑懲罰。

● 任何先例或情況 —— 不論是戰爭威脅、戰爭狀態、內部政治不穩定還是其他任何公共緊急情況，均不可作為強迫失蹤的理由。

● 應當把被剝奪自由的任何人關押在官方拘留地點，而在釋放時，他們必須是身體健全，並能行使自己的權利。

● 任何知情或具有合法利益關係、指稱有人遭受強迫失蹤的人，有權向主管和獨立的國家當局提出申訴，有權要求申訴得到迅速、徹底和公正的調查。

● 強迫失蹤行為的受害者及其家屬有權得到適當賠償。

一項有關的案文〔47／132〕籲請各國政府在緊急狀態期間採取步驟確保人權得到保護，特別要防止發生強迫失蹤。

經濟及社會理事會將在下屆會議審議宣布 1995 年為聯合國寬容年的提案〔47／124〕。教科文組織將擬訂一項寬容宣言，並就如何奉行寬容年提出建議。

另一項案文〔47／129〕促請各國保障思想、道義、宗教和信仰自由，確保尊重宗教場所和神龕，打擊仇恨、不寬容及暴力行為。各國還要制止〔47／130〕包括資助政黨在內的破壞任何一國選舉過程的任何活動。

人們請求秘書長〔47／138〕加強人權中心，在與秘書處的選舉援助股協作共濟下，使它能夠對成員國提出的越來越多的諮詢服務要求作出反應。

種族主義，自決

大會在討論完種族歧視和自決問題之後，要求〔47／77〕各國政府採取一切必要措施打擊新形式的種族主義，要求各國加入《1965 年消除一切形式種族歧視國際公約》〔47／78〕，要求該《公約》締約國履行其對消除種族歧視委員會的財政和匯報義務〔47／79〕。

　　大會強調〔47／81〕普遍批准《1973年禁止並懲治種族隔離罪行的國際公約》的重大意義。

　　大會要求〔47／82〕無條件釋放因進行爭取自決鬥爭而遭拘禁的人。大會宣布〔47／83〕"堅決反對"外國軍事干預、侵略和占領行為。

　　大會譴責〔47／84〕繼續招募、資助、訓練、集結、運送和利用雇傭軍推翻非洲和其他洲發展中國家政府或破壞其穩定，聲討任何堅持從事這類活動的國家。

　　大會還尋求〔47／123〕切實執行《發展權利宣言》的具體建議。它重申必須在國家和國際一級提倡教育、工作、健康和適當營養等權利〔47／137〕，必須採取緊急行動來解決極端貧窮和置於社會之外的問題，因為這"構成了對人的尊嚴的侵犯"〔47／134〕。

　　在另一案文中，大會要求〔47／136〕終止草率處決或任意處決的做法，促請各國政府在這一問題上與特別報告員合作。

街頭兒童

　　大會對世界各地街頭兒童捲入嚴重罪案、藥物濫用、暴力及賣淫事件日益增多嚴重關注。

　　大會促請各國〔47／112〕加入《1989年兒童權利公約》及其他國際人權文件，如《1948年防止及懲治滅絕種族罪公約》〔47／108〕、《1990年保護所有移徙工人及其家庭成員權利國際公約》〔47／110〕及《1984年禁止酷刑和其他殘忍、不人道或有辱人格的待遇或處罰公約》〔47／113〕。

　　這些公約的締約國應該履行有關人權的國際文件〔47／111〕所規定的匯報和財政義務，同時還要求各國政府、各組織和個人向聯合國援助酷刑受害者自願基金捐款〔47／109〕。

　　大會強調〔47／131〕仍然需要關於各國政治、經濟及社會形勢和事件的公正、客觀的資料，促請進一步開展人權領域裏的公眾宣傳

活動〔47／128〕。

　　〔**聯合國紀事**，第十卷第一期（一九九三年三月），頁89～90。〕

智利研究國際法現況簡析

周　　麟*

一、前　言

　　智利共和國在自然地理上以其「全世界最狹長的國家」聞名；在物產上，在第一次大戰前以「智利硝石」廣為人知。而在人文方面，其穩定持續的民主制度及其守法重紀的民族性則在拉丁美洲（以下簡稱拉美）獨樹一幟，引人注目。

　　智利自一八一七年正式脫離西班牙統治宣布獨立以後，十數年間政事迅即上軌，旋建立一個具持續性及富適應性的憲政體制。一八五二年阿根廷名作家 Juan Bautista Alberdi 即曾言：「智利是南美洲一個例外的正派國家」①。影響所及，當其他拉美鄰國仍在政爭頻仍，甚至兵連禍結之際，智利已逐步茁壯。一八三六年智利與「秘魯玻利

---

*　淡江大學歐洲研究所碩士，智利大學國際事務研究所研究，現任外交部駐智利臺北經濟文化辦事處秘書。

①　Leslie Bethell（ed.）*Historia de América Latina*, Vol. 7, Barcelona: Ed. Crítica, 1991, p.238.

維亞邦聯」之戰，以及一八六四年為支援秘魯與西班牙作戰，前後二役之勝利益發強化其對本身制度之信心。一八七九年智與秘玻二國之「太平洋戰爭」後不但確立其南美太平洋沿岸之首霸地位②，同時亦贏得「南美之普魯士」的稱謂③，以及嗣後獲譽為「南美洲共和國中之典型」④。

　　然而，智利獲致諸多令名當並不全然歸諸軍事上之勝利。事實上，其人民之素質，加之前所提及的民主傳統，以及其崇法（Legalista）的習性當為更重要之因素。一八八四年英國之「南美學刊」（ *The South American Journal* ）即曾指出：「其對法律之尊重及對秩序之喜愛已深入人心」⑤。

　　智利崇法之傳統亦可從若干事實提供佐證。其一為政治菁英中習法律者比例甚高。可以一九九○年民主化後首任之艾文（Patricio Aylwin A.）政府及現任傅雷（Eduardo Frei Ruiz - Tagle）二政府中內閣閣員習法者之比例為證。艾文政府中為數二十一位部長級閣員中有九位屬具法律背景者，占百分之四十二強。傅雷政府中則有八位。此外，二任政府中之國會參眾院議長亦均為律師。

　　另者，智京書報攤中，憲法、民法、賦稅法、勞工法…各種法令陳列展示，供民眾購讀者比比皆是，此現象雖未必舉世絕無僅有，至少應屬罕見，尤其以發展中國家而言，尤為難得。

　　國際法在智利所受重視的程度亦高。智利「法治主義」（Legalismo）之傳統充分表現在其對外關係上。其歷史原因可歸納如下：一為避免或減少歐洲及美國等列強對拉美新興國家之干預；二為維持其前述戰後疆界之現狀；三為提高其在拉美之影響力⑥。近代之

---

②　周麟，「智利與中共關係二十年」，問題與研究，32 卷 6 期（民國八十二年六月），頁 65～66。

③　V.G.Kiernan, *The Lords of Human Kind*, London: The Cresset Library, 1988, p.292.

④　*The Time*, 22-ABR-1880, 引自 Harold Blakemore, *Gobierno Chileno y Salitre Inglés 1886-1896: Balmaceda Y North*, Santiago: Ed. Andrés Bello, p.11.

⑤　Harold Blakemore, 同前註，頁 84。

⑥　周麟，同引註②，頁 66。

原因則為凸顯其五千餘公里海岸線所賦予其對海洋之高度重視，以及其宣稱在南極擁有一百二十五萬平方公里土地主權之事實。

基於前述得以瞭解國際法研究對智利之重要性。除了在甄選執行國家外交政策之第一線工作人員時特別著重其法律之素養外⑦，亦設有不少相關之研究機構，並有若干數目之研究人員進行有系統及深入之分析研究。

以下擬就智從事國際法研究之主要機構與刊物，以及著名學者與其主要著作分別做一簡析，最後提出個人之觀察心得。

二、著名之研究機構及刊物

智利目前共有公私立大學七十所，其中不乏開設有國際法課程者，惟基本上而言，研究國際法仍以下列五個機構最具規模。

1. 智利大學國際事務研究所(Instituto de Estudios Internacionales, Universidad de Chile) (以下簡稱國研所) 於一九六六年由英國國際關係研究之歷史學派大師湯恩比(Arnold Toynbee)揭幕創立，同時接受倫敦「皇家國際事務研究所」(Royal Institute of International Affairs)之指導協助，係拉美第一個設立的國際關係研究機構⑧。

該所目前設有碩士班，修業兩年，並須提出論文。另有國際關係研究班，修業一年半，不須提論文，惟修畢學分外，尚需通過學位考試（包括口試及筆試），方可取得畢業證書。此外，該所亦不定期舉辦為期一個月到三個月不等之研習班，就特定專題安排研究課程。碩士班及國際關係研究班均開設有國際法課程，相關之課程包括國際組

---

⑦ 智外交官員中習法律者所占比例甚高，以目前傅雷政府外交部內自部、次長以下各司處長級共有二十一位高級官員，其中至少有十四位具有法律背景，占總數百分之六十七。由此可想其「崇法」之特殊背景。

⑧ Instituto de Estudios Internacionales, (IEI), Univ. de Chile, *Curso de Especialización en Relaciones Internacionales, Promoción 1991-1992*, pp.3-4 and *Promoción 1994-1995*, p.4.

織及國際經濟談判⑨。

該所出版四種刊物，其一為「**國際事務季刊**」(*Estudios Internacionales*)，迄一九九三年底共已發行一〇四號，其內經常出現國際法論文。此外，尚發行「**特別發行系列**」、「**特別文件系列**」，以及「**國際研究論叢**」等刊物均不定期發行。

2. 智利貝佑外交學院(Academia Diplomática de Chile " Andrés Bello ")，乃智外交官之搖籃。智有意獻身外交者均須通過語文口試及筆試後，再通過七科專業科目之後方得進入該學院研習二年，其中最後半年在外交部各司處實習。

在該院就讀三學期期間，均須研究國際法。第一學期為國際法概論；第二學期為國際組織；第三學期則為國際談判。此外並有選修之國際法相關課程，包括國際海洋法、人權法、環保法及國際經濟法等。同時提供該部人員在職進修。

該學院亦發行「**外交**」(*Diplomacia*)季刊，用以探討國際關係及國際法問題⑩。

3. 智利大學法學院(Facultad de Derecho, Univ. de Chile)為智利政要之搖籃。智大建校達一五四年，為智利最具規模及影響力之學府⑪。前述內閣部長具法律背景者大多出自該校該院。尤其歷任外長鮮少非該院畢業。

國際法研究雖僅占該院課程之一小部分，惟從未受忽視。尤其智利研習國際法之學者多先擁有法律學位，可見該學科對彼等之重要性。

該院目前未發行有關國際法之刊物，想係多數教授亦任教國研所之故。智大政治研究所亦開有國際法課程。

4. 智利國際法學會(Sociedad Chilena de Derecho Internacional)，

⑨ IEI, Univ. de Chile, *Programa Magister en Estudios Internacionales. Promoción 1993-1994*, pp.9-11.
⑩ *Diario Oficial de la República de Chile*, martes 23 de noviembre de 1993, pp.2-3.
⑪ 智利前任艾文總統及現任傅雷總統均智大畢業。傅雷政府中共有十五位內閣部長出自該校，占內閣全體成員二十一位中71.42%。參見 *LA NACION*, 26-dic. -1993, pp. 6-9.

由研究國際法之學者專家組成，正式成立於一九七九年，旨在研究、探討及傳授國際法，包括國際公法、國際私法，以及跨國法(Derecho Transnacional)，每年召開常會兩次，必要時可召開特別會議⑫。

該會每年發行「研究」(Estudios)年報乙本，均定有研究專題，如一九八九年為「國際法之教學及實踐」；一九九○年為「爭端之解決」；一九九一年為「環保」。此外亦載有智最高法院有關國際法或國際關係之涉外判決。最後並附有年度內之國內相關著作目錄⑬。

智利亦設有「國際法學會智利分會」(ILA-Chilean Branch)，惟其成員大多與前述學會重疊，辦公室亦設於智大國研所內，由該所提供一切行政支援。目前該分會並未發行刊物，惟偶爾召開學術研討會或國際會議。

5. 智利天主教大學(Pontificia Universidad Católica de Chile)建校已一○六年，為智僅次於智大之高級學府。雖在國際法及國際關係之研究上不若智大普及與深入，惟仍在二院及所開設國際法課程。其一為法學院，院長為軍政府時期（一九七三～一九九○）之外長 Jaime del Valle；另一為政治研究所，以研究政治理論及比較政府為主，國際關係及國際法居次要地位。該所目前設有碩士班及研究班，學位授與與智大國研所相類似。刊物方面，發行「政治學雜誌」(Revista de Ciencia Politica)為半年刊，偶有國際關係論著，惟罕見國際法作品。

三、著名學者及其主要著作

智著名國際法教授或學者多數出自前述五研究機構，茲分述其中

---

⑫　Estatuto de la Sociedad Chilena de Derecho Internacional, Santiago, *Mimeo*, pp. 1-5.

⑬　Sociedad Chilena de Derecho Internacional, *Estudios 1989; Estudios 1990 ; Estudios 1991*, Santiago, Chile, Passim.

最出名者如下。

1.歐瑞哥(Francisco Orrego Vicuña)教授畢業於智大法律系，具律師資格，獲有倫敦大學國際法博士學位（一九八六），曾任智大國研所所長及法學院教授。並曾在史丹佛大學、法國巴黎第二大學法學院及海牙國際學院(La Academia Internacional de La Haya)擔任客座教授。

在實務工作上曾任駐英大使（一九八三～一九八五），「智與阿根廷邊界糾紛談判代表團團長」⑭、「智美（國）爭端解決委員會」成員（一九九〇起迄今）及「世銀行政法庭法官」(Juez del Tribunal Administrativo del Banco Mundial)。

其著作甚豐，迄已完成包括西、英及法文之國際法論著十五部，以海洋法、南極問題及國際經濟法為主。另撰有相關論文超過三十篇，散見歐美各主要相關學刊⑮。

渠目前亦為國際法學會智分會理事長，以及智利全國國際關係理事會主席，洵為智國際事務之泰斗。渠已應我外交部邀請將於本（一九九四）年年底訪華。

2.伊凡德(María Teresa Infante Caffi)教授亦為智大法學院畢業生，嗣曾赴荷蘭、盧森堡及西班牙研究，為日內瓦國際事務研究所國際法博士獲選人。

曾任智利天主教大學政研所、智大法學院、智利外交學院、巴西利亞大學、智陸軍戰爭學院及秘魯天主教大學國際法教授。目前為智大國研所及外交學院教授。

其著作包括與其他教授合編、合撰及本人著作之西、法及英文專書及論文三十八件，散見英、美、德、法、西班牙、巴西、哥倫比亞、委內瑞拉、秘魯及智利各國學刊及雜誌上。較著名者包括「法國國際法年報」(Annuaire Francais de Droit Internacional)及「德國國

---

⑭　有關智利與阿根廷邊界糾紛，請參閱周麟，「阿根廷與智利邊界問題及兩國關係」，問題與研究，33卷2期（民國八十三年二月）。

⑮　摘自其簡歷十頁。

際法年報」(*German Yearbook of International Law*)。其文主要論題為海洋法、解決國際爭端、環保及南極問題。曾代表智政府參加南極、智阿（根廷）邊界問題、海洋漁業及運輸等多項國際會議[16]。現任智大國研所所長、智利國際法學會理事長及國際法學會智利分會理事。

3.貝納達瓦(Santiago Benadava C.)教授，智大法學院畢業，獲律師資格。旋赴海牙國際法學院研究，後赴美深造，獲北卡大學碩士學位。曾任智大法學院、政研所國際法教授、海牙國際常設仲裁法院成員。主要鑽研國際法之習慣及淵源。

曾從事外交工作，擔任駐波蘭大使館秘書，並先後二度出任駐以色列大使。同時於一九八一至八三年間擔任教宗調停智阿邊界糾紛案智利代表團特使[17]。一九九三年獲美洲國家組織聘為智阿南部沙漠湖仲裁案仲裁小組四位拉美仲裁人之一。

著有**國際公法**(*Derecho Internacional Público*)（智京，三版）、**德國公使館之罪行**(*El Crimen de la Legación Alemana*)及**智利疆界史**(*Historia de las fronteras de Chile*)（智京，一九九二年），以及若干國際法及國際關係論文。

現任智大教授、智外交部對外政策顧問委員會成員並為職業律師。

4.伊麗夠妍(Jeannette Irigoin B.)教授，智大法律系畢業，獲律師資格，智大國研所碩士，嗣赴海牙國際法學院研究，為西班牙馬德里大學國際法博士候選人。另獲有法國史特拉斯堡(Strasbourg)國際人權研究所畢業證書[18]。

曾任智大法學院、政研所教授，現任智大國研所、法學院及外交學院國際法教授。主要研究國際人權法，在國研所開有人權保護課

---

[16] 摘自其簡歷十三頁。

[17] *Diccionario Biográfico de Chile, 1984-1986*, 18 ed., Santiago: Empresa Periodística de Chile, p.127.

La Tercera, 2-dic.-1986, p.4, and 25-nov. -1989, p. 2.

[18] 同引註[9]，頁 16；另引自其智大法學院國際法課程講義中首頁個人簡歷部分。

程。兼任國際法學會智分會秘書長。

編有對個人保護的新層面一書[19]，以及有關人權法及國際責任等專論十餘篇。

5.狄亞士(Rodrigo Díaz Albónico)教授，智大法律系畢業，獲律師資格，法國史特拉斯堡大學公法學博士。曾任智大法學院、國研所教授、智國家銅礦公司副執行總裁，外交部次長，現任駐加拿大大使。撰有武力衝突之相關論文數篇。

6.李歐希哥(Alberto Rioseco Vásquez)教授，智大法律系畢業，獲律師資格，巴黎大學研究。曾任智大法學院、政研所教授、智參加聯合國文教組織(UNESCO)代表、秘書長等職。現任智大國研所國際經濟法教授，撰有國際經濟法論文數篇[20]。

四、結語

綜觀智研究國際法之現況可約略歸納下列特質。其一為學者皆有法律背景，多數獲有律師資格。其二為大多數為留學歐洲學者，此與智立國菁英謀劃發展智成為拉美之歐洲國家當有關聯；影響所及歐洲注重傳統國際法之觀念及作法對智當有教化作用。其三為主要學者似有研究分工之默契。最後，國際法學者「學以致用」相當普遍，此亦顯示智外交界重用專才之優點。

---

[19] *Nuevas Dimensiones en la Protección del Individuo*, Santiago: IEI, Univ. de Chile, 1991, 208pp.

[20] 同前引註[16]，智人名字典，頁 964 。

美國現行法對商標平行輸入問題之研究

孫 遠 釗*

一、前　　言

在美國現行法下，關於真品平行輸入的問題，主要是發生在商標的領域①。在美國，凡是經由平行輸入管道而進入到美國國內市場行銷的物品常被稱為「灰色物品」(gray goods)；而其流通的市場則被

---

* 美國亞太法學研究院執行長；美國喬治‧華盛頓大學法學院中國法學研究計畫副主任，兼任講師。
① 參閱 J. Thomas McCarthy, *McCarthy on Trademarks and Unfair Competition*, 3rd ed. , New York: Clark Boardman Callaghan, 1992, Vol. 2, pp. 29-66 ; Seth E. Lipner, *The Legal and Economic Aspects of Gray Market Goods*, New York : Quorum Books, 1990, p. 1.

稱為「灰色市場」或「灰市」(gray market)②。顧名思義，平行輸入
問題所涉及到的是真品，而不是偽品，也因此沒有仿冒智慧財產問題
的存在。

　　所謂「真品平行輸入」，是指在一國領域之外經過合法授權而生
產製造的物品（其商標或專利或著作權俱屬純正），在行銷時脫離了
指定或授權的管道而進入該國，而由未經授權的經銷商在該國對該物
品進行銷售的行為③。依據美國聯邦最高法院的看法，真品平行輸入
的方式，包含了下列三種：⑴雖然本國的經銷商取得了在本國境內從
事智慧財產登記和銷售外國產品的授權，但該外國製造商卻另行銷售
到本國境內，或是先行銷售給第三者，再由該第三者銷售到本國境
內；⑵本國的經銷商與外國的生產者係屬同一或互有隸屬的關係（例
如母子公司），而本國經銷商在依法從事智慧財產權的登記之後，由
在外國的生產者銷入具有同一商標、專利或著作權的商品；⑶本國的
智慧財產權持有人授權一獨立的外國廠商在一特定的外國地域行銷，
而該外國經銷商或第三者卻銷售到本國境內④。

　　由於在這平行管道之下所輸入的，是純正的真品，而非偽品，因
此平行輸入是否算是侵害了智慧財產權所有人的權益便有所爭議。贊
成容許平行輸入的人士認為，這樣的方式有助於商品的價格競爭，從
而可以使消費者受益。而反對真品平行輸入的人士則認為，容許平行
輸入即是破壞了原有的智慧財產權益，尤其是讓外來的行銷商不當得
利，竊取了本國廠商的行銷努力。雙方各持一辭，均各有道理。本文
即就美國法律對於此一問題的見解和發展做一介紹。

---

② 同前註。除另行註明外，「平行輸入」、「灰色物品」和「灰色市場」等名詞將在
　本文中交互使用。
③ 參閱 James E. Inman, " Gray Marketing of Imported Trademarked Goods: Tariffs
　and Trademark Issues, " *American Business Law Journal*, Vol. 31, p. 59 (1993);
　McCarthy, *supra* note 1.
④ *K Mart Corp. v. Cartier, Inc.*, 486 U. S. 281 (1988).

二、背　景

　　美國政府在一九二二年之前，對於國際行銷的真品平行輸入，一向是採取不禁止的政策。聯邦第二巡迴上訴法院在一九二一年的 *Bourjois & Co. v. Katzel* 一案中，判決載有純正商標的進口商品並不構成「重製或偽造」，從而不能認為是違反了商標法。法院並指出，當進口商品的標示正確描述了其生產來源時，即非法律所要禁止的對象⑤。這項判決一出，立即引起了國會的反應。在匆促之中，國會在關稅法內加入了一個條款，允許商標專用權人得向關稅總署登記，以排除了載有同一商標，自國外製造商品的平行輸入⑥。當國會在一九三〇年對關稅法進行全面修正時，繼續延用了這條規定，也就是現行的關稅法第五二六條⑦。值得一提的是，最高法院在一九二三年（亦即關稅法§526通過後的數月）推翻了第二巡迴上訴法院對 *Katzel* 案的判決。最高法院認為，當外國的製造商將其在美國境內的商標專用權「出售」給在美國的經銷商後，法律即禁止未經授權的平行輸入⑧。最高法院在做成這項判決時，是採用了商標法中的「屬地耗盡」原則（詳見後述），而沒有適用關稅法第五二六條（因為該法律之通過是在本案係屬之後）。法院的考量是，平行輸入的物品在一般消費者的心目中是否仍被視為是來自原告（即美國境內的商標權人），從而對原告造成了損害。如果消費大眾確實對商品來源產生了誤解或混淆，原告即得排除被告的平行輸入行為。

　　關稅法第五二六條在字面上採取了非常廣泛的規定，容許美國的商標權人排除一切的平行輸入行為。這條規定甚至曾被解釋為包括對

---

⑤　275 F. 539 (2d Cir. 1921), reversed on other grounds, 260 U. S. 689 (1923).
⑥　參閱 Genuine Goods Exclusion Act (as part of Tariff Act) of 1922, Ch. 356, § 526 (a)-(c), 42 Stat. 858, 975(1972), repeated by Act of June 17, 1930, Ch. 497, Title IV, § 653, 46 Stat. 762, effective on the day following the date of enactment on June 17, 1930. Codified at 19 U. S. C. § 1526(a)(1993).
⑦　同前註。
⑧　*Bourjois & Co. v. Katzel*, 260 U. S. 689 (1923).

個人使用平行輸入物品的禁止⑨。鑒於這條規定與最高法院的判決是以「出售」做為前提未能完全吻合，美國關稅總署在制定相關的施行細則時，便試圖調合兩者，採取了較為狹義的立場，認為最高法院的判例是侷限在美國的「獨立經銷商」承購了國外製造商在美國境內權益的情形。因此，關稅法第五二六條對進口商品的限制也是侷限於這樣的情形，而對於本國公司在外國的關係企業所生產、製造、並使用同一商標的進口商品則不加禁止。另外，關稅總署採取這樣的立場也為了顧及到反托辣斯法的有關問題，亦即對關係企業間的平行輸入採取不禁止的立場可以避免廠商進行地域設限，以達到限制貿易的結果⑩。

　　依據關稅法施行細則(19 C.F.R. §§ 133.21 (C) (1) - (3))的規定，當進口物品有下列情形之一時，即不受禁止平行輸入的限制：(1)在外國和美國的商標專用權屬於同一個人或法人；(2)在外國和美國的商標專用權人互有隸屬關係或是共同屬於他人所有或控制；(3)在外國生產的物品載有經美國專用權人授權登記之商標或名稱⑪。然而，關稅總署在執行這項規定時，卻常有不一致的現象。尤其在認定國內外的廠商間的隸屬、共同所或授權使用的關係時，常滋生困擾。因此，聯邦最高法院在一九八八年的 *K Mart v. Cartier* 一案，便冀圖把這項施行細則的內容以及它和關稅法第五二六條之間的關係做一釐清⑫。

三、最高法院的立場

　　最高法院在本案中首先詮釋了如何認定一項命令是否違反法律的

⑨　*Stutges v. Clark D. Press, Inc.* , 48 F. 2d 1035 (2d Cir. 1931), affid on rehearing, 48 F. 2d 1038 (2d Cir. 1931)，美國國會直到一九七八年方才另行修法，容許以個人使用為目的的平行輸入。參閱 Act of October 3, 1978, Title II, Sec. 21 (a)(2), 92 Stat. 903 (1978).
⑩　19 C. F. R. § 133. 21 ; see also 55 Fed. Reg. 52, 041 (1990).
⑪　同前註。
⑫　參閱前引註④。

準則：即法院應從審查訟爭的法律文句和當初設計此一法條的整體文句和設計中來研判該法律的平易含義。如果法律的用意十分明確，法院自應確守國會明示的立法意圖；反之，如果法律對於某一具體的問題沒有做任何規定或是其中的含義不是十分明確時，這時法院才可確認行政部門對於法律的補充解釋是否合法。這時，縱使法律的含義不明，對於與法律直接衝突的行政命令均會被判無效⑬。

根據這項準則，法院判認關稅法施行細則的第三項例外規定（即所謂的「授權使用例外」）違反了國會的立法意圖，應為無效；但同條的第一和第二項例外（即所謂的「共同控制例外」）則為有效，因為法律在這方面的語義不明。

根據這項判例，美國對於平行輸入的政策有了些許的改變。美國商標權所有人授權外國廠商製造的物品今後即不准以平行輸入方式進口。當然，這是指外國製造商和本國廠商（商標權人）間沒有隸屬或共同所有的關係而言。根據統計，屬於這個項目的灰色物品約佔當時各種平行輸入總值的百分之十⑭。至於其他的平行輸入，則原則上不予禁止。

對於本國的商標或其他智慧財產的所有權人而言，這自然不是他們所樂於見到的結果。至少在商標權方面，是否他們可以援引商標法第四十二條或第三十二條來阻止平行輸入的物品，法院迄今尚未釐出一個明確的標準。美國商標法第四十二條規定，商標權人得向海關登記其商標以排除任何載有「模擬或重製」該商標的物品進口。第三十二條則規定凡是使用重製、仿冒、複製或模仿已登記的商標，而對購買人「有造成混淆、錯誤或欺騙之虞者」，應予禁止使用。在有關灰色物品的進口方面，法院並沒有界定在如何的情形下即可認定「有造

---

⑬　486 U. S. 281, 291 (1988).
⑭　參閱 Paula Dwyer and Amy Dunkin, "A Red Letter Day for Gray Marketers," *Business Week*, June 13, 1988, p. 30.

成混淆之虞」。法院顯然傾向於針對每一個案予以分別認定⑮。

四、對於平行輸入的論戰

贊成開放平行輸入的基本主張是，平行輸入有助於競爭，並且可以使消費者受到保障。例如，前新罕普夏州的共和黨籍參議員洛德曼（Warren Rudman）便曾在國會聽證上將贊成的論點歸納為四點：(1)容許灰色物品可以防止外國的製造商將美國的市場「隔離」，然後在美國境內浮誇價格來榨取美國消費者的權益。(2)灰色市場之所以發生，主要是由於雙重價格的存在；亦即對於一個進口商而言，在加上了運費和關稅等成本支出後，他還能從事價格競爭，如此自然可以保障消費者。(3)純就灰色物品的問題而言，美國的商標或其他智慧財產權人並不需要美國國內智慧財產權法規的保障，因為外國的製造商可以很簡單地在其各地的市場制定單一價格便可消除了整個灰色市場。(4)鑒於絕大多數與美國貿易的國家和地區均允許在其境內的平行輸入，基於平等互惠的原則，就更沒有必要來保障美國的智慧財產權人，從而限制了產品的競爭⑯。

贊成開放平行輸入的人士並進一步對反對者的批評提出辯護。在造成混淆方面，他們認為由於絕大部分的平行輸入物品的本身已提出

---

⑮　參閱 James E. Inman，前引註③，頁 84～85，另參閱 Restatement（Third）of Unfair Competition § 24, Comment f(Tentative Draft No. 2) (1990)，則認為至少當商標是用於識別國內的商標權人時，自國外進口的灰色物品即不得視為係該商標所正確代表或識別之物品。從而銷售該物品時即構成商標侵害（因有造成混淆之虞）。此外，在著名的「捲心菜娃娃」一案中，法院顯然是以灰色物品和原產品之間是否在型態上有重大的差異來決定是否構成商標侵害。參見 *Original Appalachian Artworks, Inc. v. Canada Electronics, Inc.*, 816 F. 2d 68; 2 USPQ2d 1343 (2d Cir. 1987).

⑯　*Legislation to Amend the Lanham Act Regarding Gray Market Goods: Hearings on S. 626 Before the Subcomm. on Patent, Copyrights and Trademarks of the Senate Committee on the Judiciary,* 101st Cong., 2d Sess., Washington, D. C.: Government Printing Office, pp. 11-23 (1990) [hereinafter Hearings on S. 626](Statement of Senator Warren Rudman of New Hampshire).

了品質保證，自然也不致造成品質的混淆。在剝削國內的就業機會方面，他們則主張，鑒於從事平行輸入的進口商通常會僱用比該產品的外國製造商和美國境內的智慧財產權人加起來還多的本地勞工，從而也不會剝奪美國的就業市場。另外，在促銷產品的支出方面，他們則指出事實上是製造商承擔了產品的發展及服務等開銷，而進口商則各自或協同來負擔宣傳和廣告等支出。因此，所謂平行輸入的進口商以免費搭便車的方式對智慧財產權人的努力不勞而獲，其實是完全不正確的[17]。他們並指出聯邦貿易委員會(Federal Trade Commission, FTC)的一項報告拒絕了關稅總署修改有關施行細則的擬議。根據這項報告，聯邦貿易委員會建議製造商可以用不同的標示、改變促銷策略、對不同的產品以新的方式來區分或是透過垂直協定的行銷管制等現成的管道來達到同樣的效果，而不需要藉著修法來強制平行輸入的進口商去消除原有的商標或重新標示[18]。

反對平行輸入的基本主張是，灰色市場是對美國商標權人商譽的嚴重侵害，也是消費者的損失。由於灰色物品以免費搭便車的方式來獲取商標權人努力經營的商譽，這也事實上降低了開發新產品或對既有的產品予以改進的動機或意願。他們認為灰色市場之所以會存在，就是因為透過平行輸入，灰色物品可以佔盡商標權人的便宜、剝奪美國國內商標權人努力的成果。因此，平行輸入的進口商應被視為不法侵占了商標權人的權益和商譽[19]。

反對的人士進一步主張，所謂雙重價格可以促進競爭，避免哄抬價格的論點根本就是障眼法。因為促使灰色市場發展的主因，並非價格差距，而是商品的名譽和商標所代表的品質。而且價格與是否侵害商標之間，本來就沒有關聯[20]。因此，整個關於灰色市場問題的關

---

[17] 同前註，頁 51。
[18] Federal Trade Commission, *Gray Market Policy Options Facing the United States Customs Service*, Washington, D. C.: Government Printing Office, October 17, 1986.
[19] *Hearings on S. 626*，同前引註[16]，頁 111 ～ 112。
[20] 同前註，頁 110 (Statement of Christopher Edley, Jr., President, Coalition to Preserve the Integrity of American Trademarks)。另參閱 Scott D. Gilbert, Eugene A. Ludwig and Carol A. Fortine, " Federal Trademark Law and the Gray Market: The Need for A Cohesive Policy, " *Law and Policy in International Business*, Vol. 18 (1986), pp. 103, 109.

鍵，是在於究竟灰色物品是否欺騙了消費者，以及是否侵害了商標或其他智慧財產權人的商譽或其他權益？反對平行輸入的人士指出，商標權或其他智慧財產權人承擔了商品的發展、企劃、促銷、推廣和廣告等各項費用，尤其是在一個產品推出的初期為然，而平行輸入的進口商則沒有，也無須承擔這些費用。既然智慧財產權人承擔了這些支出，也理所當然應從商品上得回最佳的收益。因此，把這其中的收益部分轉移到灰色市場，便是擾亂了商標和整個智慧財產制度[21]。

反對平行輸入的人士也進一步反對進口商以「完全申報」或「完全呈明」(full disclosure)的方式標明平行輸入商品之來源與品質來解決混淆的問題。因為關鍵在於能吸引消費者注意的，是商標的本身，而不是附在其中的否定聲明(disclaimer)，表示該特定商品與原智慧財產權人的產品不同[22]。不過他們贊同以去除平行輸入物品的既有商標來做為解決的方法之一。因為這便等於逼使平行輸入的進口商必須自行負擔費用來促銷產品[23]。

由於正、反兩方對於平行輸入問題的爭辯有愈演愈烈的趨勢，而且雙方都已發動力量，遊說國會，並提出修改關稅法和其他相關法律的提案，國會方面顯然對於平行輸入產生了極為分歧的意見。雖然國會也認為在這個問題上應有個明確的立場，但迄今為止仍然未能通過任何法案[24]。而對平行輸入問題的論戰，則仍持續不斷。

五、耗盡及普徧原則

在智慧財產權的領域裡，有兩個相關的理念：「耗盡原則」及

---

[21] Note, " The Gray Market Solution : An Allocation of Economic Rights, " *Texas International Law Journal,* Vol. 28 (1993), pp. 159, 174.

[22] 同前註，頁 175。

[23] 同前註。

[24] 例如，反對容許平行輸入的人士促使國會在第一〇一屆會期中提出了編號為 S. 626 的法案，而贊成的人士則促成了編號 H. R. 771的法案，但兩案均在一九八九年「胎死腹中」。

「普徧原則」。所謂「耗盡原則」(exhaustion)，是指一旦具有智慧財產權的物品在商業過程中被售賣，其中的權益亦隨之耗盡，智慧財產權人今後即不得再行主張其智慧財產權來限制或阻止該物品的繼續銷售。換言之，把有智慧財產權的物品重新提到市場上出售即不構成侵害他人的智慧財產[25]。因此，這個原則也被稱為「一次耗盡」。

所謂的「普徧原則」(Universality)則是指智慧財產權益與其所附著的物品一齊流通，不受國界的限制[26]。因此，耗盡原則也適用於國際銷售——凡特定、具有智慧財產權的物品在世界上的任何地區一經銷售，智慧財產權人即不得再主張對該特定物品的權益。此即所謂的「國際耗盡」主義。

美國的法院首先在西元一八八六年宣示了「國際耗盡」主義[27]。此一主義一直沿用到了一九二〇年代都沒有變更。在這個原則之下，凡是載有商標的物品經判認無「重製或模擬」原商標時，即得自由進口而無違反商標法之虞。到了一九二二年，由於前述的 Katzel 一案，引起了國會和聯邦最高法院對於耗盡和普徧兩項法則進行檢視[28]。最高法院在判決平行輸入進口商敗訴的理由中，指出「製造商在售賣其物品時，不得免除其原本即應受到之限制。…〔平行輸入商品的〕購買人應明確瞭解，取得物品所有權，並非即表示也取得了得出售載有特定商標或圖記的權利[29]。」因此，既然一項物品的智慧財產權已經售予了位於美國境內的經銷商，整個問題的關鍵便在於是否平行輸入的物品對於美國境內一般民眾對於該物品的商譽和商標登記構成了侵害，而不是該物品正確地表明了其原產廠商或原產地。

之後，最高法院在另一個案件(Bourjois & Co. v. Aldridge)中，復判決自國外進口，縱使載有純正商標的物品，如該商標已為在美國

---

[25] 參閱 Walter J. Derenberg, " Territorial Scope and the Situs of Trademarks and Good Will, " *Virginia Law Review*, Vol. 47 (1961), pp. 733, 734.

[26] 同前註。

[27] *Appollinaris Co. v. Scherer*, 27 F. 18 (C. C. S. D. N. Y. 1886).

[28] 同前引註⑧。

[29] 260 U. S. 689, 690 (1923).

的經銷商登記，即視為「重製或模擬」該商標，從而違反了商標法之規定㉚。自從這兩項判例之後，各級法院對平行輸入的適法性和耗盡原則的適用範圍便開始了持續的爭辯。而學者也對不同案例和法院不同的判決提出了不同的闡釋。有的學者認為最高法院對於這兩件案子的判決，事實上已把耗盡原則的適用侷限到了一國的國境之內㉛。他們並主張「國內耗盡原則」也衹能狹義地適用到與這兩項案例相同的事實狀況，而對於不同的案情背景，則不能逕行適用。

　　法院對於究竟應擴大或侷限 *Katzel* 及 *Aldridge* 兩案的適用範圍一直到今天都尚未獲得一致的結論。基本上，聯邦巡迴上訴法院的第二、第三和第九巡迴庭是採取了限制使用「國內耗盡」的立場。亦即衹有在智慧財產權人係屬獨立（與外國廠商間沒有附屬關係），而且在美國建立了特別的商譽和品管者，才能受到美國國內智慧財產法的保障㉜。而另一方面，在行政部門方面，國際貿易委員會(International Trade Commission)在審理有關平行輸入的案件時，則傾向於禁止㉝。因此，美國今日對於平行輸入問題及耗盡原則最多衹能説是尚未取得一致的立場，而多數似傾向於採取「國際耗盡原則」及不禁止平行輸入，除非其案情符合最高法院所訂之要件。

六、國際協定下的相關規定

　　由加拿大、美國及墨西哥制定的「北美自由貿易協定」(North American Free Trade Agreement, NAFTA)對於智慧財產權釐定了相當

㉚　263 U. S. 675 (1923)(per curiam).

㉛　參閱 Michael S. Knoll, "Gray-Market Imports: Causes, Consequences and Responses, " *Law and Policy in International Business*, Vol. 18 (1986), pp. 145, 195-97; Scott D. Gilbert, *et. al., supra* note 19, pp. 106-7.

㉜　參閲 *Olympus Corp. v. United States*, 792 F. 2d 315 (2d Cir. 1986), cert. denied, 486 U. S. 1042 (1987)；*Weil Ceramics & Glass, Inc. v. Dash*, 878 F. 2d 659 (3d Cir. 1989); *NEC Electronics v. Cal Circuit Abco*, 810 F. 2d 1056 (9th Cir. 1987).

㉝　例如，In re Certain Alkaline Batteries, 225 U. S. P. Q. 823 。但是委員會的裁定後來為雷根總統否決。

詳盡的準則[34]。但是，其中卻故意避開了關於平行輸入的規定。而且在行政當局對於協定的解釋聲明中，也特別指出北美自由貿易協定（第一七〇九條）並未對擁有專利權的物品在締約國之間以直接或間接的方式來建立平行輸入權[35]。事實上，墨西哥在一九九一年六月通過了「工業財產促進保護法」，其中對於專利權人行使其專利權的例外限制規定，顯然包含了平行輸入。亦即這項新法有鼓勵平行輸入的用意[36]。因此，北美自由貿易協定刻意避免了對平行輸入和耗盡範圍做任何具體的政策性宣示。

另一方面，在關稅貿易總協定(General Agreement on Tariffs and Trade, GATT)的「烏拉圭回合」多邊貿易談判(Uruguay Round Multilateral Trade Negotiations)中關於智慧財產權的規定(Trade-Related Aspects of Intellectual Property Rights, TRIPS)，也對於各國如何規範平行輸入和耗盡的問題採取了自由放任的立場[37]。雖然這項規定仍待與會各國在明年正式認可才能生效，但可看出在國際上對於智慧財產權的平行輸入及耗盡問題，至今尚無定論。根據統計顯示，目前大部分的國家並無明文禁止平行輸入，而且許多國家更明文允許[38]。在耗盡原則方面，如歐洲共同市場早在一九七五年的「共同體專利公約」中，即規定一旦專利權人將其專利物品在共同體內任何一國上市，其權利即因該物品的出售而告耗盡[39]。

由此可以看出，如果一國採取了「一次耗盡」和「普徧」兩項法則（即「國際耗盡主義」），則隨著一項物品的上市而權利自然耗

[34] *House Doc. 103-159*, 103d Cong. , Sess. 1, pp. 1196-1226 (1993).
[35] 同前註，頁 186 。
[36] 參閱 Bureau of National Affairs (BNA), "Analysis of Mexico's New Industrial Property Law, " *Patent, Trademark and Copyright Journal*, Vol. 42, p. 381 (August 15, 1991).
[37] Article 6, Agreement on Trade-Related Aspects of Intellectual Property Rights (TRIPS), April 15, 1994.
[38] 例如，澳大利亞、紐西蘭、日本、巴西及阿根廷等國俱是。
[39] Article 32, Convention for the European Patent for the Common Market (Community Patent Convention), December 15, 1975, as amended.

盡，當然也就不發生是否應准許平行輸入的問題。相對而言，凡是採行「國內耗盡主義」的立場，自然也就表示了限制或禁止平行輸入。

七、結　論

　　美國國內對於平行輸入問題的政策至今尚未完全釐清。在商標方面，當一個國內的經銷商向外國的製造人購得了在美國境內登記、使用其商標和行銷該物品的權利時，如果經銷商與外國的製造人之間沒有任何的隸屬或共同所有等關係時，則經銷商祇能在此情形下依據商標法第四十二條來適用關稅法第五二六條，排除其他進口商進口載有同一純正商標的物品。另外，當平行輸入的物品在質量上與國內的經銷商所銷售的物品有相當的差異時，經銷商即可援引商標法第三十二條「有致生混淆之虞」來排除平行輸入的物品。而在其他的情形則原則上不排除平行輸入。換言之，即依據多數的案例，美國法院採取了狹義的立場來適用國內耗盡原則。

　　值得注意的是，在國際上，美國有愈益傾向促使它國採取禁止平行輸入的跡象。而且其中的範圍涵蓋了整個智慧財產權的領域。關於商標的平行輸入問題，也同樣會在專利和著作權的領域內發生。為了處理在國際上的類似問題，尤其在若干新興的領域，一個常用的方式便是先透過國內立法來加以限制，從而把國內的情況控制住，然後再透過國際協商談判來促使他國跟進。例如：對於電腦軟體的出租，即先行設限（由於屬於新興領域，較易立法設限而不致遭到過大的阻力），然後在國際協商上要求他國取締類似的營業⑩。在平行輸入問題上，雖然在美國國內的政策協調立法上遭到了困難，但是美國國內的立法障礙顯然沒有阻卻其在國際上施加壓力，促使其他國家對平行輸入設限，以保障美國產品在國際上的智慧財產權益。

---

⑩　參照美國著作權法第一〇九條(b)項，Act of October 4, 1984, Pub. L. 98-450, 98 Stat. 1727, and Act of November 5, 1988, Pub. L. 100-617, 102 Stat. 3194.

　　隨著北美自由貿易協定的正式生效和烏拉圭回合協議的草簽，未來國際間在智慧財產權的領域上已經有了一個相當完整的架構。可以預見的是，平行輸入的問題在未來仍會不斷發生，而各國也勢將無法逃避這個問題。在美國國內，究竟是以立法或司法來協調這方面的政策仍有爭議。不過美國國會顯然已準備在烏拉圭回合協議的表決之後（預期一九九五年七月表決），開始著手協調國內各項智慧財產權法規與國際協定融合的問題。屆時有關平行輸入和「耗盡原則」的處理方式，勢將再度引起相當的爭議和辯論。

伍、書評、書摘

書　評

賴 樹 明 著

走過聯合國的日子：薛毓麒傳

臺北：希代出版有限公司，中華民國八十三年出版，三七五頁。

邱 進 益

際茲朝野與全體國民對於重返聯合國的呼聲高唱入雲而又付諸實際行動之時，展讀「走過聯合國的日子——薛毓麒傳」不僅饒富意義，且亦憑添許多感慨。

我檢討政府遷臺迄今約四十五年的歲月中，若論外交人員對於國家的貢獻，大概不外乎：⑴中日和約的締結；⑵中美共同防禦條約的簽訂；⑶聯大中國代表權的維護。中日和約雖然不是在極為光采的情形下簽訂，但對於終止中日戰爭的狀態以及為第二次大戰在中華民國這邊劃上句點，有其積極的意義。自和約締結後，日本企業開始投資臺灣，此對當時我們輕工業的發展，產生了引導的作用。中美共同防禦條約的簽訂，雖則部分限制了我們對中國大陸能採取的行動，但對往後臺灣海峽的和平與臺灣社會的安定，有不可磨滅的貢獻。雖然一九五八年金門砲戰一度考驗了此一條約的效力與適用性，但在中美雙方密切合作的情況下，使之安然無恙。我國此後在經濟上的發展，各項現代化計畫的展開，可以說都拜此一條約所賜。至於聯大中國代表權的維護，使我們不僅可以名正言順地參與國際活動，而且相當程

度地阻止了中共以及共產主義的擴張。雖然我個人以為在一九七一年以前，我們的外交目標以維護我國聯大代表權為首要而且幾乎是唯一要務而形模糊化，但大體言之，我們的國際地位在退出聯合國前，與中共不相上下。自一九五〇年至一九六四年一月戴高樂承認中共為止，我們在國際上爭取邦交國的數目，遠多於中共，但在我們退出聯合國前後，加拿大、義大利、比利時、奧地利、日本、西德相繼承認中共以後，我們的外交情勢，乃至一再逆轉，在一九七一～七二年短短兩年之中，共損失了二十四國的邦交，相反的中共卻增加了三十九個邦交國。自此以後中華民國在國際間的地位與她所擁有的經濟實力所形成的反比，真是越拉越大！

　　難道參加聯合國真有這麼重要？一九七〇年，聯大第二十五屆年會，有關「重要問題」的提案，我們雖然以六十六票比五十二票獲勝，但在「排我納共」的提案中，我們卻以四十九票對五十一票落敗。聯大代表權的保衛戰似乎已進入白熱化關頭。那時候，不知是有意或無意地，在輿論中有人主張：⑴聯合國對於維持世界和平，顯然無能，不僅其功效不彰，而且極可能步國聯的後塵；⑵我們每年所繳聯合國的會費大約美金五、六百萬元，是一個沈重的負擔，如可節省，則可用之於國家的建設；⑶每年為了聯大代表權的維護，弄得外交官員人仰馬翻，如果一了百了，反而可以有系統地規劃我們外交的目標。一九七〇年代，我個人仍屬於外交界的少壯派，頗有「少年不識愁滋味」的味道，亦曾主張壯士斷腕，盍興乎「去」！由於事無先例，實在難以想像退出聯合國會有什麼樣的後果。以今鑑古，回首二十三年來我們在國際關係中所遭遇的挫折與不平待遇，對於當時的想法，為今想來，確實幼稚！

　　關於「中國代表權問題」，在聯大中的討論，一般熟知有「排我納共」案與「重要問題」案，此外，其實還有義大利等六國連續於一九六六、六七、六八連續三年所提出的「研究委員會」案與由美國領銜於一九七一年第廿六屆聯大所提出的「變相重要問題」案即所謂「雙重代表權」案。義大利等國提案時與我國仍有邦交，當時鑑於中

國代表權問題長久以來未曾獲得解決，故提出所謂「研究委員會」案，對中國代表權問題加以研究，實際上，則盼以「兩個中國」方式使中共與我併存於聯合國內。但是這種主張中共與我皆表反對，雙方運作的結果，一九六六年（即提出首年）的表決結果是三十四票贊成，六十二票反對，二十五票棄權，未獲通過；六七、六八年之提案，贊成國更減少為三十二國與三十國。連續三年挫敗，因而使得義大利等國於一九六九年不再提出。而是年關於「排我納共」案的表決是五十六票反對，四十八票贊成，其中正反僅有四票之差。七〇年則反對者僅四十九國，而贊成者竟有五十一國，聯大納共的氣氛日甚一日，馴致一九七一年美國有所謂「雙重代表權」案之提出。按照該案的內容是我國保留聯大席位，中共則不僅獲得聯大席位，同時亦取代我在安理會中的席位。這一提案，中共明白表示反對，我政府則先是猶豫，繼則默許。七月中始派當時的楊西崑、陳雄飛與蔡維屏三位次長分赴非、歐與拉丁美洲召集使節會議說明美案經過，並盼向我各友邦洽助，實則為時已嫌晚矣。加上七月九日季辛吉秘訪北京，而本案在聯大中自醞釀以迄提出，當時美國駐聯大代表布希尤盼奮力一搏，奈因各方配合不當，我代表團既無明確立場，而議事策略亦未安排定當，沙烏地阿拉伯代表巴羅迪大使應我方之請，上臺發言，而竟不知究應如何助我，反而招致各國代表不滿，美案未及表決，而「重要問題」案已以五十五比五十九未獲通過，「排我納共」案更以三十五比七十六獲得通過。在表決「排我納共」案前，外長周書楷乃上台發言，決定退出。當時電視轉播周外長高舉雙手食指，慷慨激昂之狀，歷歷在目。而不幸周氏已經作古，今日我人則求提案設立「研究委員會」而不可得，更遑論雙重代表權矣，思之能不令人擲筆三歎！

薛毓麒大使是我非常敬仰的外交界前輩。他不僅才華橫溢，見識過人，而且心思細密，沈穩練達，凡是與他相處過或接受他領導的人，都會有一種即之也溫的感受。他先後服務外交界四十七年，但在其外交生涯中，卻幾乎與聯合國事務結了不解之緣。我計算他在部內主管國聯與聯合國事務的年資，前後八年；在聯大代表團任常任副代

表又是十二年，加上出使加、西以後又連續出席聯大會議先後五次，總計為時二十五年。可以算得上是維護我國在聯大代表權的大功臣之一，他對於聯合國事務的熟悉與關注，幾乎無人可出其右，由於本書作者，似非研習國際關係與外交史者，因之對於若干關鍵性的問題，無法予人一窺全貌，如外蒙入會案之決策改變前後與否決經過，義大利「研究委員會」案提出之幕後交涉與表決及其影響，「雙重代表權」案折衝決策及議事安排經過等，個人深盼薛大使能親自執筆撰寫，以向歷史作一交代。

　　本書因為以「走過聯合國的日子」作為副題，而薛大使又涉入聯合國事務頗深，故個人對於我聯大代表權問題之若干環節，也有較多的敍述與感想。由於個人將赴新任，無法詳查相關資料，乖誤之處，在所難免，萬望薛大使與各界人士指正。

高　朗　著

中華民國外交關係之演變
（一九五〇～一九七二）

臺北：五南圖書出版有限公司印行，中華民國八十二年
四月初版，四三一頁。

孫遠釗

　　回顧人類在過去五十年的歷史發展，至少從國際關係的角度來觀
察，基本上是在冷戰的大前提下進行國與國之間的互動。而所謂的
「冷戰」，則又代表了在美、蘇兩大超級強權之間所進行的一場權力
均衡和競逐。於是身處「圍堵政策」邊緣的中華民國，和位居整個亞
洲地區關鍵地位的中共，也不可避免地隨著這整波的潮流在進行著它
們彼此間的另一場爭戰。雙方在彼此毫無直接溝通和聯繫的情況下，
把一場內戰繼續延伸到了國際舞臺，各自爭取盟友，意圖鞏固本身的
國際地位；並且利用極端迥異的意識形態做為主要訴求，必欲置對方
於死地乃罷。

　　對於中共而言，自從美國於一九五〇年派遣第七艦隊進駐臺灣海
峽，並於稍後協防臺灣，便象徵了它不再能由軍事上來征服這塊由中
華民國政府所堅守的最後據點。而對於臺灣而言，隨著蔣中正總統在
同年三月重新主政，中華民國政府逐漸從內戰的節節失利和驚懼之中
穩定下來。於是，這場內戰的主戰場，便自然而然地從軍事轉移到了
外交。環視中華民國自西元一九五〇年以降的國際關係，基本上便是
在愈來愈趨不利的國際形勢下，為求本身的生存和發展空間而與中共
所進行的一場殊死戰。

在這樣的背景下，由高朗撰寫的**中華民國外交關係之演變（一九五○～一九七二）**一書，為這段期間的我國外交策略和影響提供了有系統的分析。誠如作者在本書起始所言，我國外交的總體資料，竟然是相當的不完整。因此，能就現有的中外資料來進行研究分析，並從中華民國的角度來做評估，就更顯出本書的用心與價值。

本書採取了比較分析的方法，以(1)國際權力結構的演變，和(2)中共內部的穩定性與決策變化做為兩個軸線，分別從(1)邦交國變化、(2)條約關係、(3)使領館關係、(4)高層官員互訪、(5)聯合國會籍、以及(6)經貿關係的拓展等六個指標來分析我國與他國來往情形和關係發展的模式。而在時段上選取從一九五○年到一九七二年，一方面是反應了這段冷戰中的「炙熱期」，包括了我國連年在國際舞臺上與中共的爭戰（尤其以聯合國的會籍保衛戰為最高潮），另一方面則反應了蔣中正總統主政期間的主觀因素——諸如個人的意識型態、治事理念等，以及這些主觀因素如何融入到我國的整體外交策略之中。

相對於許多人士認為中華民國在這段期間的外交政策是受到了僵硬的「漢賊不兩立」的意識形態所主導，因而顯得處處受掣，毫無彈性，作者的立論卻是蔣中正總統的個人領導風格處處顯示了他其實是頗為講求實際，因地、因時而制宜。雖然他迫切想要尋求外援來鞏固中華民國的基礎和地位，但是從美國發布「白皮書」以來一連串的事件，卻也明白地顯露了國際政治的冷酷無情，也再再讓蔣總統受到了莫大的刺激和影響，轉而圖謀自強。所以，與其說「漢賊不兩立」是約束了我國外交的一道緊箍咒，倒不如說是在面臨到無可奈何的外交情勢時（亦即當其他國家執意或是「強烈暗示」要與我國中止外交關係時），政府用來自圓立場的藉托罷了。而且，雖然蔣中正時期的外交政策是把重點擺在與美國的關係、確保聯合國席位以及爭取與新興國家建立邦交，但這其中都是以克服中共的障礙為最高的指標。

此外，作者在本書各處也多有獨到的見解，頗值參考。例如，在論及對外條約關係的變化時，作者指出在一九五○和一九六○年代，中華民國掙扎於經濟發展的道路，與世界各地來往不是太密切，一般

國家也沒有感覺特別需要與我國訂立功能性的條約。而相對地，我國為了要爭取某些國家的支持，便派遣了農耕隊、獸醫隊和農技團。其成效如何或許仍有待討論，但至少顯示出了當時的理念和實際困難。

又如在論及對外使領館的變化時，作者指出一個現象，即使館的變動是隨著政治關係走，而領事館的變動則是跟著經貿人員交流的數量來決定。而且我國駐外領事館都集中在幾個地區和國家，由於這些國家與我國的外交關係發展得早，也較為穩定。即使使館的變化輻度頗大，領事館方面卻頗小。相對而言，我國與若干非洲國家主要是基於政治需要而建立邦交，但多無領事館的設置。因此祇要雙方的關係一旦發生變化，整個的設置便連同悉數撤離。

必須指出的是，在這段期間我國的國家預算絕大部分是編列給國防部，而非外交部。因此，如果當時的情況略有不同的話，以較為寬裕的授權和經濟力量，我國對外關係的發展是否會有所不同？似是學理上可以探究分析的。

無論如何，**中華民國外交關係之演變**的確是部立論中肯、值得參考的好書，也為我國在這段期間的外交困境和努力做了很有價值的評析。

高　朗著

中華民國外交關係之演變
（一九七二～一九九二）

臺北：五南圖書出版有限公司，一九九四年四月初版，三八七頁。

孫遠釗

　　本書是作者繼中華民國外交關係之演變（一九五〇～一九七二）一書出版後的後續之作。本書的體例格式、資料取向和分析方法等基本上與前書相符——從邦交國的變化、駐外單位的變化、條約關係的演變、高層官員的互訪和國際組織的參與情形等五個指標來評析我國外交政策的走向和成效。與前書所不同的，是由於在七〇年代之後，中華民國離開了聯合國，並相繼和日本、美國等大量的國家終止了外交關係，駐外使領館陸續關閉，作者遂改以駐外單位的變化來取代前書使領館的開設做為指標之一；也以我國參與政府間國際組織的情形來取代原先考覈我國在聯合國的地位和關係。

　　根據這五項指標和以官方所提為主的資料，作者試圖從蔣中正總統時期過渡到蔣經國總統時期的外交轉變，乃至於李登輝總統的「務實外交」，以及在這整段過程的週遭大環境中，一方面進行成效評估，一方面對未來的走向提供建言。作者的結論認為李登輝時期的外交要比蔣經國時期靈活。而造成這些差異的原因，一則以兩位總統所秉持的外交理念與策略不同，再則以國際環境以及臺灣地區內部的政治變動，均促使了政府必須走向「務實外交」的路線。作者在肯定這種以「實事求是」的態度來釐定外交政策之餘，也對於中華民國政府

的外交主導權愈來愈受制於爭取民意和贏得選舉的壓力，從而著重於
急功近利的績效感到憂慮。他呼籲決策者切勿為了「逞一時之快，想
要支持臺灣獨立，以取得較高的國際地位；或者矮化自己，接受中共
安排，以地方名義，走入國際社會。」（第二六一頁）而這其中最重
要的關鍵，乃是政府的領導能力。「執政者必須因勢利導，使民眾有
信心與耐心，從多方向衡量我國的外交處境與進展。」（同頁）

　　雖然本書是以整個國家的外交演變為題，但是作者其實是採取了
「成果導向」(result orientation)的分析方式，以前述的五個指標來
研判蔣經國和李登輝兩位總統在外交事務上的領導風格、領導能力和
具體成效。作者首先試圖以一些概念來做為這項分析評估的基礎。例
如：在中華民國所身處的特殊客觀背景下，國與國的關係不能僅以傳
統的有邦交或無邦交兩種可能來研判；從雙方「實質關係」的進展，
尤其各項協定的簽訂，其實可以大幅度地拓展我國的外交活動空間。
又如：在包括聯合國在內的許多國際組織中，「參與」的本身未必就
意含了獨立主權的問題。因此，像是聯合國的觀察員資格，便不以具
有主權為先決要件。

　　根據這些概念，作者指出中華民國與國際社會的互動日漸頻繁，
沒有因為中共的孤立政策而受到影響（第一六六頁）。不過，作者也
表示，展望未來，除非中共像蘇聯一樣分崩離析，中華民國的外交空
間祇可能會更加緊縮（第九十四頁）。這多少顯示出了當前的困境，
即我國外交關係的展望，乃是取決於中共當局的態度。而這也直接反
應到我國想要以政府的名義加入（或是重新回到）許多的國際組織，
無論在實質上是否涉及到主權問題，都因為中共的強烈否定態度而遭
到極大的困難。因此，未來我國外交的演變，將愈來愈取決於臺灣海
峽兩岸關係的發展。

　　透過我國歷來對外條約的量化分析，作者指出，在過去的二十年
間，主要的條約性質仍是以對外援助類居多，但是外援的內容則偏重
於提供農、漁業技術，提供貸款者甚少。而自一九八八年李登輝時期
開始，透過務實外交，所簽訂的條約、協定等並未偏重某一類別，而

是全面性的擴大締約數量和涵蓋領域（第一五九頁）。不過，作者也提出了兩點值得注意的地方：一是締約的層級仍然有待提昇；一是隨著中華民國近年來經貿力量的大幅提昇，最近的締約有明顯朝直接提供金錢援助的傾向。

這兩個問題其實也就是當前要繼續推動務實外交所必須解決的關鍵，而且兩者互相牽連，影響到我國的國本——究竟務實外交對於以對外經援做為槓桿(leverage)，必須如何才能達到平衡？即一方面固然希望能對外產生有效的反應，提昇「實質外交」的層次，而另一方面卻不至於透支國庫，甚至演變成過份依賴「金權」，導致一旦我國陷入某種經濟不景氣（遲早會發生），也連帶影響到處理對外事務的能力，喪失了務實外交的籌碼？

本書已約略點出了這個棘手的問題，不過作者並未嘗試去尋找那個平衡點。作者也很技巧的把本書所涵蓋的時段分別套入當時的時代背景中去予以詮釋，而避免了直接對於兩位領導人個人的功過是非進行評論。作者的結論基本上似是：中華民國的外交無論如何都是無可避免地受到了當時整個國際氣候和形勢的影響；姑不論當初我國是怎麼樣陷入了對自己極為不利的形勢之中，憑藉著這四十餘年來的努力，在三位國家領導人不同的風格、不同的理念、不同的領導和在不同的國內環境下，整個外交的推展並非總是挫敗連連，窒礙難行；相對的，在種種不利的客觀形勢下，整個外交活動卻仍然展現了相當的活力，積極務實，銳意求變。而在許多情況下，他們能夠運用相當的政治藝術，打破僵局，開創新猷，也成為值得予以深度研究的範例。

雖然作者在書中的若干次要論點不免具有一些爭論性①，本書的

---

① 例如，「美國政府出售「先進」戰機給「中華民國」」，顯示美國已不願再受「八一七公報」的拘束」（第七十七頁）。美國在與中共簽訂這個公報之初，即有意保留相當的彈性。因此，在公報的條款用語上，便故意使用了曖昧不明的文字，製造一些「漏洞」。在出售先進戰機給臺北的這件事上，美國的解釋是「八一七公報」並沒有禁止美國對中華民國現有的武器系統予以更新或替換；事實上，該公報祇是對於出售軍事裝備給臺灣的長期政策予以規範，並不涉及美國對於維繫該地區的安全承諾。因此，美國政府採取了出售先進戰機乃是相對應中共的武器更新，而在臺灣海峽兩岸維持軍事平衡的立場，從而也完全不涉及是否違反了公報第六條規定的問題。參閱 Dennis Van Vranken Hickey, *United States — Taiwan Security Ties: From Cold War to Beyond Containment*, Westport, Conn. & London : Praeger Publishers, 1994, pp.85-90.

詳實分析和中肯之論，均足以令人深思反省。本書無疑地對我國的外交事務研究提供了非常有用的工具，也是對研究人士而言亟需的參考對象。

裘兆琳 主編

美國外交與危機處理

臺北：中央研究院歐美研究所，民國八十二年出版，二百五十頁。

孫 遠 釗

民國八十一年五月二十三日，中央研究院歐美研究所舉辦了一場「美國外交與危機處理」學術研討會，邀請了國內八十位學者、專家參加。會中發表了六篇論文，分別探討英、美國際危機管理體系，美國決策者處理國際危機的經驗、美國處理伊朗人質危機的策略評估、甘迺迪政府處理古巴飛彈危機成功的因素、從危機處理分析布希政府在波斯灣戰爭的決策以及美國在後冷戰時期危機處理的新模式等六項主題，由詹中原、譚溯澄、裘兆琳、林郁方、林正義及陳一新執筆。

據歐美研究所所長魏良才在序文中指出，研討會之所以選擇以「美國外交危機處理」為命題，主要是鑒於美國在過去的半世紀中一直主宰了西方民主陣營的外交政策，影響全世界的局勢和走向。而在同時期內，美國也迭次遭到各個重大國際危機的考驗；面對這些突發性事故的挑戰，稍一不慎便可能產生極為嚴重的後果。因此，以美國的危機處理經驗做為借鏡，自對我國在內政、外交和經濟政策上制定有重大的價值。另一方面，由於美國在同一時期對我國的影響也是最大，其中包括了我國政府的組織型態和決策模式，他山之石，可以攻錯，瞭解美國在處理若干危機的運作方式和優劣之處，當可有助於自己避免產生同樣的問題，而儘速化解危機。

本書在引介美國和英國的決策模式方面，確有非常詳細的描述。

　　而在實例分析方面，也分別看到了甘迺迪、卡特及布希三個政府在面對危機時的應變方式。不過，本書基本上仍是在艾利遜(Graham Allison)所設定的三種模式架構下來分別析論。必須一提的是，在實際的運作上，事實上很難在不同的決策模式中進行誰較誰優的取捨。由於每個危機的背後都蘊含了無數的變數，包括諸如當時的時代背景，決策人員和涉及整個事件各方的不同人物性格等等，另外再加上「運氣」，這也益發增加了危機處理的挑戰性。以甘迺迪政府為例，由於古巴飛彈危機順利獲得解決，於是甘迺迪的非體制內的小組決策形式便被奉為圭臬。設想整個事件如果未能圓滿解決，那麼許多現在被視為優點的方式即可能反被視為缺點了。

　　因此，當一個危機發生之時，由於當時必須即刻反應，加上現代媒體的大幅報導，在在對於領導者形成了莫大的壓力，也更容易造成對國家整體政策導向的衝擊。例如，美國柯林頓政府在對索馬利亞和波士尼亞兩地的政策，均是因為一個經過媒體大肆報導的事件後而發生了根本的轉變。可以預期的是，未來的危機處理，如同本書所指，將日益趨向以國際協同的方式來解決。然而鑒於此種方式常常耗費時間，在這樣的運作模式下究竟會對於危機處理產生如何的效應，則恐怕祇有等待未來的實例做驗證了。

　　在美國，許多的決策單位顯然也充分意識到了在冷戰結束後必須有一個新的和完整的思維體系來面對資訊快速流通和各地日益複雜的形勢。於是，一個以「阻卻危機發生」(crisis prevention)為最高指導原則的危機處理模式便逐漸浮現 —— 與其等到事件發生，不如防患於未然。一旦一個政府真正陷入了危機處理的狀態，則無論如何處置，往往都會留下或產生深遠的影響，而且往往能救眼前之急的，也會形成日後之患。本書在展望未來的危機處理方式時，已觸及到了美國所設定的理性目標 —— 維持國際政經新秩序、主導國際事務的議程設定；和維持獨強地位。不過對於阻卻防患的理念以及具體措施方面尚未見闡述。

　　無論如何，**美國外交與危機處理**仍是值得吾人參考的一本書。其

能言簡意賅的從數個實例中來評介分析其中的系統模式。也盼望今後
能有繼續推展有關比較國家安全和外交危機處理的探討和研究，為我
國本身的決策方式和品質預為綢繆。

曾 銳 生 主編

在中共的投影下——一九四九年以來的
臺灣政治發展

英國倫敦：赫斯特公司，一九九三年出版，二三三頁，含索引。 Steve Tsang, ed., *In the Shadow of China-Political Developments in Taiwan since 1949*, London, England: Hurst & Company, 1993.

孫 遠 釗

　　從民國三十八年迄今，整個中華民國的歷史可以説是在中共的投影（或是陰影）下發展。在政治上，這其中大致包含了三個相互交錯的層面：一是根本的生存問題；一是所謂的「法統」和國家認同的問題；而最後一個層面則是政府延續性的問題，即國民政府從大陸時期持續到現階段的政府型態。這三個層面交互作用，從根本上影響到了整個臺灣地區在民國三十八年以後的政治發展。

　　本書的主題便是探討在中共的投影下，中華民國政府如何在這段期間自我轉型，把一個列寧式的政黨政權轉變得日趨民主。書內的每個篇章分別由一位專家來執筆，從不同的角度來探討這個問題。而在若干問題上，許多作者們彼此間的意見也未必全然相同。

　　本書第一章是由美國馬里蘭大學法學院的丘宏達教授執筆。丘文在一開始便描繪了中華民國政治改革的憲法架構，尤其是自從民國七十九年的「國是會議」以來，在修憲過程中所遭遇到的難題，尤其是如何能找出一個能為各方所能接受的模式來做為與中共之間關係的基礎。

本書第二章是由編者所撰。在牛津大學聖安東尼學院研究的曾銳教授，從歷史的角度來檢討中華民國在一九五○年代是否真正企圖反攻大陸和在這個政策背後所引發的一連串政治爭鬥。曾文認為雖然蔣中正總統在情緒上是絕對希望能「打回大陸」。但他也明瞭事實上他根本就沒有足夠的資源來完成這項使命。結果蔣的實然和應然兩面互相較勁，仍然造成了整個五○年代大幅擴張軍備和獨裁力量的形成。

德國烏爾大學的赫伯遜(Hermann Halbeisen)教授在本書的第三章則討論了關於「法統」的問題。他主張「法統」在一九四九年後一直就是繞著政治改革辯論的中心議題。諸如強化行政權力以及對憲法予以重新闡釋，以便蔣中正能夠連任兩次以上總統任期等，均是明證。赫伯遜並且認為國民黨在一九八○年代的改革措施其實還是順應民意的結果；雖然民進黨把「法統」問題公然地搬上了檯面，而國民黨多少仍在避免直接談論這個問題，赫氏仍然認為未來國民黨仍將是在這個問題上的主導力量。

國家政策研究中心的田弘茂教授在本書第四章則探討了在政治改革背後各個不同的動力因素。他強調中華民國的政治改革，其實是由社會經濟的發展、反對勢力要求改革的力量以及統治階層以從事民主化來做為正面的回應三方面相互交錯影響而形成。而從時間上看，這個過程又可分為兩個階段：第一階段是從蔣中正時期的「硬性權威統治」轉化為蔣經國時期的「軟性權威統治」；在這段過程中，傳統上由「外省人」所掌控的政治資源逐漸地轉移到「本省人」手中。第二階段是自一九八八年蔣經國去世後開始，國民黨黨內對於「若要贏得政權，必須先贏得選票」的認知，是促成這個階段中的改革動力。就在同時，快速的經濟成長也促使國民黨對於各類型的工商團體組織放鬆控制，從而導致利益團體的興起。田氏認為如果中華民國要成為完全的民主，勢必得在憲政結構上做更多的改革，而由於這其中涉及了從一個權威式的獨大政黨統治轉型到多元的民主政治，同時國家認同的問題也無可避免的會浮現出來，這改革的過程必將是十分地曲折。

德國薩爾大學的杜勉(Jürgen Domes)教授則在本書第五章追溯

了在中華民國的政治反對勢力發展歷程。他指出蔣經國自一九七二年開始實施本土化政策以及容許反對勢力帶動了整個政治改革。這個改革到了一九七七年已是方興未艾。這時蔣經國先生一方面以秘密的方式召集了一批菁英針對解除戒嚴、新聞管制、解除黨禁和國會改革等問題提供具體措施，而在另一方面反對勢力也在當年的地方選舉中獲得了前所未有的票數和席次。雖然兩年後的高雄事件和與美國斷交讓這個過程暫時受到了挫敗，但大勢已然形成。杜勉認為國民黨和反對勢力（現在的民主進步黨，簡稱民進黨）分別促成了在臺灣地區的政治改革，而且這個大勢也將持續下去，無可逆轉。

本書第六章是由臺灣大學的胡佛教授執筆，探討是否選舉是促成臺灣地區政治改革的主因。他指出自一九五〇年代的早期開始，選舉向來便是整個臺灣地區政治文化的重要環節。在當時國民黨為了彌補「二二八事件」所造成的傷害，成功地運用選舉來化解部分其權威統治的形象，而且扶持了一小群本省籍的政治人物到省級的層次之中。對於這些本地的政治菁英而言，他們也藉著這些地方選舉來樹植自己的政治影響，組成了本地的政治權力結構，而國民黨週期性的舉辦選舉也促成了整個政治社會化。通過這種由胡氏所稱的「政治循環」，乃有民進黨的興起。而胡氏在以往所進行的調查也顯示根據民意所展現的法統和國家認同歧異與社會經濟階層和次級族群間的差距相吻合。

加州大學柏克萊分校的古德（Thomas Gold）教授在本書第七章以社會學的角度來探究「臺灣意識」的形成和興起。置身在中共的「投影」之下，國民黨仍然冀圖能對全臺灣地區的民眾加諸一個「中國意識」。但是，國家的認同並非僅靠一個強有力的行政命令即可達成。由於經濟的快速發展、基本社會結構的轉變、中產階級的形成和社會運動的興起等因素交互影響，一個在臺灣地區自行衍生的角色認同便逐漸產生。而在國際舞臺上，自從中華民國在一九七一年離開聯合國後，便逐漸走向孤立。而當美國在一九七九年斷絕了與中華民國的外交關係後，中華民國的法統主張便日益削弱。而中共實施一連串的改

革開放措施也多少對臺灣地區產生了一定的影響。古德並從臺灣的鄉土文學和大眾文化之中設法去探索「臺灣意識」的成分和發展,以及它和「中國意識」之間的交互運作關係。

　　本書第八章是由政治大學的馬英九教授執筆,就中華民國對中國大陸的政策提出了析論。馬氏首先概述了海峽兩岸關係的發展過程和中共對臺的政策,而本章主旨則在詮釋中華民國對中國大陸政策的形成過程和內涵。馬氏指出臺北方面支持統一的目標,但必須是在達成「民主、自由和均富」的結果以及「理性、和平、公正和互惠」的程序下來達成。馬氏亦在本章中提供了針對兩岸關係的一系列民意調查結果。

　　本書編者在最後的跋文中對於臺灣地區在中共的投影下仍然從事的政治改革和發展究竟可對中共產生如何的影響進行了反思。他認為中共可從中獲得最有價值的教訓是在經濟發展獲得成功後,社會上對於自由、民主和尊重人權的訴求就會自然發生。臺灣地區的政治改革經驗顯示了即使原本是個半列寧式的權威政黨尚可逐步地轉型而達成民主的目標,而且這個經驗也無疑的為全中國的人民未來的政治、經濟、社會生活乃至任何其他的領域提供了一個良好的出路。

陸潤康著

美國聯邦憲法論

臺北：凱侖出版社印行，中華民國八十二年五月
增訂再版，五五一頁。

孫遠釗

　　美國的憲法發展基本上便是美國社會和經濟的直接反應。自從兩
百零七年前立憲至今，除了原有的七個條文之外，另外先後通過了二
十七個憲法修正條文，成為美國現行憲法的主體。在這兩百多年的歲
月當中，美國歷經了無數的戰亂和重大的經濟和社會變革。而整部憲
法不但承受了這些重大的挑戰，更因此彷彿激發了「生命力」，與時
俱進，不但能與客觀的社會環境相互呼應，甚且經常走在時代尖端，
領導社會前進。例如，聯邦最高法院在二十年前將憲法隱私權的保障
擴及於均衡婦女的墮胎權和胎兒的生命權，而美國社會在經過二十餘
年的激烈爭辯後，才逐漸對於這些問題取得些微的共識。而令人驚訝
的是，這共識也正是最高法院當初所採取的基本立場。因此，美國憲
法的演化過程，並不是一帆風順，而是時時處在風雨飄搖之間。所幸
全國已經完全認同在這部憲法下的基本法則，因此終能在制度化的運
作下，充分發揮，而成為當今世界上體系最為完整的憲政制度之一。

　　在這樣的背景下，對於美國憲法進行析論，便是對於美國的社
會、經濟的發展進行剖析。陸潤康教授的**美國憲法論**（增訂再版），
對美國憲法想有所瞭解的人士而言，是一部非常有價值的參考書。本
書言簡意賅，既可做為參考文獻，復可做為研究美國法制或比較法學
的教科書。

　　美國憲法論文分十章，分別為美國憲政的基礎、聯邦制度、國
會、總統、法院、新聯邦主義、總統的特別權力和接管鋼鐵業案、最
高法院的轉變、黑人與法律以及人民的自由權利。在體例上大致與美
國法學院所使用的憲法學教科書近似。另外，本書在附錄中並彙集了
十一項頗有價值的參考資料，其中包括了美國聯邦憲法的中文譯文和
國會及法院的組織表（後者為英文），對於複雜的聯邦政府體制提供
了十分清晰的圖解。

　　值得注意的是，本書雖是在民國八十二年增訂再版，但其中取
材，則仍載至民國七〇年代中葉為止，對於若干最新的憲法發展未能
涵蓋。另本書亦有若干章節，似可考慮予以整編，裨學者對美國憲法
之研究有更系統的掌握。舉例言之：

　　㈠**在司法系統方面** ── 本書雖介紹了依據憲法第三條所組成之法
院和第一條組成之專業法院，但對兩者之間的區別、法官的任用資
格、任期以及管轄範圍等即無進一步的討論。另外，對於聯邦最高法
院的討論，本書分別在第二、第六和第八章進行了較詳盡的介紹，較
不易使讀者產生聯貫性和整體性的概念。尤其是最高法院的原始專屬
管轄權(original and exclusive jurisdiction)和共同專屬管轄權(concur-
rent and exclusive jurisdiction)的行使和區分，以及上訴的程序(
certiorari)等，鑒於國會在西元一九八八年的修法，有進一步予以闡
明的必要（參見第一九四、一九七頁）。而第十一修正案的問題亦是
（第一九三頁）。

　　在訴訟資格或「適格」的問題上，除了「政治問題」之外（第二
一八頁），諸如納稅義務人的適格問題（同頁）、以國民或某一團體
名義提起訴訟等似有進一步討論的必要。尤其是其中的構成要件與行
政程序法和正當法律程序有密切的關連，實為「依法行政」的基礎，
也是與本書之後對人民自由權利保障的討論一個重要的環節。

　　此外，關於未臻成熟(ripeness)和時過境遷(mootness)的案子，
以及其中的例外規定等，也可考慮一併予以討論，因此等原則均為法
院自我約束法則下的重要理念。而聯邦法院對於州級法院給予先行權

（absention）也是聯邦制度下所特有，恐須特別申述（尤其是其中的例外規定，如聯邦法院拒絕對州憲審查行使管轄原則下的例外情形等），以使國內學者能對其中的脈絡有所體會。

㈡**在立法系統方面**── 本書分別在第三章（國會）和第六章（新聯邦主義）申論了美國國會的組織和職能，尤其是對於各項憲法賦予權力的行使等（例如：州際通商問題）。第六章以雷根政府的「新聯邦主義」命題，然而卻對於此一主義的核心── 西元一九七八年通過的「解除管制法」（Deregulation Act of 1978）並未觸及，以及此法對美國社會和經濟在一九八〇年代所產生的巨大影響予以評析，誠為遺珠之憾。

㈢**在行政系統方面**── 本書第四章對於總統、副總統的產生、繼任、職權等等均有詳細的介紹。尤其是總統的三軍統帥權和國會所通過的「軍事權力決議案」之間的關係，討論非常詳盡。透過歷史實例的演變，讀者更可以感受到行政和立法部門之間的微妙鬥爭和權力均衡。本章對於尼克森總統險遭彈劾的案例雖然予以介紹（第一〇七頁），但對於行政部門官員的豁免權（executive privilege）則未見詳細的討論。鑑於國會益有強化對於行政官員的道德規範的傾向，尤其是明定法律授權聘任特別檢察官來對涉嫌不法行為的高級官員行使獨立調查權，此一問題在可見的未來勢將更為突顯（第二六九頁僅大略觸及此一問題）。

對於美國總統特別權力的評論，作者是跳至第七章予以介紹。以杜魯門總統下令接管鋼鐵業的緊急處置案（即 Youngstown Sheet & Tube Co. v. Sawyer 案）來闡釋行政與司法間的制衡以及總統行使特別權力的基礎。必須指出的是，從整體來看，總統依法行政，除非有類似的緊急狀況，純因行政裁量的行使而造成行政與司法兩個體系衝突的情形，實屬少見。而且總統想要對於法院透過法官的人事任命來達到「監控」的目的，最多也祇獲得了小部分的成功。現任的首席大法官藍奎斯特（William Renquist）在其所著的**最高法院**一書中便表示，「總統想要藉著行使他的聘任權來對於法院的哲學形成影響乃是

不可避免的事。然而究竟其中獲得了多大的成功則是比較難以回答的問題。我認為歷史告訴我們凡是試圖這麼做的至少是獲得了部分的成果，不過許多的主、客觀因素卻不讓總統能夠充分達到他所想要達到的目的。」(The Supreme Court,pp.236, 237)。

大部分的權力制衡戰場乃是發生在行政與立法以及立法與司法之間。本書特別分析了所謂「立法否決權」(legislative veto)何以在美國的權力制衡體制下會被判違憲（第九十九頁以下），也討論了從外交權的行使來觀察美國聯邦府會之間權力的消長（第一一〇～一一二頁）。不過本書對於國會涉入行政部門的人事、預算等問題，尤其是對於 Bowsher v. Synar (106 S.CT. 3181 (1986))一案的討論，則尚未觸及。鑒於此類案件關係到如何界定聯邦政府各部門的運作和體系劃分，未來再版時或可考慮增列。

㈣在保障權益方面──本書首先以「黑人與法律」為題，單獨列為第九章，或可考慮與本書在討論民權法案的章節部分予以合併論述，俾可使學者得窺其中的全貌以及瞭解各憲法修正案彼此間的互補適用關係。

值得注意的是，美國向來便是一個多元文化的社會，而現今的發展趨勢，則更是快馬加鞭地朝向「統合中的歧異」(diversity out of a monolithic society)發展，強調在民族的大融爐裡，各個不同的族裔間仍有相當的歧異和傳統價值，必須受到尊重和保護。而所謂的「少數族裔」，事實上也不再是黑人的代名詞，傳統的民權保護，也隨著在概念上產生了重大的變革。在這樣的背景下，如何把相關的憲法修正案賦予新的詮釋，便成為當前憲法學的一大課題。

本書的第十章第三節討論了法律平等保護的問題。本節提及了法律依照種族、國籍、年齡、性別…等等各種標準來進行區分，不過未明確指出在目前的體系下，如何的區分將導致法院採取如何的審核標準。亦即凡是以種族或國籍為區劃標準的，即列為「可疑區別」(Suspect Class)，從而適用「從嚴審核」標準──此時政府負舉證責任，必須證明一項法律做如此的劃分乃基於維護和獲致州政府或主權

的重大利益所必須(compelling state interest)。而以性別或非婚生身分做為區劃標準的法律，基本上則是適用：「中度審核」標準──即政府須負舉證責任，證明該受爭執的法律確係為達成某一重要的效益而定。至於以年齡、福利等為標準的歧視性法規，則採行「從寬審核」的標準──亦即原告（而非被告──政府）應負舉證責任，證明訟爭法律不具備任何「合理基礎」(rational basis)。由於此中所牽涉到的，是法院運用舉證責任轉換的技術，來決定一項法規的合憲與否，本書未先予以釋明，似易造成讀者在閱畢書中所引介的案例後，有「見樹不見林」之感（第三三四至三四一頁）。

在言論自由的保障方面，本書有十分詳盡的申述。尤其是在傳統上被最高法院視為不在憲法第一修正案的範圍內的四種言論：謾罵挑釁言論、猥褻性的言論、誹謗言論以及商業言論，其中範圍的變遷，定義的轉變等，可以瞭解到法院對於保障言論自由的態度和立場如何與時俱進。

在宗教自由方面，本書亦有相當的引介，不過在未來或可再加入討論憲法第一修正案中，關於宗教與政治分離的法則，實際上包含了由政府「協助建立」(Establishment)以及「自由行使」(Free Exercise)兩個截然不同的問題。本書所討論的案例，基本上是屬於前者，其中包括政府的補助是否變相的構成了「協助建立」宗教。本書指出了幾位大法官分別採取了寬嚴不一的態度，但對於判斷一項補助的合憲審查法理──亦即目的、效果和政府的介入程度等三項指標，則盼能在未來有進一步的闡釋分析。

總而言之，**美國聯邦憲法論**的確為這部表面上看似簡單，而實際上確是錯綜複雜、經緯萬端的美國憲法提供了條理清晰的論述。本書內容深入淺出，為有意對美國憲法做詳盡瞭解的人士必讀之作。深盼本書未來再版時，能再將若干的最近發展列入討論，則本書的價值自當是更臻完美了。

書　摘

財團法人海峽交流基金會 編

辜汪會談紀要

臺北：財團法人海峽交流基金會，民國八十二年八月出版，五十九頁。

孫 遠 釗

民國七十六年十一月二日，臺灣海峽兩岸雙方的關係有了突破性的發展。中華民國政府在當天宣布了正式開放民眾前往中國大陸探親。從此海峽兩岸的民間交流便日益頻繁。根據統計，在短短的兩年之中，臺灣地區就有一百多萬民眾先後一次或多次到中國大陸去訪問，而大陸同胞來臺訪問的人數也將近一萬人。而兩岸間的轉口貿易在民國七十八年是接近三十五億美元，而翌年則已升達四十億三千萬美元。

雖然海峽兩岸各項民間的交流不斷地在擴展，許多前所未有的問題也隨著發生。在民事上，諸如文書認證、遺產繼承、契約履行乃至當事人的資格等；在刑事上，諸如走私、偷渡、劫機等犯罪行為以及司法協助和執行等，在在對於兩岸的交流和發展構成了極為困難的挑戰，也顯示兩岸必須建立協商的管道和解決的模式。於是，在經過多方的轉折和協調後，兩岸分別負責這些任務的「財團法人海峽交流基金會」（代表臺灣地區，簡稱「海基會」）董事長辜振甫先生和「海峽兩岸關係協會」（代表大陸地區，簡稱「海協會」）會長汪道涵先

生，於民國八十二年四月廿七日至廿九日，在新加坡的「海皇大廈」舉行了一項歷史性的「辜汪會談」。

這次的會議，不但象徵了海峽兩岸的關係進入了一個新的階段——從隔離拒斥到相互交流，也針對若干當時最亟需解決的問題進行了實質協商，並簽訂了四項協議，對於公證書的使用查證、掛號函件的查詢和補償事宜、兩會未來聯繫與會談的制度以及未來雙方磋商的議程等分別做了具體的規範。無論從哪個角度來看，這的確是雙方各自跨出的一大步。

辜汪會談紀要便是記述這整段發展過程的一本文冊。從整個會談的緣起，到會談的經過和會談的結果，本書做了非常忠實的描述。而最後的「意義與影響」，也做了毫不偏頗的評析，把仍然存在的問題明白點出，和對未來的展望。本書是經過非常嚴謹的編輯程序，期望能為這段重要的事蹟留下一個公允的歷史見證。加上彩色相片的穿插，也更反映出當時的一些客觀環境和背景。

辜汪會談紀要不僅是一本極有價值的歷史文件，也是凡對中國問題，尤其是海峽兩岸發展關係，有興趣的人士必須查考閱讀的書籍。從中我們不難看到雙方是如何在同文同種，但卻互相猜疑，甚至略帶恐懼的客觀環境下試圖克服人、地兩隔和意識形態的障礙，伸出雙手和對方接觸。當有一天這些問題都已不再存在，而大家都能夠極其自然地生活在一起時，我們仍應告誡後世的子孫在這個時期所發生的事情，盼望未來不要再蹈入同樣的分裂和不幸。而**辜汪會談紀要**，或許就是中國人自行解決這個歷史問題的見證。

江文漢、林碧炤 主編

風雲轉變下的中美關係

美國華盛頓特區：國際戰略研究中心及臺北國立政
治大學國際關係研究中心，民國八十三年出版，合計二
百四十一頁（含索引）。 Gerrit W. Gong & Bih-jaw
Lin, ed., *Sino-American Relations at a Time of Change*,
Washington, D.C.: The Center for Strategic & Inter-
national Studies, Washington, D.C. and Institute of In-
ternational Relations, Taipei, Taiwan, 1994.

孫遠釗

　　一九九三年是象徵著中美關係改變的一年。在美國，總統更迭，
一個以「改變」為象徵的新政府開始主政，在中國政策上把人權問題
和貿易政策（最惠國待遇）連接在一起；在中國大陸，中共召開了十
四大，調整其領導班子，為鄧小平身後的佈局做準備，並冀圖完全擺
脫天安門事件的陰影，重新肯定改革開放的政策，落實鄧小平「南巡
講話」的精神；在兩岸關係上，分別責成雙方在這方面事務的海峽交
流基金會（「海基會」）及海峽兩岸關係協會（「海協會」）負責人
舉行了首度面對面的會談，並簽訂了四項協議，象徵了雙方四十餘年
毫無聯繫的冰封時代正式結束。稍後，在臺灣的中國國民黨召開了十
四全會，正式將「國家統一綱領」納入黨綱。至此，華盛頓──北京
──臺北的三邊關係遂進入了一個新的紀元。

　　也就是在這樣的背景下，由位於美國首都華盛頓的國際戰略研究
中心和位於臺北市的政大國際關係研究中心，聯合在一九九三年六月

二十一及二十二日，於華盛頓主辦了第二十二屆中美大陸問題研討會。而本書便是這次研討會的具體成果。

　　本書一共收錄了十五篇論文，由國際戰略研究中心亞洲部主任江文漢(Gerrit W. Gong)博士及國際關係研究中心主任林碧炤教授聯合主編。本書在探討三個主題，即(1)對於當前中美關係的過程、問題、目標及策略進行檢討；(2)在中華民國和中共的快速變化下，未來的政治和經濟趨勢；以及(3)對於海峽兩岸關係的發展評估。在內容上，本書刊載了由美國馬里蘭大學法學院丘宏達教授所發表的主題演講，概述了海峽兩岸的關係，也為本次的研討會定調。而另外的十四篇論文，則按前述分類為中美關係、政治經濟趨勢和兩岸關係三項。

　　綜合本書的各篇論文，事實上已幾乎涵蓋了目前整個中美三邊關係的各個層面。而且各篇雖然立意取角不盡相同，但每一論點都是經過慎思而成，對於未來中美關係整體政策的取捨和走向，自有相當的參考價值。尤其是對於未能親身與會的人士而言，本書更是對有興趣瞭解當前美國、中共及中華民國彼此間互動關係不可或缺的讀本。

　　如有任何美中不足之處，就是本書未能將兩篇專題演講、對各篇文稿的評論以及討論的部分分別予以收錄。許多精彩的爭辯多在這些場合發生。

　　本書雖然是彙集了各家的看法而成，但整體編纂十分工整，前後井然有序，結構嚴謹，不同於僅僅是單純的收錄刊行，顯然頗具匠心。在這中美關係的基礎發生根本變化的一年，本書自是為其中錯綜複雜的畫面，提供了清晰的分析。

高立夫 著

跨越臺灣海峽：民間的外交

美國科羅拉多州：西方觀點出版公司，一九九三年
出版，二〇六頁。Ralph N. Clough, *Reaching Across*
the Taiwan Strait: People-to-People Diplomacy,
Boulder, Colorado: Westview Press, 1993, pp.206.

陳 純 一

一九八七年中華民國政府開放臺灣地區人民赴大陸探親，海峽兩
岸關係從此進入一個新的階段，非官方的接觸與交流日益密切。面對
彼此之間日趨複雜的關係，臺灣海峽兩岸的政府和人民到底是如何運
用高度的智慧來化解紛爭，並進而尋求關係突破的契機？他們的策略
和作法為何？兩岸關係的未來展望又是什麼？對美國的政策制定又具
有什麼樣的涵義？高立夫(Ralph N. Clough)教授的近著——**跨越臺**
灣海峽：民間的外交(*Reaching Across the Taiwan Strait: People-to-*
People Diplomacy)，藉由對兩岸雙軌外交(track-two diplomacy)的探
討，嘗試對上述問題找出答案。而「雙軌外交」則定義為「兩個敵對
團體或國家成員之間的非官方、不正式的互動，以發展策略，影響輿
論，和組織人力與物質資源，來解決他們之間的衝突。」(第二頁)。

全書除了導論外，共分十章。它們的標題依序是：目標與策略
（第一章）；旅遊（第二章）；貿易和投資（第三章）；非法活動
（第四章）；大眾傳播、體育、和文化交流（第五章）；務實外交
（第六章）；統一與交流的政策（第七章）；臺灣的內部政治（第八
章）；雙軌外交的進展（第九章）；以及對美國的意義（第十章）。

在第一章中，作者介紹了海峽兩岸各自的政治環境；中華民國政府的結構及其朝向本土化的趨勢；中共的政策如何由「解放」到「一國兩制」；而中華民國的政策又是如何由「光復大陸」走向「一國兩府」。他並在本章指出，在欠缺官方的正式談判的接觸下，非官方的民間交流有助於雙方關係的穩定。

從第二章到第五章，作者從各個不同的角度來觀察兩岸之間的非官方關係。在旅遊方面，蔣經國先生開放臺灣地區人民赴大陸探親的決定、中華民國有關赴大陸旅遊範圍限制的逐漸縮小，運輸設施的安排，直航的爭議，民進黨訪問大陸，大陸人民來臺的情況，天安門事件對兩岸旅遊活動的影響，和旅遊探親的效果，都是作者觀察的重點。

而在貿易投資方面，作者則介紹了中共和中華民國各自的相關政策，雙方之間貿易和投資的型態，並提到臺塑董事長王永慶在大陸的投資計畫，和臺灣商人絡繹於途地赴大陸考察旅行。他並進一步地分析了官方對於投資和貿易成長的觀點，並認為經濟關係的提升大有助於促進雙方的民間關係。第四章則是介紹兩岸共同打擊非法行為，主要的研究方向是非法移民、遣返罪犯、劫機、海盜行為，和雇用漁民等。雖然在此一領域內，中共一再要求能進一步展開雙方官方的磋商談判，但中華民國依舊堅持非官方的管道。至於第五章則是介紹雙方在大眾傳播、體育、學術文化等事項的交流活動及相關問題。

第六章是有關中華民國如何推動務實外交，以及中共的反應。在外交戰場上，中共佔有絕大的優勢。雖然它已經表示不反對其他國家與臺灣進行非官方的經濟文化關係，但卻強力阻撓中華民國推動務實外交的努力。不過作者以為由於其日趨重要的經濟力量與地位，中華民國將能繼續擴展其與各國的實質關係。而中華民國國際地位的增強，則有助於其未來與中共進行正式的官方談判。

作者經由第七章敘述中共和中華民國有關統一與交流的政策；雙方負責兩岸關係的組織；臺灣海基會與大陸海協會的成立與運作；中華民國動員戡亂時期的結束，海峽兩岸有關雙方關係的法律規範等。

而在第八章中，作者介紹中華民國的國內政治情勢演變，包括反對黨的崛起，李總統登輝先生的地位、一九九〇年七月的國是會議、轉型期中的國民大會、國大代表的選舉，以及刑法一百條的修正等。其中，作者以很長的篇幅介紹了有關臺獨問題的各種爭議。至於第九章則是由非正式的民間接觸或兩岸藉由一些個人或團體傳話交換觀點，和經過正式授權的民間談判等三個層面來分析兩岸雙軌外交的進展，並和南、北韓的情形作一比較。

最後在第十章中，作者討論了美國有關臺灣問題的政策、中共對美國作法的觀點、臺灣大陸之間的互動和美國與中共間的關係，以及美國所面對的困難。作者並認為海峽兩岸所進行的民間交流，可以化解、降低雙方的緊張關係，因此非常符合美國的利益。

正如同作者在導論中所言，兩岸之間的雙軌外交並沒有消弭兩岸政府有關如何統一中國的歧見，但卻對兩岸的政治氣氛有良好的影響。而本書則忠實地記錄了雙方為了突破彼此關係發展上的困境所作的努力，不但有助於讀者對錯綜複雜的兩岸關係有更深入的瞭解，也是研究非正式外交關係很好的參考資料。

陸、參考資料

甲、陸委會對「辜汪會談」簽署四項協議之內容及其效力之看法（附文件）

一、前　言

八十二年四月二十七日至二十九日在新加坡舉行之「辜汪會談」，是兩岸政府正式授權之民間中介團體為加強會務聯繫，並研商解決兩岸民間交流所衍生之各種問題，雙方秉持務實態度，在平等基礎上，就共同關切之議題進行討論，達成共識，並簽署「兩岸公證書使用查證協議」、「兩岸掛號函件查詢、補償事宜協議」、「兩會聯繫與會談制度協議」及「辜汪會談共同協議」等四項協議，並定期生效實施。

二、四項協議主要內涵

(一)兩岸公證書使用查證協議

1.兩岸民間交流頻繁，為主張權利、受領各種給付，或定居、居留等事由，須提出各種證明文件使用於對方之地區。但是，因為雙方法律體系不同，尤其大陸地區幅員廣大、機關眾多，難以辨識文書之真偽。若從寬認定，可能影響到真正權利人之權利；如從嚴認定，則又恐造成民眾種種之不便，因而有必要透過簡便之查驗程序，以確認文書之形式真正，俾利文書在兩岸使用。

2.以往雙方未能相互提供辨認文書真偽之方法，海基會在受理文書查證案件後，須向大陸發證單位行文查證，文件往來費時，而且效益不彰，導致案件積壓，增加不少困擾。

3.本次簽署「兩岸公證書使用查證協議」，雙方同意相互寄送涉及繼承、收養、婚姻、出生、死亡、委託、學歷、定居、扶養親屬及

財產權利證明書副本，以供核對。將來查驗文書真偽，即可以「比對」方式加以確認，如有疑義再以「函查」方式辦理，可更有效地為民眾提供服務。對於公證書以外之文書，雙方也同意個案協商，並提供協助。本協議簽訂後，使長期以來困擾兩岸之文書驗證問題，得以順利解決。

(二)兩岸掛號函件查詢、補償事宜協議

1.兩岸目前雖然可以透過第三地區傳送一般函件，但尚未開辦掛號函件，因此寄送重要函件尚有困難，主要是因為雙方尚未就開辦之範圍以及遺失等之查詢、補償問題作出安排。

2.本次簽署「兩岸掛號函件查詢、補償事宜協議」，雙方同意開辦掛號函件之範圍，包括信函、明信片、郵簡、印刷物、新聞紙、雜誌及盲人文件之相互傳遞。掛號函件仍將透過第三地區傳遞，如有遺失等情形，雙方同意相互協助查詢，並於收受查詢函後三個月內答覆。如確有遺失、被竊或毀損等情形，雙方將各自對寄件人補償，不對帳求償，以求簡便。兩岸掛號函件開辦後，民眾可安心地寄送重要文件，權益將更有保障。

(三)兩會聯繫與會談制度協議

1.兩會自成立以來，除就兩岸共同打擊海上犯罪、文書查證及兩岸掛號函件查詢補償問題有幾次會商外，對於其他業務上之聯繫多係以電傳或信函為之。雖然解決了一些個案，但是在整體運作上，仍未盡令人滿意，自有必要由兩會建立制度化之聯繫與協商方式，以增進兩會之功能，並有效地解決兩岸民間交流所衍生之問題。

2.「兩會聯繫與會談制度協議」之主要內容，係建立兩會制度化之聯繫與會談方式，原則上由海基會董事長與大陸「海協會」會長、海基會副董事長與大陸「海協會」副會長或兩會秘書長，以定期或不定期方式，就兩會會務進行會談；處長與主任級以上人員，每三個月就其主管業務，或具時效性之事務進行協商；雙方並指定副秘書長層

級人員作為緊急事件之聯絡人。此外，雙方會務人員因會務聯繫進入
對方地區時，亦應相互給予入出境等便利。

㈣辜汪會談共同協議

1.海基會辜董事長與大陸「海協會」汪會長代表兩會於四月二十
七日至二十九日在新加坡進行之會談，係為民間性、經濟性、事務性
與功能性之會談。

2.「共同協議」羅列若干兩岸均關切，也有共識可以進一步商談
之議題，依時間排出優先順序。雙方確定今年度協商議題如遣返、打
擊海上犯罪、海上漁事糾紛、智慧財產權保護、司法機關相互協助等
問題。另對於經濟交流、能源資源開發與交流、文教科技交流等，亦
將由兩會持續商談以解決兩岸民眾所關心之事務，促使兩岸民間交流
更為順暢有序。

三、四項協議之性質及效力

㈠「兩岸公證書使用查證協議」，依兩岸人民關係條例第七條之
規定，在大陸地區製作之文書，須經海基會就文書形式驗證屬實，方
可推定其為真正。本協議內容即係為便利兩岸文書使用之查證，由雙
方相互寄送公證書副本，並未涉及文書內容真偽之實質審查，與人民
之權利義務自不生直接之影響。

㈡「兩岸掛號函件查詢、補償事宜協議」，僅界定開辦掛號函件
之範圍、傳遞方法及查詢補償方式所作互惠性協商，以保障兩岸民眾
之權益，係屬交通部郵政總局之職掌範圍內業務。

㈢「兩會聯繫與會談制度協議」，係規範兩會制度化聯繫與會談
方式。涉及行政機關之職權者，僅該協議第五點「入出境往來便利」
事項，但並未涉及任何重要法律內容與人民權利義務事項。且依據兩
岸人民關係條例第十條規定，大陸地區人民原即可以經主管機關之許
可進入臺灣地區，因此將來大陸「海協會」人員得否進入臺灣地區係

屬法律授權之內容範圍。有關入出境通關等事宜，係屬雙方平等互惠之條件，亦屬內政部與財政部之行政權裁量範圍。

㈣「辜汪會談共同協議」，主要係就將來雙方可以商談之「議題」確立共識，僅有議題之名稱，並未涉及任何實質性或具體法律內容，自與人民權利義務無涉，亦屬行政機關本於兩岸人民關係條例第四條之法律授權與其職掌所作之程序性處置。惟將來就各項議題進行實質協商所簽署之協議，若涉及具體法律內容或人民權利義務等重大事項，自應送請立法院議決。

㈤本次簽署之四項協議，均屬行政權裁量之範疇，為避免中共借故拖延而損及我方權益，故於協議內明定自雙方簽署之日起三十日生效。惟將來為避免在程序上發生生效之疑義，當可改為「於協議簽署後，雙方各自完成法定程序，互換生效書之日起生效」。

四、結語

揆諸前揭說明，本次「辜汪會談」所簽署之四項協議，其內容既均在行政機關裁量權之範圍內，且未直接涉及人民權利義務之得喪、變更，故在定位上應屬於兩岸人民關係條例第四條之授權範圍，依據兩岸人民關係條例第五條第二項及中央法規標準法第七條規定，應經主管機關核准發布並應送請立法院查照。

〔資料來源：陸委會〕

〔文件〕

兩岸公證書使用查證協議

財團法人海峽交流基金會與海峽兩岸關係協會、中國公證員協會，就兩岸公證書使用查證事宜，經協商達成以下協議：

一、聯繫主體

㈠關於寄送公證書副本及查證事宜，雙方分別以財團法人海峽交流基金會與中國公證員協會或有關省、自治區、直轄市公證員協會相互聯繫。

㈡本協議其他相關事宜，由財團法人海峽交流基金會與海峽兩岸關係協會聯繫。

二、寄送公證書副本

㈠雙方同意相互寄送涉及繼承、收養、婚姻、出生、死亡、委託、學歷、定居、扶養親屬及財產權利證明公證書副本。

㈡雙方得根據公證書使用需要，另行商定增、減寄送公證書副本種類。

三、公證書查證

㈠查證事由

公證書有下列情形之一，雙方應相互協助查證：

1.違反公證機關有關受理範圍規定；

2.同一事項在不同公證機關公證；

3.公證書內容與戶籍資料或其他檔案資料記載不符；

4.公證書內容自相矛盾；

5.公證書文字、印鑑模糊不清，或有塗改、擦拭等可疑痕跡；

6.有其他不同證據資料；

7.其他需要查明事項。

㈡拒絕事由

未敘明查證事由，或公證書上另加蓋有其他證明印章者，接受查證一方得附加理由拒絕該項查證。

㈢答覆期限

接受查證一方，應於收受查證函之日起三十日內答覆。

㈣查證費用

提出查證一方應向接受查證一方支付適當費用。

查證費用標準及支付方式由雙方另行商定。

四、文書格式

寄送公證書副本、查證與答覆，應經雙方協商使用適當文書格
式。

五、其他文書

雙方同意就公證書以外的文書查證事宜進行個案協商並予協助。

六、協議履行、變更與終止

雙方應遵守協議。

協議變更或終止，應經雙方協商同意。

七、爭議解決

因適用本協議所生爭議，雙方應儘速協商解決。

八、未盡事宜

本協議如有未盡事宜，雙方得以適當方式另行商定。

九、簽署生效

本協議自雙方簽署之日起三十日後生效實施。

本協議於四月廿九日簽署，一式四份，雙方各執兩份。

　　　　　　　　　　財團法人海峽交流基金會
　　　　　　　　　　代　　表　　辜　振　甫
　　　　　　　　　　　　　　　　邱　進　益
　　　　　　　　　　海　峽　兩　岸　關　係　協　會
　　　　　　　　　　代　　表　　汪　道　涵
　　　　　　　　　　　　　　　　唐　樹　備

　　中華民國八十二年四月廿九日

兩岸掛號函件查詢、補償事宜協議

　　財團法人海峽交流基金會與海峽兩岸關係協會、中國通信學會郵
政專業委員會，就兩岸掛號函件查詢及補償事宜，進行協商，達成以

下協議：

一、開辦範圍

　　本協議所稱掛號函件係指信函、明信片、郵簡、印刷物、新聞
　　紙、雜誌及盲人文件。上述開辦範圍雙方得以書面協議增減。

二、聯繫方式

　　掛號函件之查詢由財團法人海峽交流基金會與中國通信學會郵政
　　專業委員會或其指定之郵件處理中心（航郵中心）相互聯繫。
　　其他相關事宜由財團法人海峽交流基金會與海峽兩岸關係協會相
　　互聯繫。

三、傳遞方法

　　掛號函件通過第三地轉運辦理。

四、查詢期限

　　掛號函件查詢，應自原寄件人交寄次日起十二個月內提出。

五、答覆期限

　　接受查詢一方應於收受查詢文件之日起三個月內答覆。

六、繕發驗單

　　一方接收他方封來之函件總包，遇有掛號函件遺失、被竊或毀損
　　等情形，應即繕發驗單，由對方迅予查覆。

七、各自理賠

　　掛號函件發生遺失、被竊或毀損等情形，概由原寄一方負責補
　　償，不相互結算。

八、文件格式

　　雙方各依郵政慣例印製查詢表格、驗單、答覆函及簡函，相互認
　　可後使用。

九、協議履行、變更與終止

　　雙方應遵守協議。

　　協議變更與終止，應經雙方協商同意。

十、爭議解決

　　因適用本協議所生爭議，雙方應儘速協商解決。

十一、未盡事宜

　　本協議如有未盡事宜，雙方得以適當方式另行商定。

十二、生效實施

　　本協議自雙方簽署之日起三十日後生效實施。

本協議於四月廿九日簽署，一式四份，雙方各執兩份。

　　　　　　　　　　　　財團法人海峽交流基金會

　　　　　　　　　　　　代　　表　　辜　振　甫

　　　　　　　　　　　　　　　　　邱　進　益

　　　　　　　　　　　　海 峽 兩 岸 關 係 協 會

　　　　　　　　　　　　代　　表　　汪　道　涵

　　　　　　　　　　　　　　　　　唐　樹　備

中華民國八十二年四月廿九日

兩會聯繫與會談制度協議

　　財團法人海峽交流基金會（以下簡稱海基會）與海峽兩岸關係協會（以下簡稱海協）為建立聯繫與會談制度，經協商達成以下協議：

一、會談

　　海基會董事長與海協會長，視實際需要，經雙方同意後，就兩會會務進行會談，地點及相關問題另行商定。

　　海基會副董事長與海協常務副會長或兩會秘書長，原則上每半年一次，在兩岸輪流和商定之第三地，就兩會會務進行會談。

　　兩會副秘書長、處長、主任級人員，就主管之業務，每季度在兩岸擇地會商。

二、事務協商

　　雙方同意就兩岸交流中衍生且有必要協商之事宜，儘速進行專案協商，並簽署協議。

三、專業小組

雙方同意因業務需要，各自成立經濟小組與綜合事務小組。

四、緊急聯繫

雙方同意各自指定副秘書長作為緊急事件之聯絡人，相互聯繫並採行適當措施。

五、入出境往來便利

雙方同意因本協議所定之事由，相互給予經商定之兩會會務人員適當之入出境往來與查驗通關等便利，其具體辦法另行商定。

六、協議履行、變更與終止

雙方應遵守協議。

協議變更或終止應經雙方協商同意。

七、未盡事宜

本協議如有未盡事宜，雙方得以適當方式另行商定。

八、簽署生效

本協議自雙方簽署之日起三十日生效。

本協議於四月廿九日簽署，壹式肆份，雙方各執兩份。

財團法人海峽交流基金會

董　事　長　　辜　振　甫

海　峽　兩　岸　關　係　協　會

會　　　長　　汪　道　涵

中華民國八十二年四月廿九日

辜汪會談共同協議

財團法人海峽交流基金會（以下簡稱海基會）辜振甫董事長與海峽兩岸關係協會（以下簡稱海協）汪道涵會長代表兩會於本年四月廿七日至廿九日在新加坡進行會談。本次會談為民間性、經濟性、事務性與功能性之會談，海基會邱進益副董事長與海協常務副會長唐樹備、副會長兼秘書長鄒哲開等參加會談。雙方達成以下協議：

一、本年度協商議題

　　雙方確定今年內就「違反有關規定進入對方地區人員之遣返及相關問題」、「有關共同打擊海上走私、搶劫等犯罪活動問題」、「協商兩岸海上漁事糾紛之處理」、「兩岸智慧財產權（知識產權）保護」及「兩岸司法機關之相互協助（兩岸有關法院之間的聯繫與協助）」（暫定）等議題進行事務性協商。

二、經濟交流

　　雙方均認為應加強兩岸經濟交流，互補互利。雙方同意就臺商在大陸投資權益及相關問題、兩岸工商界人士互訪等問題，擇時擇地繼續進行商談。

三、能源資源開發與交流

　　雙方同意就加強能源、資源之開發與交流進行磋商。

四、文教科技交流

　　雙方同意積極促進青少年互訪交流、兩岸新聞界交流以及科技交流。在年內舉辦青少年才藝競賽及互訪、促成青年交流、新聞媒體負責人及資深記者互訪。促進科技人員互訪、交換科技研究出版物以及探討科技名詞統一與產品規格標準化問題，共同促進電腦及其他產業科技之交流，相關事宜再行商談。

五、簽署生效

　　本共同協議自雙方簽署之日起三十日生效實施。

本共同協議於四月廿九日簽署，一式四份，雙方各執兩份。

　　　　　　　　　　財團法人海峽交流基金會

　　　　　　　　　　董　事　長　　辜　振　甫

　　　　　　　　　　海　峽　兩　岸　關　係　協　會

　　　　　　　　　　會　　　長　　汪　道　涵

中華民國八十二年四月廿九日

乙、聯合國會員國中英文國名一覽表

英　文	我國外交部譯名	聯合國譯名
Afghanistan	阿富汗共和國	阿富汗
Albania	阿爾巴尼亞共和國	阿爾巴尼亞
Algeria	阿爾及利亞人民民主共和國	阿爾及利亞
Andorra	安道爾侯國	安道爾
Angola	安哥拉共和國	安哥拉
Antiqua and Barbuda	安地卡及巴布達	安提瓜和巴布達
*Argentina	阿根廷共和國	阿根廷
Armenia	亞美尼亞共和國	亞美尼亞
*Australia	澳大利亞聯邦	澳大利亞
Austria	奧地利共和國	奧地利
Azerbaijan	亞塞拜然共和國	阿塞拜疆
Bahamas	巴哈馬	巴哈馬
Bahrain	巴林	巴林
Bangladesh	孟加拉人民共和國	孟加拉國
Barbados	巴貝多	巴巴多斯
*Belarus	白俄羅斯共和國	白俄羅斯
*Belgium	比利時王國	比利時
Belize	貝里斯	伯利茲
Benin	貝南共和國	貝寧
Bhutan	不丹王國	不丹
*Bolivia	玻利維亞共和國	玻利維亞
Bosnia and Herzegovina	波士尼亞赫塞哥維納共和國	波斯尼亞和黑塞哥維那
Botswana	波札那共和國	博茨瓦納
*Brazil	巴西聯邦共和國	巴西
Brunei Darussalam	汶萊	文萊達魯薩蘭國
Bulgaria	保加利亞共和國	保加利亞
Burkina Faso	布吉納法索	布基納法索
Burundi	蒲隆地共和國	布隆迪
Cambodia (Democratic Kampuchea)	柬埔寨王國	柬埔寨
Cameroon	喀麥隆共和國	喀麥隆
*Canada	加拿大	加拿大

---

*　至一九九五年十二月十五日止聯合國共有一八五會員國。左邊第一欄有"＊"之國家為聯合國創始會員國。

Cape Verde	維德角共和國	佛得角
Central African Republic	中非共和國	中非共和國
Chad	查德共和國	乍得
*Chile	智利共和國	智利
*China	中共、中共政權、中共當局或大陸當局	中國
*Colombia	哥倫比亞共和國	哥倫比亞
Comoros	葛摩伊斯蘭聯邦共和國	科摩羅
Congo	剛果共和國	剛果
*Costa Rica	哥斯大黎加共和國	哥斯達黎加
Côte d'Ivoire	象牙海岸共和國	科特迪瓦
Croatia	克羅埃西亞共和國	克羅地亞
*Cuba	古巴共和國	古巴
Cyprus	賽普勒斯共和國	塞浦路斯
Czech Republic	捷克共和國	捷克共和國
Democratic People's Republic of Korea	朝鮮民主主義人民共和國（北韓）	朝鮮民主主義人民共和國
*Denmark	丹麥王國	丹麥
Djibouti	吉布地共和國	吉布提
Dominica	多米尼克	多米尼加
*Dominican Republic	多明尼加共和國	多米尼加共和國
*Ecuador	厄瓜多共和國	厄瓜多爾
*Egypt	埃及阿拉伯共和國	埃及
*El Salvador	薩爾瓦多共和國	薩爾瓦多
Equatorial Guinea	赤道幾內亞共和國	赤道幾內亞
Eritrea	厄利垂亞	厄里特里亞
Estonia	愛沙尼亞共和國	愛沙尼亞
*Ethiopia	衣索比亞人民民主共和國	埃塞俄比亞
Federated States of Micronesia	密克羅尼西亞聯邦	密克羅尼西亞聯邦
Fiji	斐濟共和國	斐濟
Finland	芬蘭共和國	芬蘭
*France	法蘭西共和國	法國
Gabon	加彭共和國	加蓬
Gambia	甘比亞共和國	岡比亞
Georgia	喬治亞共和國	格魯吉亞
Germany	德意志聯邦共和國（簡稱：德國）	德國
Ghana	迦納共和國	加納
*Greece	希臘共和國	希臘

Grenada	格瑞那達	格林納達
*Guatemala	瓜地馬拉共和國	危地馬拉
Guinea	幾內亞共和國	幾內亞
Guinea-Bissau	幾內亞比索共和國	幾內亞比紹
Guyana	蓋亞那合作共和國	圭亞那
*Haiti	海地共和國	海地
*Honduras	宏都拉斯共和國	洪都拉斯
Hungary	匈牙利共和國	匈牙利
Iceland	冰島共和國	冰島
*India	印度共和國	印度
Indonesia	印度尼西亞共和國	印度尼西亞
*Iran	伊朗伊斯蘭共和國	伊朗
*Iraq	伊拉克共和國	伊拉克
Ireland	愛爾蘭共和國	愛爾蘭
Israel	以色列	以色列
Italy	義大利共和國	意大利
Jamaica	牙買加	牙買加
Japan	日本	日本
Jordan	約旦哈什米王國	約旦
Kazakhstan	哈薩克共和國	哈薩克斯坦
Kenya	肯亞共和國	肯尼亞
Kuwait	科威特	科威特
Kyrgyzstan	吉爾吉斯共和國	吉爾吉斯斯坦
Lao People's Democratic Republic	寮人民民主共和國	老撾人民民主共和國
Latvia	拉脫維亞共和國	拉脫維亞
*Lebanon	黎嫩共和國	黎巴嫩
Lesotho	賴索托王國	萊索托
*Liberia	賴比瑞亞共和國	利比里亞
Libyan Arab Jamahiriya	大利比亞阿拉伯人民社會主義群眾國	阿拉伯利比亞民眾國
Liechtenstein	列支敦斯登侯國	列支敦士登
Lithuania	立陶宛共和國	立陶宛
*Luxembourg	盧森堡大公國	盧森堡
Madagascar	馬達加斯加共和國	馬達加斯加
Malawi	馬拉威共和國	馬拉維
Malaysia	馬來西亞	馬來西亞
Maldives	馬爾地夫共和國	馬爾代夫
Mali	馬利共和國	馬里
Malta	馬爾他共和國	馬耳他

Marshall Islands	馬紹爾群島	馬紹爾群島
Mauritania	茅利塔尼亞伊斯蘭共和國	毛里塔尼亞
Mauritius	模里西斯共和國	毛里求斯
*Mexico	墨西哥合眾國	墨西哥
Monaco	摩納哥侯國	摩納哥
Mongolia**		蒙古
Morocco	摩洛哥王國	摩洛哥
Mozambique	莫三比克共和國	莫桑比克
Myanmar [former Burma]	緬甸聯邦	緬甸
Namibia	納米比亞共和國	納米比亞
Nepal	尼泊爾王國	尼泊爾
*Netherlands	荷蘭王國	荷蘭
*New Zealand	紐西蘭	新西蘭
*Nicaragua	尼加拉瓜共和國	尼加拉瓜
Niger	尼日共和國	尼日爾
Nigeria	奈及利亞聯邦共和國	尼日利亞
*Norway	挪威王國	挪威
Oman	阿曼蘇丹國	阿曼
Pakistan	巴基斯坦伊斯蘭共和國	巴基斯坦
Palau***	帛琉共和國	帛琉
*Panama	巴拿馬共和國	巴拿馬
Papua New Guinea	巴布亞紐幾內亞	巴布亞新幾內亞
*Paraguay	巴拉圭共和國	巴拉圭
*Peru	秘魯共和國	秘魯
*Philippines	菲律賓共和國	菲律賓
*Poland	波蘭共和國	波蘭
Portugal	葡萄牙共和國	葡萄牙
Qatar	卡達	卡塔爾
Republic of Korea	大韓民國	大韓民國
Republic of Moldova	摩爾多瓦	摩爾多瓦共和國
Romania	羅馬尼亞	羅馬尼亞
Russian Federation	俄羅斯聯邦	俄羅斯聯邦
Rwanda	盧安達共和國	盧旺達
Saint Kitts and Nevis	聖克里斯多福及尼維斯	聖基茨和尼維斯
Saint Lucia	聖露西亞	聖盧西亞

**　**　　我國外交部未將蒙古列入獨立國家。**

**　***　帛琉於一九九四年十二月十五日加入聯合國，見中時晚報，民國八十三年十二月
　　　　十六日，頁6。**

Saint Vincent and the Grenadines	聖文森及格瑞那丁	聖文森特和格林納丁斯
Samoa	西薩摩亞	薩摩亞
San Marino	聖馬利諾共和國	聖馬力諾
Sao Tome and Principe	聖多美及普林西比民主共和國	聖多美和普林西比
*Saudi Arabia	沙烏地阿拉伯王國	沙特阿拉伯
Senegal	塞內加爾共和國	塞內加爾
Seychelles	塞席爾共和國	塞舌爾
Sierra Leone	獅子山共和國	塞拉利昂
Singapore	新加坡共和國	新加坡
Slovak Republic	斯洛伐克共和國	斯洛伐克共和國
Slovenia	斯洛維尼亞共和國	斯洛文尼亞
Solomon Islands	索羅門群島	所羅門群島
Somalia	索馬利亞民主共和國	索馬里
*South Africa	南非共和國	南非
Spain	西班牙王國	西班牙
Sri Lanka	斯里蘭卡民主社會主義共和國	斯里蘭卡
Sudan	蘇丹共和國	蘇丹
Suriname	蘇利南共和國	蘇里南
Swaziland	史瓦濟蘭王國	斯威士蘭
Sweden	瑞典王國	瑞典
*Syrian Arab Republic	敘利亞阿拉伯共和國	阿拉伯敘利亞共和國
Tajikistan	塔吉克共和國	塔吉克斯坦
Thailand	泰王國	泰國
The former Yugoslav Republic of Macedonia	馬其頓共和國	前南斯拉夫馬其頓共和國
Togo	多哥共和國	多哥
Trinidad and Tobago	千里達及托巴哥共和國	特立尼達和多巴哥
Tunisia	突尼西亞共和國	突尼斯
*Turkey	土耳其共和國	土耳其
Turkmenistan	土庫曼	土庫曼斯坦
Uganda	烏干達共和國	烏干達
*Ukraine	烏克蘭	烏克蘭
United Arab Emirates	阿拉伯聯合大公國	阿拉伯聯合酋長國
*United Kingdom	大不列顛與北愛爾蘭聯合王國（英國）	聯合王國

United Republic of Tanzania	坦尚尼亞聯合共和國	坦桑尼亞聯合共和國
*United States	美利堅合眾國	美國
*Uruguay	烏拉圭共和國	烏拉圭
Uzbekistan	烏茲別克	烏茲別克斯坦
Vanuatu	萬那杜共和國	瓦努阿圖
*Venezuela	委內瑞拉共和國	委內瑞拉
Viet Nam [or Vietnam]	越南社會主義共和國	越南
Yemen	葉門共和國	也門
*Yugoslavia	南斯拉夫	南斯拉夫
Zaire	薩伊共和國	扎伊爾
Zambia	尚比亞共和國	贊比亞
Zimbabwe	辛巴威共和國	津巴布韋

註：本表是根據聯合國紀事，第十一卷第一期（一九九四年三月），中文版；外交部，世界各國簡介暨政府首長名冊(84)，1995 年。

柒、官方文件與資料

甲、國際條約

雙邊條約

一九九三年二月十八日中馬(來西亞)投資保證協定

中馬投資保證協定序文(中譯文)

　　駐馬來西亞臺北經濟文化辦事處與馬來西亞友誼及貿易中心（以下稱締約雙方）為促進經濟合作，咸認為相互保護投資，將能吸引外資及激勵雙方企業之投資意願，締約雙方各自保證取得其有關當局核准關於投資之促進與保護事宜，並同意各自向其有關當局取得對本協定之核准。

　　茲證明雙方於公曆一九九三年二月十八日於臺北簽訂本協定。本協定英文繕本兩份同作準。

　　　　駐馬來西亞臺北經濟文化辦事處代表　黃　新　壁
　　　　馬來西亞友誼及貿易中心代表　塞　滿　索

中馬投資保證協定本文(中譯文)

第一條　定　義

就本協定而言：

A．稱「有關地區」者，意謂締約雙方之有關當局所指定之本協定實施地區

B．「投資」意謂各種資產，該資產包括，但不限於：

(i)動產、不動產以及其他諸如抵押權、留置權及質權等之財產權；

(ii)公司之股份、股票及債券，或其他類似之權利；

(iii)對於金錢或具有財務價值之行為之請求權；

(iv)工業及智慧財產權，包括著作權、商標、貿易名稱、工業設計、貿易機密、產製過程、專門技術及商譽。

(v)依據法律或契約授與之營業特許權，包括探勘、培植、提煉或開發天然資源之特許權。

「投資」應指經有關地區之有關當局依據法規及行政規定接受並予以核准之投資。

任何投資資產之形式變更，在不違反原核准之範圍內，不影響其既有之投資。

C．「收益」意謂因投資而獲得之收益，包括但不限於盈餘、利息、資本利得、股息、特許權利金或任何其他費用。

D．「投資者」意謂：

(i)有關地區之公民或具有永久居留權之自然人。

(ii)在有關地區合法設立或組成之任何公司或法人。

E．「可自由流通之貨幣」意謂美元、英磅、馬克、法國法郎、日圓或其他任何在國際交易中被廣泛使用為支付工具及在國際主要外匯市場中買賣之貨幣。

F．「徵收」意謂有關地區之有關當局實行國有化或沒收投資者之投資或取得其財產未予適當補償導致投資者遭受損失；或有關地區之有關當局或其代理或代表機構任意剝奪投資者有關其投資之任何權利。

G．「不能結匯」：

(i)意謂投資者因有關地區當局或其代理或代表機構之外匯管制、
　妨礙或限制而不能於卅天之內將其原始投資或投資收益兌換為
　自由流通貨幣匯回；
(ii)意謂有關地區當局或其代理或代表機構採取匯率之歧視待遇，
　致使投資者匯回其原始投資或投資收益時遭受損失。

第二條　投資之促進及保護

雙方應依據其法規及行政規定鼓勵及促進在有關地區之投資，為
投資者創造良好的投資環境。

第三條　最惠國待遇條款

(1)任一有關地區之投資者在另一有關地區之投資及收益，應獲得
公正及公平之待遇，且不低於後者對第三國投資者之待遇。

(2)任一有關地區之投資者在另一有關地區之投資，由於戰爭、武
裝衝突、革命、國家緊急狀態、暴亂、叛亂或騷動所產生之損失，應
獲得後者不低於其給與第三國投資者有關恢復原狀、賠償、補償或其
他之賠償之待遇。

第四條　例　外

本協定關於給予不低於第三國投資者待遇之規定，不應解釋為締
約一方之有關當局有義務給與締約他方投資者任何起因於下列事項之
待遇、優惠或特權：

A.　締約之任一方有關當局現為或將為任何現存或未來之關稅
聯盟或自由貿易區域、共同對外關稅區域、貨幣聯盟或類似國際協定
或其他形式區域合作組織之一員；或

B.　採納一項合理時間內導致形成或延長前述聯盟或區域之協
定；或

C.　有關課稅之任何國際協定或事項。

第五條　徵　　收

對任何有關地區一方投資者所為之徵收措施，應在非歧視之基礎上，符合法律目的並給予補償，該補償應以可自由流通貨幣為之，且具自由移轉性並不得有不合理之延遲。該補償應為投資被徵收前一刻之市場價值。任何補償之不合理延遲，應依據正常或締約雙方之有關當局同意之商業利率計算利息。

第六條　投資匯回

(1)對於來自有關地區一方之投資者，應允許其可以自由流通之貨幣將其在另一有關地區之資本及收益無遲延地移轉匯出，但締約雙方在特殊之財政或經濟情況下，公平誠信行使其依投資時之法令及嗣後之新法律規定所授與之權力者，不在此限；但不得使投資者遭受較其原投資核准時更差之待遇。

(2)本條第一項投資及收益之移轉，其兌換率應適用於結匯時之匯率。

(3)本條第一項給予投資者移轉其投資及收益之待遇，應與給予第三國投資者移轉其投資之待遇相同。

(4)

A．除本協定另有規定外，一旦在任何一有關地區發生不能結匯之情事，另一有關地區之投資者得行使其結匯權，將其無法結匯之地方貨幣撥入締約一方在該一有關地區之戶頭或其指定之戶頭而請求該締約一方補償其損害。該締約一方或其代理或代表機構，得以該地方貨幣提請發生不能結匯情事地區之締約另一方或其代理或代表機構，以可自由流通之貨幣結匯償付之。

B．投資者或締約一方或其代理或代表機構因不能結匯之情事而遭受損失時，發生不能結匯情事地區之締約他方或其代理或代表機構應以可自由流通之貨幣補償其損失，並匯至其所指定之帳戶。

第七條　爭端之解決

任何爭端發生於——

(1)投資者與有關地區當局之間關於投資事項；

(2)締約雙方之間關於本協定之解釋或適用；

應儘可能由爭端當事者友好商議解決，未能解決時，在當事者同意之條件及情形下應提交仲裁。

第八條　代位求償

(1)任一有關地區當局或其委任機構，對其投資者在他方有關地區投資之損失，因本協定之規定而予以補償時，他方有關地區當局應在不歧視前者權利之前提下承認：

A．從投資者移轉給締約任一方之當局或其委任機構任何與投資有直接關聯之對資產、通貨、債權或其他財產權之權利、利益及請求與訴因。

B．締約雙方之當局或其委任機構給予其投資者補償後，有權代位行使和主張其投資者之權利。

代位權或請求，不應超過該已獲得補償之投資者原有之權利。

(2)締約雙方之當局或其委任機構因補償而為之任何支付，不影響締約雙方之當局或其委任機構在本協定第七條下之權利。

第九條　投資適用之範圍

本協定應適用於協定生效前後於有關地區之投資。

第十條　生效、效期及終止

(1)本協定應於締約雙方互相換文通知他方本協定已經其當局核准時生效。

(2)除非一方以書面於一年前通知他方終止本協定，本協定應繼續有效。關於本協定終止日之前所為之投資，本協定第一條至第九條之規定應於協定終止後繼續有效十年。

茲證明雙方於公曆一九九三年二月十八日於臺北簽訂本協定。本協定

英文繕本兩份同作準。

駐馬來西亞臺北經濟文化辦事處代表　黃　新　壁

馬 來 西 亞 友 誼 及 貿 易 中 心 代 表　塞　滿　索

中馬投資保證協定中方授權書(中譯文)

黃代表新壁：

　　關於中馬投資保證協定乙事，經濟部謹代表中華民國政府同意且核准所附中馬投資保證協定一切條款。

　　謹併此確認我國政府將妥善、適時履行本協定之所有權利義務，且非經　貴我締約雙方之書面同意，不會任意修改或變更本協定之內容。

經濟部主任秘書　高 辛 陽

中馬投資保證協定馬方授權書(中譯文)

塞代表滿索：

　　關於中馬投資保證協定乙事，貿工部謹代表馬來西亞政府同意且核准所附中馬投資保證協定一切條款。

　　謹併此確認我國政府將妥善、適時履行本協定之所有權利義務，且非經　貴我締約雙方之書面同意，不會任意修改或變更本協定之內容。

貿工部副秘書長　阿不都拉達易爾

一九九三年三月八日中宏（都拉斯）
農牧技術合作協定延期換文

宏都拉斯共和國外交部致中華民國駐宏都拉斯
大使館節略中譯文

外交部茲向大使館致意並聲述：關於中宏兩國農牧技術合作協定事，外交部茲願奉告大使館，宏都拉斯共和國政府亟盼依據上述協定第十條，將其效期自一九九三年三月一日起延長五年。

倘中華民國政府同意該項提議，本節略及大使館之復略將構成延長該協定效期五年之協議。

外交部對中華民國政府考慮延長該協定效期並維持原協定內容，謹先申致謝忱。

外交部順向大使館重申最崇高之敬意。

一九九三年二月廿五日於宏京德古斯加巴

中華民國駐宏都拉斯大使館致
宏都拉斯共和國外交部節略中譯文

中華民國駐宏都拉斯大使館茲向外交部致意並聲述：接准外交部本年二月廿五日第 DGPE—〇四號節略內開：

「外交部茲向大使館致意並聲述：關於中宏兩國農牧技術合作協定事，外交部茲願奉告大使館，宏都拉斯共和國政府亟盼依據上述協定第十條，將其效期自一九九三年三月一日起延長五年。倘中華民國政府同意該項提議，本節略及大使館之復略將構成延長該協定效期五

年之協議。外交部對中華民國政府考慮延長該協定效期並維持原協定內容，謹先申致謝忱。外交部順向大使館重申最崇高之敬意。」

　　大使館茲願復告外交部：中華民國政府欣然同意將一九八九年十二月十八日簽訂之中宏農牧技術合作協定效期自一九九三年三月一日起延長五年，外交部與大使館互換之節略即構成對於此事之一項協議。

　　大使館順向外交部重申最崇高之敬意。

　　一九九三年三月八日於宏京德古斯加巴。

一九九三年三月十八日中瑞(士)貨品暫准通關議定書

中華民國／臺灣與瑞士間關於貨品暫准通關之國際通關保證機構執行議定書

第 一 條

為加強當事國間經濟友好關係，特別是推行貨品暫准通關以利於簽署機構管轄範圍內之企業，本議定書之簽署保證機構同意依本執行議定書設立國際通關保證制度，俾在其職權範圍內之關稅領域內持有通關證（以下稱 CPD/CHINA-TAIWAN 通關證）而應課徵進口稅之貨品，得到暫准通關之保證。

第 二 條

本執行議定書係關於在下列公約中及依照其所列格式為國際貿易目的而自由流通貨物之暫准通關：

——一九五二年十一月七日在日內瓦簽署之為促進商業樣品及廣告材料進口海關公約。

——一九六一年六月八日在布魯塞爾簽署為專業設備暫准進口海關公約。

——一九六一年六月八日在布魯塞爾簽署為協助展覽、博覽會、會議或類似活動之貨品進口海關公約。

——一九六一年十二月六日在布魯塞爾簽署貨品暫准通關證制度海關公約。

——其他在關稅行政機構間所適用於暫准通關領域之法律及／或行政規定與執行暫准通關有關之國際公約或協定。

本執行議定書依下列所訂之規則實施：

——暫准通關公約。

——國際商會所屬之國際商會總局聲明及其現在與未來之實施指令。

——本議定書條文。

簽署保證機構負責促請各該國之海關採行關務合作理事會有關暫准通關證制度公約之意見及評論。與本議定書之實施及解釋所有有關事項由本議定書之簽署當事人共謀解決。

國際商會之國際商會總局明示同意保證依本議定書所制定之國際通關保證制度之管理及執行相關事項。

第 三 條

就適用本議定書而言：

(a)稱「進口稅款」者，係指關稅與其他稅捐以及與進口貨品有關之應付稅款，並包括得對進口貨品課徵之所有內地稅及消費捐；但不包括進口時提供勞務所收取之費用，如該費用與所提供勞務之成本相當且非間接保護進口國國內產品，或為財政目的而徵收之稅。

(b)稱「暫准通關」者，係指依照上述公約或進口國家之法律及行政規定所制定之免繳貨品進口稅之暫准進口。

(c)稱「轉運」者，係指在符合簽署者國內法律及規則之要件下，將貨品從暫准通關領域之一海關內運送或轉運至在相同領域之其他海關。

(d)稱「通關證」者，係指下列所稱 CPD/CHINA-TAIWAN 通關證且在本議定書附錄一中列出者，並為附錄一之一部分。

(e)稱「保證機構」者，係指符合下列條件之商會或隸屬於商會之組織或協會：

　　——經該國海關核准得保證 CPD/CHINA-TAIWAN 通關證所涵蓋之貨品所應付之進口稅。

　　——已加入國際商會所屬之國際商會總局所實施之國際通關保證制度。

　　——已與其領域內之商會或其他協會組成一個能簽發 CPD/

CHINA-TAIWAN 通關證之國家保證組織。

第　四　條

本簽署保證機構聲明其係依一九六一年十二月六日簽署之暫准通關制度公約所設之規定及國際商會總局之聲明以及自前述公約生效時已所公布之指令簽發 CPD/CHINA-TAIWAN 通關證。

保證機構將互相照會有關 CPD/CHINA-TAIWAN 通關證之通關及轉運作業。

第　五　條

當該國海關核准保證機構得為依本議定書進口之貨品關稅保證時，本議定書簽署機構應保證貨品自該國運送至適用本議定書之領域之進口稅之繳納。

此一國家僅得授權一保證機構，並僅在該保證機構提供國際商會總局所要求及載於本議定書附錄之保證，包括繳納國際商會總局之會費後，該授權始能生效。

在設有外匯管制之國家，除其外匯管理機構同意此項保證所發生債務清算所須之匯兌，保證機構不得給予保證。

第　六　條

CPD/CHINA-TAIWAN 通關證之有效期間自簽發日起不得超過一年。

第　七　條

提供保證之條件，由每一保證機構依本議定書附錄所載之規定決定之。

第　八　條

提供保證係指進入暫准通關領域而末於規定期限內再出口時，擔保該領域之海關對貨品所課之進口稅之給付而言。其保證額度包括進口稅外，另加計最多不超過進口稅之百分之十，以及在無此項保證時，進口人應寄存之其他數額。

第　九　條

已被貨物原產國核准之本議定書簽署機構所保證之貨品進入另一

國家且該國另有本議定書之簽署者，則該國家之海關所核准之保證機構所提供之保證應立即及自動取代原來的保證；當貨品運經數個不同的國家時，可在同樣條件下就同一產品為連續性之取代。

第 十 條

經保證之商品若未於規定時間內自暫准通關領域再出口而須繳納進口稅時，提供保證之機構應繳納授信海關所課徵之進口稅。

已給付保證貨品進口稅之保證機構得向原始提供保證之機構要求進口商返還其所墊付之該進口稅款。前述墊款之返還須依所附之國際商會總局議定書第九條所載方式進行。

第十一條

關於本議定書條文之解釋所衍生之問題應交付國際商會總局指導委員會裁決。

第十二條

凡違反本議定書規定之保證機構應予除名，本除名應由國際商會總局指導委員會及簽署機構共同決定。

第十三條

簽署機構對於執行本議定書所生之歧見、爭議或爭端，須依國際商會調解及仲裁規則並依該規則指定一個或數個仲裁委員作最後的裁決。

第十四條

本議定書自簽署雙方及國際商會總局簽署日生效，其效期二年，除任一方在效期屆滿前三個月以掛號信並附收據通知另一方終止本議定書，該效期於屆滿時自動延長。

訂立於巴黎於一九九三年三月十八日

瑞士保證機構

瑞士商會聯合會，4 BD DU THEATRE, GENEVE (SUISSE -SWITZERLAND)

簽署者姓名：Alex Bruckert　　　　簽署者姓名：Jean J. Schmid
職稱：理事長　　　　　　　　　　職稱：秘書長

中華民國臺灣保證機構
中華民國對外貿易發展協會，臺北。
簽署者姓名：劉廷祖　　　　　　　簽署者姓名：黃興國
職稱：秘書長　　　　　　　　　　職稱：副秘書長

國際商會
簽署者姓名：Jean-Charles Rouher　簽署者姓名：Alain Destouches
職稱：秘書長　　　　　　　　　　職稱：國際商會總局行政處長
附錄：（略）

一九九三年三月二十九日中馬（拉威）技術合作協定

中華民國政府與馬拉威共和國政府間技術合作協定

中華民國政府與馬拉威共和國政府

鑒於中華民國政府與馬拉威共和國政府間一九六五年八月廿日及同年十二月三日之協定，一九六六年七月十一日及一九六九年一月廿二日之第一及第二議定書，以及一九七一年七月一日、一九七三年十一月七日、一九七七年四月十四日、一九八〇年三月十九日及一九八四年九月十三日之協定執行結果至具成效，並亟欲藉促進在農業發展方面之密切合作，以加強並鞏固兩國及其人民間既存之友好關係。

爰經協議如下：

第　一　條

一、中華民國政府承允在馬拉威留駐農業技術團（以下簡稱農技團），其團部設於里朗威。農技團人員之人數應由雙方政府協議決定，並於抵達馬國之前經馬拉威共和國政府之正式認可。

二、農技團承允：

　　㈠管理、經營、維護及改善可達可達地區之埔瓦灌溉墾區迄至該墾區移交馬拉威有關機關之時日為止；

　　㈡在雙方政府決定之地點，向馬拉威有關機關之人員提供改良旱作及有灌溉作物之農業技術資訊及建議，以從事推廣工作；

　　㈢就兩國政府決定之有灌溉、無灌溉之作物及蔬菜展開種植；

　　㈣加強農技團與農業開發處之協調，以促使農技團人員能藉由全國農村發展計畫制度有效傳播資訊；

　　㈤提供講師至奔達學院、馬拉威大學及天然資源學院教學；

　　㈥設立蔬菜種子生產中心及其相關基礎設施；

㈦以示範之方式推廣使用有機質肥料。

第 二 條

一、為擴大推廣改良作物之農業耕作，包含有關稻米及蔬菜之栽培，中華民國政府應向馬拉威共和國政府提供馬拉威學員在中華民國參加農業觀摩或講習之機會。參加此項觀摩或講習之馬拉威學員人數，應由中華民國政府與馬拉威共和國政府隨時協議決定。

二、農技團應對馬拉威甄選之農民及推廣人員提供農業訓練課程。

第 三 條

中華民國政府承允：

㈠負擔農技團全體人員在馬拉威工作期間往返馬拉威共和國之旅費、薪金與生活費用；

㈡負擔參加觀摩、講習班或長期訓練之馬拉威學員往返中華民國之旅費及生活費；

㈢除本協定另有規定外，負擔農技團之全部行政費用；

㈣負擔農技團人員之人壽及意外保險；

㈤供應農技團為履行本協定所需之車輛、推土及建築機具及種子。由農技團引進至馬拉威之所有種子，應符合馬拉威當時實施之植物衛生及檢疫規章；

㈥供應農技團人員適當之交通車輛；

㈦更換依本協定第三條第㈤款及第㈥款所提供之交通車輛，如該等車輛依據馬拉威政府機動車輛慣例，認定已達報廢年限時，出售報廢車輛之所得應交予農技團；

㈧負擔依據本協定第三條第㈤款所提供推土機具之維護、使用費用及司機之薪給；

㈨負擔第二條及第三條第㈡款所述所有訓練費用。

第 四 條

一、馬拉威共和國政府承允：

㈠提供合格人員俾在第一條第二項第㈠款所述之計畫接受管理、經營及維護之訓練，並供給合適之管理人員房舍及執行此等職務之各

項雜支。負責管理之官員應同時負連絡之職責；

㈡接管埔瓦墾區，接管日期由雙方政府協議之；

㈢允許本協定第三條第㈤款及第㈥款所列各項物品以及上述物品所需零件免稅進口。農技團使用之推土機具及交通工具所使用之油料，其所有進口稅捐將由馬拉威政府以相等款額歸墊農技團；

㈣負擔依本協定第三條第㈤款及第㈥款規定提供之推土機具以外之所有物品之維護及使用費用，以及此等物品之操作人員費用；

㈤支付參與本協定下之計畫之馬方相對人員之交通及生活費用；

㈥將馬拉威政府依據第四條第一項第㈣款所核撥之款項，至遲應於中華民國新會計年度開始（七月一日）之前兩個月知會農技團，以便農技團據以及時預估支出。所有未經馬拉威政府授權之超支將由農技團負責；

㈦協助農民以合理價格銷售作物，以鼓勵農民繼續生產；

㈧供給農技團人員及其眷屬房舍及家具，並供應受訓人員住所及訓練設備；

㈨對於農技團依本協定第三條第㈤款規定進口種子事宜提供一切必要之協助；

㈩支付第三條第(五)款所述農具之使用及維護費用；及

(十一)在農業部提供農技團團長辦公處所，以利適當之協調。

二、馬拉威共和國政府依第四條第一項第㈣款及第㈤款所配撥之款項，應由馬拉威共和國政府管理，並對該等款項之支出具有絕對控制權限及責任。支出之細目應由農技團提交馬拉威共和國政府。

第　五　條

馬拉威共和國政府承諾對農技團全體人員：

㈠提供其給予馬拉威共和國政府中之外籍官員同等之醫療及牙科服務與便利；

㈡免除中華民國政府給予彼等之一切薪給及津貼之稅捐；

㈢准許在馬拉威國內商業銀行開一「非居民外幣帳戶」，以存儲得自中華民國政府之一切薪給及津貼，並給予與在馬拉威共和國政府

服務之同等級之其他國家技術協助人員相同之外匯管制之便利；

㈣在彼等抵達馬拉威後六個月內或在稅務司許可期限內，凡其非用以出售或轉讓之私人及家庭新舊用品，均准予免稅進口，惟此項免稅應以該私人及家庭用品係彼等抵達馬拉威前所已有或訂購者為限。「私人及家庭用品」應按稅務司之解釋，包括汽車一輛，冰箱一具，冷凍機一臺，收音機、電唱機及錄音機各一架，小件電器及照相機或電影機各一套及錄放影機乙臺；

㈤保證在國際危機時得享有與在馬拉威共和國政府任職之同等級外籍官員相同之運送返國之待遇與便利；及

㈥對彼等本人及其物品、動產與用品、金錢與薪俸凡屬本條所未明確規定者，均給予與在馬拉威共和國政府任職之同等級外籍官員通常得享受之優遇。

第 六 條

本協定自締約雙方簽字之日起生效，效期三年。其後除非任何一方政府於六個月前以書面通知他方予以終止，本協定應檢討並延續三年。

第 七 條

本協定得由雙方政府協議經換文修訂之。

為此，雙方代表各經其政府之合宜授權簽字於本協定，以昭信守。

本協定以中文及英文各繕二份，兩種文字約本同一作準。

中華民國八十二年三月廿九日即西曆一九九三年三月廿九日訂於里朗威。

中 華 民 國 政 府 代 表　石　承　仁

馬拉威共和國政府代表　齊　孟　哥

一九九三年三月三十日中斐(南非) 醫療合作協議修正換文

南非共和國外交部致中華民國駐南非共和國大使館 照會中譯文

第一／一四二／六號

南非共和國外交部茲向中華民國大使館致意並聲述，關於「中華民國政府及南非共和國政府為提供醫護人員進修訓練之醫療合作協議」，南非駐華大使館與中華民國衛生主管單位曾經在臺北多次會商討論有關修正事項，外交部特此提出南非政府對於該協議之修正建議如次，並請大使館轉致中華民國政府有關單位：

一、第一條第一、二款之規定應修正如次：

㈠南非同意每年接受中華民國之醫師（或牙醫）前來南非共和國接受進修訓練。一年受訓結束後，經洽商並取得雙方政府同意後，得被甄選繼續接受研究所課程。自一九九三年起，中華民國在南非接受訓練之醫師（或牙醫）人數，每年不得超過二名。

㈡自一九九三年起，南非同意每年接受來自中華民國之護理人員四名，作為期一年以下之訓練（訓練期間前另有兩個月之新生訓練），護理人員於訓練結束後，應返回中華民國。

二、第三條之下述規定應予刪除：

依照南非法令規定，所有醫療人員在向南非醫師、牙醫師學會辦理註冊手續及在醫院執行業務之前，須先通過該學會之考試。

三、第五條之規定應修正如次：

自一九九三年起，中華民國負擔本進修訓練合作計畫受訓人員之所有費用，包括薪水、住宿費用、交通費用、保險及其他各項臨時支出。但單身醫師及護理人員之住宿將儘可能比照南非本地醫療人員有關條件辦理。

鑒於該協議第七條規定，協議之修正經締約雙方換文後生效，外交部茲建議本節略及中華民國政府之復略即構成本協議修訂生效之一項換文。上述修訂將不影響目前正在南非受訓之醫師（或牙醫）及護理人員。

外交部順向中華民國大使館重申最崇高之敬意。

一九九二年九月十一日於普利托里亞

中華民國駐南非共和國大使館照復南非共和國外交部中譯文   第八一／〇四二三號

中華民國大使館茲向南非共和國外交部致意並聲述，關於外交部建議修正「中華民國政府及南非共和國政府為提供醫護人員進修訓練之醫療合作協議」事，外交部一九九二年九月十一日第一／一四二／六號節略頌悉，大使館業將該等修正建議轉知中華民國行政院衛生署。

中華民國行政院衛生署原則同意南非共和國外交部前述修正建議，惟由於會計年度制度及預算限制，衛生署無法負擔一九九三年該進修訓練合作計畫所需經費。衛生署爰建議該修正案自一九九四年一月一日起生效，俾予衛生署足夠時間解決經費問題。相應略覆查照。

中華民國大使館順向南非共和國外交部重申最崇高之敬意。

一九九二年十一月二十七日於普利托里亞

南非共和國外交部照復中華民國駐南非共和國大使館中譯文   第一／一四二／六號

南非共和國外交部茲向中華民國大使館致意並聲述，關於外交部建議修正「中華民國政府及南非共和國政府為提供醫護人員進修訓練之醫療合作協議」事，大使館一九九二年十一月二十七日第八一／〇四二三號節略頌悉。

外交部瞭解中華民國行政院衛生署對於外交部所提修正建議，除

修正生效日期外，並無反對意見。外交部茲向大使館説明由於經濟成長停滯造成政府預算大幅削減之結果，南非相關單位亦無法負擔本案所需經費。外交部爰建議該修正案仍自一九九三年一月一日起生效，惟中華民國行政院衛生署可於一九九三年不派遣醫療人員來南非進修，俾有足夠時間解決該進修訓練合作計畫所需經費問題。

外交部順向中華民國大使館重申最崇高之敬意。

一九九二年十二月十一日於普利托里亞

中華民國駐南非共和國大使館照復南非共和國外交部中譯文
第八二／○○五二號

中華民國大使館茲向南非共和國外交部致意並聲述，關於外交部建議修正「中華民國政府及南非共和國政府為提供醫護人員進修訓練之醫療合作協議」事，外交部一九九二年十二月十一日第一／一四二／六號節略頌悉。

大使館茲復告外交部，中華民國行政院衛生署業同意外交部之建議，即該協議之修正自一九九三年一月一日起生效。

鑒於該協議第七條規定，協議之修正經締約雙方換文後生效，大使館茲建議本節略及外交部之覆略，將構成本協議修正生效之一項換文。相應略覆查照。

中華民國大使館順向南非共和國外交部重申最崇高之敬意。

一九九三年二月十日於普利托里亞

南非共和國外交部照復中華民國駐南非共和國大使館中譯文
第一／一四二／六號

南非共和國外交部茲向中華民國大使館致意並聲述，關於修正「中華民國政府及南非共和國政府為提供醫護人員進修訓練之醫療合作協議」事，大使館一九九三年二月十日第八二／○○五二號節略頌悉。

　　外交部茲證實依據該協議第七條之規定，外交部一九九二年九月十一日第一／一四二／六號節略暨一九九二年十二月十一日同號節略提出之修正條款，及大使館一九九三年二月十日第八二／○○五二號節略轉達之中華民國政府接受前述修正條款，已正式修正「中華民國政府及南非共和國政府為提供醫護人員進修訓練之醫療合作協議」。

　　外交部順向中華民國大使館重申最崇高之敬意。

一九九三年三月三十日於普利托里亞

一九九三年四月二十一日中越(南)投資保護協定

駐越南臺北經濟文化辦事處和
駐臺北越南經濟文化辦事處 投資促進和保護協定

1.駐越南臺北經濟文化辦事處和駐臺北越南經濟文化辦事處（以下各稱「締約一方」）；

2.為創造良好環境以便在平等互利原則上擴大經濟合作及投資；

3.咸認為鼓勵和相互保護投資將能激勵雙方企業之投資意願和增進繁榮，

經合法授權；

達成協議如下：

第 一 條

就本協定而言：

1.「有關地區」意謂締約雙方所指定之本協定實施地區。

2.「投資者」意謂

　(A)「居民」為有關地區具有永久居留權之自然人，或

　(B)「公司」為在有關地區合法設立或組成之公司或法人。

3.「投資」意謂由有關地區合法許可之各種資產，該資產包括，但不限於：

　(A)動產和不動產；

　(B)對於金錢或對於任何具有經濟價值之契約；和

　(C)智慧財產權；

4.「收益」意謂資本利得、利潤、利息、公司股利、特許權利金或任何其他因投資而獲得之收益。

5.「徵收」意謂有關地區之有關當局強制取得或沒收投資者之投資或取得其財產未予適當補償導致投資者遭受損害，或因有關地區之有關當局或其代理或代表機構任意剝奪投資者有關其投資之任何權利。

第 二 條

1.本協定只適用於任何一方有關地區之投資者在另一有關地區經由締約一方或其指定之任何代理機構、機關、法定組織或公司核准之投資，並於此條件下，視情形指認為合適之投資。

2.本條款應適用於本協定生效前和生效後在有關地區之所有投資。

第 三 條

1.締約雙方應鼓勵和在符合其法律及經濟政策下，為投資者在有關地區創造良好之投資環境。

2.根據第二條規定核准之投資應依據有關地區之法律給與公平、公正之待遇和保護。

3.給與依第二條規定核准之投資待遇應不低於其給與任何第三方投資者之待遇。

4.本條第二、三項並不包括任何第三方投資者自其他區域性或多邊協定中所獲得之優惠。

5.本協定之條款應不適用於有關地區之稅務事項。

第 四 條

對於根據第二條規定核准投資者之投資所為之任何徵收措施，應在非歧視之基礎上，符合有關地區之法律目的並給予補償，該補償應能有效兌現並不得藉故延遲。該補償應為投資被徵收前之市場價值。該補償應可自由兌換和轉移。

第 五 條

對於根據第二條規定核准之投資由於戰爭、武裝衝突、國家緊急狀態、暴亂、叛亂和騷亂所受之損失，任一締約一方給與投資者有關恢復原狀、賠償、補償或其他之清償，應不低於該締約一方給與任何

第三方投資者之待遇。

第　六　條

1.任一締約一方有關地區之投資者應在非歧視基礎上，有權自由移轉其在另一締約一方有關地區之資本、及自任何投資所獲得之收益和利潤。

2.倘任一有關地區之有關當局採取外匯管制或限制，致使投資者無法在短期內（即正常轉移手續所需時間）結匯及匯出其原始投資或其收益，該投資者得行使其結匯權，並將其無法結匯之地方貨幣撥入另一有關地區之締約一方在該無法結匯地區之戶頭或該締約一方指定之戶頭。該締約一方或其代理或代表機構必須償付該投資者。該締約一方或其代理或代表機構得以該地方貨幣提請另一締約一方之有關當局以可兌換之外幣形式結匯償付之。

第　七　條

1.駐越南臺北經濟文化辦事處或駐臺北越南經濟文化辦事處（或其指定之任何代理機構、機關、法定組織或公司）任何一方依據本協定有關之請求權於賠償有關地區之投資者有關投資之全部或部分支付後，駐越南臺北經濟文化辦事處或駐臺北越南經濟文化辦事處承認駐臺北越南經濟文化辦事處或駐越南臺北經濟文化辦事處（或其指定之任何代理機構、機關、法定組織或公司）有權代位行使和主張各自在有關地區之投資者之請求權。代位權或請求不應超過該投資者原始之權利或請求。

2.駐越南臺北經濟文化辦事處或駐臺北越南經濟文化辦事處（或其指定之任何代理機構、機關、法定組織或公司）所為之任何支付不應影響該投資者根據第八條各自向駐越南臺北經濟文化辦事處或駐臺北越南經濟文化辦事處所提出之請求權。

第　八　條

1.締約一方與另一締約一方投資者之間因該投資者在該締約一方領域內所為投資所引起之任何爭端或異議應由爭議當事者經由友好商議解決，未能解決時，應交由國際商會仲裁解決，仲裁之程序應適用

一九八八年國際商會仲裁規則。

2.締約雙方之間關於本協定之解釋或適用之爭端應儘可能由爭議當事者友好商議解決，未能解決時，應在任何一方要求下，以雙方同意之條件提交仲裁。

第 九 條

1.本協定應自簽署之日起生效。本協定有效期間為十年並應繼續有效，除非本協定在最初九年屆滿之後，締約一方以書面通知另一締約一方終止本協定，並取得另一締約一方書面答覆。終止通知書應在另一締約一方接到滿一年後方生效。

2.對於在終止本協定通知生效前所為之投資，本協定所有條款應從終止生效之日起繼續有效十年。

一九九三年四月二十一日在河內簽訂。本協定以中文、越文及英文各分繕兩份，各本同一作準。惟遇解釋有歧異時，應以英文本為準。

駐越南臺北經濟文化辦事處代表　林　水　吉
駐臺北越南經濟文化辦事處代表　陶　德　正

一九九三年四月二十八日中玻(利維亞)科技合作協定

中華民國國家科學委員會
玻利維亞國家科學院 科技合作協定

中華民國國家科學委員會與玻利維亞國家科學院為求加強雙方科技關係，並確信經由科技密切合作，將使兩國及雙方機構同受其利，爰經議定下列條款：

第 一 條

中華民國國家科學委員會與玻利維亞國家科學院，以下通稱「締約雙方」，將盡力發展雙方之科技合作，尤以對鼓勵投資，促進無須償還之技術合作，科技人才交流與技術轉移為主。

第 二 條

締約雙方承諾，依據其本國現行法律，盡力協助促進投資及技術轉移，尤願促成具科技基礎企業之創辦與強化。

第 三 條

締約雙方承諾，就雙方具有共同利益項目發展無須償還之技術合作；為履行本協定，締約雙方首擬針對金屬礦物、生物、工學、資訊技術與在玻國成立科學園區等項目探討其合作可能性，至有關其他方面之合作，倘經雙方同意，亦將予以增列。

第 四 條

有關前述條款之合作項目與計畫，尚須雙方就執行之目標與進程達成補充協議。

第 五 條

對雙方共同發展之項目與計畫，締約雙方同意互換科技人員，並

對渠等人員保證提供研究工作上一切必要之協助，尤應竭盡所能供應實驗室及其他設備，並准渠等在對方境內自由行動；雙方將共同負責對互相交流人員之選拔，並擬就此建立一項非正式之諮商辦法。

第 六 條

締約雙方同意，雙方科技人員互訪時，由派遣一方負擔其人員國際旅費及生活費。

第 七 條

締約雙方同意成立一混合委員會，俾其研究成果與其他國家官方科技機構保持密切磋商，此一混合委員會將定期分別在拉巴斯與臺北舉行會議，日期由雙方商定。

第 八 條

本協定效期為五年，得自動延長，除非締約一方在效期屆滿前三個月以書面通知對方予以終止。對協定終止時，迄無法執行完竣之相關合同，本協定各項條款之規定仍屬繼續有效。

為此，雙方機構代表各經合宜授權，爰簽字於本協定以昭信守。

公曆一九九三年四月二十八日訂於拉巴斯市，正本三份，各含中文及西班牙文，兩種約文相同，同一作準。

中華民國駐玻利維亞
商務及領務辦事處　代表　蔡　德　三

玻利維亞國家科學院院長　Carlos Aguirre

一九九三年五月十五日中德民航協定

臺北市航空運輸商業同業公會與
德航集團 CFG 航空公司間協定（中譯文）

臺北市航空運輸商業同業公會與德航集團 CFG 航空公司為建立臺灣與德國間直接空運業務，爰協議如下述：

一、營運

臺北市航空運輸商業同業公會指名之多家航空公司及德航集團 CFG 航空公司經各自航空主管當局核准後，得自一九九三年七月開始本項協定規定的業務營運。

不排除任何其他德國航空公司營運本協定規定之業務。

第一家經臺北市航空運輸商業同業公會指定之航空公司與德航集團 CFG 航空公司營運的第一年內，臺北市航空運輸商業同業公會與德航集團 CFG 航空公司將開始就本協定有關臺灣與德國其他航空公司在本協定規範下進入營運開會討論。

二、營運之航空器

航空公司營運使用之航空器應顯示中性的或其本身的標幟。

三、運量

1.雙方之航空公司得分別以任何機型於本協定第四條規定之航線上，每週營運純客運業務至兩班次。

2.除第三條一款規定之客運業務外，雙方之航空公司亦得依據相互之協議，以任何機型之貨機，每週各別營運一班次貨運業務。

3.客運及／或貨運班次數量，得依據市場發展及雙方之協議調整，唯須經各別之航空主管當局核准。

四、航線

1.臺北市航空運輸商業同業公會指名之航空公司得於下列航線經營業務：

臺灣各點 —— 中間一點（香港除外） —— 德境一點 —— 延遠歐洲一點　往返

2.德航集團 CFG 航空公司得於下列航線經營業務：

德境各點 —— 中間一點（香港除外） —— 臺灣一點 —— 延遠亞洲一點　往返

3.雙方之航空公司得於上述航線，自選其中間點及延遠點。

4.雙方之航空公司得於各方之領域內各點裝載與卸載客、貨及／或郵件。航空公司得載運其中停旅客進出中間點與延遠點。

5.第五航權應依據雙方間協議實施。

6.其他新增航點得經雙方協議，並經各自國家之航空主管當局核准後經營。

7.貨運業務得依據雙方之協議，在各自國家內使用包括不同啟始點、目的點與額外的，及／或不同中間點及延遠點之航線。

五、費率

1.雙方之營運航空公司收取之費率，應以離境地點所在領域國家航空主管當局核訂者為憑。

2.本協議書中「費率」意指旅客、行李之載運收費或貨運佣金，其他與載運有關適用於收費規定之實質收益。

六、法規適用

德航集團 CFG 航空公司從事商務行為與經營空運業務時，在互惠基礎上，應與臺北市航空運輸商業同業公會指名之各航空公司，在德國境內享有同等之法定地位。

本條尤其適用於

—— 航權之第一與第二自由,

—— 公平與機會均等之原則,

—— 在航站使用與其它航空設施及服務之收費上應無差別待遇,

—— 盈餘之匯兌,

—— 商務與勤務作業,設置辦事處及商務、行政與技術人員之雇用,

—— 航空保安。

七、政府核准

1.本協定規定之營運業務應經各該國家之民航主管機關核准。

2.有關費率之申請,班表之提交與協調,與進出各該國家之領空,適用該國家相關之法律與規定。

八、效力與終止

1.本協定及任何更正、修訂或增補應經雙方簽署,並經各別國家之航空主管機關核准後生效。

2.締約之一方得隨時通知終止本協定。並應於收到他方此一書面通知之日起一年後失效。

公元一九九三年五月十五日在臺北簽署

臺北市航空運輸商業同業公會　劉理事長德敏先生

德 航 集 團 CFG 航 空 公 司　畢林格先生

（BITTLINGER）

一九九三年五月二十七日中拉(脫維亞)
空運業務協定

中華民國暨拉脫維亞共和國政府間空運業務協定(中譯文)

中華民國政府與拉脫維亞共和國政府，在此協定內稱「締約國」，

完全承認或身為一九四四年十二月七日於芝加哥開放簽署之國際民用航空公約締約國，咸欲締結乙項協定以建立彼此領土間及其延遠之定期空運業務。

爰經議定條款如下：

第一條 定 義

為本協定之目的，除依上下文義須另作解釋者外：

一、稱「締約國」者，其一方為中華民國政府，他方為拉脫維亞共和國政府；

二、稱「公約」者，謂一九四四年十二月七日於芝加哥開放簽署之國際民用航空公約，並包括基於公約第九十條採行之任何附約，及其依公約第九十條及第九十四條就附約或公約所作之任何修正，具對締約國雙方業已生效者；

三、稱「航空官署」者，就中華民國而言為交通部。就拉脫維亞共和國而言為運輸部，或任何經合法授權得執行現由前述官署行使之權力之其他官署；

四、稱「領土」者，就國家而言，謂在該國主權下之陸地以及鄰近該陸地之領海；

五、稱「空運業務」者，謂以航空器為乘客、貨物或郵件之公共運送而作之任何定期空運業務；

六、稱「國際空運業務」者，謂飛經一國以上領土上空之空運業務；

七、稱「航空公司」者，謂提供或經營國際空運業務之任何空運企業；

八、稱「指定之航空公司」者，謂依本協定第三條經指定及授權之航空公司；

九、稱「為非營運目的之停留」者，謂為裝載或卸下乘客、貨物或郵件以外任何目的之著陸。

十、稱「運載量」者：

㈠就一航空器而言，謂該航空器在一航線或一航線之某航段，可用之酬載量；

㈡就一特定之空運業務而言，謂該業務所使用之航空器之運載量，與該航空器在一特定期間內，於特定航線或一航線之某航段營運班次之乘積。

第二條　航　權

一、締約國一方授與締約國他方關於其國際定期空運業務之下列權利：

㈠不著陸而飛越其領土之權利；

㈡為非營運目的於其領土停留之權利；

二、締約國一方授與締約國他方經本協定明訂之權利，俾於附約規定之航線上建立定期國際空運業務。此類業務及航線以下分別稱為「協議之業務」及「規定之航線」。各締約國指定之航空公司在規定之航線上經營協議之業務時，除享有本條第一項所述之權利外，並得享有在締約國他方領土內，於其班表中航線規定之點，為裝載及卸下乘客與包括郵件之貨物，而停留之權利。

三、本條第二項不得視為賦與締約國各方指定之航空公司在締約國他方領土內，為包租或取償之目的裝載乘客及包括郵件之貨物，前往該他方締約國領土內另一點之權利。

第三條　指定與營運授權

　　一、締約國各方有權以書面通知締約國他方，指定一家或數家航空公司，在規定之航線上經營協議之業務。

　　二、締約國他方之航空官署接獲該指定後，在本條第四項及第五項之規範下，應儘速給與該指定之航空公司適當之營運授權。

　　三、締約國各方有權以書面通知締約國他方，撤銷對前述航空公司之指定，並指定另一航空公司。

　　四、締約國任一方指定之航空公司，得被要求向締約國他方證明其足資履行締約國他方為營運國際空運業務而正常及合理適用並符合公約條款之法規所訂之條件。

　　五、締約國各方有權拒絕給與本條第二項所述之營運授權，或對指定之航空公司在行使本協定第二條所規定權利時課加該締約國視為必要之條件，如果此締約國認為該航空公司之實質所有權及有效控制權並不屬於指定該航空公司之締約國或其國民。

　　六、航空公司經指定及授權後，即可隨時開始經營協議之業務，惟依本協定第十一條規定所訂之價目表須已實施，同時須已就有關業務依本協定第五條之規定達成協議。

第四條　　中止與撤銷

　　一、締約國各方有權中止締約國他方指定之航空公司行使本協定第二條所規定之諸項權利，或撤銷其營運授權，或對上述權利之行使課加其認為必要條件：

　　㈠如該締約國認為上述航空公司之實質所有權及有效控制權並不屬於指定該航空公司之締約國或其國民，或

　　㈡如該航空公司未能遵行授權國所訂之法規，或

　　㈢如該航空公司未能遵照本協定規定之條件營運。

　　二、除非立即採行本條第一項所述之中止、撤銷或課加條件確為防止法律規章續遭違反所必要者外，此項權利之行使應在與締約國他方諮商後，始得為之。在此情況下，應於締約國任一方請求諮商之日起六十天內開始諮商。

第五條　　運載量之規範

營運協議之定期空運業務之運載量應受下列條件之規範：

一、締約國雙方所指定之航空公司應有公平均等之機會在規定之航線上營運協議之業務。

二、營運協議之業務時，締約國各方之航空公司應考慮締約國他方航空公司之利益，俾後者在同一航線全部或局部航段上所提供之服務，不致遭受不當影響。

三、締約國雙方指定之航空公司所提供經協議之業務與公眾對規定航線上之運輸需求間，應維持密切關聯，並應以在指定航空公司之締約國領土與該運量最後之終點國之間，就載運乘客、貨物及郵件目前及合理預期之需求，提供充分之運載量為首要目標。

四、在規定之航線上，於指定航空公司國以外之國家之領土內的航點上，有關乘客、貨物及郵件之裝載及卸下之運載量之提供應依據一通則，即運載量應與下列因素相關：

㈠起始點國及終點國間之運量需求；

㈡航空公司飛經地區之運量需求，但須先行考量該地區之國家之航空公司已開辦之地域性業務；以及

㈢航線穿經地區的營運需求。

五、協議之業務之飛航班表最遲應於預定實施之日起三十天前，送交締約國雙方之航空官署核准。如有特殊情況，此項時限得經上述航空官署之同意予以縮短。

六、依據本條款所設定之一季飛航班表，於次年同季應持續有效，迄至新飛航班表依據本條款設定之。

第六條　證照之承認

一、締約國一方所發給或核定有效之適航證書、合格證書及執照，在其有效期間，締約國他方為營運協議業務之目的，應承認其效力。

二、惟締約國各方對於其國民由其他國家發給或核定有效之合格證書及執照，就在其本國領域上空之飛航，保留其拒絕承認之權利。

第七條　關稅及其他稅之豁免

一、締約國一方所指定航空公司經營國際業務之航空器及其一般裝備、燃油與潤滑油之補給品及航空器之商品（包括食物、飲料及煙類），於到達締約國他方領土時，應豁免所有之關稅、查驗費及其他規費或稅捐，但此等裝備及補給品須留置航空器上迄至其再出口。

二、對下列項目，除係依所作之服務而收取之費用外，仍應免除相同之規費與稅捐：

㈠在締約國一方領土內帶上航空器之商品，且在該方當局所定之限量內，並係用於從事締約國他方規定航線之航空器上者；

㈡引進締約國一方領土之備用零件，用以維修締約國他方指定之航空公司在規定航線上所用之航空器者；

㈢用以供應締約國他方指定航空公司於規定航線上營運之航空器所需之燃油與潤滑油，即使此等補給品將用於該等補給品裝上航空器時所在之締約國一方領土上之部分航程者；

前述㈠、㈡、㈢款所述之物品得被要求在海關監督或控制下保管之。

三、締約國一方航空器上之一般空中裝備及留置之物品與補給品，僅在締約國他方海關當局核准下，始得於該他方領土內卸下，於此情況下，該等物品得置於前述當局之監督下，迄至再出口或依海關規定另作處置時止。

第八條　課　稅

於締約國雙方領土間營運國際運量所得之利潤，營運之航空器所代表之資本，以及其他相關利潤，應由兩國主管當局另行簽署避免雙重課稅協定管理之。

第九條　直接過境之運量

一、直接過境任一締約國領土之乘客、行李、貨物及郵件，並不離開機場專為此保留之地區者，除為防制暴力、劫機及麻醉品走私而採之保安措施外，應置於簡化之管制之下。

二、直接過境之行李、貨物及郵件，應豁免關稅及其他類似之稅捐。

第十條　航空保安

一、為貫徹基於國際法之權利與義務，締約國重申保障民航安全，反制非法干擾行為之相互義務。在不侷限其基於國際法之一般權利義務下，締約國尤應遵行一九六三年九月十四日於東京簽署之航空器上犯罪及若干其他行為公約之條文，一九七〇年十二月十六日於海牙簽署之遏止非法劫持航空器公約之條文，及一九七一年九月二十三日於蒙特婁簽訂之遏止危害民航安全行為公約，以及締約國意願遵守之任何其他航空保安公約之條文。

二、締約國雙方經請求應相互提供所有必要之協助，以防止非法劫持民用航空器、其他危害航空器、機內乘客與組員、機場及導航設施安全之非法行為，以及對民航安全之任何其他威脅。

三、締約國雙方在相互之關係中應遵行國際民航組織制定之航空保安條款，及指定為國際民用航空公約附約之條款，惟應以此等保安條款對締約國有效為限；締約國應要求在其國內登記之航空器營運人，或以該國領土為主要營業所或永久居留地之航空器營運人，以及於該國領土內之機場營運人，遵行此等航空保安條款。

四、締約國各方同意，該等航空器營運人，在進出或停留於締約國他方之領土時，得應該締約國他方之要求遵行前述第三款中之飛航保安條款。締約國各方應保證在其領土內有效採行適當之措施以保護該航空器，並於裝載前或裝載時查驗乘客、組員隨身攜帶物品、行李、貨物以及航空器之儲備品。締約國各方，對於締約國他方為因應特殊威脅而提出合理之特殊保安措施之要求，亦應給予支持性之考慮。

五、遇有非法劫持民用航空器或危害該等航空器、其乘客及組員、機場或導航設施安全之其他非法行為之事件或威脅發生時，締約國應彼此互助，提供通訊便利及其他適當之措施，以迅速及安全地終結此事件或威脅。

六、締約國一方如有違背本條之航空保安條款者，締約國他方航空官署得要求與該國航空官署立即磋商。

第十一條　運輸價目表

一、締約國一方指定之航空公司對於往來於締約國他方領土之運送收費之價目表，應依合理之標準釐訂之，並應適當考慮一切相關因素，包括營運成本、合理利潤、以及服務之各項特質，如速度及座艙設備之水準。

二、價目表應於預定實施前至少三十日，報請締約國雙方之航空官署核准之，但在特殊情況下，此期限得由上述官署許可縮短之。

三、價目表應經締約國雙方航空官署之核准。

四、依據本條規定訂定之價目表應持續有效迄至依本條規定另訂新的價目表。

第十二條　盈餘之匯寄

一、締約國一方賦與締約國他方之指定航空公司，將其在該一方締約國領土中，因載運乘客、行李、郵件及貨運所賺取之收入扣除開銷之餘額，以得自由匯兌之貨幣，依匯兌當天之官定匯價，自由匯回之權利。匯寄應最遲在提出請求之日後六十日內完成。

二、設若締約國雙方訂有特別之付款協定，此項付款應依據該協定之條款為之。

第十三條　代表、票務與促銷

一、締約國各方指定之航空公司，在締約國另一方之法律規範下，應有均等之機會僱用技術及商務人員，俾於規定之航線上經營協議之業務，及在締約國另一方領土內設立及經營辦事處。

二、締約國各方指定之航空公司，在締約國他方之領土內，進而應有均等之機會開列所有運載文件及作廣告促銷。

第十四條　統計資料之提供

一、締約國一方之航空官署在締約國他方之航空官署要求下，應提供定期或其他的記錄或統計資料。

二、此類記錄應包括足資判定航空公司就協議業務提供載運總量之所有情報，以及該等運量之啟始點與終點。

第十五條　諮商與修正

一、本於密切合作之精神，締約國雙方航空官署應經常相互諮商，以確保本協定及其附約所訂條款之實施與圓滿遵行。

二、如締約國一方意欲修正本協定之任何條款，得請求與締約國他方諮商。此等諮商（可由雙方航空官署間會商準備）應於請求之日起六十天期限內為之，除非締約雙方同意延長此期限。經協議之修正應由締約國各方依其法定程序批准之。

三、附錄之修正應由締約國雙方之主管官署協議之。

第十六條　爭端之解決

一、如締約國雙方間就有關本協定之解釋或適用產生爭端，締約國雙方應首先以談判盡力解決之。

二、如締約國雙方無法以談判解決時，得協議將爭端提交某一個人或機構決定之，如雙方無法就此達成協議，在締約國任一方之請求下，爭端應提交三位仲裁人之法庭判斷之，締約國各方提名一仲裁人，第三位仲裁人由前述經提名之二仲裁人指定之。締約國各方應於一方接獲另一方經由外交管道請求爭端仲裁之通知後六十日內提名一仲裁人，第三位仲裁人應於其後之六十日內指定之。於任何情況下，第三位仲裁人應為第三國之國民，並應任此仲裁機構之主席。

三、締約國雙方承諾遵行依本條第二款作成之判斷。

四、只要締約國任一方未能遵行依本條第二款作成之判斷，締約國另一方得限制、中止或撤銷原依本協定授予未履行義務一方之權利或特權。

五、締約國各方應負擔其各自仲裁人所需之支出及酬勞，第三位仲裁人之費用與所需之支出以及因仲裁活動所需之支出，應由締約國雙方均攤。

第十七條　終　　止

一、締約國各方得隨時經由外交管道，將其終止本協定之決定以書面通知締約國他方。

二、於此情況下，本協定應於締約國他方接獲通知之日起一年後終止，除非在此期限屆滿前經協議撤回該終止通知。

第十八條 登　記

本協定與其所有之修正，以及終止之事實，應由拉脱維亞方向國際民航組織登記及告知。

第十九條 生　效

本協定應自締約國雙方以互換外交照會通知對方業已完成各自法定程序下之生效必要規定之日後次月一日起生效。

鑒此，下列全權簽署人，各經其本國政府正式授權，簽署本協定。

以英文製作兩份，一九九三年五月二十七日簽於臺北，一九九三年四月二十七日簽於里加。

中　華　民　國　政　府　劉　兆　玄

拉脱維亞共和國政府　安德里斯・古特曼尼斯

中華民國政府與拉脱維亞共和國政府一九九三年五月二十七日簽署之空運協定附錄：

一、航線

㈠中華民國政府指定之航空公司應有權於下述航線往返營運定期空運業務並具全部航權：

啟始點：中華民國境內各點

終　點：拉脱維亞共和國境內各點

自由航點：（日後）待議定之二點作為中間點及／或延遠點，由各航空公司自行決定。

㈡拉脱維亞共和國指定之航空公司應有權於下述航線往返營運定期空運業務並具全部航權：

啟始點：拉脱維亞共和國境內各點

終　點：中華民國境內各點

自由航點：（日後）待議定之二點作為中間點及／或延遠點，由各航空公司自行決定。

㈢締約國各方指定之航空公司，得於任一或所有班次省略上述

航線任一點或數點，惟啟始點或終點以在各方領土內為限。

　　二、運載量

　　　㈠締約國各方指定之航空公司得以任何型別之航空器，於上述航線每週營運達三班次。任何班次之增加，應經締約國雙方航空官署核准之。

　　　㈡（於下述情況下）應另訂商業協議：

　　── 僅有任一方之一家航空公司單獨營運此空運業務，或

　　── 各方指定航空公司間之容量差距超過 20 %。

　　該商業協議應呈請各自航空官署核准。

一九九三年五月二十九日第六屆中巴 (拉圭)經濟合作會議協定

第六屆中巴經濟合作會議紀錄

第六屆中巴經濟合作會議於中華民國八十二年五月廿四日至三十日在臺北市舉行，中華民國代表團由經濟部部長江丙坤閣下擔任首席代表，巴拉圭共和國代表由工商部部長史卡豐尼閣下擔任首席代表。（雙方代表團名單如附件）

在開幕儀式中，雙方代表團強調兩國政府及人民之敦厚友誼，並表示繼續增進兩國在經貿、工業技術、投資、農業及加強業者接觸等方面之合作意願。

會議在相互瞭解與和諧之氣氛中舉行，雙方代表團並同意將盡最大的努力，使本屆會議商討之結論獲致實現。

巴拉圭代表團在華停留期間，史卡豐尼部長曾晉見中華民國總統李登輝閣下及行政院院長連戰閣下，並獲安排舉行金融投資說明會，對今後中巴雙邊貿易與投資甚有助益。

巴拉圭代表團對中華民國政府及人民所給予之熱忱款待表示感謝。

本屆會議雙方達成之協議事項如後：

壹、投資與金融

一、投資與中小企業發展之融資

巴拉圭代表團建議中華民國政府提供有意願赴巴拉圭投資之廠商最優惠貸款。中華民國代表團表示，中華民國政府業已採行特別獎勵措施，鼓勵其廠商赴中南美洲投資，且以與中華民國維持外交關係之國家為優先。

巴拉圭代表團建議辦理赴巴拉圭投資特定產業之討論會，中華民國代表團表示可於一九九三年五月廿七日星期四舉行。

巴拉圭代表團建議成立中巴投資基金，針對巴拉圭工業轉型及新投資計畫提供融資，俾使巴拉圭產品在南美共同市場具有競爭力。該基金可由中巴銀行界在巴拉圭設立一投資公司予以經營，並由中華民國政府直接或透過巴拉圭政府提供中長期貸款。該基金在巴拉圭設立後可擴展其業務至南錐共同市場其他國家。中華民國代表團表示本案最好是由中華民國民間金融業者辦理，並願轉達及推動前開民間銀行界辦理。

巴拉圭代表團表示有意獲得中華民國政府之資金，俾便以轉貸之方式提供其中小型企業中長期貸款，並要求就此與海外經濟合作發展基金管理委員會就申請該項融資之有關細節進行協商。中華民國代表團對該項建議表示同意。海外經濟合作發展基金管理委員會與巴拉圭中央銀行會同巴拉圭民間金融業代表協商結果，雙方同意加速辦理巴拉圭申請中華民國提供轉貸基金之手續。就此，雙邊達成協議，一旦巴拉圭工商部正式向中華民國政府提出申請，中華民國海外經濟合作發展基金將派遣專家赴巴拉圭研究立即落實該項金融援助之可行之道。

二、簽署避免雙重課稅協定

巴拉圭代表團接受中華民國之建議，於近期內由兩國專家針對避免雙重課稅協定細節進行研商，俾便早日簽署該項協定。雙方代表團同意由中華民國就此專案組團赴巴拉圭，有關該團事宜並由中華民國駐巴拉圭大使館與巴拉圭外交部進行協調。中華民國代表團並希望取得巴拉圭新頒所得稅法英文版資料，巴拉圭代表團已送交巴拉圭稅制第九一——一二五號法令英譯本。

三、鐵合金廠投資案

巴拉圭代表團重申本案對巴拉圭政府而言係屬優先案件，然而據巴拉圭代表團瞭解在第五屆會議紀錄中載明本案係屬民營。本案資金之百分之四十應為民間資本（百分之二十為中華民國廠商資金，另百

分之二十為巴拉圭廠商資金），其餘百分之六十係來自中華民國政府貸款。

巴拉圭代表團建議由中巴兩國民間集團進行協商，俾便早日落實本案，此外並考慮邀請巴西或玻利維亞之原料供應廠商參與，俾便確保原料之供應及價格。巴拉圭代表團認為中華民國股東應確定承購其產品，本案方屬可行。

巴拉圭代表團說明巴拉圭政府在電力價格方面保持彈性作法，未來之股東應與巴拉圭電力管理局直接協商電價，而該項協商之決定性因素係投資案之設廠地點有無高壓電線以及是否具備既有或將設之公共設施等。此外，巴拉圭代表團並澄清說明巴拉圭政府已決定不再設立或擴充公營事業，因此建議有關貸款應提供予民間部門。

中華民國代表團表示將詳細研究巴拉圭代表團所提有關環境變遷之澄清，重申電力價格之調整對本案可行與否之重要性，並將請中國鋼鐵股份有限公司對巴拉圭代表團之澄清再予評估，同時針對巴拉圭所作有關貸款應提供民間部門之建議，中華民國政府予以記錄。

貳、貿易合作

一、建議巴拉圭和中華民國對外貿易發展協會技術人員共同研究引進巴拉圭產品至中華民國市場之可行性。巴拉圭代表團建議於一九九三年八月派遣三位巴拉圭出口暨投資促進局各部門技術人員來華十五天，評估銷售巴拉圭產品至中華民國市場之可行性，巴拉圭人員之機票、住宿及日支費用由中華民國政府負擔。中華民國代表團要求巴拉圭出口暨投資促進局事先將巴拉圭官員名單、個別職銜及其主力產品資料等寄華，俾事先籌備細節事宜。巴拉圭出口暨投資促進局允於本年六月底前寄送所需資料。

二、中華民國代表團邀請巴拉圭參加一九九四年「臺北進步夥伴展」，積極拓銷巴國產品至中華民國市場及亞洲市場。巴拉圭代表團接受邀請並要求中華民國政府提供巴拉圭五十四平方公尺面積之攤位，並援一九九二年前例支付巴拉圭負責攤位之政府官員

機票、在華住宿及日支費用。中華民國代表團表示同意達成巴拉
圭要求。

三、基於中華民國代表團建議協力推廣巴拉圭產品行銷至國際市場，
巴拉圭代表團建議，結合中華民國對外貿易發展協會與巴拉圭出
口暨投資促進局間彼此學習，合作和密切關係之共同目標，共同
執行下列計畫：

1. 調查有潛力的投資廠商

中華民國對外貿易發展協會將以中華民國政府之經費邀請兩名巴
拉圭出口暨投資促進局資深技術人員至華作為期十五天之實習，與中
華民國對外貿易發展協會之技術人員共同進行下列各項研究：

(1)調查有興趣經由巴拉圭銷售管道，出口或加強輸至「南錐共
同市場」國家之中華民國業者。

(2)調查有意將營運據點轉移至第三國，以保持競爭能力並取得
進軍國際市場優惠待遇之中華民國業者。

(3)調查目前出口至南錐共同市場國家或巴拉圭鄰近國家之中華
民國業者，而該業者基於產業競爭，可能有興趣在巴拉圭裝配或製造
部分產品者。

雙方代表團同意在一九九三年六月及七月執行本案上列三項工
作。

2. 潛在投資業者考察團

雙方代表團同意於一九九三年十月籌組中華民國潛在投資者赴巴
拉圭考察團，並邀請依據前開調查所辨認之廠商參加。該考察團事宜
將由中華民國對外貿易發展協會及巴拉圭出口暨投資促進局協調辦
理。

中華民國代表團表示同意前開二案，並補充説明中華民國對外貿
易發展協會原定於一九九三年八月籌組之赴南美洲考察團，或可延至
十月份辦理，俾便徵集前開調查辨認之廠商代表。

四、有關巴拉圭建議針對輸往中華民國市場之巴拉圭產品提供融資基
金，支應其包裝及裝船前後之各項開支乙案，中華民國代表團表

示將進一步研究，並重申巴拉圭外交邦誼關係之重要性。有關重新引進巴拉圭咖啡至中華民國市場之建議案，中華民國代表團表示中華民國對咖啡進口並無任何限制，且中華民國對外貿易發展協會可就巴拉圭咖啡協助進行市場調查，研擬拓銷策略及參與「臺北進步夥伴展」及食品工業展等推廣活動。

五、有關中華民國對外貿易發展協會及巴拉圭出口暨投資促進局之關係，本紀錄中業已詳細載明該二機構擬於一九九三年內共同進行之活動時間表，顯示其短期關係之優異互補性及互利性。中華民國代表團重申中華民國對外貿易發展協會與巴拉圭出口暨投資促進局合作之意願，俾協助拓銷巴拉圭產品至中華民國市場，並利用中華民國作貿易據點將巴拉圭產品輸銷至亞洲市場，該二機構均同意互派人員見習有其需要性。

參、農技合作

一、有關巴拉圭代表團所提下列各項議案：

　㈠農業部分

　　1. 加強並擴充農牧示範村之合作案，中華民國代表團表示可以持續目前既有之合作。

　　2. 協助巴拉圭研究計畫及訓練巴拉圭行銷專業人才之技術合作案，中華民國代表團表示本案並非派駐於巴拉圭技術人員之所長，能提供之協助甚為有限。

　　3. 在育種材料方面之農業研究合作案，中華民國代表團表示願意研究透過臺灣省農業試驗所國際種子種苗交換中心予以合作之可行性。

　　4. 建立養殖所案，中華民國代表團表示本案成本高昂，且因預算問題無法提供設備，但願意提供這方面之技術協助。

　　5. 協助巴拉圭農學院（位於 ITAPUA 省 HOHENAU 地區）案，中華民國代表團表示本案係屬教育項目，應納入教育範圍研究。

　　6. 協助農村電化及電話設備案，中華民國代表團表示本案非

屬農業委員會之職掌。

　　7. 加強與巴拉圭農牧推廣服務局通訊組之合作案，中華民國代表團表示願意加以合作，並就此邀請巴拉圭技術人員赴華受訓。

　　㈡牧業部分

　　1. 協助巴拉圭傳統型及新型豬瘟疫苗之生產及控制案，中華民國代表團表示本項工作已納入駐巴拉圭農技團工作項目，將督促加強辦理。

　　2. 協助巴拉圭設立一貫化生產示範農場案，中華民國代表團表示本案可納入農牧示範村計畫併案進行。

　　3. 協助巴拉圭豬隻人工授精案，中華民國代表團表示將請駐巴拉圭農技團團員加強辦理。

　　㈢民間部分

　　有關透過技術協助建立兩國合作管道之巴拉圭建議案，中華民國代表團表示農業委員會歡迎巴拉圭技術人員研究中華民國農會之運作，兩國合作社業者並可舉辦會議加以交換經驗。

二、技術協助巴拉圭甘蔗之生產

　　中華民國政府將透過臺灣糖業公司配合巴拉圭之氣候條件於一九九三年八月提供三個優良甘蔗品種共三千苗，並將派遣專家與巴拉圭農牧部官員討論及調整整體工作進度表事宜。

三、農技合作之檢討

　　中華民國代表團建議精簡在巴拉圭執行之農技合作事宜，俾便更有效使用中華民國農技團之人力，協助巴拉圭農業發展，基於同一理由，在農牧示範村方面亦應就已設之示範村作一檢討，並訂出逐漸轉移巴拉圭接管之時間表，再行考慮設立其餘九處示範村。巴拉圭代表團予以記錄並表示會將中華民國該項建議轉致巴拉圭農牧部俾與中華民國駐巴拉圭農技團研商有關細節，俾便獲致該項目標。

肆、其他方面之合作

一、教育合作

　　巴拉圭代表團強調資訊科學對當代教育之重要性，並以巴拉圭教育部之名義要求中華民國政府協助訓練五十名資訊科學方面之教師，並提供七個地區中心之電腦設備及視聽器材。

　　中華民國代表團表示同意訓練五十名資訊科學方面之教師，並以中華民國政府之經費提供七個地區中心所需之設備，請巴拉圭政府擬具訓練計畫以及該七個地區中心所需之資訊與視聽器材清單，並透過中華民國駐巴拉圭大使館轉致中華民國政府加以考慮。

二、中華民國政府應巴拉圭政府要求提供技術規劃標準及度量衡制度

　　雙方代表團達成下列三項初步協議

　　㈠中華民國與巴拉圭相關機構之官員進行互訪，俾瞭解巴拉圭在度量衡、標準、驗證、檢定與校正等各項制度上之需要。就此，初期先行由巴拉圭技術暨標準局派遣三名官員訪華，與中華民國中央標準局人員進行意見溝通。

　　㈡視實際需要，中華民國政府將考慮派遣專家赴巴拉圭協助巴拉圭規劃各項度量衡、標準等制度及人員訓練工作。

　　㈢由中華民國中央標準局提供有關度量衡、標準等方面之出版品供巴拉圭政府參考。

三、中小企業合作

　　巴拉圭工商部工業推展服務處與中華民國經濟部中小企業處雙方同意建立交換經驗之合作關係，由巴拉圭工商部派遣技術人員赴中華民國參加研習課程。

伍、結論

　　巴拉圭代表團對中華民國政府與巴拉圭有效合作之誠意表示感謝，並以巴拉圭政府之名義特別請求中華民國政府優予考慮巴拉圭政府部門及民間金融部門所提之整套方案。

陸、下屆會議日期及地點

　　雙方代表團同意第七屆中巴經濟合作會議訂於一九九四年內在巴

拉圭首都亞松森舉行。

　　本會議紀錄於中華民國八十二年五月廿九日即西元一九九三年五月廿九日在中華民國臺北市簽署，係以中文及西文各繕兩份，兩種文字之約本同一作準。

中華民國經濟部部長　江丙坤(簽字)

巴拉圭共和國工商部部長　史卡豐尼(簽字)

第六屆中巴經濟合作會議巴方代表團員名單

首席代表：史　卡　豐　尼　巴拉圭工商部部長

代　　表：羅　得　里　格　思　總統府計劃技術局秘書長

　　　　　索拉諾‧羅培士　巴拉圭駐華大使

　　　　　卡　　白　　獸　　外交部常務次長

　　　　　卡　爾　德　娜　絲　教育部次長

　　　　　伯　　　　　特　　工商部商業次長

　　　　　貝　　羅　　尼　　工商部法律顧問

　　　　　雷　　依　　德　　巴拉圭出口暨投資促進局局長

　　　　　埃斯地巴利比亞　中央銀行董事會董事

　　　　　薩　　拉　　德　　農牧部商業司司長

　　　　　哥　　多　　伊　　財政部免稅署署長

　　　　　菲　　立　　玻　　國家技術標準局顧問

　　　　　貝　　爾　　娜　　工商部部長助理

　　　　　弗　雷　依　達　斯　巴籍金融業廠商

　　　　　拉　爾　西　尼　貝　巴拉圭銀行業公會主席

　　　　　格　　里　　克　　MIRAMAR 股份公司總經理（乃屬巴國最著名玩具店）

　　　　　阿　　拉　　貢　　DILAR 投資股份有限公司總經理（進口蘇聯製國民小轎車）

　　　　　瓦　　爾　　德　　CHACOMER 公司負責人（專進口腳

踏車、輕型機車 SAN YANG 、電鋸）

許 東 坡	Ｔ＆Ｔ科技工業公司總經理（電腦）
培 尼 亞	巴拉圭銀行業公會副主席
穆 希 卡	巴拉圭工業聯盟副主席
蔡 三 義	東方市中華會館顧問
普 多 微 珂	TECNO ELECTRIC 電機公司負責人（電機、馬達）
柏 納	OVIEDO 市生產者、專業及工商業者公會顧問
費 南 德 茲	ＡＢＣ彩色日報編輯
歐 斯 納 吉	房地產業者

第六屆中巴經濟合作會議中華民國代表團名單

首席代表：江丙坤　經濟部部長
代　　表：許柯生　經濟部次長
　　　　　高浴新　農委會技監
　　　　　藍智民　外交部中南美司司長
　　　　　劉廷祖　外貿協會秘書長
　　　　　葉曼生　國營會執行長
　　　　　徐朝齡　經濟部國際貿易局副局長
　　　　　李　炎　教育部文教處處長
　　　　　高一心　經濟部投資業務處處長
　　　　　雷道餘　經濟部國際合作處處長
　　　　　蔡　疇　農委會農糧處技正
　　　　　陳素鶯　中國輸出入銀行副總經理
　　　　　周　嚴　海外經濟合作發展基金管理委員會副執行秘書
　　　　　劉志英　經濟部投資業務處組長
　　　　　許虞哲　財政部賦稅署組長

高　婷　駐巴拉圭商務專員處商務專員

張滿惠　經濟部中央標準局第二組副組長

吳國柱　中國鋼鐵公司高級專業工程師

陳明言　臺灣糖業公司農務處經理

張子康　中國鋼鐵公司企劃處組長

王安民　外貿協會市場開發二處組長

一九九三年六月七日中荷(蘭)
技術合作協定

中華民國度量衡國家標準實驗室與
荷蘭計量研究院間技術合作協定

緣因中華民國度量衡國家標準實驗室（以下簡稱 NML）與荷蘭計量研究院（以下簡稱 NMi）希望促進彼此的工業發展及雙邊貿易；

而工業發展及國際貿易則有賴於以精確量測為基礎的高科技與品質的產品；

因此 NML 與 NMi 達成下列共識：

1. 依據這二個機構的功能，雙方同意以下的合作：
   (1)執行國際的標準比對。
   (2)交換最新的科學及技術資訊。
   (3)為客座研究員安排訓練課程、科技訪問及研究計畫。
   (4)進行兩國國家量測標準及國家校正服務相互認可之相關工作。

2. 這二個機構一旦被要求的話，則應該做為彼此雙邊協定的中介機構，這些協定包括與政府機構、商業及工業利益團體之協定。

3. 任何有關此協定的修訂必經過雙方的同意。

一九九三年六月七日簽署於荷蘭 DELFT

(R.Kaarls)　　　　　　　　　（徐章 ）

荷蘭計量研究院(NMi)代表　　中華民國度量衡國家標準實驗室
　　　　　　　　　　　　　　　(NML)代表

見證人：

(P. Bloembergen)　　　　　　（夏甸）

一九九三年六月九日中俄(羅斯)量測與儀器技術合作諒解備忘錄

中華民國度量衡國家標準實驗室與
俄羅斯物理及無線電量測技術國家科學研究院間
量測與儀器技術合作諒解備忘錄

意願書

物理及無線電量測技術國家科學研究院與
度量衡國家標準實驗室

聲明願在下列工作領域之各層面朝簽署合作協定之目標進行：

Ⅰ.技術領域和相關儀器項目：

　階段(Ⅰ)：

　　　　　1.時間和頻率

　　　　　2.高壓力

　　　　　3.水下檢校技術

　　　　　4.Ｘ射線科學與應用

　階段(Ⅱ)：

　　　　　1.游離輻射

　　　　　2.量子電子學

　　　　　3.高溫超導體

　　　　　4.地震觀測

Ⅱ.活動項目：

　　　　　1.合辦研討會、座談會和講習會

　　　　　2.交換訪問和量測資訊交流

　　　　　3.透過標準比對達成量測標準相互認可

4. 基於互利基礎的合作計畫

簽約地點： Mendeleevo

簽約日期： 1993 年 6 月 9 日

俄羅斯物理及無線電量測技術國家科學研究院

代表人： Dr. Boris Alshin, Director

中華民國度量衡國家標準實驗室

代表人：徐章主任

　　　Dr. Chang Hsu, General Director

一九九三年六月二十一日中美
環境保護技術合作協議

美國在臺協會與北美事務協調委員會間
環境保護技術合作協議（中譯文）

第 I 條：目的

美國在臺協會(AIT)與北美事務協調委員會(CCNAA)（以下稱
"雙方"）間之本協議提供雙方有關環境保護之技術合作架構。

第 II 條：工作範圍

A. 本協議所進行之技術合作活動應包括訓練、人員臨時委派、資訊
交換、共同研究計畫及雙方同意之其他活動。該等活動之領域應
為環境管理、風險評估、污染預防、利用市場誘因之污染控制、
環境監視及評估、廢棄物管理及其他雙方同意之領域。

B. 依本協議進行之特定技術合作性質，應由雙方決定。依本協定而
進行之特定技術合作活動，雙方應達成執行辦法。本協議下之每
一執行辦法應明定活動之技術範圍、產品與結果及預計完成日
期、雙方之責任、經費預估、付款方式、報告程序、智慧財產權
處理之安排及其他相關事項。

C. 本協議之執行辦法所涉及之技術合作活動應受適用法令之規範。

D. 關於本協議之任何爭端或誤解，雙方應本合作精神及真誠討論，
以尋求解決。

第 III 條：AIT 之責任

AIT 應以努力及效率承擔本協議之責任。

A. AIT 應依本協議所訂之活動，保存正確及有系統之帳目和紀錄，
且允許 CCNAA 或中華民國環境保護署(EPAT)在一般上班時間

內檢查該帳目和紀錄並加以影印。

B. 在合理之要求下，AIT 應提供 CCNAA 或 EPAT 本協議之相關活動資料。

C. 本協議相關活動完成後，AIT 在被要求下應提供 CCNAA 或 EPAT 所有之報告、計算、評語、建議及相關技術資料。

第Ⅳ條： CCNAA 之責任

CCNAA 應以努力及效率承擔本協議之責任。

A. 依據相關執行辦法、本協議或經雙方同意之其他活動，並於 AIT 執行該等活動前，CCNAA 應提供該等活動所需之行政、財政及其他支援。

B. 對 AIT 確認為執行本協定條款之所有人員，CCNAA 應幫助取得必要之簽證及旅行文件。

C. 對 AIT 確認為執行本協議條款之所有人員，CCNAA 應幫助取得必要之許可及授權（包括 EPAT 管轄設備及地區之進入權）。

D. 對 AIT 確認且經 CCNAA 同意為執行本協議條款的所有進口物品，CCNAA 應保證依一九八〇年十月二日雙方簽訂之特權、免稅暨豁免協議，免徵所轄地區之關稅及內地稅。每一執行計畫所需進口物品之清單必須依規定程序預先向 EPAT 提報。

第Ⅴ條：財務安排

A. 除非另有規定，AIT 依本協議之每一執行辦法所執行之活動，CCNAA 應支付所有相關經費。

B. 本協議之每一執行辦法應包括至少第一年活動之估計預算，而雙方可於執行期間修改此預算。

C. 依本協議經雙方同意之每一執行辦法下之活動，除非另有規定，CCNAA 應於相關執行辦法簽訂後二個月內預付 AIT 執行該執行辦法所列活動之預算經費。

D. AIT 應依適用之法令或規定提供 CCNAA 付款所需之文件。

E. AIT 依本條Ａ款收領之每一執行辦法經費，在該執行計畫或本協議終止時，所有相關費用已被支付後之剩餘款項應退還給

CCNAA。

第Ⅵ條：智慧財產之考慮

A. 依本協議而提供、交換或產生之資料，除了保護機密性資料及智慧財產權之外，雙方將盡力廣泛傳播。

B. 關於智慧財產考慮之細節，應在本協議每一執行計畫中明定。

C. 基於最佳知識及信念，任一方傳送給他方之資訊應是正確的，但傳送方不擔保其在特定用途上之適用性。

D. 基於最佳知識及信念，雙方共同發展之資訊應是正確的，但任何一方並不擔保其正確性或在特定用途上之適用性。

第Ⅶ條：與其他協議之關係

在美國環保署及 AIT 間之環境保護技術合作協議生效後，雙方即進行履約義務，在其執行及生效時，本協議應即取代簽署於一九九〇年十月十八日之「中美環境保護合作計畫綱領」。根據此綱領已開始之活動，在本協議生效前未完成或終止者，應在本協議下繼續進行。除此之外，本協議不應被解釋為會損害 CCNAA 及 AIT 間所締結現存或未來之協議。

第Ⅷ條：生效日、修正及終止

在第VIII條之規定下，本協議應於簽署之日起生效，有效期限五年，並可經雙方書面同意而予以延長或修改。任何一方得於六個月前書面通知對方而終止本協議。本協議之終止不應影響本協定終止前認可活動之有效性及持續性。

為此，經合法授權之雙方代表，爰簽署本協議，以昭信守。

本協議以英文簽署兩份於華盛頓。

美國在臺協會	北美事務協調委員會
（姓名）白樂崎	（姓名）丁懋時
（職稱）AIT 理事主席	（職稱）CCNAA 代表
（日期）公曆一九九三年六月二十一日	（日期）公曆一九九三年六月二十一日

一九九三年七月十六日
中美著作權保護協定

北美事務協調委員會與美國在臺協會
著作權保護協定

　　北美事務協調委員會與美國在臺協會雙方，為增進彼此廣泛、密切，與友好之商業、文化暨其他關係，並基於無差別待遇原則，促進商業發展，茲締結本協定，俾提高著作人及其他著作權人之權益，而無損於彼等著作依前此相關之協定或其他協議得獲得之保障。

第　一　條

　　㈠北美事務協調委員會與美國在臺協會即本協定之締約雙方，同意各依其國內法暨本協定，賦予文學與藝術著作之著作人、著作權人充分及有效之權益。

　　㈡「領域」係指本協定述及之締約各該方當局所管轄之地區。

　　㈢「受保護人」係指：

　　　甲、依各該領域法律認定為公民或國民之個人或法人，及

　　　乙、於該領域內首次發行其著作之個人或法人。

　　㈣以下各款對象，倘符合本段乙款以下之規定者，於本協定雙方領域內，亦視為「受保護人」：

　　　甲、上述㈢項甲款所稱之人或法人。

　　　乙、上述第㈢項甲款所稱之人或法人，擁有大多數股份或其他專有利益或直接、間接控制無論位於何處之法人。

　　第四項所規定之人或組織，在締約雙方領域內，於下開兩款條件下，經由有關各造簽訂任何書面協議取得文學或藝術著作之專有權利者，應被認為係「受保護人」：

甲、該專有權利係該著作於任一方領域參加之多邊著作權公約
會員國內首次發行後一年內經由有關各造簽署協議取得者。

乙、該著作須已可在任一方領域內對公眾流通。

本項所稱之間接控制，係指透過不論位於何處之分公司或
子公司加以控制之意。

㈤北美事務協調委員會代表之領域所屬「受保護人」之文學與美
術著作倘係在美國在臺協會所代表之領域參加之國際著作權公約會員
國內首次發行，其專有權利於美國在臺協會所代表之領域內將受充分
之著作權保護。

㈥依本協定之宗旨，於本協定一方領域內有經常居所之著作人及
其他著作權人，應予視同該領域內之受保護人。

雖有上述第㈢項乙款及第㈥項之規定，倘非本協定一造之領域不
保護北美事務協調委員會所代表之領域之受保護人在該非本協定一方
領域首次發行之著作時，北美事務協調委員會所代表之領域得以對等
之方式，對該非本協定一方領域公民、國民或法人之著作之保護，予
以限制。

第　二　條

㈠所謂「文學及美術著作」，應包括在文學、科學及藝術範疇
內，不論以任何方法或形式表現之原始著作，包括書籍、小冊子、電
腦程式及其他著作；講演、講道，及其他口述著作；戲劇或樂劇著
作；舞蹈著作、不論是否附有歌詞之音樂著作、錄音著作；包括錄影
帶之任何形式電影著作；圖形著作；美術著作；攝影著作；地圖；科
技或工程設計圖形；翻譯；編輯及其他著作。該等著作之種類，依本
協定各方領域內適用之法律定之。

㈡文學及藝術著作，是否其全部或特定部分種類須附著於物體上
方予以保護，由本協定各該方領域內之法令定之。

㈢除本協定另有規定外，翻譯著作、改作著作、音樂著作之編
曲，及其他文學或藝術著作之改變所產生之著作，在無害原著作著作
權之範圍內，應依本協定及各該方領域之法律予以獨立之保護。

㈣立法、行政及司法性質之公文書，暨該等公文書之官方翻譯，其著作權之保護，依本協定各該方領域之法令為之。

㈤藉文學或藝術著作或先前已存在之資料，予以選擇及配列而形成智能創作之集合著作或編輯著作，例如名錄、百科全書、文選集、其附著及重製方式，不論係以印刷或類似方法或藉電子媒介為之，俱獨立受保護，惟不得損害構成該集合著作或編輯著作之各該著作之著作權。

㈥本條所列之著作，在本協定各該方領域內均受到保護，該保護應以維護著作人及其繼承人等之權益為宗旨。

第 三 條

㈠本協定之保護，應適用於各該方領域內受保護人所創作之著作，無論其著作發行與否。

㈡所謂「已發行之著作」，係指不論複製之方式為何，經獲得著作權人之同意而發行之著作，且發行之版本數量依該著作之性質，須已滿足公眾之合理需求。但戲劇、樂劇著作或電影著作之上演、音樂著作之演奏、文學著作之公開朗讀、文學或美術著作之有線傳播或廣播、美術著作之展示等，均不構成發行。

㈢著作於他處首次發行後三十日內，於締約各該方領域內發行者，視為在該領域內首次發行。

第 四 條

㈠依本協定受保護之文學及藝術著作之著作人及其他著作權人享有本協定各該方領域內法令現在所賦予或將來可能賦予受保護人之權利，俾符合本協定及各領域法律之規定。

㈡此等權利之享有與行使，無須履行任何形式要件，該享有與行使且與該等著作產生之領域內所已獲之保護無關。賦予受保護人權利保護範圍及救濟方法，應符合本協定之規定，並遵照提供保護之一方領域內法律之規定。

㈢著作人、著作權人及其受讓人或取得其專有權利之人，在締約各方領域內符合非前項所排除之程序要件時，應有權就本協定所賦予

之權利之執行，於各該領域內依該領域之法令，提起著作權侵害之訴訟程序，及獲得刑事或海關之有效執行。

㈣前項之程序要件，如施行時，應：

　　甲、平等地適用於所有受保護人。

　　乙、印發各申請人均可方便取得之規定及指導資料憑以執行。

㈤本協定各方領域內受保護人，就其著作權利之執行，在締約一方領域內，依其國內法提起訴訟時，若其姓名或出版日期、地點，出現於該系爭著作物上時，未經反證前，該領域，應推定該人即該著作之著作人或著作權人，且該日期、地點為真實。

第　五　條

㈠保護期間不得短於著作人終身及其死亡後五十年。

㈡如著作人係非自然人，其保護期間不得短於五十年，自著作完成之日或首次發行之日起算，以先到期者為準。

㈢本協定在一方領域內生效時，該領域已有法律規定某類著作之保護期間，係從著作完成之日或首次發行之日起算者，得保留該例外之規定，並得將規定適用於本協定生效後完成之著作。但該類著作之保護期間，不得短於自完成之日起算之五十年。

㈣共同著作之保護期間，自共同著作人中最後死亡之日起算。

第　六　條

受本協定保護之文學及藝術著作之著作人，於其著作權保護存續期間內，除本協定及為本協定不可分割之一部分之附錄另有規定外，享有該著作翻譯及授權翻譯該著作之專有權利。

第　七　條

㈠除本協定另有規定外，受本協定保護之文學、藝術著作之著作人，享有將其著作授權以任何方式重製之專有權利。

㈡依本協定之宗旨，對任何此種著作之錄音及錄影視為重製。

第　八　條

㈠受本協定保護之戲劇著作、樂劇著作、音樂著作及錄音著作之著作人，享有下列授權之專有權利：

　　甲、以任何方法或程序公開演出、上演或演奏其著作。

　　乙、其著作之演出、上演或演奏之任何公開傳播。

　㈡締約任一方領域之法律，得不受本條及第九條之規範而限制或不保護錄音著作之公開演奏權、公開傳播或廣播權。

　㈢依本條及第九條及第十條之宗旨，「公開」演出或表演一詞係指：

　　甲、在向公眾開放之場所或在家庭及其交際圈以外，聚集多數人之任何場所從事表演或演出者，或

　　乙、以任何形式或藉任何設備或程序將該著作之表演或演出，向公眾傳播或傳送至上述甲款地點者；不論得接收該傳播之公眾成員係在相同或不同之地點接收，亦不論其係在相同時間或不同時間接收。

第 九 條

　㈠受本協定保護之文學及藝術著作之著作人，除本條第㈡㈢項特別規定外，享有下列授權之專有權利：

　　甲、著作之廣播或其他以信號聲音或影像之無線電散播方式之公開傳播。

　　乙、由原廣播機構以外之機構，將已傳播之著作，予以轉播或有線傳播方法之公開傳播。

　　丙、以播音器或其他類似器具以信號、聲音或影像，將著作之廣播公開傳播。

　　丁、上述權利之行使，依本協定，各該方領域內之法令為之。

　㈡著作人或著作權人就廣播之有線再傳播享有之授權權利，得不受本條之規範，限制於僅享有收取報酬之權利。惟該限制規定僅適用於已有法令限制之領域內，並應訂定詳細之法規，提供強有力之保障，包括對著作權人之通知，有效的聽聞機會，迅速付款制度與版稅之匯寄；版稅應與基於自願之基礎上協商所獲致者相當。

　㈢廣播機關為自己廣播之目的，以本身之設備所為之暫時性錄製，依締約各該方領域內之法令規範之。該法令得允許具有特殊紀錄

性質之上述錄製物，在官方檔案室保存。

第 十 條

受本協定保護之文學、藝術著作之著作人，享有下列專屬權利：

甲、將著作以任何方法或程序公開口述。

乙、將著作口述之任何公開傳播。

第十一條

受本協定保護之文學或藝術著作之著作人，享有授權改作、改編及其他改變其著作之專有權利。

第十二條

對於包括歌詞與樂曲之音樂著作，除非著作人或著作權人已授權將該著作製作錄音著作，本協定各方之領域得不受本協定第七條之規範，未經著作人或著作權人之同意，實施非自願之授權，准予製作包括音樂著作及其附帶文字之錄音著作。此非自願之授權，不得容許複製他人之錄音著作，且僅適用於法令已有非自願授權規定之締約該方領域內；亦不得損害該等著作人收取合理報酬之權利；除非另有協議。該合理報酬由主管機關定之。

第十三條

在不與著作權之正常利用相衝突，且不損害著作人或著作權人之合法權益情形下，締約各該方領域得立法對本協定第六至第十一條規定之專有權利，予以有關限度之例外限制。

第十四條

㈠受本協定保護之著作，其侵害物，在該著作享有合法保護之締約任一方領域內，應予扣押。侵害物係指侵害依國內法及本協定所規定之專屬權利之任何著作版本；包括進口版本，倘該版本之進口商縱係於進口地自行製作該版本亦構成侵害著作權者。

㈡扣押應依締約各該方領域內法令為之。

第十五條

本協定之規定，不影響締約任一方，依其法令或規定，在主管機關認為必要之情形下，對於任何著作或重製物之通行、上演，或展

示，予以許可，控制或禁止之權利。

第十六條

㈠本協定之規定，適用於本協定生效時，仍受本協定一方領域之著作權法保護之所有著作。除本協定中之特別規定外，本協定之規定，不得影響前此任何協議所產生之義務。

㈡一九八五年以前二十年內完成之著作，除經依當時著作權法規定辦理註冊，且其著作權保護期間於一九八五年前已經屆滿者外，於北美事務協調委員會所代表之領域內，應屬受本協定保護之著作。

第十七條

本協定之規定，不排除本協定任一方賦予較本協定更高標準之保護，但該保護，應平等賦予本協定之所有受保護人。

第十八條

本協定一方領域之法人，無論是否為他方領域之主管機關所認許，應於他方領域內享有提起訴訟之完全權利。

第十九條

本協定各該方領域應採取依其國內法必要之措施，以確保本協定規定之適用。締約雙方並瞭解，於本協定生效時，各方領域須依其國內法使本協定之條款生效。

第二十條

㈠本協定締約雙方，應定期磋商，檢討本協定之適用與運作，以確保在時間與情勢演變中，仍能貫徹本協定之目標。

㈡為協助實踐本協定附錄之功能，締約雙方應確保由雙方，或雙方之權利人或利用人所建立之「著作權資訊中心」間之有效溝通。

第二十一條

本協定自正式簽署之日起生效，締約任何一方得於至少六個月之前，以書面通知他方終止本協定。

第二十二條

本協定自最後簽署之日起生效，為此，經合法授權之雙方代表爰於本協定簽字以昭信守。

北美事務協調委員會代表

姓　名：丁懋時

職　稱：駐美代表

日　期：一九九三年七月十六日

美國在臺協會代表

姓　名：Natale H. Bellocchi

職　稱：Chairman, AIT

日　期：July 16, 1993.

附　錄

第　一　條

　　㈠為確保將翻譯權有效引進北美事務協調委員會所代表之領域，美國在臺協會同意，至西元二〇〇五年一月一日止之過渡期間內，北美事務協調委員會所代表領域之主管機關，得就以印刷或類似重製形式發行之著作，建立一非專有與不可移轉之授權制度，以代替美國在臺協會與北美事務協調委員會著作權保護協定第六條規定之翻譯專有權利，主管機關應依下列條件，於首先通知著作人或著作權人後，始予授權。

　　㈡本附錄規定之授權，僅於申請授權之人依北美事務協調委員會所代表之領域規定之程序，向權利所有人，要求為翻譯及發行其翻譯遭到拒絕或經相當努力，而無法與權利所有人取得聯繫者，始得賦予。申請人於提出上述要求之同時，並應通知第㈢項規定之資訊中心。

　　㈢申請授權之人無法與權利所有人取得聯繫時，應對著作上所顯示之發行人及本協定各該方指定之資訊中心，以航空掛號郵寄其向主管機關提出之申請書副本。

　　㈣依本附錄賦予授權所為之翻譯版本，其發行時應於所有版本註

明著作人之姓名以及原著作名稱。

㈤依本附錄所賦予之授權，不得及於翻譯品之輸出，且該授權之效力僅限於北美事務協調委員會所代表領域內翻譯發行。

㈥依本附錄賦予授權發行之版本，應具中文記載註明該版本僅限於北美事務協調委員會所代表之領域內發行分銷。

㈦北美事務協調委員會應確保下列各項目之規定：

甲、授權之許可，須依指定機關規定之程序為之，著作人或著作權人或其指定之代表人具有下列之權利：

⑴有會同顧問在場協助下辦理之權。

⑵得提供證據及審查授權申請人，及

⑶對許可授權之決定，有提出立即申訴之權。

乙、為維護翻譯權人之權益，該授權應提供公平之補償，該補償額度須符合締約雙方領域人民一般經自由磋商而得之授權權利金的標準。

丙、補償金之支付及匯交，如因國家貨幣規定有所干預時，締約雙方須盡力確保以可兌換之貨幣或其等值之物之匯付。

丁、對於下列情形，應建立迅速及有效的程序，以終止依本制度所賦予之授權：

⑴被授權人違反主管機關頒布之授權規定或違反本附錄之規定者。

⑵本附錄第二條第㈣、㈤項規定之情況發生時。

第 二 條

㈠甲、如著作自首次發行之日起屆滿一年，而該著作之翻譯權所有人或其所授權之人，未於該一年內，在除中國大陸以外地區發行中文譯本，則任何北美事務協調委員會所代表領域之受保護人，俱得為教育、學術或研究之目的申請授權翻譯該著作，並將其翻譯以印刷或類似之重製方式發行。

乙、凡在中國大陸以外地區發行之所有中文譯本已絕版者亦得依本附錄規定之條件賦予授權。

㈡甲、著作首次發行雖已屆滿一年，惟非經〔下〕列之日起屆滿
九個月之後，仍不得依本條之規定賦予授權：

　　　　(1)申請許可之人，符合本附錄第一條第㈡項規定之日。

　　　　(2)翻譯權所有人或其住所不明者，自申請授權之人依本附屬
書第一條第㈢項規定，向主管機關陳送授權申請書副本之日。

　　　乙、倘翻譯權所有人或其授權之人於上述九個月之期間內發行
中譯本，本條規定之授權，不得賦予。

㈢本條規定之授權，僅限於教育、學術或研究目的下為之。

㈣經翻譯權人或得其授權之人，以在北美事務協調委員會代表之
領域內，類似作品之通常合理價格發行著作之中文翻譯，且其內容與
前此依本條授權發行之中譯版內容大體相同，則依本條所賦予之該項
授權，應予終止。

㈤著作人已將其著作之版本，自流通中全部收回時，不得賦予或
維持本條規定之授權。

㈥依本附錄賦予之授權，經依本附錄第一條第㈦項丁之規定，或
依本附錄第二條第㈣、㈤項之規定，予以終止時，凡於該授權終止時
或終止之日前業已完成之複製物，仍得繼續分銷至其倉存售罄為止。

㈦甲、於北美事務協調委員會代表之領域內有主事務所之廣播機
關，向該領域之主管機關申請翻譯業經以印刷或其他類似之重製方式
發行之著作者，倘下列條件均符合時得賦予該廣播機關翻譯之授權：

　　　　(1)該翻譯所依據之著作版本之製作與取得符合前述領域內之
法令。

　　　　(2)該翻譯應專門使用於教育目的之廣播或對特定行業專家傳
播技術或科學研究結果。

　　　　(3)該翻譯在該領域內，專門用於上述(2)目規定之目的，向收
受廣播者為合法之廣播──包括專為該廣播目的，以錄音或錄影為媒
體合法製作之廣播。

　　　　(4)該翻譯之一切用途，不得以營利為目的。

　　　乙、在賦予授權之主管機關所在之領域內，有主事務所之其他廣

播機關，依前述甲款所規定之目的與條件，並得依本項規定獲授權之原廣播機關之同意者，亦得使用依該原廣播機關所為之翻譯的錄音或錄影。

丙、倘本項甲款所規定之標準及條件均符合時，亦得授權廣播機關翻譯，為有系統之教育活動之目的而準備及發行之視聽節目之內容。

丁、除上述甲至丙款之規定外，前述各項之規定，應適用於在本項規定下之授權之賦予與行使。

會議紀錄

一九九三年七月十六日

北美事務協調委員會及美國在臺協會經合法授權之代表於一九九三年七月十六日在美國華盛頓特區簽署「北美事務協調委員會與美國在臺協會著作權保護協定」。該協定用中文及英文各繕兩份，兩種文字之約本同一作準。

北美事務協調委員會代表　潘　家　聲

美 國 在 臺 協 會 代 表　Ray Sander

一九九三年七月二十八日中俄（羅斯）民航合作協定

「臺北莫斯科經濟文化協調委員會」與「莫斯科臺北經濟文化協調委員會」民航合作協定（中譯文）

「臺北莫斯科經濟文化協調委員會」（以下簡稱北莫協）與「莫斯科臺北經濟文化協調委員會」（以下簡稱莫北協）之代表團，於一九九三年七月二十六日至二十九日在莫斯科舉行會議，依據兩協調會於一九九二年九月簽署之備忘錄及一九九三年四月簽署之諮商會議節要紀錄，並基於建立臺北與莫斯科間直接航線，以及發展未來航空服務範疇之意願，爰經協議如下：

一、指定及授權

　　㈠締約任一方原則上有權以書面指定多家航空公司經營特定航線，惟雙方均同意目前指定一家航空公司營運；雙方亦同意每年至少會商乙次以討論指定問題。

　　㈡雙方同意，如締約之任何一方基於任何理由無法指定航空公司，則締約之另一方所指定之航空公司片面取得經營航線權利。

　　㈢如締約一方未指定航空公司或指定之航空公司未經營此航線，則該締約一方及指定航空公司不得向締約另一方所指定之航空公司提出商務或財務之要求。

　　㈣雙方不得指定國營或國家認定之國旗航空公司；雙方指定之航空公司營運該航線之航空器不得有國旗或國徽標誌。

二、航權

　　締約雙方指定之航空公司有權在各自經營航線上之航點承載裝卸旅客、貨物及郵件，並享有在締約他方領土之飛越權及非營運目的之

降落權。

本條款不得視為給予締約一方指定之航空公司享有在締約另一方領土內任一航點為取償或包租目的承載客、貨及郵件前往該另一方領土內另一航點之特權。

三、適用法規

㈠有關在協議航線上之航空器飛航、客、貨，郵件運輸及其他有關事項之全部技術及商務事宜，應由航空公司依據國家法規商定並同意。

㈡締約一方指定之航空公司之航空器於進出及停留締約另一方國境時，應適用並遵守對方國入出境法規。

㈢締約一方指定之航空公司之航空器承載之旅客、組員、貨物及郵件在締約另一方之國境內應適用該國對入境、停留、出境之旅客、組員、貨物、郵件之管理法規，如辦理入出境、移民、海關、貨幣、醫藥及檢疫等手續。

四、被指定航空公司之權利

㈠締約任一方指定之航空公司可自辦地勤服務或在締約另一方指定機場內多家地勤業代理中擇一使用。

㈡為確保協議業務之正常運作，締約一方指定之航空公司有權在締約另一方國境內派駐包括必要之行政、商務及技術人員之辦事處。

㈢可於締約另一方國境內，為其旅客、行李及貨物簽發本公司票單。

㈣締約任一方應採取必要措施，授予締約另一方指定之航空公司自由匯兌其經營協議業務之盈餘之權利。該項匯兌應依照官方匯率兌換為美金。

㈤締約雙方原則上同意爭取互惠豁免指定之航空公司在臺北及莫斯科營運利潤之所有稅捐。

㈥互免稅捐之實施細節應由締約雙方之政府主管機關決定，惟締約雙方應鼎力協助謀求上述條款之確認。

五、包機

　　締約雙方同意，依據各自國家法規營運包機應先經締約雙方之政府核准及指定航空公司同意始得為之。

六、諮商

　　締約任一方可隨時就本協定內容提出舉行諮商之要求，除非另有協議，該項諮商應儘早舉行，不得遲於締約另一方接獲要求日起六十天。

七、生效

　　本協定經締約雙方之政府主管機關核准，於兩協調會換函日起生效。

八、終止

　　本協定應繼續有效，除非締約任一方於十二個月前以書面通知締約另一方終止之。

　　本協定於一九九三年七月二十八日在莫斯科以英文本簽署一式二份，同一作準。

　　中方簽署人：臺北莫斯科經濟文化協調委員會委員　李　衛　群
　　俄方簽署人：莫斯科臺北經濟文化協調委員會委員　馬卡諾夫

一九九三年七月二十九日中越（南）第一屆經貿諮商會議備忘錄

第一屆中越經貿諮商會議備忘錄

日期：中華民國八十二年七月廿七日至卅一日
地點：越南河內市

第一屆中越經貿諮商會議日程

七月廿七日（星期二）

09：45　搭 TG 六三七啟程赴越

12：15　抵曼谷機場

14：25　搭 VN 八三〇赴河內

16：10　抵河內

18：30　參加蕭部長玉春與黎副總裁文洲共同主持之歡迎儀式並舉行中越會議開幕式（政府賓館）

19：00　越方晚宴（政府賓館）

〔259〕

　　夜　宿　西湖飯店

七月廿八日（星期三）

　　08：30　分組會議（共分(1)投資(2)貿易(3)財政金融(4)技術合作與
　　　　　　其他等四組）

　　12：00　午餐

　　14：00　各組繼續討論

　　14：45　閉幕式（中越每組各派二員參加）

　　18：30　我方答宴（西湖飯店）

　　夜　宿　西湖飯店

七月廿九日（星期四）

　　上　午　自由活動

　　中　午　駐越南代表處林代表午宴（全團參加；政府賓館）

　　16：00　寶部長玉春赴飯店送行

　　16：30　離飯店赴機場

　　18：00　搭 VN 二三七離河內赴胡志明市

　　20：00　抵胡志明市

　　夜　宿　世紀飯店

七月卅日（星期五）

　　09：00　拜會國家合作暨投資委員會呂副主席明珠並舉行座談

　　11：00　參觀新順加工出口區（聽取簡報）

　　12：30　外貿協會午宴

　　15：30　拜會胡志明市黨部武書記陳志

　　17：00　拜會胡志明市人民委員會張主席晉創

　　18：00　與臺商代表座談及餐會

　　19：30　拜會武總理文傑

　　夜　宿　世紀飯店

七月卅一日（星期六）

　　08：00　赴頭頓及胡市近郊臺商味丹工廠及中油可能設廠地點參
　　　　　　觀

中　午　便餐
13：00　　返胡志明市
18：30　　駐胡志明市辦事處劉處長晚宴
夜　宿　世紀飯店
八月一日（星期日）
10：30　　江部長及部分團員搭 SQ 七四一離越赴星
11：20　　其餘團員搭 CI 六八二返國

第一屆中越部長級經貿諮商會議中方代表團名單

首席代表　江丙坤　經濟部長
代　　表　林水吉　駐越南代表處代表
　　　　　徐學陶　行政院勞工委員會副主任委員
　　　　　李金龍　行政院農業委員會主任秘書
　　　　　陳木在　財政部金融局局長
　　　　　陳　堯　交通部電信總局局長
　　　　　柯飛樂　中國輸出入銀行總經理
　　　　　鄭溫清　經濟部國營會執行長
　　　　　李健全　行政院農業委員會漁業處處長
　　　　　高一心　經濟部投資業務處處長
　　　　　雷道餘　經濟部國際合作處處長
　　　　　徐朝齡　經濟部國際貿易局副局長
　　　　　潘丁白　經濟部工業局副局長
　　　　　劉廷祖　外貿協會秘書長
　　　　　李滋男　外交部亞太司幫辦
　　　　　周　嚴　經濟部海合會副執行秘書
　　　　　錢秉才　經濟部臺灣糖業公司副總經理
　　　　　潘文炎　經濟部中國石油公司副總經理
　　　　　蔡　堆　交通部電信總局企劃處處長
　　　　　蘇秀義　行政院勞委會職業訓練局主任秘書

　　　　蔡友才　財政部金融局組長
　　　　胡宏渝　臺灣省農林廳技術室主任
　　　　呂理綜　經濟部臺灣電力公司電源開發處處長
　　　　謝世雄　經濟部中國石油公司礦務處處長
　　　　何勝初　中華民國對外漁業合作發展協會副執行長
　　　　黃南輝　駐越南代表處商務組組長
　　　　吳成物　經濟部投資業務處組長
　　　　賀迺驥　經濟部中華工程公司經理
　　　　陳溪洲　行政院農業委員會林業處森林科科長
　　　　黃世洲　經濟部國際合作處科長
　　　　黃啟淵　外貿協會駐胡志明辦事處主任
　　　　袁嘉治　經濟部國際貿易局專員
秘　　書　葛文成　經濟部國際合作處商務秘書
隨部長訪越業者名冊順序如次：
　　　一、楊頭雄　味丹公司董事長
　　　二、蔡其瑞　寶成國際集團總裁
　　　三、林經甫　臺原集團董事長
　　　四、陳再來　臺北企銀總經理
　　　五、方仁惠　明治製菓製藥公司副董事長
　　　六、吳澄清　臺灣石化合成公司總經理
　　　七、林蒼生　統一企業公司總經理
　　　八、高志尚　義美食品公司總經理
　　　九、徐榮椿　詠祿實業公司總經理
　　　十、顧佩珍　祥任行公司副總經理
　　　十一、武越夫　常在法律事務所
　　　十二、方仁德　明治製菓製藥公司總經理
　　　十三、李傳亮　常在法律事務所
　　　十四、鄒輝雄　臺北企銀副理
一、投資組：

　　主　持　人—江部長
　　參加人員—林永吉　高一心　鄭溫清
　　　　　　　潘丁白　錢秉才　潘文炎
　　　　　　　賀逎驥　周　嚴　呂理綜
　　　　　　　謝世雄　吳成物（兼任紀錄）
　　　　　　　楊頭雄　蔡其瑞　林經甫
　　　　　　　方仁惠　吳澄清　林蒼生
　　　　　　　高志尚　徐榮椿　顧佩珍
　　　　　　　武越夫　方仁德　李傳亮

二、貿易組：
　　主　持　人—徐副局長朝齡
　　參加人員—劉廷祖
　　　　　　　黃南輝
　　　　　　　黃世洲
　　　　　　　黃啟淵
　　　　　　　袁嘉治（兼任紀錄）

三、財政金融組：
　　主　持　人—陳局長木在
　　參加人員—柯飛樂
　　　　　　　陳再來
　　　　　　　鄒輝雄
　　　　　　　蔡有才（兼任紀錄）

四、技術合作與其他組：
　　主　持　人—徐副主委學陶
　　參加人員—李金龍
　　　　　　　李健全
　　　　　　　雷道餘
　　　　　　　李滋男
　　　　　　　蔡　堆

蘇秀義

何勝初

陳溪洲

葛文成（兼任紀錄）

第一屆中越部長級經貿諮商會議越方代表團名單

首席代表	寶玉春	國家合作暨投資委員會主席
代　　表	黎文洲	中央銀行副總裁
投 資 組主 持 人	阮　樂	國家合作暨投資委員會副主席
技術合作組主持人	黎玉環	交通部次長
貿 易 組主 持 人	武文中	貿易部亞太事務司副司長
金 融 組主 持 人	何丹勛	中央銀行國外部副司長
代　　表	丁文恩	國家合作暨投資委員會法律與投資促進司司長
	吳文典	國家合作暨投資委員會辦公廳主任
	阮碧達	國家合作暨投資委員會法律與投資促進司副司長
代　　表	黎日仙	交通部國際關係司副司長
	斐國中	國家合作暨投資委員會投資交易中心專員

中越經貿諮商會議備忘錄

　　中越經貿諮商會議於一九九三年七月廿七日至七月廿九日在越南河內舉行，中方由江丙坤閣下率團，越方由寶玉春閣下率團，分投資、貿易、金融及技術合作四組討論。會議在極為融洽的氣氛中進行。雙方代表均坦誠交換意見，達成多項協議及共識，對雙方經濟合作及發展將有重大貢獻，雙方實質友好關係亦將會進一步加強。

　　分組會議紀錄如附件一、二、三、四。中方代表團對越方熱忱的接待及週到的安排表示感謝。雙方同意下次中越經貿諮商會議定於一

九九四年適當時間在臺北舉行。

　　　　　　　　　中方　團長　江 丙 坤
　　　　　　　　　越方　團長　寶 玉 春
一九九三年七月廿九日於越南河內

壹、投　資

一、　請越南政府優先選擇 TOTAL —— 中油 —— 中加集團為越南煉
　　油廠投資合作對象並同意中油參與越方具潛力油田之開發計
　　畫。

　　㈠越方已選定 TOTAL —— 中油及其他公司與越南石油公司合
作投資煉油廠計畫。目前各方已積極進行可行性研究以呈報越南政府
核准，其中重點在計畫之資金問題。可行性研究獲准後，將即進行各
後續之相關工作。

　　㈡中方希望能參與探勘及開採越南油田，越方確認中方參與之意
義，並對中方之合作誠意表示歡迎。

二、請越方就臺糖在越合資設廠案給予便利與協助。

　　㈠臺糖建廠所需用地五十公頃，中方要求租用七十年，越方表示
審核時將優予考慮租地之期限。

　　㈡越方同意蔗糖產品可以外銷或在國內市場銷售，在糖進口關稅
稅率上將採取適當之政策。

　　㈢越方瞭解糖業有別於其他工業，在機械進口等均將考慮農民利
益，給予必要之優惠。

　　㈣越方農業部將迅速負責推動糖業發展，以順利實現本項重大合
作案。

三、中越雙方加強合作開發工業區。

　　㈠越方對中方視工業區或加工出口區為工業發展基礎設施表示同
意。越方為投資者創造有利條件，將儘早開發工業區及加工出口區。

　　㈡為中方投資廠商之設廠創造有利條件，雙方同意儘快推動開發

工業區。資金及技術問題,中方將由海合會洽相關單位後與越方進行研究與推動。越方同意近期內指定工業區主管單位配合辦理。

四、越方建議中方派一或二人協助越方研究「設立高科技園區」之可行性。

　中方同意辦理。

五、越方建議中方對公共建設、中小企業之發展及工業區之開發等提供優惠貸款。

　中方表示海合會援助之資金有限,但仍將通盤考慮越方之優先計畫,在能力範圍內儘量提供協助。

六、中越簽署「避免雙重課稅協定」。

　越方希望循投保協定模式由雙方之代表簽署。中方表示將再洽外交部意見後再續洽。

七、味丹集團擬在越南投資木器加工廠及澱粉廠。

　㈠越方歡迎味丹集團投資設立澱粉廠,有關擬在同奈省投資設立木器加工廠案,越方表示如所需木材原料不在同奈省開發取得,可考慮對投資案接受申請。

八、寶成國際集團擬在胡志明市投資設立卅二條生產線生產高單價品牌鞋工廠。

　㈠本項投資計畫越方表示支持,惟建議中方選擇土地價格較便宜地區投資設廠。

　㈡關於擬派遣越南人員至印尼受訓,以提高技術水準案,越方表示支持,將予必要協助。

九、臺原集團擬在越南合作投資聯營醫院。

　越方歡迎中方來越合作成立聯營醫院。持臺灣執照之醫生及護士可否在越南從事醫療乙節,越方表示歡迎,惟應按越南衛生主管單位之規定辦理。

十、大明產業公司擬在越南投資設立鋼廠及開發工業區。

　㈠關於在越南設立鋼廠,生產鋼筋及型鋼等,越方表示歡迎,將洽請越南鋼鐵公司協助覓地並與有關單位洽談解決具體事項,如電力

供應及原料進口方面等。

㈡關於在河內市郊設立工業區案，越方表示歡迎並提供必要之協助辦法。

十一、臺灣石化合成公司擬投資利用油田副產石油氣生產化學肥料及利用煤炭生產 PVC 廠。

越方肯定此兩項投資計畫，並推薦越南石油總公司代表與中方洽談。

十二、統一企業公司計劃投資麵粉加工、餅乾、速食麵、麵條及麵包等產品。

越方表示目前已有多件外人投資麵粉加工申請案件待審，越方將考慮並給予答覆。

十三、詠祿實業公司擬合資造林及設立製材廠。

越方表示歡迎並將進行具體研究。

十四、祥任行公司擬聯合越商投資設廠生產外銷紙箱等。

越方歡迎此項投資案，並協助尋找合作對象。

十五、常在國際法律事務所考慮在越南成立法律事務辦事處。

越方原則歡迎，將考慮並給予答覆。

十六、義美食品公司擬在越南投資生產糖類及其他農產品加工，越方歡迎此項投資，將依據投資計畫書內容給予順利之考慮。

十七、臺灣區珠寶製品工業同業公會擬合作投資在越南開採紅寶石礦及加工出口等。

越方將介紹到越南寶石公司進行具體諮商。

十八、世正開發公司擬配合越南研究規劃開發峴港市建設計畫，有意參與相關工業區等之規劃，設計及開發施工。

越方表示歡迎，並將俟中方未來提出詳細計畫後進行研析。

貳、貿　易

一、中越簽署「貨品暫准通關證制度協定」

由中方提供協定草案供越方研究辦理，鑒於此協定有助於促進中

越貿易交流，有關細節將由中方駐越南代表處續與越方貿易主管機關諮商促成。

二、中越「貿易協定」

　　中方認為鑒於近年來中越雙方貿易的快速成長，簽訂中越貿易協定有其必要性，中方建議之協定內容已送越方參考。越方表示此係新提案，需要時間由有關部門研商。中方表示，有關簽訂事宜下一次再進一步諮商。

三、促請越南工商總會國際仲裁中心與中華民國商務仲裁協會簽訂合作協議，有效解決經貿糾紛。

　　本案越方表示歡迎。中方提交中華民國商務仲裁協會中、英文簡介及有關仲裁法規供越方參考，並表示今（一九九三）年八月該協會將訪問越南、與越南工商總會國際商務仲裁中心做進一步諮商。另中方希望越方提供該中心之背景資料及業務規則交中方，以便事前研究，越方表示同意。

四、加強雙方貿易交流

　　雙方同意積極推動

　　㈠擴大中越高層財經官員及工商界人士交流與互訪。

　　㈡加強民間企業組團相互訪問考察。

　　㈢相互提供協助舉辦商展活動及經貿研討會。

五、中方請越南政府改善外銷廠商進口供產製外銷品之原物料必須暫繳進口關稅之措施。

　　越方表示，此在越南稅務法有明文規定，越南財政部稅務總局對產品出口後退稅細節亦有規定，請駐越南臺北經濟文化辦事處洽越南財政部稅務局作詳細瞭解，並轉告中方赴越投資廠商在有需要時提出改善建議，供越方參考。

六、請越方放寬中方廠商在越設立代表辦事處的資格限制。

　　越方表示正考慮為外國廠商在越南設立辦事處創造一個更為便利的條件。

七、協助越方設立貿易推廣機構及培訓貿易人才，增進雙方對外貿易

發展及合作。

越方對中方建議表示歡迎，細節雙方再進一步洽商。中方建議越方透過駐越南臺北經濟文化辦事處提出。

參、金融組

一、加強中越雙方金融業務往來與金融管理合作。

越方同意中方銀行來越方設立分行時，得經營之業務項目，比照其他外國銀行核准。雙方並同意加強互訪、技術合作與訓練，隨時交換金融管理有關資訊，以保持密切合作。

二、中國輸出入銀行申請設立代表人辦事處。

越方表示歡迎，惟手續上必須先由中方政府核准來越設立代表人辦事處後，再向越方省市政府與越南國家銀行提出申請，越方將優先考慮。

三、臺北區中小企業銀行，中國農民銀行及中國國際商業銀行在越南設立分行。

㈠中方表示：

1. 臺北區中小企業銀行申請設立分行主要為配合越方急需推動之中小企業發展政策，並可推動中方給予一、五○○萬美元貸款案之有效運用，請越方國家銀行與政府專案優先核准。

2. 臺灣經濟發展的起點與動力來自農業部門，其中農業金融制度之有效配合甚為重要。中國農民銀行為中方之農業專業銀行，對臺灣農產品之進出口融資與作業規劃具有豐富的經驗，若能儘早獲准在越方設立分行，當可協助越方農業部門之融資與建立農業金融制度，有助於越方農業與經濟的發展。

3. 中國國際商業銀行駐胡志明市代表人辦事處業經越方政府核准，並於本（一九九三）年七月十二日正式成立。該行在一九七五年以前曾在越方設有兩家分行，兩家代表人辦事處，對越方之市場、經濟、金融已有很深入之認識。該行為中方歷史最悠久之外匯銀行，其海外分行也最多，若能迅速將該辦事處升格為分行，對越方外貿之

發展將有很大的貢獻。

　　㈡越方表示：

　　越方將繼續歡迎外國銀行來越設立分行，目前除已核准之八家銀行外，尚有十四家外國銀行申請設立分行。越方瞭解中方銀行來越設立分行有助於促進越之經濟發展，對於本案越方將依申請先後優予考慮。

肆、技術合作與其他

一、交通合作

　　㈠五號公路：

　　五號公路雙方同意按原訂計畫於一九九三年十月開工，並儘量於一九九五年底以前完工，本案將由越南交通部門與中方海合會及中華工程顧問公司保持密切聯繫，合作執行。

　　㈡航空合作：

　　臺北與河內間之航線開航事宜，雙方同意由雙方交通主管部門繼續磋商。

　　㈢郵電合作：

　　雙方同意由中方電信總局與越方郵電總公司簽訂備忘錄，從事技術合作，派高階人員互訪、洽談並執行具體合作方案。

二、勞工合作

　　雙方前已達成初步協議，以試辦方式開放越南勞工一千名赴臺工作，惟應先由雙方簽署書面協定。該書面協定之簽署，由雙方勞工部門將儘早進行磋商。

三、農業合作

　　㈠蔬菜水果合作：

　　越方希望中方提供種植及加工經驗與技術，中方原則同意，惟希望越方提出具體合作項目，據以評估其可行性。

　　㈡畜牧合作：

　　越方希望中方協助飼養乳牛（包括提供種牛）、豬及家禽，越南

天然條件優厚，上述家畜之加工品尚可外銷新加坡、香港及中華民國，越方願提供優惠條件，歡迎我廠商投資。中方表示原則上願提供協助，惟合作條件與細節必須再行洽商，另特別指出畜產品之品質與衛生條件非常重要，越方對此亦有瞭解。

(三)水產養殖合作：

越方希望在中方協助水產培殖、水產加工，亦歡迎中方業者以直接投資或聯營方式與越方合作。中方表示越方所提在水產養殖、漁撈以及加工技術、人力培訓與投資方面，原則上應屬可行。中方願意就細節方面與越方繼續進行磋商。

(四)林業合作：

中方希望：

1. 請越方繼續提供林地，由中方提供資金，並以最低租金水準或以木材分收、雙方互利互惠的原則下合作造林。

2. 合作造林經營期限訂為七十年。

3. 合作造林生產之原木請越方同意專案出口。

4. 中方繼續派專家加強林業技術合作，解決造林及木材加工技術問題。

越方表示歡迎中方來越投資，對中方請求表示理解，將送其主管部門研究後答覆中方。雙方同意將就本案繼續聯繫。

(五)漁業合作：

雙方原已於一九九一年九月同意簽署一項涵蓋多項漁業項目之合作協定，中方並已提出草案，惟越方迄未正式答覆。中方復由中華民國對外漁業合作發展協會於一九九三年六月下旬組團來越訪問，就協定內容與越方達致初步協議。雙方同意將由漁業主管進一步磋商，俟達成協議後透過適當管道簽署。

四、技術合作

(一)訓練：

越方希望中方同意協助越方派員赴華受訓，包括華語教師、漁業、交通事業及其他人才。

㈡越方希望中方提供器材設備及支援經費，包括職業訓練及殘障學校等方面。

㈢邀訪人員：

繼續邀請越南高級人員訪華，加強聯繫。

中方表示，訓練及邀訪方面將洽海合會在年度預算內儘量規劃辦理，惟請經由臺北經濟文化辦事處洽辦。器材設備贈送及訓練，亦請經由臺北經濟文化辦事處洽請海合會專案辦理。

一九九三年八月一日至四日中星（新加坡）第四屆經技合作會議協議要點及相關資料

第四屆中星（新加坡）經技合作會議協議要點*

一、加強中星雙方在成長三角洲（特別在印尼巴譚島）及第三國（包括中國大陸）合作投資，星經濟發展局在大陸所設辦事處，可對臺商提供服務。

二、由於中方已遵守蒙特婁議定書之規定，控制 CFC 用量，星方同意儘速公告，不將中方列入限制進出口 CFC 名單之內。

三、協助星方廠商參與我國政府機關及公營事業之投標，星方將提供遭遇困難之具體資料，由我方轉請中信局協助解決。自從本（八十二）年四月起，中方採取新的自由化措施，歐美標的規定已撤銷，目前國際標的除日、韓要國際貿易局核准外，其他國家均可自由參加，新加坡自不例外。至於如有個別公營事業報標或透過中央信託局，由於技術來源的原因而將新加坡除外，中方將予注意，如有發生類似案件，星方可將具體資料提供中方設法改善。中方並建議星方投標廠商提早與報標單位接觸，俾以瞭解報標內容，避免參與時間太晚。星方對中方願意協助表示感謝。

四、加強雙方科技合作。

　㈠工業技術研究院光電所(OES/ITRI)與星國家科技局磁性技術中心(MTC/NSTB)合作開發磁碟機(HDD)技術。中方表示硬式磁碟機是電腦週邊重要設備，具有廣大市場。一九九二年全世界 HDD 的產值共有二六〇億美元，新加坡在 HDD 生產占世界第

---

　*　有關中星雙方「討論項目」，只有英文版、無中文版，故請參見**中國國際法與國際事務年報**（英文版）第十二卷。

一位，一九九二年占全世界產值百分之卅。新加坡為增加當地研發能力，國家科技局與新加坡大學一年前成立磁性技術中心（MTC）。中方光電所在硬式磁碟機已有多年研發經驗，如與星方磁性技術中心合作，將可結合研發與生產技術，收互利之效果。星方表示光電所與磁性技術中心合作開發硬式磁碟機技術計畫進行很順利，應多加鼓勵。

㈡工業技術研究院電通所（CCL/ITRI）與星國家科技局微電子研究院（IME/NSTB）合作開發核心視訊技術（Core Video）及與系統科學研究院（ISS/NSTB）合作開發混沌邏輯（Fussy Logic）暨 ATM 網路管理系統技術。星方表示微電子研究院及系統科學研究院與中方工業技術研究院電通所，正依據所簽署的備忘錄共同尋求可供相互合作之計畫項目。星方表示支持類似此項前瞻性之技術合作。

㈢研究雙方「公眾信息處理系統」、「電子資料交換系統」、「傳真存轉系統」等連線之可行性。中方表示：

1. 傳真存轉系統為中方自行發展之多址傳送以及具有傳真信箱功能之通信系統，有鑒於中星雙方之傳真通信日益增加，而國際間尚無 CCITT 之標準，因此建議將自行發展之傳真系統裝設於星方，可由星方自行經營，作為中星間之專用傳真網路，以符市場需求。

2.公眾信息處理系統，中星雙方目前正進行測試中，有關提供服務之契約，中方希望儘速簽訂，同時訂定推廣計畫，以充分發揮連線功能。

3.有關電子資料交換系統部分，中方正積極發展中，建請與星方相關單位保持密切合作，提供相關資料與經驗供中方參考，俾使未來連線順利。

星方表示非常願意就上述三系統與中方建立連線關係，有關傳真存轉部分與公眾信息處理部分，星方係由 Singapore Telecom 負責營運，細節與技術問題，由 Singapore Telecom 與中方洽商，至於電子資料交換，係由星另一公司 Singapore Network Service（SNS）負責，主要經營之項目為提供 Tradenet，星方願意提供相關資料供中方參考，同時願就 X. 四○○架構下提供一份建議書供中方研究連線

事宜。

　　另國際整體服務數位網路業務（ISDN）及國際電話專用網路業務（IVPN）因議程較多，雖無列入討論項目，但星方有意與中方儘快開放以上兩項業務之連線互通。中方表示有關 ISDN 業務，雙方已於本（一九九三）年七月廿七日測試完成，攤分費率洽妥按中、星國際直撥電話（ISD）費率，雙方各半攤分，並洽訂於八月五日開放該項業務。至於 IVPN 業務，雙方亦於七月九日測試完成，攤分費率洽妥按中、星國際直撥電話（ISD）費率之八五折訂定，雙方各半攤分，有關開放日期則尚待與 Singapore Telecom 另行洽商訂定。

五、加強雙方專業人員交流，彼此觀摩學習，以促進觀光業務推動。

　　中方表示：

　　1. 新加坡聖淘沙島是一有名之觀光勝地，中方交通部觀光局想透過星旅遊促進局之協助，以便取得聖淘沙之開發技術（計畫），作為今後中方開發類似旅遊區之參考。

　　2. 交通部觀光局有意派推廣人員赴星旅遊促進局參研有關該局所作之市場調查與廣告方向之策略。

　　3. 交通部觀光局為推展海上體育休閒活動，在東北角建造帆船停泊碼頭（Marina），並計畫在東部及南部建造類似碼頭，如星方有意在此方面獲得資料，中方願意提供，俾交換經驗。

　　星方對中方所提出之 1. 2. 兩項，願意提供協助。星方並表示中、星雙方今後本合作備忘錄之精神，繼續參加彼此之大型活動，如中方之燈會及星方之妝藝遊行，星方並願意與中方在民間企業方面，加強大型活動之推廣合作。有關中方為推展海上體育活動所提雙方交換經驗合作之建議，星方將指定旅遊促進局白執行長添福予以注意。

六、加強雙方財政金融合作。星方原提案略為：對星方在臺設立分行案件，請中方給予優惠考量，惟開會議程中，星方變更原議題為「協助臺北成為國際金融中心」，並由星方金融管理局（MAS）代表說明，略為：星國金融業發展甚早，且為國際主要金融中心之一，星方願提供此方面之經驗作為中方之借鏡，更因國際信貸

銀行（BCCI）事件後，巴塞爾協定（Basal Concordat）頒布對跨國銀行集團及其海外分支機構監理之最低標準，揭櫫對跨國銀行集團，應由其母國監理機關（Home Country Authority）在合併基礎下為有效之監督管理，且母國與地主國之監理機關並應經常交換相關金融監理資訊，星方願與中方充分合作，交換資訊，並協助臺北成為國際金融中心。中方除感謝星方願以其金融方面之經驗提供協助外，更希望雙方本著互惠原則，經由互設分行，增進彼此合作關係。

七、加強雙方農技合作。星方對中方以往所提之各項農業技術表示感謝，並對中方在星所進行之各項農產品加工之投資表示滿意，惟希望中方能將新加坡列為非口蹄疫區，以利星國肉類產品之轉口業務，星方並表示已接獲中方所送申請列為非口蹄疫區之文件，將於近期填妥後，依規定提出申請，希望農業委員會屆時能指派官員前往實地勘察。中方表示願將星方感激之意，轉達主管單位農業委員會，並請農業委員會收到星方申請文件後，儘速予以審查，如有必要，農業委員會將會派員赴星實地瞭解。

八、雙方相互認可標準之合作。雙方為推動實驗室認證體系之相互認可，雙方同意繼續進行長度及壓力量測標準比對。

九、加強雙方環保技術之合作。

　㈠環保資訊之交流。

　　1. 中方環境保護署可提供星方下列資訊：

　　　⑴環保年報。

　　　⑵一般環保資訊。

　　　⑶六年國建計畫環保專案資訊。

　　　星方可向臺北市中華路一段四十一號環境保護署洽詢有關細節，洽詢電話：（〇二）三一一－七七二二轉二七二〇。

　　2. 中方工業局可提供星方下列刊物：

　　　⑴本地污染防治設備及器材目錄。

　　　⑵工業污染防治季刊。

中方並對星方可提供任何研討資訊表示興趣。

㈡環保技術人員訓練交流。

1. 環境保護署設置有人員訓練部門。本年將提供有關環保及環境影響評估技師之訓練課程。中方歡迎星方選送人員接受訓練。中方亦對參與國際環保訓練計畫表示興趣。星方可向臺北縣新店市寶橋路一三三之一號七樓環境保護署洽詢有關細節。

2. 工業局提供工業區廢水檢驗及器材管制維修課程，並可訓練星方所選送人員。

㈢人員交流。

中方以往曾選送人員赴星考察焚化爐設施。中方表示希望多安排考察都市廢棄物處理設施及標準化工廠廢棄物處理設施。工業局可安排星方人員參觀臺灣地區某些經由該局工業污染防治小組輔導，而在污染防治上已做改進之工廠。

㈣環保工業技術交流。

臺灣地區已有超過兩百家之環境工程公司參與環保工作。這些公司已列入臺灣地區環境工程工業同業公會名錄。中方歡迎星方與這些已列入名錄中之公司接洽。

十、商品檢驗局與星國標準暨工業研究院(SISIR)進行品保制度認證及產品驗證兩方面之合作，並希望簽署相互承認協議。中方表示商品檢驗局自一九九一年開始推行 ISO 九○○○品保制度，迄今已有一百五十多家申請，七十多家通過評鑑登錄，且申請案件急速增加中。為促進中星雙方貿易，中方希望就 ISO 九○○○品保制度加強合作，以達相互承認。在產品檢驗方面，商品檢驗局願與 SISIR 就雙方實施安全標誌之產品，特別是電器⑶類產品（雙方均使用 EC 標準），洽商產品相互認證合作。星方對上述品保認證及產品驗證之合作表示贊同，惟希望雙方除繼續交換有關資訊外，在品保認證合作方面，希望雙方就評鑑之方法、標準相互實地觀摩認可後，再簽署合作協議；對產品驗證方面，希望能先找出對業者進出口檢驗真正有助益的電器產品項目，再進

行相互認證事宜。中方對星方之意見表示贊同。

十一、加強雙方海運服務之合作。星方為尋求彼此間互惠，希望中方給予星方自由進入臺灣海運事業，並迅速解除對外商之最後控制。中方對有意建立海運服務之外商加以限制。此項控制與海運代理商、內陸卡車運輸與貨櫃集散站有關。中方表示根據交通部航政司告稱，外商可投資海運公司及貨櫃集散站，但只能佔股本之三分之一，董監事人士亦不可超過三分之一，而有關內陸運輸，目前中方正在修正公路法，朝開放方向修法。

十二、請星方繼續對中方派員赴星考察及貿易推廣訪問予以協助。根據第一屆中、星經技合作會議決議事項，中、星雙方派員互訪，有關經費，由派遣國自行負擔。星已於八十年八月派遣科技考察團，九月派遣星、印尼聯合投資促進訪問團，十月派遣農業合作投資考察團，十一月派遣另一科技考察團訪華。中方已於八十一年及八十二年共選派十五名人員赴星考察，本（八十三）年度中方擬選派七名人員赴星考察，仍請星方於中方考察團赴星訪問時，給予行程安排及資訊上之協助。中方並歡迎星方繼續派員來華訪問。星方同意雙方繼續推動派員互訪計畫。

十三、雙方同意於明（一九九四）年底在臺北舉行第五屆中星經技合作會議。

〔相關資料〕

第四屆中星經技合作會議日程

八月一日（星期日）

　08：45　部分團員搭 SQ ○○五啟程赴星

　10：30　江部長率其他團員搭 SQ 七四一離越赴星

　12：55　自華赴星團員抵星

　13：15　江部長一行抵星

　15：00　星外交部長黃根成邀請球敘（江部長、陳代表毓駒、雷處長道餘、李幫辦滋男參加；於萊佛士鄉村俱樂部）

晚　　駐星代表處陳代表晚宴球敍人員（參加人員同上）
　　　　駐星代表處及商務組晚宴其餘人員
夜　宿　香格里拉飯店
八月二日（星期一）
10：00　拜會星貿工部長丹那巴南
10：20　中星會議（全團參加）
13：00　裕廊鎮管理局楊局長勝德午宴（全團參加）
14：30　參觀裕廊鎮管理局（由該局執行長 Mr. David Lim 接
　　　　待）
17：30　臺商座談
19：30　在星臺商晚宴
夜　宿　香格里拉飯店
八月三日（星期二）
09：30　拜會經濟發展局（全團參加）
11：30　拜會李副總理顯龍（江部長、陳代表、雷處長）
12：15　拜會星財政部胡部長賜道（江部長、陳代表、雷處長）
12：30　星財政部胡部長賜道午宴
15：00　拜會吳總理作棟（江部長、陳代表、雷處長）
16：00　拜會李資政光耀（江部長、陳代表、雷處長）
19：00　星貿工部長丹那巴南晚宴（全團參加）
夜　宿　香格里拉飯店
八月四日（星期三）
09：00　拜會亞太經合會議秘書處執行長 Ambassador William
　　　　Bodde （江部長、陳代表、雷處長、李幫辦）
16：45　搭 SQ ○○六返國
20：55　返抵中正機場

第四屆中星（新加坡）經技合作會議中方代表名單

首席代表	江丙坤	經濟部長
代　　表	陳毓駒	駐星代表處代表
	柯飛樂	中國輸出入銀行總經理
	高一心	經濟部投資業務處處長
	雷道餘	經濟部國際合作處處長
	徐明齡	經濟部國際貿易局副局長
	潘丁白	經濟部工業局副局長
	林能中	經濟部商品檢驗局副局長
	蔡惠言	經濟部中央標準局代理副局長
	李滋男	外交部亞太司幫辦
	楊本禮	交通部觀光局駐星辦事處主任
	林耕華	工業技術研究院光電所副所長
	林寶樹	工業技術研究院電通所副所長
	吳成物	經濟部投資業務處組長
	蔡慶年	財政部金融局組長
	周錦源	交通部國際電信管理局業務處處長
	張曉東	交通部數據通信所企劃室主任
	陳宗沛	內政部營建署科長
	黃世洲	經濟部國際合作處科長
秘　　書	朱一萍	駐星代表處商務組商務秘書
	葛文成	經濟部國際合作處商務秘書

第四屆中星（新加坡）經技合作會議星方代表名單

SINGAPORE DELEGATION

1. Mr. S Dhanabalan

   Minister for Trade and Industry

2. Mr. Lim Boon Heng

Senior Minister of State for Trade and Industry

3. Dr. Ker Sin Tze

   Minister of State for Information and
   the Arts, and Education

4. Mr. Lam Chuan Leong

   Permanent Secretary
   Ministry of Trade and Industry

5. Mr. Lai Seck Khul

   Deputy Secretary
   Ministry of Trade and Industry

6. Mr. Yeo Seng Teck

   Chief Executive Officer
   Trade Development Board

7. Mr. Tan Chin Nam

   Managing Director
   Economic Development Board

8. Mr. David Lim

   Chief Executive Officer
   Jurong Town Corporation

9. Mr. Vijaykumar Damodar Mehta

   Executive Director
   National Science & Technology Board

10. Mr. Pek Hock Thiam

    Executive Director
    Singapore Tourist Promotion Board

11. Dr. Ngiam Tong Tau

    Director of Primary Production
    Ministry of National Development

12. Mrs. Foo-Yap Siew Hong

Director, Foreign Institutions Dept.

Monetary Authority of Singapore

13. Mr. Khoo Chin Hean

Director, Environmental Policy &

Management

Ministry of the Environment

14. Miss Yong Ying - I

Director, Trade & Int'l Business

Ministry of Trade and Industry

15. Miss Phoon Lee Chaeng

Deputy Director, Int'l Business Development

Ministry of Trade and Industry

16. Miss Tan Mey Ling

Asst. Director, Trade Policy & Admin.

Ministry of Trade and Industry

第四屆中星經技合作會議中方提案

**提案一：請星國於進出口公告中加註「根據蒙特婁議定書規定，可與
我進行有關列管物品之進出口貿易」。（國貿局）**

說　　明：

　　一、我國雖因政治因素無法加入保護臭氧層之蒙特婁議定書，但
已依據議定書之規定採取各項管制措施，且已於第四屆議定書大會中
提交我國管制物質消費量資料。我國既已遵守議定書的規定，自不應
受到貿易限制。目前已有日本、澳大利亞、香港等國家及地區以公告
中註明宣布方式，將我列入免受管制進出口之國家及地區名單中，以
便雙方貿易可以繼續進行。

二、星國貿易發展局於八十一年十二月十一日公布對 CFC 及海龍實施進出口管制之國家名單，惟未明示我國可免受貿易限制。經駐星代表處於八十二年四月再洽星方後，星貿工部表示將在貿易發展局公告中加註「我國已完全遵守蒙約規定，星國將不對我輸星 CFC 之產品施以貿易限制」。

三、為確保貿易限制不致發生，並避免中、星業者有任何疑慮，請星方在貿易公告中註明「根據蒙特婁議定書規定，可與我進行前述有關列管物品之貿易」，以確保雙方貿易之順利進行。

提案二：與「磁性技術中心」合作開發硬式磁碟機。
  （工研院光電所）

說　明：

　　新加坡「磁性技術中心」為國家研究機構，成立之目的在發展硬碟機之技術與培育人力，新加坡硬碟機產業環境十分優異，而我國亦已積有近十年之研發基礎，從事合作可收互利之效果。

提案三：與「微電子研究所(Institute of Microelectronic, IME)」合作開發一套 IC 晶片組，供個人電腦使用多媒體。（工研院電通所）

說　明：

　　新加坡「微電子研究所」為國家研究機構，進行微電子技術的開發與應用，今年五月十八日曾與本院電通所簽署一份諒解備忘錄(MOU)，共同開發一套 IC 晶片組供個人電腦使用多媒體。

　　此晶片組的影像前段處理晶片(Video Front End Chip)由 IME 開發，Motion JPEG 晶片由電通所開發。希望此 MOU 能進一步成為正式合作合同。

提案四：與「系統科學研究所(Institute of System Sciences, ISS) 合作開發網路管理等項目。（工研院電通所）

説　　明：

　　新加坡「系統科學研究所」為國家研究機構，進行計算機與通訊領域各種先進資訊系統的研發。今年五月十八日曾與本所簽署一份諒解備忘錄(MOU)，進行網路管理、分散式計算環境、模糊邏輯及個人數位助理等項共同研發。希望此 MOU 能進一步發展成為正式合作合同。

提案五：促進金融監理經驗與資訊之交流，及相關監理人員之定期性互訪。（財政部金融局）

説　　明：

　　因應世界金融環境自一九八〇年代以來的重大改變，金融主管機關需建立一個有效體系監督銀行活動，且符合巴塞爾協定之要求建議促進雙方合作。

　　一、資訊交流：雙方合作最新且完整之國際金融資訊。

　　二、金融監理經驗之交流：提昇金融主管機關監理能力，因應銀行體系國際化及自由化之需求。

　　三、監理人員定期互訪：雙方工作人員可吸取彼此經驗並對國際金融情勢能有更廣闊之視野。

提案六：加強雙方觀光專業人員交流、彼此觀摩學習，以促進觀光業務推動。（觀光局）

説　　明：

　　一、新加坡之主題公園及海洋、海岸美化及遊憩設計新穎、管理良好，為東南亞地區著名觀光據點，其規劃設計與經營管理足供我方參考學習。

　　二、為促進雙方觀光業務交流，彼此觀摩學習，建議雙方人員交流，交換訓練，以促進雙邊觀光業務推動。

提案七：繼續完成標準比對，以進行實驗室認證體系之相互認可。
　　　（中央標準局）

說　　明：

　　本項提案係延續第三屆中星經技合作會議議題三「雙方合作繼續
致力度量衡標準之比對及實驗室認證體系之相互認可」；鑒於雙方已
完成一公斤與一〇〇公克質量標準之相互比對，結果良好，為進一步
促成實驗認證體系相互認可，建議繼續進行長度及壓力標準之比對，
具體之項目為：

　　長度標準——〇〇級塊規一、五、一〇、二〇、一〇〇 mm

　　壓力標準——活塞氣壓計〇·一四～七〇 kg ／ cm ，活塞油壓
計〇·八～二二〇〇 kg ／ cm

**提案八：與星國標準暨工業研究院(SISIR)進行品保制度驗證及產品
　　　　　驗證兩方面之合作，並希望簽署相互承認協議。**
　　　（商品檢驗局）

說　　明：

　　一、商品檢驗局謝副局長本年四月訪問新加坡標準暨工業研究院
(SISIR)，雙方就 ISO 9000 推動現況、 EMC 檢驗、產品驗證等方
面交換經驗，達成初步共識，願意進一步保持聯繫，交換資訊、技
術，並發展產品驗證及品保制度驗證之合作關係。

　　二、產品檢驗方面，商品檢驗局願與 SISIR 就雙方實施安全標
誌之產品，特別是電器（子）類產品，洽商產品相互認證合作。

　　三、商品檢驗局自一九九一年開始推行 ISO 9000 品保制度，迄
今共有一三九家申請，六五家通過評鑑登錄，申請案件急速增加中。
為促進中星雙方貿易，擬就 ISO 9000 品保驗證加強合作，以達相互
承認目的。

提案九：研究中、星雙方「公眾信息處理系統」、「電子資料交換系統」、「傳真存轉系統」等連線之可行性。

　　（交通部電信總局）

說　　明：

　　一、「公眾信息處理系統」主要提供電子信箱、電子投遞、電子佈告欄等服務。用戶可利用本系統所提供之電子信箱存取及交換文件，並可要求系統代為投遞文件到他人之信箱中。

　　二、「電子資料交換系統」主要提供格式化電子文件交換服務。目前世界各國正積極推動，其應用範圍非常廣泛，包含產銷、訂貨、貿易、報關、簽證、貨運、匯兌等。

　　三、「傳真存轉系統」主要提供傳真文件多址傳送服務。本系統可自動依照用戶預先輸入之收件人名冊上的傳真機電話號碼，代用戶將其傳真文件同時發送予很多收件人。

　　四、如中、星雙方之相關系統能夠連線，則對於未來彼此經貿與科技資訊之快速交流，將有莫大之助益。

提案十：研究中星雙方共同開發整體服務數位網路（ISDN）及國際虛擬專用網路（IVPN）（交通部電信總局）。

說　　明：

　　一、雙方已達成協議共同開發 ISDN 及 IVPN 業務。

　　二、預定本年七月共同進行 IVPN 網路之測試有關局間 CID 編配問題及 IVPN 費率本局將進一步與新加坡電信局洽商。

　　三、雙方將進一步洽商有關 ISDN 及 IVPN 業務之開放日期。

提案十一：請星國繼續對我國派員赴星考察訪問計畫予以協助。

　　（國合處）

說　　明：

一、根據第一屆中星經技合作會議決議事項，中星雙方派員互訪，有關經費，由派遣國自行負擔。

二、星國已於八十年八月派遣科技考察團，九月派遣星、印聯合投資促進訪問團，十月派遣農業合作投資考察團，十一月派遣另一科技考察團訪華。

三、我國已於八十一年及八十二年共選派十五名人員赴星考察，本（八十三）年度我國擬選派七名人員赴星考察，仍請星國於我考察團赴星訪問時，給予行程安排及資訊上之協助。

四、歡迎星方繼續派員來華訪問。

提案十二：建議中、星雙方於明（一九九四）年選擇適當時機在臺北市召開第五屆經技合作會議。（國合處）

附　表

一、中、星雙邊貿易統計

（單位：美元）

	中星貿易總額	我向星出口值	我自星進口值	順　逆　差
一九八九年	二八・六億	一九・七億	八・九億	（順）一○・九億
成長率%	十八	十八	二十	
一九九○年	三六・一億	二二億	一四・一億	（順）八億
成長率%	二六	十二	五八	
一九九一年	三八・五億	二四億	一四・五億	（順）九・六億
成長率%	七	九	三	
一九九二年	五五億	二九億	二六億	（順）三億
成長率%	四三	二一	七九	

資料來源：中華民國海關統計

二、我商在星投資統計

（單位：百萬美元）

年　別	經地主國核准		經本部投審會核准	
	金　　　額	件　數	金　　　額	件　數
一九九○	三・一六	三	四七・六二	十
一九九一	二三・七三	四	一二・五四	十三
一九九二	○・一九	一	八・七九	十一

三、中星雙方已簽訂有關經貿之協定及備忘錄

名　　　　　稱	簽訂日期
避免所得稅雙重課稅及防杜逃稅協定	一九八一年十二月
中星投資保證協定	一九九○年　四月
中星暫准通關協定	一九九○年　四月

一九九三年八月十七日中澳(大利亞) 關於保護工業財產權之備忘錄

臺北中央標準局與 澳大利亞商工辦事處 間關於保護工業財產權之備忘錄

　　臺北中央標準局與澳大利亞商工辦事處（以下稱簽署機關）為促進廣泛、密切及友好之商業、文化及其他關係，期能在不歧視之基礎上，促進彼此領域內之貿易與商務之推展，考量工業財產權尤其在專利、商標、服務標章、工業設計或新式樣專利方面需要在互惠之基礎上提供適當有效之保護，經達成以下之瞭解：

履行機關

　　一、履行機關，在臺北係經濟部中央標準局，在坎培拉係澳大利亞工業財產權局。

本備忘錄之範圍

　　二、稱「工業財產」者，係指其最廣義而言，不僅適用於工業、商業事物，亦適用於農業、天然物開採業及所有經製成或天然之產物，例如：酒、穀物、菸葉、水果、畜類、礦物、礦水、啤酒、花卉及麵粉等。

　　三、a稱「專利」，應包括本備忘錄之簽署機關所代表領域法律所承認之各種工業專利，如小專利或新型專利、追加專利等。

　　　　b稱「商標」及「服務標章」者，應包括經簽署雙方領域之法律認可之各種標章，包括證明標章及團體標章。

　　四、「領域」係指簽署機關之各該領域適用工業財產權法律之地區。

國民待遇

五、各該領域內被保護人將享有在他方領域內各該工業財產權法律所授與及將來可能授與其本領域內被保護人之利益；此項權利不妨礙本備忘錄所特別規定之權利。因此，一方領域之被保護人如遵守加諸他方領域被保護人之條件及手續時，其所受之保護及其權利受侵害時所獲之法律救濟，應與後者相同。

六、一方領域之被保護人為享有他方領域之工業財產權，而於他方領域內請求保護時，他方領域不得要求其在該領域內設有住、居所或營業所。

七、各該領域有關管轄權，司法、行政程序，以及指定送達地址或委任代理人可能為各領域工業財產權法律所必要者，悉予特別保留。

八、「被保護人」依本備忘錄之目的，係指各該領域依其法律認定之公民或國民，並包括法人或依各該領域法律所設立之公司。

優 先 權

九、於一領域內已依法提出第三條所規定之專利申請、申請工業設計或新式樣專利、商標或服務標章註冊之被保護人或其權益繼受人，如在他方領域為此目的提出申請時，在本備忘錄所定之期間內享有優先權。

十、被保護人在一方領域內提出申請相等於該領域內國民依其國內法提出之合格申請時，將在他方領域內被承認其產生優先權。

十一、合格國內申請係指該申請在所提出之領域可適當認定申請日者而言，不論該項申請隨後獲致何種結果。

十二、優先權所依據之第一次申請案申請日以前，第三人已獲得之權利，依每一領域之國內法予以保留。

十三、第九條之優先權期間，對於專利而言為十二個月，對於工

業設計或新式樣專利、商標、服務標章而言為六個月。

十四、第十三條之優先權期間自第一次申請案之申請日起算，申請之當日不計在內。

十五、在請求保護其工業財產權之領域內，如優先權期間之最後一日為國定假日，或為履行機關不收件休息日時，將延展至次一工作日。

十六、第十四條所指第一次之申請案在同一領域內有涉及同一標的之隨後申請案申請時，該較先之申請案已經撤回、放棄、或核駁，未經公眾審查亦未留有任何權利，且亦尚未作為主張優先權之依據時，將被視為第一次申請案，其申請日為優先權期間之起算日。此後，較先之申請案即不得作為主張優先權之依據。

十七、任何被保護人欲援引一較先申請案主張優先權者，應提出申明，敘明該較先申請日。每一履行機關將決定提出該申明之最後期限。

十八、第十七條所述之事項應在履行機關發行之公報中，尤其在專利書狀及其有關說明書內予以載明。

十九、簽署機關或其履行機關得通知任何提出優先權申明之被保護人，製作一份原先提出之申請文件（專利說明、圖式等）之副本。如該副本經受理之主管機關證明與原本相符者，則無須驗證而且在任何情形下無須繳費，並應於申請案提出後三個月補送。簽署機關或其履行機關得規定副本須附有該同一主管機關所出具敘明申請日之證明書及其譯本。

二十、在提出申請時，每一簽署機關或其履行機關對優先權申明不得要求其他手續。每一簽署機關或其履行機關將決定由於未履行第九條至第二十七條所規定手續所發生之效果，但該效果以優先權之喪失為限。

二十一、任何被保護人利用較先申請案之優先權時，須敘明該較先申請案號數，該號數將依第十八條之規定予以公告。

二十二、在一方領域內申請工業設計或新式樣專利係基於一新型

申請案主張優先權者，其優先權期間，與工業設計或新式樣專利所定者同。

二十三、在該領域法律許可時，得基於一發明專利申請案之優先權提出新型專利申請案，反之亦同。

二十四、簽署機關或其履行機關不得因申請人主張複數優先權或因其所主張一個以上優先權之申請案，其中一個或數個組成元件，並未包括於據以主張優先權之該一個或數個申請案中，而拒絕其主張優先權或專利之申請。前述兩種情況依各該領域法律之意義，以屬單一之發明為限。前述之組成元件未包括於原據以主張優先權之一個或數個申請案中者，其後提出之申請，仍依一般條件享有優先權。

二十五、經審查認為一申請案中包括一個以上之發明時，申請人得將該申請案分割成數個申請案，並得就各申請案保留原申請日；如有優先權時，亦得保留其優先權。

二十六、申請人得將其專利申請案分割成數個申請案，並就各案保留原申請日；如有優先權時，亦得保留其優先權。簽署機關或其履行機關有權決定分割申請之條件。

二十七、主張優先權的發明中有若干組成元件，在他方領域所提之申請案之全部申請文件中已明確揭示者，雖未載於申請專利範圍，仍不得拒絕其主張優先權。

最惠國待遇

二十八、每一簽署機關及其履行機關，將盡力確保於其領域內之相關主管機關，在保護工業財產權方面，設法使所給予第三國國民之任何利益、優惠、特權或豁免，立即且無條件的給予他方領域之被保護人。

生效、履行及檢討

二十九、當與貿易有關之智慧財產權，包括防止仿冒商品交易協議生效後，雙方同意檢討本備忘錄。

　　三十、如簽署機關或其履行機關遭遇或預見關於執行本備忘錄約定之國內法定授權機關產生問題時，該簽署機關或其履行機關應要求與他方簽署機關或其履行機關立即諮商。一旦接獲諮商要求時，他方簽署機關或其履行機關應儘速配合展開諮商，就該等問題尋求解決。

　　三十一、如簽署機關或其履行機關無國內法定授權機關執行本備忘錄之約定時，該簽署機關或其履行機關應要求其他具有相當地位之機關說明並執行其相關之約定。

　　三十二、本備忘錄自雙方各該領域內之立法程序完成後，並由雙方簽署機關以書面相互通知時生效。

　　三十三、任何一方簽署機關得於六個月前以書面通知終止本備忘錄。

　　一九九三年八月十七日以中、英文各一式二份簽於臺北。

　　　　　　　　　　　　　臺北中央標準局
　　　　　　　　　　　　　簽署人：楊崇森
　　　　　　　　　　　　　職　稱：局長

　　　　　　　　　　　　　澳大利亞商工辦事處
　　　　　　　　　　　　　簽署人：Colin Heseltine
　　　　　　　　　　　　　職　稱：總代表

一九九三年八月三十一日中巴
（布亞紐幾內亞）農業技術合作協定續約

中華民國農業委員會與
巴布亞紐幾內亞農牧部　間農業技術合作協定續約

（中譯文）

第　一　條

中華民國農業委員會同意派遣由一名團長，十四名團員組成之農技團（以下簡稱「該團」）協助巴布亞紐幾內亞之農業發展，該團團員中包括副團長一人、農藝專家五人、水利技師一人、農業機械技師四人及園藝專家三人，主要就稻作及蔬菜生產計畫提供技術服務。

第　二　條

巴布亞紐幾內亞農牧部將與農技團在策畫、執行、督導、評估及研究發展方面共同合作以確保農技團之方案與巴國政府糧食政策一致。

第　三　條

農技團已完成研究階段，目前正進入推廣階段。

第　四　條

巴布亞紐幾內亞農牧部為示範農民之發展必須與農技團共同挑選示範農民與場地。

第　五　條

所有由示範農民生產之農產品除農技團消費所需或留種及樣品外須悉數交由示範農民處置。

第　六　條

中華民國農業委員會同意：

一、支付該團全體人員往返巴紐旅費及渠等在巴紐工作期間之薪津及地區加給。

二、除本協定另有規定者外，支付該團全部行政費用。

三、負擔該團全體人員之國際技術合作人員綜合保險。

四、供應該團示範農場所需之種籽、苗圃、化學藥品肥料、產自中華民國或自其他國家進口之農耕機具及灌溉設施。

五、支付農耕機具及設備之操作及維修費用。

六、支付巴紐農牧部第七條第一項所規定提供該團之發電機所需燃料及潤滑油料之費用。

七、依照巴布亞紐幾內亞所定之工資標準支付該團所僱工人之工資。

八、確保農技團將與農牧部共同合作規劃和執行實施符合巴紐政府糧食政策發展之研究計畫。

九、農技團應以每季及年度為基準就其工作計畫之進度向農牧部報告，以作為告知雙方政府此一合作計畫進展之方式。

第 七 條

巴布亞紐幾內亞農牧部同意：

一、供應農技團暨其人員具有傢俱與水電設備之合適辦公廳及宿舍，並負擔例行維修費用。

二、准許免稅進口汽車及第六條第四項所載之各項物品，並提供運輸交通工具負責將上述物品由港口或機場運至目的地。

三、提供該團進口前述第六條第四項所列各項物品為檢疫目的所必需之協助。

四、採取各項措施，促使其有關人員參加農技團工作，其人數由雙方政府同意決定。

五、指派兩名連絡官以提供布貝及勒羅奇農業試驗站必要之協助。

第 八 條

對於農技團全體人員暨其眷屬巴紐農牧部承允：

　　一、安排團員及其眷屬在巴布亞紐幾內亞享有合理費用之醫療服務。

　　二、給予渠等在巴紐國任職期間，免稅進口家庭及個人物品，惟上述免稅進口之物品，在其服務終止以前，不得出售或以其他方式處理。

　　三、免除得自中華民國政府之薪津、福利及加給之一切稅捐。

　　四、安排當地法令規定所需之簽證、居留證及工作證。

　　五、本條未規定事項，應以巴紐政府同等階級與年資之資深公務人員通常享有之優遇給予該團人員。

　　六、賦予在巴布亞紐幾內亞境內商業銀行開設「非居民外幣帳戶」之權利；儲蓄中華民國政府給付之所有薪俸、酬金及津貼，並有權隨時得將該帳戶存款轉至巴布亞紐幾內亞以外任何國家；

　　七、保證於國際危機時比照類似機構享有遣送回國之相同便利。

　　八、當危急狀況發生時並足以造成對農技團員及眷屬之生命、安全、動產高度或潛在威脅時，巴方應採取並提供守衛、自衛器材等必要措施。

第 九 條

　　巴布亞紐幾內亞農牧部應負責處理第三者向中華民國政府、其行政當局及該團人員所提出與本計畫之實施有關之任何損害賠償請求及承擔所有風險，並使中華民國農業委員會、其行政當局及該團人員免受損害。但雙方同意該損害賠償請求倘係因該團之重大疏忽或故意之不當行為所造成者，不在此限。

第 十 條

　　農技團人員如因故不適宜再繼續執行任務時，中華民國農業委員會有權將其調回，另派員接替，並負擔其旅費。

第 十 一 條

　　農技團人員不得從事與本協定第一條所定農技團任務不相符之活動。

第 十 二 條

　　本協定自簽署之日起生效，效期三年，溯自一九九二年九月十九日起至一九九五年九月十八日止。

　　本協定得由任何一方以書面通知對方政府之九十天後予以終止。

第 十 三 條

　　為此，經雙方合法授權之代表爰簽字於本協定，以昭信守。本協定以英文繕印兩份。

　　中華民國八十二年八月三十一日即公曆一九九三年八月三十一日訂於臺北

　　　　　　　中華民國農業委員會主任委員　孫　明　賢
　　　　　　　巴布亞紐幾內亞農牧部部長　艾　維　拉

一九九三年九月十三日中宏（都拉斯）漁業技術合作協定延期換文

甲、宏都拉斯外交部長卡理亞斯致中華民國駐宏都拉斯黃大使傳禮第 084-SAM 號照會中譯文

大使閣下：

　　茲向　閣下聲述：宏都拉斯政府亟願將一九七四年四月十六日所簽訂，並將於本年十一月一日屆滿之中宏漁業技術合作協定效期延長五年。

　　透過宏國天然資源部，貴國所提供之技術協助使敝國之漁業發展益臻重要，因此，至盼　閣下向　貴國政府表達敝國對　貴國持續此項技術協助之意願。

　　本人藉此機會順向　閣下重申最崇高之敬意。

外交部長　卡 理 亞 斯

一九九三年八月九日於宏京德古斯加巴

乙、中華民國駐宏都拉斯黃大使傳禮復宏都拉斯共和國外交部長卡理亞斯照會中譯文

部長閣下：

　　接准　閣下本年八月九日〇八四- SAM 號照會內開：

「大使閣下：

　　茲向　閣下聲述：宏都拉斯政府亟願將一九七四年四月十六日所簽訂，並將於本年十一月一日屆滿之中宏漁業技術合作協定效期延長

五年。

　　透過宏國天然資源部，貴國所提供之技術協助使敝國之漁業發展益臻重要，因此，至盼　閣下向　貴國政府表達敝國對　貴國持續此項技術協助之意願。

　　本人藉此機會順向　閣下重申最崇高之敬意。」

　　本人茲復告　閣下：敝國政府欣然接受　閣下之請求，同意將中宏兩國漁業技術合作協定效期延長五年。

　　本照會及　閣下之來照即構成　貴我兩國間之一項延期協議。

　　本人謹藉此機會順向　閣下重申最崇高之敬意。

　　　　　　　　　　　　　　　　　　大　　使　黃　傳　禮

一九九三年九月三日

丙、宏都拉斯共和國外交部長卡理亞斯復中華民國駐宏都拉斯共和國黃大使傳禮第210-DGAJ-93號照會中譯文

大使閣下：

　　閣下本年九月三日第八二一〇一〇九號照會誦悉。貴國政府應宏都拉斯政府本年八月九日第〇八四—SAM號照會之請求同意將一九七四年四月十六日中宏兩國所簽之漁業技術合作協定效期延長五年。

　　本人欣然奉告　閣下：宏都拉斯政府同意　閣下之來照及本復照即構成貴我兩國延長上述協定之一項協議。

　　承蒙　閣下及　貴國政府寶貴之協助，本人特申謝忱，並順向閣下申致最崇高之敬意。

　　　　　　　　　　　　　　　　　部　　　長　卡　理　亞　斯

一九九三年九月十三日於宏京德古斯加巴

一九九三年九月二十四日中捷(克)科學合作協定

中捷科學合作協定(中譯文)

中華民國行政院國家科學委員會與捷克共和國科學院,為推展科學合作關係爰同意透過科技資訊交換、科學人員交換、共同舉辦研討會與進行合作研究計畫方式拓展兩國科學合作。爰經議定下列各項條款:

一、雙方將積極鼓勵各科學領域之合作,包括人文、社會科學、自然科學、生命科學及工程科學。

二、工業技術方面合作將由捷克國家科學院另與中華民國工業技術研究院簽署合作協定。

三、派遣國得提名交換訪問科學人員並提交接受國,惟在接受國有學術合作對象者將列為優先考慮。

四、訪問期限視相關合作機構之推荐依個案審查決定。

五、派遣國將負擔其科學人員國際旅費,地主國則負擔其當地生活費。地主國並將提供其境內與研究相關旅費,同時負擔渠等疾病或意外引起之醫療及保險費用。

六、關於合作研究計畫之細節日後視個案討論決定。

七、本協定自簽定之日起生效,並繼續生效直至任何一方通知另一方意欲中止本協定為止,如協定終止則既存之交換活動仍應依約執行至結束。廢止協定通知應於協定廢止前一年為之。

中華民國行政院國家科學委員會代表　捷克共和國國家科學院代表
副主任委員　謝　克　昌　　　　　　副院長　帕　卻　斯

一九九三年九月二十四日簽於布拉格,英文正本二份均具同等效力。

一九九三年九月二十七日中挪（威）科學合作協定

中挪科學合作協定

中華民國行政院國家科學委員會與挪威研究委員會，為推展科學合作關係爰同意透過科技資訊交換、科學人員交換、共同舉辦研討會與進行合作研究計畫方式拓展兩國科學合作。爰經議定下列各項條款：

一、雙方將積極鼓勵各科學領域之合作。

二、派遣國得提名交換訪問科學人員並提交接受國，惟在接受國有學術合作對象者將列為優先考慮。

三、訪問期限視相關合作機構之推荐依個案審查決定。

四、派遣國將負擔其科學人員國際旅費，地主國則負擔其當地生活費。地主國並將提供其境內與研究相關旅費，同時負擔渠等疾病或意外引起之醫療及保險費用。

五、關於合作研究計畫之細節日後視個案討論決定。

六、本協定自簽定之日起生效，並繼續生效直至任何一方通知另一方意欲中止本協定為止，如協定終止則既存之交換活動仍應依約執行至結束。廢止協定通知應於協定廢止前一年為之。

中華民國行政院國家科學委員會代表　挪威研究委員會代表
副主任委員　謝克昌　　　　　　　　主　席　桑士柏

一九九三年九月二十七日簽於奧斯陸。

一九九三年十月二十三日中印(尼)
農業技術合作協定延期換文

（含附件：一九八九年五月二十五日
中印農技合作協定）

駐臺北印尼商會會長阿里努來喜致駐印尼臺北經濟
貿易代表處陸代表寶蓀函(中譯文)

敬啟者：

　　關於：駐印尼中華商會與駐臺北印尼商會農業技術合作協定續約換函

　　本函係指由駐印尼臺北經濟貿易代表處與駐臺北印尼商會於一九八九年五月廿五日所簽署之農業技術合作協定（編者按：該協定，見後附件），其效期並已於一九九一年十月廿六日屆滿。

　　鑒於此協定有助於輔助中爪哇及日惹之農業發展，本人建議延長此一協定效期四年並溯自一九九一年十月廿七日起至一九九五年十月廿六日止，並予以加強，如附錄一之示範農區應特別重視及如附錄二所列之專家洵為必要。

　　倘此建議為貴處所接受，本人進一步建議此一照會及您的同意將構成上述合作協定之延長。

　　請接受本人最高之敬意

　　此致

駐雅加達經濟貿易代表處代表　陸　寶　蓀

　　　　　　駐臺北印尼商會會長　阿里努來喜

　　　　　　　　　　　　〔一九九三年八月〕

附　錄　一

示範中心（地點）

日惹省：

一、屋諾卡爾

二、吉比薩瑞

三、卡流蘭

四、沙溫加

五、威特斯

中爪哇省：

一、特格

二、普伯林加

三、安格蘭

四、帛由來勒

五、索羅第加

六、伯第

謹　　註：示範中心位置將俟專家考察及決定後定案。

附　錄　二

專家種類	員　額
中爪哇省：副團長	一
農藝專家	二
植物保護專家	一
園藝專家（菇類、蔬菜）	二
家畜試驗診斷專家	一
海水養殖專家	一
淡水養殖專家	一
茶葉栽培及加工專家	一
合計十	

日惹省：團長　　　　　　　　　　　一

　　　　農藝專家　　　　　　　　　二

　　　　園藝專家（菇類、蔬菜）　　二

　　　　禽畜育種專家　　　　　　　一

　　　　園產採收後處理專家　　　　一

　　　　育種專家　　　　　　　　　一

　　　　　　　　　　合計〔八〕

駐印尼臺北經濟貿易代表處陸代表寶蓀致駐臺北印尼商會會長阿里努來喜第 NO.82/10/326 號函

（中譯文）

敬啟者：

　　我有這份榮幸確認收到您於一九九三年八月有關如下之照會：

「敬啟者：

　　關於：駐印尼中華商會與駐臺北印尼商會農業技術合作協定續約換函

　　本函係指由駐印尼臺北經濟貿易代表處與駐臺北印尼商會於一九八九年五月廿五日所簽署之農業技術合作協定，其效期並已於一九九一年十月廿六日屆滿。

　　鑒於此協定有助於輔助中爪哇及日惹之農業發展，本人建議延長此一協定效期四年並溯自一九九一年十月廿七日起至一九九五年十月廿六日止，並予以加強，如附錄一之示範農區應特別重視及如附錄二所列之專家洵為必要。

　　倘此建議為貴處所接受，本人進一步建議此一照會及您的同意將構成上述合作協定之延長。」

〔本人謹代表敝國復告　閣下之來照及本復照即構成　貴我兩國間之上述合作協定之延期〕

請接受本人最高之敬意

此致

駐臺北印尼商會會長　阿里努來喜

　　　駐雅加達經濟貿易代表處代表　陸　寶　蓀

〔一九九三年十月二十三日〕

〔附　件〕

一九八九年五月二十五日中印（尼）農業技術合作協定延期、修正協定

駐耶加達中華商會與駐臺北印尼商會間農業技術合作協定延期（中譯文）

　　本協定係由駐臺北印尼商會，印尼共和國政府之商務代表機構，地址位於中華民國臺灣臺北士林忠誠路四六一一號新光仰仁名廈三樓（甲方），與駐耶加達中華商會，中華民國政府商務代表機構，地址位於印尼耶加達市蘇地曼街卅二號，達瑪拉沙地大樓七樓（乙方）之間於一九八九年五月廿五日訂立。

鑒於

　　1.甲方借重駐中爪哇地區包括印尼中爪哇省及日惹特別省之中華民國農技團（中華民國駐中爪哇地區農技團）專家所提供之服務已有七年。

　　2.甲方對於中華民國駐中爪哇地區農技團與印方配合人員以及農民合作之努力甚為滿意。

　　3.由於前述合作績效卓著，印尼農業單位與中華民國駐中爪哇地區農技團雙方代表於一九八七年八月十日同意甲、乙雙方於一九八六年六月十日在臺北簽署之農業技術合作協定應酌予修正並自一九八八

年至一九九一年延期三年。

4.甲方及乙方，各依其本國政府之授權，同意認可前述一九八七年八月十日之決議並正式將該農技合作協定延期三年。

因此

雙方協議修正該農業技術合作協定之各項條款如下：

第一條 合作之期限與目標

一、合作之期限

乙方同意續延中華民國駐中爪哇地區農技團服務期限三年，自一九八八年至一九九一年止。

二、合作之目標

中華民國駐中爪哇地區農技團所提供之服務應包括下列範圍：

(1)擴大依照前協定所設立「示範中心」之服務範圍及規模；

(2)繼續並加強引進諸如大蒜、甜瓜、西瓜、花椰菜、甘藍、蕃茄、青花菜、芥菜、甜玉米、菜豆等高價值作物以及其他種類之蔬菜及水果；

(3)倘雙方認為需要，轉移生產選定之農作物改良種子之技術；

(4)建立作物、家畜、及漁業綜合計畫之示範中心；

(5)加強優良作物之育種以及已實踐之魚蝦及反芻動物之繁殖；以及

(6)其他有關農村改良以及農民福利之活動。

第二條 中華民國駐中爪哇農技團專家之選派及配置

一、專家之選派：

中華民國駐中爪哇地區農技團應由本協定附錄一所列廿五名專家組成。

二、專家之工作地點：

(1)中爪哇省：吉帕拉區、沙地格區、卡南干亞區、瑪格蘭區、蘇柯合區、渥農索波區、波由拉利區、地卡貢都第二種子檢驗管制中心；

(2)日惹特別省：蘇立曼區、南山區、坂特區、庫波果區、日惹市。

專家如被派往前述各地以外之地區，其地點應經雙方之共同同意。

(3)省間之調換及（或）訪問：

中華民國專家之省間調換及中、印雙方專家之相互訪問應予鼓勵，以期相互培植專家及增進農村事務知識。

第三條　義務與權利

一、甲方應採取必要措施並自行負擔經費提供或安排下列各項目：

(1)附錄三所列印尼技術及（或）行政人員之服務；

(2)本協定附錄三所列印尼技術人員及附錄一所列中華民國專家為實施本計畫所需使用之適當辦公處所及基本設備；

(3)附錄一所列中華民國專家之合理住宿；

(4)印尼政府對本條第二段(2)項物品所徵收之關稅，國內稅以及任何其他形式之稅捐；

(5)本條第二段(2)項物品之運輸、操作及維護所需當地費用；

(6)實施本協定所需之費用；

(7)中華民國專家之簽證及工作許可證。為節省時間，中華民國專家之入境許可應由駐臺北印尼商會處理；

(8)中華民國駐中爪哇地區農技團專家在新增地區所使用之車輛及其燃料及維護；

(9)印尼政府對附錄一所述之中華民國專家應給予與印尼簽署技術合作協定之其他國家專家相同之特權及豁免。此類豁免及特權應如附錄二所列但不以此為限；以及

(10)中華民國駐中爪哇地區農技團自中華民國進口參考書籍、報紙以及其他出版品之權利。

二、乙方應提供：

(1)中華民國駐中爪哇地區全體專家之薪金、機票、日支費及保險費；

(2)中華民國駐中爪哇地區農技團為實施本協定所需之作物改良種子、農機具、工具、農藥、水產及陸地動物之幼苗、作物研習儀器、育種設備；

(3)自本協定第二年起提供中華民國駐中爪哇地區農技團人員之車輛；以及

(4)應印方請求並獲中華民國同意在印尼及中華民國舉辦訓練及觀摩交換計畫。

關於本條第二段(2)項所列之後勤物品應於運抵印尼港口，交予印尼有關當局後，即成為印尼政府之財產，並應專供中華民國專家實施本協定之用。

本條第二段(2)項及 (3)項所列車輛、機械、設備原則上應依照印尼法規在印尼購買。

第四條　指導委員會

為協調本協定各項活動，甲方應成立一中央政府級之指導委員會以督導，維持及評估本協定之實施。該委員會應於中爪哇地區指定兩個省級政府為本協定之執行單位。

指導委員會之功能及組織如附錄四。

第五條　聯合委員會

為使省級單位成功順利實施本協定，應於該二省各成立由附錄五所列人員組成之聯合委員會。

第六條　協定效期

本協定自簽署日起生效並溯自一九八八年十月廿六日起效期三年。

為此，雙方經合法授權之代表於一九八九年五月廿五日在臺北簽訂以英文繕具兩份之本協定，以昭信守。

　　　　　　　　駐耶加達中華商會代表　蔡 海 塗（簽字）

　　　　　　　　駐臺北印尼商會代表　達 瑪 拉（簽字）

附錄一　一九八八至一九九一年協定專家之狀況

類　　別	一九八八至一九九一
團　部：團長	一
副團長	一

中爪哇省：農藝專家	二
園藝專家	五
獸醫兼畜牧專家	三
農業經濟學家（農會及市場銷售）	一
水產養殖專家（魚及蝦之育種）	一
藥用作物專家	一
日惹特別省：農藝專家	二
園藝專家	四
畜牧兼獸醫專家	一
水土保持專家	一
水產養殖專家（魚及蝦之育種）	一
花卉園藝專家	一

附錄二　豁免與特權

該類豁免與特權應如下：

(1)對自國外匯入之生活津貼所課徵之所得稅與任何其他稅捐；

(2)專家自國外帶入印尼之私人及家庭用品所課徵之進口稅及任何其他稅捐；以及

(3)來自中華民國之報紙、參考書籍以及其他出版品。

附錄三

印方相對單位及人員	中爪哇省	日惹特別省
農業部地區代表處	一	一
農業服務代表※	一	一
農藝專家	二	二
園藝專家	三	五
獸醫兼畜牧專家	一	一
小型反芻類動物專家	一	
水土保持專家	一	一

農業經濟專家（農會及市場銷售專家）　　　一

水產養殖專家　　　　　　　　　　　　　　一　　　　　一

　　　※農業服務以由從事共同計畫之農民指導中心或種苗中心代表為宜。

附錄四　指導委員會之功能與組織

　　指導委員會之功能在〔於〕加速農業技術之轉移並確保供本協定使用而來自中華民國之物資及捐贈不受延誤送交最終使用者。

　　以往中華民國政府為支持此項有意義計畫所捐贈之種子、工具、機器以及農藥，經常於抵達印尼港口時被延誤。

　　此導致時間及金錢之浪費並使中爪哇地區接收官員及農民之工作受阻。

　　經由本委員會可將長久拖延之簽證、入境許可證、居留及工作許可證在耶加達快速辦理。

　　本委員會並獲授權建立有關此一技術合作之原則、目標、進行方法、進度檢討以及改進建議等。

　　本委員會應由下列代表組成：

　　1. 國家發展計畫局

　　2. 農業部（召集人）

　　3. 內政部

　　4. 財政部

　　5. 移民總署

　　6. 勞工部

　　7. 情報安全局

　　8. 中爪哇省政府

　　9. 日惹特別省政府

　　10. 農業部地區辦公室主任

　　11. 召集人或共同召集人認為需要之其他單位

非職務性代表例如商會及（或）中華民國駐中爪哇地區農技團得

視個案予以邀請為專家解決進口物品或入境許可證之發給等問題。指
導委員會定期會議之次數由召集人或共同召集人於必要時排定。

附錄五　聯合委員會之組成

主席：農業部農業研究發展署署長
第一副主席：農業部企畫局局長
第二副主席：農業部國外合作局局長
第三副主席：駐耶加達中華商會代表
秘書：農業部國外合作局高級人員
印方委員：

中爪哇省	日惹特別省
省政府發展計畫署	同上
農業部糧食作物總署代表	同上
農業部畜牧總署代表	同上
農業部漁業總署代表	同上
農業部栽培總署代表	同上
農業部地區辦公室代表	同上
畜牧服務代表	同上
漁業服務代表	同上
栽培服務代表	同上
糧食暨農業服務代表	同上
農業部檢疫署代表	同上

中方委員：

中華民國駐中爪哇地區農技團代表	同上
中爪哇省服務地區之專家一名	日惹特別省服務地區之專家一名

一九九三年十月二十八日中馬(爾地夫)通航協議

熱帶航空公司與臺北市航空運輸商業同業公會間通航協議(中譯文)

馬爾地夫馬雷之熱帶航空公司與臺北市航空運輸商業同業公會,以下稱「雙方」,亟欲開展雙方領域間及其延遠之空運業務,經其各自航空當局必要之授權,爰達成下述管理定期空運業務之協議:

一、雙方原則同意指定多家航空公司經營附約規定之協議航線。唯自一九九三年冬季起,來自馬爾地夫之一指定航空公司得飛航臺灣,來自臺灣之一指定航空公司得飛航馬爾地夫。

二、於收到此項指定及被指定航空公司提出之營運授權與技術許可之申請時,如被指定之航空公司符合各方航空當局審核該項申請時適用於空運營運之法律規章所規定之條件,另一方應協助並確保迅速核發適當之授權及許可。

三、雙方指定之航空公司有權於其營運航線上各點裝卸客、貨及郵件,亦有權飛越對方領域及在對方領域為非營運目的而降落。

四、各方管理從事國際定期空運業務之航空器進出其領域,或該等航空器於其領域內運作及航行所適用之法律規章,應適用於他方指定之航空公司。

五、指定之航空公司於其航線運送客貨所收取之運價及費率,應經適當之航空當局核准。

六、各方得隨時請求有關本協議之磋商。此類磋商應儘早開始,但不得遲於另一方接獲請求後六十天;除非另有協議。

七、本協議自簽署之日起生效並繼續有效至一方於十二個月前以書面通知另一方終止之。

一九九三年十月二十八日訂於馬雷

　　　　熱　帶　航　空　公　司　　　　阿梅德・穆罕默德（簽）
　　　（總經理）

　　　臺北市航空運輸商業同業公會　　　劉　德　敏　　　（簽）
　　　（理事長）

附　約

一、熱帶航空公司規定之航線
　　啟始點：　馬雷
　　中間點：　任何二點
　　目的地：　臺北／高雄
　　延遠點：　任何二點
二、臺北市航空運輸商業同業公會指定航空公司規定之航線
　　啟始點：　臺北／高雄
　　中間點：　任何二點
　　目的地：　馬雷
　　延遠點：　任何二點
附註：
一、各指定之航空公司有權行使充分之第五自由航權於其規定航線上
　　載卸客、貨及郵件。
二、規定航線上之中間點及延遠點，得依各指定航空公司之選擇，於
　　任一航班或所有航班省略之。
三、雙方指定航空公司擬營運之班次數及容量皆無限制。

一九九三年十一月六日中斐(南非)
國家校正服務相互認可技術協議

中華民國實驗室認證體系與南非國家校正服務體系
國家校正服務相互認可技術協議

緣因中華民國實驗室認證體系（此後簡稱 CNLA ）與南非國家校正服務體系（此後簡稱 NCS ），希望推廣接受由對方所認可之校正實驗室所發出之報告；而一個有效運作之國家校正服務是接受校正報告之基礎；

因此，CNLA 與 NCS 達成下列共識；

1. 根據雙方原先已達成之國家量測標準相互認可，以及國家校正服務之一致性，此技術協議之簽署單位表示 CNLA 與 NCS 將會：

   (1)認可雙方之國家校正服務相容且一致。

   (2)以同等之方式互相接受雙方所認可之校正實驗室所發出之報告。

   (3)在其國內，推廣實驗室用戶接受由雙方所認可之校正實驗室所發出之報告。

   (4)調查所有因雙方之認可實驗室所發出之報告所引起之抱怨。

   (5)通知對方所有明顯且會影響由雙方之認可實驗所發出之報告之完整性的缺失與不足的地方。

2. 如果一個簽署單位希望撤銷此技術協議，則應於三個月前以書面通知另一簽署單位。

3. 此雙邊技術協議之任何修正，均應依照雙方所建立之規章制度進行。

4. 若有爭議，則將於 CNLA 與 NCS 之定期會議中討論裁決。

5. 本技術協議共有兩頁，由雙方共同簽署。

於一九九三年十一月六日於高雄簽署。

徐　章 博士　　　　　　　　　Dr. Richard Turner

量測中心主任　　　　　　　　　NCS 經理

代表中華民國國家標準實驗室　　代表南非國家校正服務體系

見證人：

蔡惠言

中華民國經濟部

中央標準局副局長

一九九三年十一月十五日中索(羅門)農業技術合作協定

中華民國政府與索羅門群島政府間農業技術合作協定

中華民國政府與索羅門群島政府鑒於雙方前於一九九〇年八月二十二日簽訂之技術合作協定，已不能適應目前之需要，同時為鞏固兩國政府現存之密切暨誠摯關係並加強雙方人民深摯友誼；爰同意簽訂此一協定，包括下列各條款：

第一章　協定範疇

第　一　條

一、中華民國政府同意派遣一農業技術團（以下簡稱農技團）在索京荷尼阿拉設立示範農場。該團由團長一人及團員十人組成。

二、農技團將進行下列各項目之示範及推廣工作：

甲、種稻

乙、協助農業訓練中心訓練有關當局推薦之農業工作人員

丙、飼養家禽

丁、生產種子

戊、各種作物之選種

三、示範農場之收成產品，除保留予農技團本身消費及為育種、種子繁殖及推廣目的所需外，應交由索羅門政府處理。

第　二　條

一、農技團與農業暨土地部（以下簡稱農業部）合作，並負擔第三條第一項第七款所列開發「示範推廣農區」（以下簡稱推廣區）費用。該推廣區耕作面積以二十公頃至二十五公頃為限，土地由農業部

提供。推廣區於完成首二期稻作生產後移交農業部，如有需要農技團應繼續提供技術協助。將來如索方認為有在他處設立推廣區之需要時，農業部將負擔所需費用，農技團僅提供技術協助。

二、農技團對農業部推薦之學校自營農場或農村訓練中心農場，應提供必要之技術協助。

第二章　雙方義務

第 三 條

中華民國政府同意：

一、負擔農技團團長及團員往返臺北及荷尼阿拉市之旅費，及渠等在索羅門群島工作期間之薪金與生活費用；

二、除本協定另有規定外，負擔農技團之全部行政費用；

三、負擔農技團團長及團員之生命及意外保險；

四、提供農技團示範農場所需而在索羅門群島境內無法購得之農機具、工具、生產物料（包括種子、肥料、殺蟲劑等），以及運輸工具、農場房舍及設備、以及其他必需之裝備；

五、負擔上述農機、車輛、農場房舍及設備之操作及維修費用；

六、經由農業部之協助將其示範農場生產之蔬菜（即胡瓜、蕃茄、甜椒、長豇豆、茄子、秋葵、甜瓜）、以及作物（即稻米、大豆、綠豆、玉蜀黍）種子，供應索國各省農民，農技團於供應上述各項種子時，可酌收成本費，該項收入僅供推廣計畫之用；

七、負擔推廣區開墾費用，包括土地測量及規劃、地面清理及平土、曬谷場、穀倉、水利系統及田畦之築造等；及

八、提供推廣區農民所需第一期稻作物料（即種子、肥料及農藥）。

第 四 條

索羅門群島政府同意：

一、准許第三條第一項第四款及第八款規定之所有物品，免稅進口並便利檢疫；

二、免費提供農技團重型機械，諸如推土機、挖土機、曳引機等及其操作人員免費供墾地之用及其他必要之農機、工具及設備，以補充第三條第一項第四款所列者之不足；及

三、農業部應由該部指派專任聯絡員乙名，協助推廣區農民設立合作社及處理有關農場產品之市場、運銷事宜。

第 五 條

對於農技團團長及團員，索羅門群島政府必須：

一、提供農技團團長及團員備有足夠水電設備之適當住所。此種住所之供應方式與條件均應與供給索羅門群島高級公務人員者相同；

二、因公赴荷尼阿拉以外之農場或農場預定地訪問時，索方應提供渠等在當地之住宿及交通工具；

三、提供與索羅門群島公民同等之醫療服務與福利；

四、豁免渠等於抵達索羅門群島履任時，或在索羅門群島任職期間，或在海關稅暨消費稅務司首長許可之延長期限內，進口家庭及個人生活日常用品之一切稅捐。此類獲准免稅進口之物品，在渠等職務終了之前，如未償付稅額，不得予以出售或處理；

五、免除中華民國政府給付渠等之薪俸，酬金及津貼之稅捐；

六、賦予渠等在索羅門群島境內商業銀行開設「非居民國際帳戶」之權利，以儲存中華民國政府給付之薪俸、酬金及津貼，共賦予隨時得將該帳戶餘額移轉至索羅門群島以外任何國家之權利；

七、免除渠等辦理移民、簽證、外人登記及工作許可等手續；

八、保證於國際危機時，給予相同於外交使節享有之返國便利；及

九、給予渠等不低於給予在索羅門工作之類似人員之待遇。

第三章　一般條款

第 六 條

索羅門群島政府應負責賠償因執行本協定所造成之任何損害，並負責處理任何可能向農技團或中華民國政府提出與本協定有關之任何

活動所引起之損害賠償請求。但雙方政府均認定該項損害係因該團之重大疏忽及故意之不當行為所造成者，則不在此限。

第 七 條

本協定經簽署後溯自一九九二年十二月十二日起生效，效期三年。

第 八 條

本協定得經由一方政府以書面通知他方政府而終止，並於接到此項通知後九十日終止之。

第 九 條

本協定得由任何一方政府要求修訂之。

為此，經雙方合法授權之代表爰簽字於本協定，以昭信守。本協定以中文及英文各繕兩份，兩種文字之約本同一作準。

中華民國八十二年十一月十五日即公曆一九九三年十一月十五日訂於臺北。

中華民國政府代表
　　　農業委員會主任委員　孫 明 賢
索羅門群島政府代表
　　　農 業 暨 土 地 部 長　奧 迪 尼

一九九三年十一月三十日中布（宜諾斯艾利斯）投資保護協定

臺北經濟部與布宜諾斯艾利斯經濟暨公共工程與服務部關於投資促進及保護協定

臺北經濟部與布宜諾斯艾利斯經濟暨公共工程與服務部，以下稱為「締約雙方」：

為加強締約雙方間之貿易關係；

為創造有利環境以求雙方更廣泛之經貿合作，特別針對一國之國民及公司在另一國之投資；

咸認為對於此種投資之促進及保護將有助於激勵個別企業之創設及增進兩國之繁榮；

爰達成協議如下：

第一條 定 義

就本協定之目的而言

一、「投資」一詞係指依照投資所在國之法令規章，一國之投資者在另一國所投資之各項資產，尤其包括（但不限於）：

㈠動產、不動產以及諸如抵押權、留置權或質權等其他權利；

㈡公司之股份、股票及債券和任何其他型態之公司參與權利；

㈢對於金錢或具有經濟價值之有關投資作為之請求權；與特定投資直接有關之貸款亦包括在內；

㈣智慧財產權及商譽；

㈤法律授與或根據契約之營業特許權，包括探勘、培植、提煉或開採天然資源之特許權。

二、「投資者」一詞係指一國任何個人或公司在另一國已從事或

正從事投資者。

三、「公司」一詞係指股份公司、合夥企業或其他依締約一方現行法律規章組成，實際上在其領域內從事有效經營商務之法人。

四、「個人」一詞係指依照一國之法律，被認為係該國國民之自然人。

五、「收益」一詞係指投資所產生之總額，尤其（但不限於），包括利潤、利息、資本所得、股息、權利金或其他收費。

第二條 投資之促進及保護

一、締約各方根據其法令規定應鼓勵並創造有利條件以吸引締約他方投資者在其領域內投資。

二、締約各方應採取必要措施相互交換並與締約他方可能之投資者自由分享其投資環境之社會、經濟及法律等各方面之訊息。

三、締約各方應鼓勵、促進及贊助投資考察團，投資會議或其他活動以加強雙方之經濟合作及投資交流，並應提供對方推荐之訪問人員各項協助及合作。

四、締約各方應集中其投資促進措施於以出口為導向之各項投資計畫。

第三條 協定適用範圍

本協定僅適用於對締約一方之投資者依據締約他方法規所核准之各項投資。

本協定各條款應適用於協定生效之前或之後之各項投資，惟不適用於生效以前定案之各項投資所衍生之任何爭端或請求。

第四條 待 遇

締約任一方應尋求並獲得其有關機關同意，對於締約他方之投資者在其領域內之各項投資應隨時予以完全之法律保障並給予不低於其給予本國或任何第三國投資者之待遇。上述規定不應解釋為給予締約他方投資者因雙邊或多邊性協議、自由貿易區、關稅同盟及共同市場之會員資格或區域性協議所產生之任何特別待遇。

第五條 投資之匯出

一、締約雙方應尋求並獲得其主管機關同意，締約任一方之投資者有權自由轉移其資金及收益。

二、該項移轉應根據投資所在領域國之有關規定辦理，並得自由選擇兌換之貨幣，依兌換當日之匯率辦理，且應立即生效不受稽延。

三、倘締約一方之投資者因締約他方有關機關之外匯管制或限制等原因，未能於短時間內兌換成外幣並匯出其原有投資及收益，投資者可行使兌換權並將受管制之地方貨幣轉移至其所屬締約一方在締約他方所立之帳戶或指定之帳戶內。該締約一方或其指定之機構或代理人必須將之償還其投資者。締約一方或其指定之機構或代理人可提交該地方貨幣予締約他方並要求其有關機關予以轉成可兌換之外幣匯款。

第六條 徵　收

一、締約雙方應尋求並獲得其主管機關同意，對於締約任一方投資者之投資，除非在無差別待遇基礎上，因國內公共目的之需求，並在迅速、適當及有效之補償條件下，不得予以收歸國有或徵用或使其遭受與收歸國有及徵用（以下簡稱為「徵用」）相同效果之損失。上述補償應相當於被徵用之投資於被徵用前或徵用公告前（不論何者在先）之市場價值，並應包括迄至清償日依一般商業利率計算之利息，該項賠償不得遭受遲延支付並可有效兌現及自由轉讓。

二、締約雙方應尋求並獲得其主管機關同意，當締約一方徵用根據其領域內法律所組成或設立公司之資產，而締約他方之投資者擁有股份時，應保證在必要限度內適用本條第一項之規定，以確保對擁有該股份投資者之賠償。

第七條 損害賠償

締約雙方對於任一方經核准在其領域內之投資由於叛亂、騷動、武裝衝突致遭受損害時，應尋求並獲得其有關權責機關同意給予不低於其本國或其他第三國投資者之待遇並對投資者予以回復原狀、賠償、補償或其他清償。該等給付應可自由移轉。

第八條 代位求償

一、締約雙方對下列應尋求其主管機關之准許，倘締約一方或其指定代理者對在締約他方領域內之投資者為賠償之給付者，締約他方應承認：

㈠依照法律或合法交易受償者所有任何權利或請求權已讓與該締約一方或其委任代理者；及

㈡締約一方（或其委任代理者）有權藉代位權之方式行使與受償者同樣之各項權利及請求權。

二、除本協定所規定者外，倘不論依照現行或嗣後締約一方法律規定或國際法上應負之義務，或締約一方之投資者與締約他方協定（包括一般或特別）規定而賦予該項投資比本協定更為優惠之待遇，則將同樣適用於本協定之各項投資。

第九條　爭端之解決

締約雙方對於本協定詮釋或適用上產生爭議，應儘可能和平地透過協商方式解決之。

第十條　有關投資之爭端

任何投資者與締約任一方主管機關間之糾紛應儘可能由雙方和平地透過協商解決。倘投資爭端未能自開始協商後一段合理期間內解決，締約雙方應在投資者之選擇下提交投資所在領域內之權責法院或依據國際商務仲裁協會規定設立之仲裁法庭解決之。

第十一條　生效、期限及終止

一、本協定於簽字之日起生效，效期十年。嗣後本協定應繼續有效至締約任一方以書面通知他方終止之日起算滿十二個月後為止。

二、本協定各條款對於協定有效期間內所作之投資，於協定終止之日起十年內仍繼續適用。

為此，雙方代表各經合法授權爰簽字於本協定，以昭信守。

本協定以中文、西班牙文及英文各繕兩份，三種文字之約本同一作準。遇解釋有歧異時，應以英文本為準。

一九九三年十一月三十日訂於臺北。

臺北經濟部代表

經濟部次長　許　柯　生(簽字)

布宜諾斯艾利斯經濟暨
公共工程與服務部代表

主管投資事務次長　哈德內克(簽字)

一九九三年十二月十七日中吐(瓦魯)
漁業協定

吐瓦魯政府與中華民國臺灣區遠洋鮪漁船魚類輸出業同業公會之漁業協定*(中譯文)

依據一九八一年十一月五日在臺北簽訂之中華民國政府與吐瓦魯政府間漁業協定（以下簡稱主要協定）。

吐瓦魯政府（以下簡稱吐國政府）為甲方與臺灣區遠洋鮪漁船魚類輸出業同業公會（以下簡稱公會為乙方）。

同意以下條件與條款涵蓋所有公會會員所有及管理之漁船（以下稱公會漁船）在吐瓦魯之所有漁撈作業活動。

第一條 定 義

第一款：除了本約以下所提出之定義外，所有漁業法中之專用語及用句都可應用到本協定中。

第二款：本協定之所有附加條款應被視為本約整體之一部分。

第三款：為明瞭此協定之目的：

　　　①「漁業法」指的是吐國漁業法第四十五章以及其以後之修正條款，並包括由茲章所訂定之法規。

　　　②「捕魚」是指：

　　　　I.探尋或捕撈魚類；

　　　　II.企圖探尋找捕撈魚類；

　　　　III.任何行為，其後果按理認屬探尋或捕撈魚類；

　　　　IV.救置、探尋或回收聚魚器或其他有關的電子裝備如

---

* 本協定中所有附件之中譯文本節略。

無線電浮標等；

　　　　V.任何海上作業，其目的係直接支援或準備從事本款
之任何行為；

　　　　VI.使用船機從事與本款有關活動，但有關船舶安全及
船員健康安全之緊急措施除外。

　　　③航次作業係指漁船離開港口前往漁區作業，迄其部分或
全部之漁獲由該船搬移至另一艘船或至岸上，即視為一航次作業。

　　　④「漁業區域」：依本協議附件1中規定之所有水域。

　　　⑤「外國漁船」：係指任何在漁業區域作業之非國內漁
船。

　　　⑥經營者係指實際控制漁船之人，包括船主、租用人及船
長。

　　　⑦「轉載」係指將魚貨之一部分或全部由作業漁船搬移至
另一艘船上或岸上。

第二條　　漁撈作業區域

第一款：本協定將包括捕撈鮪魚及其他鮪魚種類（包括旗魚和其
他意外捕獲），經由公會圍網漁船自吐瓦魯水域所捕捉者。

第二款：禁止在領海12海浬捕魚。

第三款：依本協定規定公會之漁船可在吐瓦魯漁撈作業者為15
艘。

第三條　　公會之責任

第一款：公會應確保其會員和會員所屬漁船，依約未取得入漁執
照前，不得在吐瓦魯漁區內捕撈作業。

第二款：公會應確保其會員和會員所屬漁船遵守吐瓦魯現行法律
及規定，包括此合約之帳款。

第三款：倘公會所屬漁船，船員或幹部因違反吐瓦魯任何法律或
規定而遭吐瓦魯法院判決或其他方式判決。任何情形下公會應盡力使
其相關會員履行判決或其他裁決。

第四款：應吐瓦魯政府之要求，公會應採取所有合理措施協助調

查有關公會所屬漁船船員或幹部違反吐瓦魯有關法令規章或本契約之條款者，而且應立即將有關資料傳送至吐瓦魯。

第四條 進 港

公會會員之漁船依此約領有執照者，依規定在 24 小時之前預報得進入夫那夫第港(Funafuti)〔補給〕及〔維修〕及其他吐國核准之理由。除非是緊急原因，公會漁船不准進入其他港口或吐國島嶼。

第五條 區域性登記

在任何一艘公會會員之漁船，依約申請入漁執照前，需先辦妥南太平洋論壇漁業局之外國漁船區域性登記（簡稱區域性登記），公會應負責確保所有想要來入漁之公會會員漁船依約辦理區域性登記。吐瓦魯政府應通知公會辦理區域性登記之規定及程序。

第六條 登記與發照

第一款：公會會員所屬漁船應經由公會辦理漁船登記，申請在吐瓦魯漁區作業，上述申請應依附件 1 之預定格式，連同登記費用以掛號信函（事先以電報或電傳通知之）寄到。

第二款：吐瓦魯政府將簽發一份登記證書，格式如附件 2 以郵寄交到申請人手中。在收到此份登記證書後，申請人應將正本交給漁船船長，並自行留一份影本。

第三款：吐瓦魯政府在收到申請書後四天內，應以電報透過公會通知申請人登記證書號碼或拒絕辦理之原因。

第四款：申請人應立即將登記號碼轉知漁船。

第五款：此登記證書之有效期為一年。

第六款：當漁船登記後，申請人在支付執照費用等可透過公會申請入漁執照費，以電報或電傳將下列資料傳送至吐瓦魯政府：

①登記證號碼、或申請書編號若是前述號碼尚未取得前。

②船名。

③已付之執照費金額數字及其匯款編號。

④執照預定生效日期。

第七款：吐瓦魯政府應立即以電報經由公會通知申請人下列事

項：

　　　　①船名及吐瓦魯所核准之入漁執照。

　　　　②發照日期。

　　　　③執照生效日期。

　　　　④報照號碼。

　　上述資料應立即轉知漁船

　　第八款：船長在收到上述資料後應將下列資料登錄於登記證書之背面：

　　　　①入漁執照號碼。

　　　　②執照發照日期，再簽上船長名字。

　　　　在登記證書背面填入上述資料後，該證書即視同入漁執照。

　　第九款：經授權許可往吐瓦魯漁區作業之漁船船長，應一直將入漁執照隨船攜帶並且在吐瓦魯政府授權之官員需要檢查時提示出來。在收到登記證書時漁船已在海上時，提示入漁執照號碼；或未收到執照號碼時，提示申請書編號，則視為符合本條款之規定。

　　第十款：入漁執照有效期為一年。公會會員漁船在申請入漁執照期間若有任何登記資料改變，應透過公會通知吐瓦魯政府。吐瓦魯政府應透過公會轉知公會會員漁船有關任一特別取銷某一漁船登記之原因。

　　第十一款：吐瓦魯政府應透過公會通知公會會員漁船有關該船依第一款申請之登記證書被送回或被撤銷之詳細原因。公會會員漁船在不幸被吐瓦魯政府退件者，可以檢附上適當說明再次提出申請登記。

第七條　入漁費用

　　第一款：依照第六條之條文吐瓦魯政府在同意入漁執照之考量下，公會應在合約有效期內，每艘漁船支付美金 10,000 元給吐瓦魯政府。漁船總數為 15 艘。

　　第二款：前項第一款所指之入漁費不可退還，並於此約簽定後，一個月內支付給吐瓦魯國家銀行之吐瓦魯政府帳戶內。

　　第三款：依此合約，公會應付給吐瓦魯政府之各項金額必須付

清，不得有任何性質之扣除款或預扣款。假使中華民國政府或政府有
關當局要求公會在依約付給吐瓦魯政府之款項中作任何性質之減少扣
除時，有關此筆款被扣除後之最後餘額，公會仍應付給吐瓦魯政府。
事後吐瓦魯政府仍應收到一筆新款項補足上次應付而未付之部分。

第八條　違規事項

第一款：假如吐瓦魯政府有合理的理由相信公會所屬漁船在吐國
水域內違反〔一九八一年所簽之〕主要協定。此協議和任何吐國相關
法律和規定，及與在水域捕撈有關規定者，吐瓦魯政府可以立即吊扣
入漁執照。在作此吊扣之決定的同時，吐國政府應透過公會書面通知
會員漁船違規內容連同違規證據和其他有關此違規的資料。吐國政府
應讓船員或漁船有機會替自己或全體答辯指控的事項。之後，吐國政
府可判斷取銷執照或撤回指控。

第二款：公會會員漁船或船員未遵守吐國漁區規定，或吐國有關
漁業之法律而被吐國有關官員扣押和逮捕時，吐瓦魯政府應將此項扣
捕行為立即通知公會。被扣之公會漁船及被捕之中國臺灣籍船員在繳
交合理之保釋金或其他保證後應儘速釋放。

第九條　轉載及卸魚貨

第一款：依本協定而取得入漁執照之公會所屬漁船，在任何情況
下，均不得在海上進行轉載。

第二款：卸魚貨只可在吐瓦魯政府同意之港口進行。倘公會會員
所屬之漁船欲在港口卸魚，必須依附件 3 之格式於 48 小時前，以電
報、傳真、海底電報通知吐國政府預定進港之時間。

第三款：漁船船長提供給吐國政府之卸魚資料，應包括漁獲噸
數、種類、不合格之魚獲及該批漁獲之最終目的地。

第十條　登記證及入漁執照之轉讓

第一款：登記證書及入漁執照只對登錄其上之漁船有效。任何證
書或執照均不能轉讓。倘漁船有失蹤、毀壞或轉售情形應重新申請登
記證及入漁執照；若轉售之漁船仍願在吐國漁區捕撈其情形亦同。倘
漁船之所有權改變時，應由吐國重新發給登記證及入漁執照，其期效

以承繼原照之剩餘時間者，不另收費。

第十一條　報告規定

第一款：公會所屬漁船依此協定領有執照者應在下列的時間，以電傳或電報之方式，向吐國政府提供附件4之報告，包括漁船位置及漁獲種類：

　　　　①進入專屬經濟海域前24小時；

　　　　②在專屬經濟海域內之每週三報告；

　　　　③進入港口前24時；

　　　　④離開專屬經濟海域。

第二款：完成一航次作業後，經營者應檢送附件5之航次結束報告給吐國政府。

第三款：公會所屬合作漁船之駕船者應逐日以英文填寫，合作漁船在同一航次內於吐國經濟海域及公海海域作業之漁獲報告，該報告之格式詳如附件6，經營者並應確定此報告的內容是正確完整的。

第四款：前款所述之報告應完成一航次作業後45天內，送一完整報告給吐國政府。

第五款：依本協定而取得入漁執照之公會所屬漁船，應持有以英文記載之當期的漁獲日誌，該日誌應易於讓吐國政府派遣之觀察員瞭解。前述漁獲日誌須包含但不限於以下之資料，如該船之作業區域、時間、位置、漁獲種及其噸數。

第十二條　執　行

第一款：漁船船長及任一船員應立即遵從有職權之官員所作之指示，包括停船、駛至某一特定地點、登船檢查執照、漁具、設備、紀錄及漁獲等，登船檢查之官員不應妨礙漁船合法的作業，而船長及每一船員亦應協助官員執行其職務，不應攻擊、阻礙、抵抗、拖延、拒絕登船、威脅或干預官員執行其職務。

第二款：依本協定而取得入漁執照之公會所屬漁船，應依一九八九年聯合國農糧組織所核定之漁船標誌之統一規格標準加以標識，尤其是無線電呼〔叫〕代號。若缺乏無線電呼〔叫〕代號，則須以黑底白字

將代號以正方體書寫在船首、駕駛臺二側或駕駛臺頂端，所寫字體之高度應不少於一公尺高，且從海上或空中均能很清楚的辨認該字體。

第三款：漁船在專屬經濟海域內時，該船之標識應是明確、清楚且未遮蓋的。

第四款：公會所屬漁船與吐國巡邏艇之通訊聯絡依附件 7 之國際信號電碼之規定辦理。

第十三條　觀察員

第一款：經吐國政府之要求後，觀察員應能登上依本協定而取得入漁執照之公會所屬漁船。

第二款：公會應以每船總額美金 500 元付給吐國政府用來包括安排觀察員上船之所有相關費用。在吐國政府無須付費之情況下，公會所屬漁船之經營者應予觀察員享有如同幹部之伙食、住宿及醫療等待遇。

第三款：依本契約而取得入漁執照之公會所屬漁船之經營者及任一船員，均應允許並協助前述第一款之觀察員執行下列之任務：

①為科學、依法、監視或其他功能之登船；

②在不妨礙漁船合法作業及不違反中華民國相關法令規章下，觀察員得因其執行職務之必要而決定進入及利用該船之設施及裝備；

③進入駕駛臺、漁艙或其他用來儲存及加工魚貨之場所；

④檢查並影印漁船上之紀錄，包括漁獲日誌或其他文件；

⑤在不妨礙漁船合法作業情況下，其他有關在經濟海域內之漁業資訊。

第四款：經營者及任一船員均不得攻擊、阻礙、抵抗、拖延、拒絕登船、威脅或干預觀察員執行職務。

第五款：倘觀察員之傷亡係因漁船經營者或任一船員之疏失所致，則公會應對此事件加以負責，另漁船船長及船主亦無法免除其在傳統海事法下之責任。

第六款：倘觀察員之傷亡係因其自己疏失或其他不可抗力因素所

致，公會並不須為此事件負責。

第十四條　更寬廣之合作

第一款：基於增進吐國之漁業發展，本協定之簽署者應盡力在下列事項上合作：

　　　　①促使吐國人民從事有關鮪魚之行業；

　　　　②訓練吐國人民成為鮪漁船隊之船員；

　　　　③在吐國漁業發展上尋求可能之聯合投資。

第十五條　協商及爭議之解決

第一款：吐國政府及公會皆同意，俟收到任一方之通知後30天內，雙方應舉行諮商會議尤其特別討論下列之事項：

　　　　①有關本協定之解釋或履行之問題；

　　　　②締約雙方未來在漁業合作方面有進一步之發展；

　　　　③其他雙方同意之事項。

第二款：因解釋或履行本協定條款規定所產生之爭議，締約雙方同意盡其最大能力，以協商方式解決此一爭議。

第三款：倘爭議無法以協商方式獲得解決時，締約雙方同意將此爭議交付依吐國法律規定之仲裁解決。

第十六條　協定生效及有效期間

　　此協定有效期間自

　　一九九四年二月一日至一九九五年元月卅一日

第十七條　協定修改

此協定中之各項條款可由吐國政府和公會同意後修改之。

第十八條　條文內容

此協定應用英文製成一式二份，雙方各存正本乙份以為根據。

本協定於：一九九三年十二月十七日經下列雙方有權簽署之代表簽署完成。

　　　　　　　　臺灣區遠洋鮪漁船魚類　　陳　金　田
　　　　　　　　輸出業同業公會理事長

　　　　　　　　吐 瓦 魯 政 府 代 表　　塔　郎　士
　　　　　　　　副總理兼資源部部長

多邊條約

保護臭氧層維也納公約*

（一九八五年三月二十二日）

前　言

本公約各締約國，

意識到臭氧層的變化對人類健康和環境可能造成有害影響，

回顧聯合國人類環境會議宣言裡的有關規定，特別是第二十一項原則，其中規定＂依照聯合國憲章和國際法原則，各國具有按照其環境政策開發其資源的主權權利，同時亦負有責任，確保在它管轄或控制範圍內的活動，不致對其他國家的環境或其本國管轄範圍以外地區的環境引起損害＂，

考慮到發展中國家的情況和特殊需要，

注意到國際組織和國家組織正在進行的工作和研究，特別是聯合國環境規劃署的臭氧層世界行動計畫，

又注意到國家一級和國際一級上已經採取的保護臭氧層的預防措施，

意識到保護臭氧層使不會因人類活動而發生變化的措施需要國際間的合作和行動，並應依據有關的科學和技術考慮，

還意識到有需要繼續從事研究和有系統的觀察，以期進一步發展有關臭氧層及其變化可能引起的不利影響方面的科學知識，

---

* *Treaties and Other International Acts Series*, No. 11097 (TIAS 11097)
編者按：聯合國條約款項的次序是先有＂條＂後依序為＂款＂及＂項＂，而中華民國條約
　　　或法規是先有＂條＂，再有＂項＂及＂款＂。本文件乃根據聯合國文件翻印，而
　　　不依中華民國條約或法規的條文次序排法去更改原件。

決心要保護人類健康和環境使免受臭氧層變化所引起的不利影響，

取得協議如下：

第一條　定　義

為本公約的目的：

1.　"臭氧層"是指行星邊界層以上的大氣臭氧層。

2.　"不利影響"是指自然環境或生物區系內發生的，對人類健康或自然的和受管理的生態系統的組成、彈性和生產力或對人類有益的物質造成有害影響的變化，包括氣候的變化。

3.　"備選的技術或設備"是指其使用可能可以減輕或有效消除會或可能會對臭氧層造成不利影響的排放物質的各種技術或設備。

4.　"備選物質"是指可以減輕、消除或避免臭氧層所受不利影響的各種物質。

5.　"締約國"是指本公約的締約國，除非案文中另有所指。

6.　"區域經濟一體化組織"指由某一區域主權國家組成的組織，它有權處理本公約或其議定書管理的事務，並根據其內部程序充分授權簽署、批准、接受、核准或加入有關的文書。

7.　"議定書"指本公約議定書。

第二條　一般義務

1.　各締約國應依照本公約以及它們所加入的並且已經生效的議定書的各項規定採取適當措施，以保護人類健康和環境，使免受足以改變或可能改變臭氧層的人類活動所造成的或可能造成的不利影響。

2.　為此目的，各締約國應在其能力範圍內：

　　(a)通過有系統的觀察、研究和資料交換從事合作，以期更好地瞭解和評價人類活動對臭氧層的影響，以及臭氧層的變化對人類健康和環境的影響；

　　(b)採取適當的立法和行政措施，從事合作，協調適當的政策，以便在發現其管轄或控制範圍內的某些人類活動已經或可能由於改變或可能改變臭氧層而造成不利影響時，對這些活動加以控制、限制、

削減或禁止；

(c)從事合作，制訂執行本公約的商定措施、程序和標準，以期通過議定書和附件；

(d)同有關的國際組織合作，有效地執行它們加入的本公約和議定書。

3. 本公約的各項規定絕不應影響各締約國依照國際法採取上面第 1 款和第 2 款內所提措施之外的國內措施的權力，亦不應影響任何締約國已經採取的其他國內措施，只要這些措施不同它們在本公約之下所承擔的義務相牴觸。

4. 本條的適用應以有關的科學和技術考慮為依據。

第三條　研究和有系統的觀察

1. 各締約國斟酌情況直接或通過有關國際機構就下列問題發起並與有關國際機構合作進行研究和科學評價：

(a)可能影響臭氧層的物理和化學過程；

(b)臭氧層的變化所造成的對人類健康的影響和其他生物影響，特別是具有生物後果的紫外線太陽輻射的變化所造成的影響；

(c)臭氧層的任何變化所造成的氣候影響；

(d)臭氧層的任何變化及其引起的紫外線輻射的變化對於人類有用的自然及合成物質所造成的影響；

(e)可能影響臭氧層的物質、作法、過程和活動，以及其累積影響；

(f)備選物質和技術；

(g)相關的社經因素；

以及附件一和二裡更詳細說明的問題。

2. 各締約國在充分考慮到國家立法和國家一級與國際一級進行中的有關活動的情況下，斟酌情況直接或通過有關國際機構推廣或制定聯合或補充方案以有系統地觀察臭氧層的狀況及附件一裡詳細說明的其他有關的參數。

3. 各締約國直接或通過有關國際機構從事合作，通過適當的世

界數據中心保證定期並及時地收集、驗證和散發研究和觀察數據。

第四條　法律、科學和技術方面的合作

1. 各締約國應促進和鼓勵附件二裏詳細說明的、與本公約有關的科學、技術、社經、商業和法律資料的交換。這種資料應提供給各締約國同意的各組織。任何此種組織收到提供者認為機密的資料時，應保證不發表此種資料，並於提供給所有締約國之前加以聚集，以保護其機密性。

2. 各締約國應從事合作，在符合其國家法律、條例和慣例及照顧到發展中國家的需要的情形下，直接或通過有關國際機構促進技術和知識的發展和轉讓。這種合作應特別通過下列途徑進行：

　　(a)方便其他國家取得備選技術；

　　(b)提供關於備選技術和設備的資料，並提供特別手冊和指南；

　　(c)提供研究工作和有系統的觀察所需的設備和設施；

　　(d)科學和技術人才的適當訓練。

第五條　遞交資料

各締約國應依照有關文書的締約國開會時所議定的格式和時間，就其執行本公約及其加入的本公約議定書所採取的措施，通過秘書處按照第六條規定向締約國會議遞交資料。

第六條　締約國會議

1. 締約國會議特此設立。締約國會議的首屆會議應由第七條內臨時指定的秘書處至遲於本公約生效後一年內召開。其後的會議常會應依照首屆會議所規定的時間按期舉行。

2. 締約國會議可於其認為必要的其他時間舉行非常會議，如經任何締約國書面請求，由秘書處將是項請求轉致各締約國後六個月內至少有三分之一締約國表示支持時，亦可舉行非常會議。

3. 締約國會議應以協商一致方式議定和通過其本身的和它可能設立的任何附屬機構的議事規則和財務條例，以及適用於秘書處職務的財務規定。

4. 締約國會議應繼續不斷地審查本公約的執行情況。同時應：

(a)規定轉交依照第五條遞交的資料的形式及間隔期限，並審議這些資料以及任何附屬機構提出的報告；

(b)審查有關臭氧層、有關其可能發生的變化或任何這種變化可能造成的影響的科學資料；

(c)依照第二條的規定，促進適當政策、戰略和措施的協調，以盡量減少可能引起臭氧層變化的物質的排放，並就與本公約有關的其他措施提出建議；

(d)依照第三條和第四條的規定，制定推行研究、有系統的觀察、科技合作、資料交換以及技術和知識轉讓等方案；

(e)依照第九條和第十條的規定，視需要審議和通過對本公約及其附件的修正案；

(f)審議對任何議定書及其附件的修正案，於作出決定後向此種議定書的締約國建議通過；

(g)依照第十條的規定，視需要審議和通過本公約的增列附件；

(h)依照第八條的規定，視需要審議和通過議定書；

(i)成立執行本公約所需的附屬機構；

(j)請求有關的國際機構和科學委員會，特別是世界氣象組織、世界衛生組織和臭氧層協調委員會，在科學研究、有系統的觀察以及與本公約的目標有關的其他活動方面提供服務，並利用這些組織和委員會所提供的資料；

(k)考慮和採取實現本公約的目標所需的任何其他行動。

5. 聯合國及其各專門機構，國際原子能機構，以及非本公約締約國的任何國家均可以觀察員身分出席本公約締約國會議。任何國家或國際機構，政府或非政府組織，如果在保護臭氧層的任何方面具有資格，並向秘書處聲明有意以觀察員身分出席締約國會議，則除非有至少三分之一的出席締約國表示反對，亦可參加會議。觀察員的參加會議應受締約國會議議事規則的約束。

第七條　秘書處

1. 秘書處的任務如下：

　　(a)依照第六、第八、第九和第十條的規定，為會議進行籌備工作並提供服務；

　　(b)根據由於第四條和第五條規定而收到的資料，以及第六條規定之下成立的機構舉行會議所產生的資料，編寫和提交報告；

　　(c)履行任何議定書委派給秘書處的任務；

　　(d)就秘書處執行其根據本公約所承擔的任務所進行的各項活動編寫報告，提交締約國會議；

　　(e)保證同其他有關的國際機構進行必要的協調，尤其要作出有效執行其任務所需的行政和合約安排；

　　(f)履行締約國會議可能指定的其他任務。

　　2. 在依照第六條的規定舉行的締約國會議首屆會議結束以前，由聯合國環境規劃署臨時執行秘書處的任務。締約國會議首屆會議應指定已表示願意的現有合格國際組織中的秘書處執行本公約之下的秘書處任務。

第八條　議定書的通過

　　1. 締約國會議可依照第二條的規定，於一次會議上通過議定書。

　　2. 任何議定書的草案案文應由秘書處至少在舉行上述會議以前六個月呈交各締約國。

第九條　公約或議定書的修正

　　1. 任何締約國可對本公約或任何議定書提出修正案。這種修正案除其他外，還應充分顧及有關的科學和技術考慮。

　　2. 修正案應由締約國會議在一次會議上通過。對任何議定書的修正案應在有關議定書締約國的會議上通過。對本公約或任何議定書提出的修正案，除非該議定書另有決定，應由秘書處至少在舉行提議通過該議定書的會議以前六個月呈交給各締約國。秘書處也應將提議的修正案呈交給本公約各簽署國作為資料。

　　3. 各締約國應盡量以協商一致方式對就本公約提出的任何修正案達成協議。如果盡了一切努力仍無法以協商一致方式達成協議，則

應以出席並參加表決的公約締約國四分之三多數票通過修正案。並應由保存者呈交給所有締約國批准、核可或接受。

4. 對任何議定書的修正，亦應適用上述第 3 款提到的程序，不過只需要出席並參加表決的該議定書締約國三分之二的多數票就可通過。

5. 對修正案的批准、核可或接受，應以書面通知保存者。依照上述第 3 或第 4 款規定通過的修正案，應於保存者接得至少四分之三公約締約國或至少三分之二的有關議定書締約國的批准、核可或接受通知書後的第九十天在接受修正案的各締約國之間生效。其後任何其他締約國存放批准、核可或接受文書九十天之後，修正案對它生效。

6. 為本條之目的，"出席並參加表決的締約國"是指參加會議並投贊成票或反對票的締約國。

第十條　附件的通過和修正

1. 本公約的附件或其任何議定書的附件，應成為本公約或有關議定書的一個構成部分，因此，除非另有規定，凡提及本公約或其議定書時，亦包括本公約或其議定書的附件在內。這種附件應以科學、技術和行政事項為限。

2. 除非在任何議定書裡對其附件另有規定，本公約或議定書所增列附件的提出、通過和生效，應適用下列程序：

(a)本公約的附件應依照第九條第 2 和第 3 款規定的程序通過，而任何議定書的附件應依照第九條第 2 和第 4 款規定的程序提出和通過；

(b)任何締約國如果不核可本公約的增列附件或它所加入的任何議定書的附件，應於保存者發出通知後六個月內以書面向保存者發出反對聲明。保存者應於接得此種聲明後立即通知所有締約國。任何締約國可於任何時間取消以前發出的反對聲明而接受增列附件，有關附件即對它生效；

(c)在保存者發出通知六個月之後，增列附件應對未曾依照上文

(b)項發出聲明的本公約或任何有關議定書的所有締約國生效。

3. 本公約附件或任何議定書附件的修正案的提出通過和生效，應適用本公約附件或議定書附件的通過和生效所適用的同一程序。附件及其修正案應特別考慮到有關的科學和技術方面。

4. 如果一個增列附件或對任何附件的修正，涉及對公約或議定書的修正，則增列附件或修正後的附件，應於對公約或其有關議定書的修正案生效以後才能生效。

第十一條　爭端的解決

1. 萬一締約國之間在本公約的解釋或適用方面發生爭端時，有關的締約國應以談判方式謀求解決。

2. 如果有關的締約國無法以談判方式達成協議，它們可以聯合尋求第三方進行斡旋或邀請第三方出面調停。

3. 在批准、接受、核可或加入本公約或其後任何時候，締約國或區域經濟一體化組織可書面向保存國聲明，就未根據上述第1或第2款解決的爭端來說，它接受下列一種或兩種爭端解決辦法為強制性辦法：

(a)根據締約國會議首屆會議通過的程序進行仲裁；

(b)將爭端提交國際法院。

4. 如果締約國還沒有按照上文第3款的規定接受相同或任何程序，則應根據下文第5款的規定提交調解，除非締約國另有協議。

5. 若爭端一方提出要求，則應設立一個調解委員會。調解委員會應由有關各方所指派的數目相同的成員組成，而主席則應由各方指派的成員共同選出。委員會將作出最後的建議性裁決，各方應誠懇地考慮這一裁決。

6. 本條規定應適用於任何議定書，除非有關議定書另有規定。

第十二條　簽　　署

本公約應按下述時間和地點開放供各國和各區域經濟一體化組織簽署：從1985年3月22日起至1985年9月21日在維也納奧地利共和國外交部；從1985年9月22日起至1986年3月21日在紐約聯合

國總部。

第十三條　批准、接受或核可

1. 本公約和任何議定書須由任何國家和區域經濟一體化組織批准、接受或核可。批准、接受或核可文書應交給保存者。

2. 以上第 1 款所指的任何組織如成為本公約或任何議定書的締約組織而該組織沒有任何一個成員國是締約國，則該締約組織應受按公約或議定書規定的一切義務的約束。如有這種組織，即在該組織的一個或更多個成員國是本公約或有關議定書的締約國的情況下，該組織及其成員國應就執行其按照公約或議定書規定的義務的責任各自作出決定。在這種情況下，該組織和成員國不應同時享有行使按照公約或有關議定書規定的權利。

3. 第 1 款所指的這些組織應在其批准、接受或核准文書中聲明其在本公約或有關議定書所涉事項的職權範圍。這些組織也應在其職權範圍發生重大變化時通知保存者。

第十四條　加　　入

1. 本公約及任何議定書應開放供加入，任何國家和區域經濟一體化組織自公約或有關議定書簽署截止日期起均可加入。加入文書應交給保存者。

2. 上文第 1 款中所指的組織，應於其加入文書裡應聲明它們在本公約或有關議定書所涉事項中的職權範圍。這些組織也應在其職權範圍內發生重要變化時通知保存者。

3. 第十三條第 2 款的規定應適用於加入本公約或任何議定書的區域經濟一體化組織。

第十五條　表決權

1. 本公約或其任何議定書的每一締約國應有表決權利。

2. 除上文第 1 款另有規定外，各區域經濟一體化組織在屬於其職權範圍的事項中行使表決權時，其票數相當於加入本公約或有關議定書的它們的成員國的數目。這樣的組織不應行使其表決權，如果它們的成員國已行使自己的表決權，反之亦然。

第十六條　公約及其議定書之間的關係

1. 除非某一國家或區域經濟一體化組織已經是，或在同一個時間成為本公約的締約國，否則不能成為議定書的締約國。

2. 關於任何議定書的決定，只應由它的締約國作出。

第十七條　生　　效

1. 本公約應於第二十份批准、接受、核可或加入文書交存之日以後第九十天生效。

2. 任何議定書，除非其中另有規定，應於第十一份批准、接受或核可這一議定書的文書交存之日或加入之日以後第九十天生效。

3. 對於在交存第二十份批准、接受、核可或加入文書後批准、接受、核可本公約或加入本公約的每一締約國，本公約應於這些締約國的批准、接受、核可或加入文書交存之日以後第九十天生效。

4. 任何議定書，除非其中另有規定，應在其按上述第2款規定生效後，對在交存其批准、接受、核可或加入文書後批准、接受、核可本議定書或加入本議定書的締約國，本議定書應於這一締約國的批准、接受、核可或加入文書交存之日或本公約在該締約國生效之日——以較後者為准——以後第九十天生效。

5. 為第1款和第2款的目的，一個區域經濟一體化組織交存的任何文書，不應被視為這些組織的成員國交存的文書以外的額外文書。

第十八條　保　　留

本公約不容許任何保留條款。

第十九條　退　　出

1. 本公約對某一締約國生效四年之後，該締約國可於任何時間以書面通知保存者退出公約。

2. 任何議定書對某一締約國生效四年之後，除非該議定書內另有規定，該締約國可於任何時間以書面通知保存者退出該議定書。

3. 這種退出應於保存者接得通知之日以後一年終了時或退出通知內說明的更晚時間生效。

4. 任何締約國一旦退出公約，應即被視為亦已退出它加入的任何議定書。

第二十條　保存者

1. 聯合國秘書長應負起本公約及其議定書的保存者的職責。

2. 保存者應特別就下列事項通知各締約國：

(a)本公約及任何議定書的簽署，以及依照第十三條和第十四條規定交存的批准、接受、核可或加入文書；

(b)本公約及任何議定書依照第十七條規定生效的日期；

(c)依照第十八條規定提出的退出通知；

(d)依照第九條規定通過的公約修正案及任何議定書的修正案，各締約國對修正案的接受情況，以及其生效日期；

(e)有關依照第十條規定的附件及任何附件修正案的通過的所有通知；

(f)區域經濟一體化組織交存的關於它們在本公約及任何議定書所涉及各方面的職權範圍的通知，及職權範圍發生任何變化的通知。

(g)根據第十一條第 3 款發表的宣言。

第二十一條　有效文本

本公約的正本以阿拉伯文、中文、英文、法文、俄文和西班牙文書寫，六種文本同樣有效，公約正本應由聯合國秘書長保存。

下面簽名的全權代表謹簽署本公約，以昭相守。

一九八五年三月二十二日簽訂於維也納。

附件一　研究和有系統的觀察

1. 本公約各締約國同意主要的科學問題如下：

(a)臭氧層的變化，可使達到地面的具有生物學作用的太陽紫外線輻射量發生變化，並可能影響人類健康、生物和生態系統以及對人類有用的物質；

(b)臭氧垂直分布的變化，可使大氣層的氣溫結構發生變化，並可能影響天氣和氣候；

　2. 本公約各締約國應依照第3條的規定從事合作，進行研究和有系統的觀察，並就下列各方面的未來研究和觀察活動作出建議：

　　(a)關於大氣物理和化學的研究

　　(1)全面的理論模型：進一步發展考慮放射、動力和化學過程之間相互作用的模型；關於各種人造的和自然的物種對大氣臭氧的影響研究；衛星和非衛星的衡量數據集的解釋；大氣和地球物理參數趨向的評價；就此種參數的變化鑒定其具體成因的方法研究；

　　(2)實驗室研究：對流層和平流層化學和光化過程的率度係數、吸收橫斷面和機制；支持所有的有關光譜區實地衡量的分光儀數據；

　　(3)實地衡量：自然和人類起源的關鍵來源氣體的含量和流量；大氣動力研究；直至行星邊界層的光化有關物種的同步衡量，應用實地衡量和遙感衡量技術；各種傳感器的相互比較，包括協調的衛星儀器使用的相互衡量；關鍵大氣痕量要素太陽光譜流量和氣象參數的立體場；

　　(4)儀器的發展，包括大氣痕量要素、太陽流量及氣象參數的衛星和非衛星探測器。

　　(b)健康、生物和光致降解影響

　　(1)人類暴露於可見和紫外線太陽輻射及(a)黑瘤和非黑瘤皮膚癌之間的關係以及(b)對免疫系統的影響；

　　(2)紫外線輻射的影響，包括對(a)農作物、森林和陸地生態系統以及(b)水生食物鏈和水產的波長依存，以及浮游植物的可能抑制氧氣生產；

　　(3)紫外線輻射對生物物質、物種和生態系統發生作用的機理，包括：劑量、劑量率及反應之間的關係；光修理、適應和保護；

　　(4)生物作用光譜和光譜反應研究，應用多色輻射，以便包括各種波長區之間可能的相互作用；

　　(5)紫外線輻射在下列各方面的影響，對生物圈的平衡具有重要性的生物物種的敏感和活動；例如光合和生物合成等等的基本作用；

　　(6)紫外線輻射對污染物、農用化學品和其他物質的光致降解的

影響。

　　(c)對氣候的影響研究

　　(1)關於臭氧和其他痕量物種的輻射效應及對氣候參數的影響的理論和觀察研究。例如，土地和海洋表面的溫度、降水模式以及對流層和平流層之間的交流；

　　　　(2)關於這類氣候變化對人類活動各方面的影響的調查。

　　(d)有系統的觀察

　　(1)臭氧層狀況（即柱容量和垂直分布的空間和時間變異）。利用衛星和地面系統相結合的辦法使全球臭氧觀察系統充分發揮作用；

　　(2)對流層和平流層的HO_x、NO_x、ClO_x和碳屬源氣體濃度；

　　(3)從地面到中間層的氣溫，利用地面和衛星系統；

　　(4)達到地球大氣層的波長分辨太陽通量和離開地球大氣層的熱輻射利用衛星衡量；

　　(5)在紫外線範圍內達到地面的具有生物影響的波長分辨太陽通量；

　　(6)從地面到中間層的煙霧體特性和分布，利用地面、空中和衛星系統；

　　(7)氣候重要變數，方法是維持高質量氣象表面衡量的方案；

　　(8)痕量物種、氣溫、太陽通量和煙霧體，利用分析全球數據的經過改善的方法。

　　3. 公約各締約國應在顧及發展中國家的特別需要的情況下合作，促進參加本附件所列各種研究和有系統觀察所需的適當科學和技術訓練。應特別注意觀察儀器和觀察方法的相互校正，以產生可比較的或標準化的科學數據集。

　　4. 下面以不按優先順序排列出的各種自然和人類來源的化學物質，被認為可能改變臭氧層的化學和物理特性。

　　(a)碳物質

　　(1)一氧化碳(CO)

　　　一氧化碳的重要來源是自然界和人類，據認為對對流層的光

化過程有重要的直接作用，對平流層的光化過程則有間接作用。

(2)二氧化碳（ CO_2 ）

二氧化碳的重要來源是自然界和人類，通過影響大氣的熱構造而影響到平流層的臭氧。

(3)甲烷（ CH_4 ）

甲烷來自自然界和人類，對平流層和對流層的臭氧都有影響。

(4)非甲烷烴類物種

非甲烷烴類物種含有許多化學物質，來自自然界和人類，對對流層的光化過程有直接作用，對平流層光化過程則有間接作用。

(b)*氮物質*

(1)氧化亞氮（ N_2O ）

氧化亞氮主要來自自然界，不過人類來源也變得愈來愈重要。氧化亞氮是平流層 NO_x 的主要來源， NO_x 對於平流層臭氧充裕的控制有重要作用。

(2)氮氧化物（ NO_x ）

NO_x 的地平面來源，只對對流層的光化過程有直接的重要作用，對平流層的光化過程則有間接作用，而接近對流層頂的 NO_x 注射可能對上對流層和平流層的臭氧直接引起變化。

(c)*氯物質*

(1)完全鹵化鏈烷例如 CCl_4 ， $CFCl_3$ (CFC—11)， CF_2Cl_2 (CFC—12)， $C_2F_3Cl_3$ (CFC—113)， $C_2F_4Cl_2$ (CFC—114)

完全鹵化鏈烷來自人類，是 ClO_x 的一個來源，對臭氧的光化過程有重要作用，尤其是在海拔 30—50 公里區域。

(2)部分鹵化鏈烷，例如 CH_3Cl ， CHF_2Cl (CFC—22)， CH_3CCl_3 ， $CHFCl_2$ (CFC—21)。

CH_3Cl 來自自然界，而上列其他部分鹵化鏈烷則來自人類。這些氣體也是平流層 ClO_x 的來源。

(d)*溴物質*

全部鹵化鏈烷，例如 CF, Br。

這些氣體來自人類，是 BrO_x 的來源，其作用類似 ClO_x。

(e)氫物質

(1)氫(H_2)

氫是來自自然界和人類，對平流層的光化過程的作用不大。

(2)水(H_2O)

水來自自然界，對平流層和對流層的光化過程都有重要作用。平流層水蒸氣的本地來源包括甲烷的氧化以及較小程度上氫的氧化。

附件二　資料交換

1. 本公約各締約國認識到收集和共同利用資料是實現本公約各項目標及保證所採取的一切行動確屬適當和公允的一個重要途徑。因此，各締約國應致力於科學、技術、社經、商業和法律資料的交換。

2. 本公約各締約國於決定收集和交換何種資料時，應考慮資料效用及收集時所需的費用。各締約國還認識到依照本附件進行的合作應符合關於專利權、貿易機密、保護機密資料和所有權資料的國家法律、條例和慣例。

3. 科學資料

包括下列資料：

(a)政府方面和私人方面已規劃好的和進行中的研究工作，以促進研究方案的協調、使國家和國際間的可用資源獲得最有效的利用；

(b)研究工作所需的原始資料；

(c)刊載於經仔細審閱的文獻內的關於瞭解地球大氣物理和化學及其易變性的科學研究結果，特別是關於臭氧層狀況及臭氧層柱容量或垂直分布分時標變化對於人類健康、環境和氣候的影響的科學研究結果；

(d)研究結果的評價及關於未來研究工作的建議。

4. 技術資料

包括下列資料：

(a)利用備選化學物質或備選技術來減少可以引起臭氧變化的物質排放以及有關已計劃和進行中的研究工作的可行性和費用；

(b)應用化學或其他備選物質和備選技術的局限性和危險性。

5.關於附件一內所提各種物質的社經和商業資料

包括下列資料：

(a)生產和生產能力；

(b)使用和使用方式；

(c)輸入／輸出；

(d)可能間接改變臭氧層的人類活動以及控制此種活動的管理行動的代價、危險和利益。

6.法律資料

包括下列資料：

(a)與保護臭氧層有關的國家法律、行政措施和法律研究；

(b)與保護臭氧層有關的國際協定，包括雙邊協定；

(c)與保護臭氧層有關的執照簽發辦法和條件以及專利效用。

國際救助公約*

（一九八九年四月二十八日）

本公約締約國，

認識到有必要通過協議制訂關於救助作業的統一的國際規則，

注意到一些重大發展，尤其是人們對保護環境的日益關心，證明有必要審查一九一○年九月二十三日在布魯塞爾制訂的《關於統一海上救助某些法律規定的公約》所確定的國際規則，

認識到及時有效的救助作業，對處於危險中的船舶和其他財產的安全以及對環境保護能起重大的作用，

相信有必要確保對處於危險中的船舶和其他財產進行救助作業的人員能得到足夠的鼓勵，

茲協議如下：

第一章　總　　則

第一條　定　　義

就本公約而言：

(a)救助作業　係指可航水域或其他任何水域中援救處於危險中的船舶或任何其他財產的行為或活動。

(b)船舶　係指任何船隻、艇筏或任何能夠航行的構造物。

(c)財產　係指非永久性和非有意地依附於岸線的任何財產，包括有風險的運費。

(d)環境損害　係指由污染、沾污、火災、爆炸或類似的重大事故，對人身健康，對沿海、內水或其毗連區域中的海洋生物、海洋資源所造成的重大的有形損害。

---

* 中華人民共和國全國人民代表大會常務委員會公報，一九九三年第七號（一九九三年十二月三十一日），頁 94～104。

(e)支付款項　係指按本公約規定應付的任何報酬、酬金、或補償。

(f)組織　係指國際海事組織。

(g)秘書長　係指本組織的秘書長。

第二條　適用範圍

本公約適用於在一締約國提起的有關公約所轄事項的訴訟或仲裁。

第三條　平台和鑽井裝置

本公約不適用於已就位的從事海底礦物資源的勘探、開發或生產的固定式、浮動式平台或移動式近海鑽井裝置。

第四條　國有船舶

1. 在不影響第五條規定的情況下，除一國另有規定外，本公約不適用於軍艦或國家所有或經營的、根據公認的國際法準則在發生救助作業時享有主權豁免的其他非商業性船舶。

2. 如一締約國決定其軍艦或本條第 1〔項〕所述的其他船舶適用本公約，它應將此事通知秘書長，並說明此種適用的條款和條件。

第五條　公共當局控制的救助作業

1. 本公約不影響國內法或國際公約有關由公共當局從事或控制的救助作業的任何規定。

2. 然而，從事此種救助作業的救助人，有權享有本公約所規定的有關救助作業的權利和補償。

3. 負責進行救助作業的公共當局所能享有的本公約規定的權利和補償的範圍，應根據該當局所在國的法律確定。

第六條　救助合同

1. 除合同另有明示或默示的規定外，本公約適用於任何救助作業。

2. 船長有權代表船舶所有人簽訂救助合同。船長或船舶所有人有權代表船上財產所有人簽訂此種合同。

3. 本條不影響第七條的適用，也不影響防止或減輕環境損害的

義務。

第七條　合同的廢止和修改

如有以下情況，可以廢止或修改合同或其任何條款：

(a)在脅迫或危險情況影響下簽訂的合同，且其條款不公平；或

(b)合同項下的支付款項同實際提供的服務大不相稱，過高或過低。

第二章　救助作業的實施

第八條　救助人的義務及所有人和船長的義務

1. 救助人對處於危險中的船舶或其他財產的所有人負有下列義務：

(a)以應有的謹慎進行救助作業；

(b)在履行(a)〔款〕所規定的義務時，以應有的謹慎防止或減輕環境損害；

(c)在合理需要的情況下，尋求其他救助人的援助；和

(d)當處於危險中的船舶或其他財產的所有人或船長，合理地要求其他救助人介入時，接受這種介入；但是，如果發現這種要求是不合理的，其報酬金額不得受到影響。

2. 處於危險中的船舶或其他財產所有人和船長對救助人負有下列義務：

(a)在救助作業的過程中，與救助人通力合作；

(b)在進行此種合作時，以應有的謹慎防止或減輕環境損害；和

(c)當船舶或其他財產已被送至安全地點後，如救助人提出合理的移交要求，接受此種移交。

第九條　沿海國的權利

本公約中的任何規定，均不得影響有關沿海國的下述權利：根據公認的國際法準則，在發生可以合理地預期足以造成重大損害後果的海上事故或與此項事故有關的行動時，採取措施保護其岸線或有關利益方免受污染或污染威脅的權利，包括沿海國就救助作業作出指示的

權利。

第十條　提供救助的義務

1. 只要不致於對其船舶及船上人員造成嚴重危險，每個船長都有義務援救在海上有喪生危險的任何人員。

2. 締約國應採取必要措施履行第 1〔項〕所規定的義務。

3. 船舶所有人對船長不履行第 1〔項〕中的義務不承擔責任。

第十一條　合　作

在對諸如允許遇難船舶進港或向救助人提供便利等有關救助作業的事項做出規定或決定時，締約國應考慮救助人、其他利益方同當局之間合作的需要，以保證為拯救處於危險中的生命或財產及為防止對總體環境造成損害而進行的救助作業得以有效、成功的實施。

第三章　救助人的權利

第十二條　支付報酬的條件

1. 有效果的救助作業方有權獲得報酬。

2. 除另有規定外，救助作業無效果，不應得到本公約規定的支付款項。

3. 如果被救船舶和救助船舶屬於同一所有人，本章仍然適用。

第十三條　評定報酬的標準

1. 確定報酬應從鼓勵救助作業出發，並考慮下列因素，但與其排列順序無關：

　(a)獲救的船舶和其他財產的價值；

　(b)救助人在防止或減輕對環境損害方面的技能和努力；

　(c)救助人獲得成功的程度；

　(d)危險的性質和程度；

　(e)救助人在救助船舶、其他財產及人命方面的技能和努力；

　(f)救助人所花的時間、費用及遭受的損失；

　(g)救助人或其設備的責任風險及其他風險；

　(h)提供服務的及時性；

(i)用於救助作業的船舶及其他設備的可用性及使用情況；

(j)救助設備的備用狀況、效能和設備的價值。

2. 按照第1〔項〕確定的報酬應由所有的船舶和其他財產利益方按其獲救船舶和其他財產的價值比例進行支付，但是締約國可在其國內法中做出規定，報酬須由這些利益方中的一方先行支付，該利益方有權向其他利益方按其分攤比例進行追償。本條中的任何規定均不影響抗辯權。

3. 報酬金額不包括應付的利息及可追償的法律費用，不得超過獲救船舶和其他財產的價值。

第十四條　特別補償

1. 如一船或其船上貨物對環境構成了損害威脅，救助人對其進行了救助作業，但根據第十三條所獲得的報酬少於按本條可得的特別補償，他有權按本條規定從該船的船舶所有人處獲得相當於其所花費用的特別補償。

2. 在第1〔項〕所述情況下，如果救助人因其救助作業防止或減輕了環境損害，船舶所有人根據第1〔項〕應向救助人支付的特別補償可另行增加，其最大增加額可達救助人所發生費用的30％。然而，如果法院或仲裁庭認為公平、合理，並且考慮到第十三條第1〔項〕中所列的有關因素，可將此項特別補償進一步增加，但是，在任何情況下，其增加總額不得超過救助人所發生費用的百分之百。

3. 救助人所花費用，就第1〔項〕和第2〔項〕而言，係指救助人在救助作業中合理支出的現付費用和在救助作業中實際並合理使用設備和人員的公平費率。同時應考慮第十三條第1〔項〕(h)(i)(j)〔款〕規定的標準。

4. 在任何情況下，本規定的全部特別補償，只有在其高於救助人根據第十三條獲得的報酬時方予支付。

5. 如果由於救助人疏忽而未能防止或減輕環境損害，可全部或部分地剝奪其根據本條規定應得的特別補償。

6. 本條的任何規定不影響船舶所有人的任何追償權。

第十五條　救助人之間的報酬分配

1. 救助人之間的報酬分配應以第十三條中的標準為基礎。

2. 每一救助船的所有人、船長及船上其他工作人員之間的報酬分配應根據該船旗國的法律確定。如救助作業不是在救助船上進行的，其報酬分配應根據制約救助人與其受雇人所訂合同的法律確定。

第十六條　人命救助

1. 獲救人無須支付報酬，但本條規定不影響國內法就此作出的規定。

2. 在發生需要救助的事故時，參與救助作業的人命救助人有權從支付給救助船舶，其他財產或防止或減輕環境損害的救助人的報酬中獲得合理份額。

第十七條　根據現有合同提供的服務

在危險發生之前所簽署的合同，不得依本公約的規定支付款項，除非所提供的服務被合理地認為已超出正常履行該合同的範圍。

第十八條　救助人不當行為的後果

如因救助人的過失或疏忽或因救助人有欺詐或其他不誠實行為而使救助作業成為必需或更加困難，可剝奪救助人按本公約規定所得的全部或部分支付款項。

第十九條　制止救助作業

不顧船舶所有人、船長或其他處於危險中的不在船上而且未曾裝過船的財產的所有人的明確而合理的制止而提供的服務，不產生本公約規定的支付款項。

第四章　索賠與訴訟

第二十條　優先請求權

1. 本公約任何規定不影響根據任何國際公約或國內法規定的救助人的優先請求權。

2. 當已提交或提供了包括利息和訴訟費用在內的令人滿意的擔保後，救助人不可行使其優先請求權。

第二十一條　提供擔保的義務

1. 應救助人要求，根據本公約規定應支付款項的人，應對救助人的索賠，包括救助人的利息和訴訟費用，提供滿意的擔保。

2. 在不影響第 1〔項〕的情況下，獲救船舶的所有人，應盡力以保證在貨物釋放前，貨物所有人對向其提出的索賠，包括利息和訴訟費用在內，提供滿意的擔保。

3. 在對救助人的有關船舶或財產的索賠提供滿意的擔保前，未經救助人同意，獲救的船舶或其他財產不得從完成救助作業後最初抵達的港口或地點移走。

第二十二條　先行支付款項

1. 對救助人的索賠，有管轄權的法院或仲裁庭可根據案情，以公正合理的條件，通過臨時裁定或裁決，責令向救助人先付公正合理的金額，包括適當的擔保。

2. 根據本條規定，如已先行支付款項，根據第 21 條所提供的擔保則應作相應的扣減。

第二十三條　訴訟時效

1. 如在兩年內沒有提起訴訟或仲裁，本公約規定的有關支付款項的任何訴訟，便喪失時效。時效期限從救助作業結束之日起算。

2. 被索賠人可在時效期限內的任何時間，通過向索賠人提出聲明，延長時效期限。該期限可以同樣方式進一步延長。

3. 如果訴訟是在起訴地國的法律允許的時間內提起，即使上述兩〔項〕規定的時效期限已屆滿，負有責任的人仍可提起要求補償的訴訟。

第二十四條　利　息

救助人根據本公約應得給付利息的權利，應按受理該案的法院或仲裁庭所在國的法律確定。

第二十五條　國有貨物

除經國家所有人的同意外，本公約的任何規定均不得作為以任何法律程序或對物訴訟程序扣留、扣押或置留國家擁有的根據公認的國

際法準則，在發生救助作業時，享有主權豁免的非商業性貨物的根據。

第二十六條　人道主義貨物

如果一國已同意向對其人道主義的貨物所提供的救助服務支付費用，本公約中的規定均不得作為扣留、扣押或置留該國捐助的人道主義貨物的根據。

第二十七條　仲裁裁決的公布

締約國應在徵得當事方同意的條件下，盡量鼓勵公布救助案的仲裁裁決。

第五章　最後條款

第二十八條　簽字、批准、接受、核准和加入

1. 本公約自一九八九年七月一日至一九九〇年六月三十日在本組織總部開放供簽字。此後繼續開放供加入。

2. 各國可按下列方式表示同意受本公約的約束：

(a)簽字並對批准、接受或核准無保留；或

(b)簽字而有待批准、接受或核准，隨後再批准、接受或核准；或

(c)加入。

3. 批准、接受、核准或加入應向秘書長交存一份相應的文件。

第二十九條　生　　效

1. 本公約在十五個國家表示同意受本公約約束之日後一年生效。

2. 對於在本公約生效條件滿足後表示同意受本公約約束的國家，應在表示同意之日後一年生效。

第三十條　保　　留

1. 任何國家在簽字、批准、接受、核准或加入時，就下列情況可保留不適用本公約規定的權利：

(a)救助作業發生在內陸水域，而且涉及的所有船舶均為內陸水域航行的船舶；

(b)救助作業發生在內陸水域，而且並不涉及船舶；

(c)所有的利益方都是該國的國民；

(d)有關財產為位於海床上的具有史前的、考古的或歷史價值的海上文化財產。

2. 在簽字時做出的保留需在批准、接受或核准時加以確認。

3. 對本公約做出保留的國家可在任何時候以向秘書長發出通知的方式撤銷保留。這種撤銷從收到通知之日起生效。如果該通知聲明對某一保留的撤銷應在該通知中載明的某一日期生效，而且該日期遲於秘書長收到通知的日期，則該撤銷應在較遲的日期生效。

第三十一條　退　　出

1. 任一締約國在本公約對其生效之日起一年後，可隨時退出本公約。

2. 退出須向秘書長交存一份退出文件方為有效。

3. 退出本公約，應在秘書長收到退出文件一年後，或在退出文件中載明的較此更長的期限屆滿後生效。

第三十二條　修訂和修正

1. 本組織可召開修訂或修正本公約的會議。

2. 經八個或四分之一締約國的要求，以數大者為准，秘書長應召集修訂或修正本公約的締約國會議。

3. 在本公約的修正案生效之日後同意受本公約約束的任何表示應被視為適用於經修正的公約。

第三十三條　保　　存

1. 本公約由秘書長保存。

2. 秘書長應：

(a)將下列事項通知所有簽署或加入本公約的國家以及本組織的所有會員國：

（i)每一新的簽字或每一新的批准、接受、核准或加入書的交存及其日期；

（ii)本公約的生效日期；

(iii)任何退出本公約的文件的交存及其收到日期和退出的生效日期；

(iv)根據第三十二條規定通過的任何修正案；

(v)收到根據本公約所作出的任何保留、聲明或通知。

(b)將本公約核正無誤的副本分發給已簽署或加入本公約的所有國家。

3. 本公約一經生效，其保存人應按照聯合國憲章第一百零二條的規定，將本公約核正無誤的副本一份送交聯合國秘書長，供登記和公布。

第三十四條　語　言

本公約正本一份，用阿拉伯文、中文、英文、法文、俄文和西班牙文寫成，各種文本具有同等效力。

以下署名者，經各自政府正式授權，特簽署本公約，以昭信守。

一九八九年四月二十八日訂於倫敦。

化學製品在工作中的使用安全公約*

（一九九〇年六月二十五日）

國際勞工組織大會，

　　經國際勞工局理事會召集，於一九九〇年六月七日在日內瓦舉行其第七十七屆會議，

並

　　注意到有關的國際勞工公約和建議書，特別是，1971年苯公約和建議書、1974年職業癌病公約和建議書、1977年工作環境（空氣污染、噪音和震動）公約和建議書、1981年職業安全衛生公約和建議書、1985年職業衛生設施公約和建議書、1986年石棉公約和建議書，以及作為1964年就業傷害津貼公約的附件、1980年經修訂的職業病清單，並

　　注意到保護工人免受化學製品的有害影響同樣有助於保護公眾和環境，並注意到工人需要並有權利獲得他們在工作中使用的化學製品的有關資料，並考慮到通過下列方法預防或減少工作中化學製品導致的疾病和傷害事故的重要性：

　　(a)保證對所有化學製品的評價以確定其危害性，

　　(b)為雇主提供一定機制，以從供貨者處得到關於工作中使用的化學製品的資料，這樣他們能夠實施保護工人免受化學製品危害的有效計畫，

　　(c)為工人提供關於其工作場所的化學製品及其適當防護措施的資料，這樣他們能有效地參與保護計畫，

　　(d)確定關於此類計畫的原則，以保證化學製品的安全使用，並

　　認識到在國際勞工組織、聯合國環境計畫署和世界衛生組織之

---

* 　中華人民共和國國務院公報，第二十號（總號：七三八），一九九三年九月十八日，頁916～925。

間，以及與聯合國糧食和農業組織及聯合國工業和發展組織就國際化
學製品安全計畫進行合作的需要，並注意到這些組織制訂的有關文
件、規則和使用指南，並

　　經決定採納本屆會議議程第五項關於化學製品在工作中的使用安
全的某些提議，並

　　經確定這些提議應採取國際公約的形式，於一九九〇年六月二十
五日通過以下公約，引用時得稱之為 1990 年化學製品公約。

第一部分　範圍和定義

第 一 條

1. 本公約適用於使用化學製品的所有經濟活動部門。

　　2. 凡批准本公約的會員國主管當局，經與最有代表性的有關雇
主和工人組織協商，及在評價所包含的危害和應採取的保護措施的基
礎上：

　　(a)得准許某些特殊經濟活動部門、企業或產品在下列情況中免於
實施本公約或其若干條款：

　　　(i)存在實質性特殊問題；

　　　(ii)依照國家法律或實踐提供的全部保護不低於完全實施本公約
各項條款所構成的保護；

　　(b)應做出特殊規定以保護其泄露給競爭對手可能造成對雇主經營
的損害的機密資料，只要工人的安全和健康不因此而受到損害。

　　3. 本公約不適用於其在正常或合理可預見條件下的使用不造成
工人接觸有害化學製品的物品。

　　4. 本公約不適用於有機物，但適用於有機物衍生的化學製品。

第 二 條

就本公約而言：

　　(a)"化學製品"一詞係指化學原素和化合物，及其混合物，無論
其為天然或人造；

　　(b)"有害化學製品"一詞包括根據第六條被歸類為有害，或有適

當資料指明其為有害的任何化學製品；

(c)"化學製品在工作中的使用"一詞係指可能使工人接觸化學製品的任何工作活動，包括：

(i)化學製品的生產；

(ii)化學製品的搬運；

(iii)化學製品的貯存；

(iv)化學製品的運輸；

(v)化學製品廢料的處置或處理；

(vi)因工作活動導致的化學製品的排放；

(vii)化學製品設備和容器的保養、維修和清潔；

(d)"經濟活動部門"一詞係指包括公營部門在內的雇用工人的所有部門；

(e)"物品"一詞係指在生產過程中形成特定形狀或構成，或處於其自然形狀，其在這樣形式下的用途全部或部分地取決於其形狀或構成的物體；

(f)"工人代表"一詞係指根據 1971 年工人代表公約被國家法律或實踐所如此承認的人員。

第二部分 總 則
第 三 條

應就為使本公約各項規定生效所採取的措施與最有代表性的有關雇主和工人組織進行協商。

第 四 條

會員國應依照國家條件和實踐並經與最有代表性的雇主和工人組織協商，制訂、貫徹關於化學製品在工作中的使用安全的連續性政策並進行定期審查。

第 五 條

如證實在安全和健康方面屬正當，主管當局應有權禁止或限制某些有害化學製品的使用，或要求在使用此種化學製品時予以事先通知

和批准。

第三部分　分類和有關措施

第六條　分類制度

1. 應由主管當局，或經主管當局批准或認可的機構，根據國家或國際標準，建立適當的制度或專門標準，以按照其固有的對健康和身體的危害方式和程度對所有化學製品進行分類，及對確定化學製品是否有害所需的有關資料進行判定。

2. 可通過以其各種化學製品固有危害為基礎進行的判定確定兩種或多種化學製品的合成品的危害特性。

3. 在運輸時，此種制度和標準應考慮關於危險品運輸的聯合國建議書。

4. 分類制度及其實施應逐步推廣。

第七條　標簽和標誌

1. 所有化學製品應加以標誌以表明其特性。

2. 有害化學製品應以易於為工人理解的方式另外加貼標簽，以便提供關於其分類，其具有的危害以及應遵循的安全預防措施的基本資料。

3. ⑴應由主管當局，或經主管當局批准或認可的機構，根據國家或國際標準，依照本條第 1 和第 2〔項〕做出對化學製品加以標誌或加貼標簽的要求。

⑵在運輸時，此種要求應考慮關於危險品運輸的聯合國建議書。

第八條　化學製品安全説明書

1. 對於有害化學製品，應向雇主提供化學製品安全説明書，其中列明關於其特性、供貨人、分類、危害、安全預防措施和緊急程序的基本資料。

2. 應由主管當局，或經主管當局批准或認可的機構，根據國家或國際標準，制訂關於編製化學製品安全説明書的標準。

3. 化學製品安全説明書中用於識別化學製品的化學或通用名稱

應與標籤上使用的名稱一致。

第九條　供貨人的責任

1. 化學製品供貨人，無論其為製造者，進口者或分配者，均應保證：

(a)已在瞭解其特性和對現有資料進行研究的基礎上，根據第六條對此種化學製品加以分類，或已根據下列第 3〔項〕對其加以判定；

(b)根據第七條第 1〔項〕對此種化學製品加以標誌以表明其特性；

(c)根據第七條第 2〔項〕對其提供的有害化學製品加貼標籤；

(d)根據第八條第 1〔項〕為此種有害化學製品編製化學製品安全說明書並提供給雇主。

2. 有害化學製品的供貨人應保證，在得到新的適當安全衛生資料時，以符合國家法律和實踐的方法編製經修訂的標籤和化學製品安全說明書並提供給雇主。

3. 未根據第六條進行分類的化學製品的供貨人應在對現有資料進行研究的基礎上對其供應的化學製品進行識別並對其成份進行判定以確定其是否為有害化學製品。

第四部分　雇主的責任

第十條　識　別

1. 雇主應保證工作中使用的所有化學製品均按第七條的要求加貼標籤或加以標誌，化學製品安全說明書已按第八條的要求提供並可供工人及其代表使用。

2. 收到尚未按第七條要求加貼標籤或加以標誌，或尚未按第八條要求提供化學製品安全說明書的化學製品的雇主，應從供貨人或其他合理的可能來源處獲得有關資料，在未獲得此種資料前不應使用此種化學製品。

3. 雇主應保證僅使用根據第六條加以分類的，或根據第九條第

3〔項〕加以識別或判定的，和根據第七條加貼標籤或加以標誌的化學製品，以及在使用前採取必要的預防措施。

　　4. 雇主應保存與適當的化學製品安全說明書互為參照的關於工作場所使用有害化學製品的紀錄。此項紀錄應向所有有關工人及其代表開放。

第十一條　化學製品的轉移

　　雇主應保證在將化學製品轉移到其他容器或設備時，以一定方式對其含量加以列明，以使工人明瞭其特性、與使用有關的危害以及應遵守的安全預防措施。

第十二條　接　　觸

　　雇主應：

　　(a)保證工人接觸化學製品的程度不超過主管當局、或經主管當局批准或認可的機構，根據國家或國際標準制訂的用於評估和控制工作環境的接觸限度或其他接觸標準；

　　(b)判定工人接觸有害化學製品的情況；

　　(c)在對保障工人安全和健康屬必要或經主管當局決定時，監測並記錄工人接觸有害化學製品的情況；

　　(d)保證對工作環境和使用有害化學製品工人的接觸情況的監測記錄按主管當局規定的期限加以保存及可供工人及其代表使用。

第十三條　操作控制

　　1. 雇主應對工作中使用化學製品所造成的危險進行判定，並通過適當辦法，包括下列方法使工人避免這些危險：

　　(a)選擇可將危險消除或減到最低程度的化學製品；

　　(b)選擇可將危險消除或減到最低程度的技術；

　　(c)使用適當的工程控制措施；

　　(d)採用可將危險消除或減到最低程度的工作制度和實際做法；

　　(e)採取適當的職業衛生措施；

　　(f)在依靠上述措施仍不足的情況下，免費向工人提供並適當保養個人防護裝備和服裝，並採取措施保證其使用。

2.雇主應：

(a)限制接觸有害化學製品以保護工人的安全與健康；

(b)提供急救；

(c)做好處置緊急情況的安排。

第十四條　處　置

應對不再需要的有害化學製品和已騰空但仍可能帶有有害化學製品殘留的容器依照國家法律和實踐以一定方式加以處理和處置，以將其對安全和衛生以及環境的危險加以消除或減到最低程度。

第十五條　資料和培訓

雇主應：

(a)通知工人與接觸工作場所使用的化學製品有關的危害；

(b)指導工人如何獲得和使用就標簽和化學製品安全說明書所提供的資料；

(c)使用化學製品安全說明書以及關於工作場所的專門資料，作為編制工人工作須知的基礎，如適宜應採用書面形式；

(d)對工人不斷進行工作中使用化學製品安全方面應遵循的做法和程序的培訓。

第十六條　合　作

雇主在履行其責任時，應盡可能在工作中化學製品的使用安全方面與工人及其代表密切合作。

第五部分　工人的義務

第十七條

1.在雇主履行其責任時，工人應盡可能與其雇主密切合作，並遵守與工作中化學製品的使用安全有關的所有程序和做法。

2.工人應採取一切合理步驟將工作中使用化學製品對他們自己以及他人的危險加以消除或減到最低程度。

第六部分　工人及其代表的權利

第十八條

1. 工人應有權在有正當理由相信存在對其安全或健康的緊迫和嚴重危險的情況下，從使用化學製品造成的危險中撤離，並應立即通知其上級主管。

2. 根據前〔項〕規定從危險中撤離或行使本公約規定的任何權利的工人應免受不適當後果的影響。

3. 有關工人及其代表應有權獲得：

⑷關於工作中使用的化學製品的特性、此種化學製品的有害成份、預防措施、教育和培訓的資料；

⑸標籤和標記包含的資料；

⑹化學製品安全說明書；

⑺本公約要求加以保存的任何其他資料。

4. 在某種化學混合物的成份的特殊特性向競爭者透露可能對雇主和經營造成損害的情況下，雇主在提供上述第3〔項〕要求的資料時，得以根據第一條第2〔項〕⑸由主管機關批准的方式對該種特性予以保密。

第七部分　出口國的責任

第十九條

在某出口化學製品的會員國因工作安全和健康原因全部或部分禁用有害化學製品的情況下，此種禁用的事實及原因應由該出口會員國通知進口化學製品的國家。

第二十條

本公約的正式批准書應送請國際勞工局長登記。

第二十一條

1. 本公約應僅對其批准書已經局長登記的國際勞工組織會員國有約束力。

2. 本公約應僅自兩個會員國的批准書已經局長登記之日起十二個月後生效。

3. 此後，對於任何會員國，本公約應自其批准書已經登記之日起十二個月後生效。

第二十二條

1. 凡批准本公約的會員國，自本公約初次生效之日起滿十年後得向國際勞工局局長通知解約，並請其登記。此項解約通知書自登記之日起滿一年後始得生效。

2. 凡批准本公約的會員國，在前〔項〕所述十年期滿後的一年內未行使本條所規定的解約權利者，即須再遵守十年，此後每當十年期滿，得依本條的規定通知解約。

第二十三條

1. 國際勞工局長應將國際勞工組織各會員國所送達的一切批准書和解約通知書的登記情況，通知本組織的全體會員國。

2. 局長在將所送達的第二份批准書的登記通知本組織的各會員國時，應提請本組織各會員國注意本公約開始生效的日期。

第二十四條

國際勞工局長應將他按照以上各條規定所登記的一切批准書和解約通知書的詳細情況，按照聯合國憲章第 102 條的規定，送請聯合國秘書長進行登記。

第二十五條

國際勞工局理事會在必要時，應將本公約的實施情況向大會提出報告，並審查應否將本公約的全部或部分修訂問題列入大會議程。

第二十六條

1. 如大會通過新公約對本公約作全部或部分修訂時，除新公約另有規定外，應：

(a)如新修訂公約生效和當其生效之時，會員國對於新修訂公約的批准，不須按照上述第二十二條的規定，依法應為對本公約的立即解約；

(b)自新修訂公約生效之日起，本公約應即停止接受會員國的批准。

2. 對於已批准本公約而未批准修訂公約的會員國，本公約以其現有的形式和內容，在任何情況下仍應有效。

第二十七條

本公約的英文本和法文本同等為準。

化學製品在工作中的使用安全建議書*

（一九九〇年六月二十五日）

國際勞工組織大會，

經國際勞工局理事會召集，於一九九〇年六月六日在日內瓦舉行其第七十七屆會議，並

經決定採納本屆會議議程第五項關於化學製品在工作中的使用安全的某些提議，並經確定這些提議應採取補充 1990 年化學製品公約的建議書的形式，

於一九九〇年六月二十五日通過以下建議書，引用時得稱之為1990 年化學製品建議書。

Ⅰ、總　　則

1. 本建議書各項規定應結合 1990年化學製品公約（以下稱“公約”）各項規定予以實施。

2. 應就為使本建議書各項規定生效所採取的措施與最有代表性的有關雇主和工人組織進行協商。

3. 主管當局應列明因安全和健康原因不得使用特定化學製品或只能在根據國家法律或條例規定的條件下使用此種化學製品的工人類別。

4. 本建議書各項規定還應適用於得由國家法律或條例列明的自營人員。

5. 根據公約第一條第 2〔項〕(b)和第十八條，主管當局規定的保護機密資料的特殊規定應：

(a)將機密資料限於向與工人安全和健康問題有關的人員透露；

* 中華人民共和國國務院公報，第二十號（總號：七三八），一九九三年九月十八日，頁 931～939。

(b)保證獲得機密資料的人員同意僅將其用於安全和健康方面的需要，及在其他情況下予以保密；

(c)規定在緊急情況下對有關資料立即予以解密；

(d)制訂程序以及時考慮保密要求以及在就解密達成協議情況下撤出有關資料的需要是否適當。

II、分類和有關措施

分　　類

6. 根據公約第六條第 1〔項〕制訂的化學製品分類標準應以化學製品的特性為基礎，其中包括：

(a)有毒成份，包括對人身體所有部分的急性或慢性健康影響；

(b)化學或物理特徵，包括易燃、易爆、易氧化和危險性反應特性；

(c)腐蝕性和刺激性；

(d)致過敏和敏感作用；

(e)致癌作用；

(f)畸形和畸變作用；

(g)對生殖系統的影響。

7. (1)如屬合理可行，主管當局應編制工作中使用的化學製品成份和化合物及其相關危害性資料的綜合目錄，並定期予以更新。

(2)對未納入綜合目錄的化學製品成份和化合物，除准予例外者外，應要求製造者或進口者在用於工作之前以符合公約第一條第 2〔項〕(b)規定的保護機密資料的方式向主管當局提供補充該目錄所需要的資料。

標籤和標誌

8. (1)根據公約第七條規定的對化學製品加貼標籤和加以標誌的要求，應使處理或使用化學製品的人員在接收和使用化學製品時能對之加以確認和區分，以便安全地使用。

(2)對有害化學製品加貼標籤的要求，依照現有國家和國際制度，

應包括：

  (a)應列在標籤上的資料，如屬適宜包括：

   (i)商品名稱；

   (ii)化學製品成份；

   (iii)供貨人姓名、地址和電話；

   (iv)有害標誌；

   (v)與使用化學製品有關的特殊危險的性質；

   (vi)安全預防措施；

   (vii)批號識別；

   (viii)關於提供其他資料的化學製品安全說明書可由雇主處獲得的說明；

   (ix)根據主管當局規定的制度進行的分類；

  (b)標籤的清晰度、耐久性和尺寸；

  (c)標籤和記號，包括顏色的一致。

  (3)標籤應易於為工人理解。

  (4)對於上述(2)未包括的化學製品，標誌可僅限於化學製品的成份。

  9. 在由於容器尺寸或包裝性質的原因而無法對化學製品加貼標籤或加以標誌的情況下，應規定其他有效的識別手段，如加系標籤或隨附文書。但在所有有害化學製品的容器上均應通過適當文字或標記註明內裝物品的危害。

化學製品安全說明書

  10. (1)編製關於有害化學製品的化學製品安全說明書的標準應保證如可行在說明書中包含下列基本資料：

  (a)化學製品產品和公司的識別（包括化學製品的商品名稱或通用名稱以及供貨人和製造者的詳情）；

  (b)成份／關於構成物的資料（以對其清楚地加以識別以便進行危害評價的方式）；

  (c)對危害的識別；

(d)急救措施；

(e)消防措施；

(f)事故性〔洩〕露措施；

(g)搬運和貯存；

(h)接觸控制／人員防護（包括可能的監視工作場所接觸的辦法）；

(i)物理和化學特性；

(j)穩定性和反應性；

(k)毒理學資料（包括進入人體的潛在途徑以及與工作中遇到的其他化學製品或有害物產生協助作用的可能性）；

(l)生態學資料；

(m)處置方面的考慮；

(n)關於運輸的資料；

(o)關於規章制度的資料；

(p)其他資料（包括化學製品安全說明書的編制日期）。

(2)在上述(1)(b)提到的成份的名稱或含量構成保密資料時，根據公約第一條第 2〔項〕(b)，可將其由化學製品安全說明書中刪除。根據本建議書第 5 段，這些資料應要求以書面形式向主管當局以及有關雇主、工人和工人代表透露，他們應同意僅將這些資料用於保護工人的安全和健康及在其他情況下不予〔洩〕露。

III、雇主的責任

接觸監視

11. (1)在工人接觸有害化學製品的情況下，應要求雇主：

(a)限制接觸此種化學製品以保護工人的健康；

(b)視需要判定、監視及記錄工作場所化學製品中懸浮物的成份。

(2)工人及其代表和主管當局應能得到有關紀錄。

(3)雇主應在主管當局確定的期限內保存本段所規定的紀錄。

工作場所的操作控制

12. ⑴雇主應在下述第 13 至 16 段規定標準的基礎上採取措施保護工人免遭工作中使用化學製品引起的危害。

⑵根據國際勞工局理事會通過的關於多國企業和社會政策原則的三方宣言，擁有兩個以上工廠的國家或多國企業應無例外地向其所有工廠的工人，無論這些工廠位於任何地點或國家，提供預防、控制和保護免遭因職業接觸有害化學製品造成的健康危害的安全措施。

13. 主管當局應保證制定關於使用有害化學製品的安全標準，包括如屬可行關於下列問題的規定：

⒜因呼吸、皮膚吸收或吞咽進入人體導致急性或慢性疾病的危險；

⒝因皮膚或眼睛接觸引起的傷害或疾病的危險；

⒞因物理性能或化學反應造成的失火、爆炸或其他事故引起傷害的危險；

⒟通過下列方法採取的預防措施：

⒤選擇消除此種危險或將其減至最低程度的化學製品；

⒥選擇消除此種危險或將其減至最低程度的工藝、技術和裝置；

⒦使用和適當保有工程控制措施；

⒧採用消除此種危險或將其減至最低程度的工作制度和做法；

⒨採用適當的個人衛生措施，提供適當的衛生設施；

⒩在證實上述措施不足以消除此種危險的情況下，提供、保有和使用合適的個人防護裝備和服裝，並對工人免費；

⒪使用標記和通知；

⒫對緊急情況做好適當準備。

14. 主管當局應保證制訂有害化學製品貯存的安全標準，包括如屬可行關於下列問題的規定：

⒜貯存中的化學製品的相容性和分隔性；

⒝將予貯存的化學製品的特性和數量；

⒞倉庫的安全、位置和通道；

(d)貯存容器的構造、性質和完好性；

(e)貯存容器的裝卸；

(f)加貼標籤和重貼標籤的要求；

(g)對事故性排放、起火、爆炸和化學反應的預防措施；

(h)溫度、濕度和通風；

(i)發生外溢時的預防措施和程序；

(j)緊急情況下的程序；

(k)貯存中的化學製品可能的物理和化學變化。

15. 主管當局應保證為參與有害化學製品運輸的工人安全制訂符合國家和國際運輸條例的標準，包括如屬可行關於下列問題的規定：

(a)交付運輸的化學製品的特性和數量；

(b)運輸中使用的包裝和容器，包括管線的性質、完好性和保護；

(c)用於運輸的車輛的規範；

(d)行走路線；

(e)運輸工人的培訓和資格；

(f)加貼標籤的要求；

(g)裝卸；

(h)發生外溢時的程序。

16. (1)主管當局應保證為制訂處置和處理有害化學製品和有害廢棄產品應遵循的程序而建立符合有害廢棄物處理國家和國際條例的標準，以保證工人安全。

(2)這些標準應包括如屬可行關於下列問題的規定：

(a)識別廢棄產品的方法；

(b)受污染容器的處理；

(c)廢品容器的識別、製造、性質、完好性和保護；

(d)對工作環境的影響；

(e)處置場地的劃分；

(f)人員防護設備和服裝的提供、保養和使用；

(g)處置或處理的方法。

17. 依照公約和本建議書制訂的工作中使用化學製品的標準應盡可能符合對一般公眾和環境的保護以及為此目的制訂的標準。

醫務監視

18. (1)應要求雇主或根據國家法律和實踐認定的主管機構，通過符合國家法律和實踐的方法，為下列目的安排如屬必要對工人的醫務監視：

(a)判定與接觸化學製品造成的危害有關的工人健康狀況；

(b)診斷接觸化學製品造成的與工作有關的疾病和傷害。

(2)在醫務測定或調查的結果顯示臨床或臨床前反應的情況下，應採取措施防止或減少有關工人的接觸程度，並防止其健康狀況的進一步惡化。

(3)醫務檢查的結果應用於確定與接觸化學製品有關的健康狀況，而不應用於對工人的歧視做法。

(4)對工人醫務監視的紀錄應按主管當局的規定在一定時限內由專人保存。

(5)工人應能親自或通過醫生獲得他們自己的醫務紀錄。

(6)個人醫務紀錄的保密性應依照普遍接受的醫務道德原則受到尊重。

(7)醫務檢查結果應向有關工人做出清楚說明。

(8)在無法對具體工人加以識別的情況下，工人及其代表應能獲得根據醫務紀錄得出的研究結果。

(9)在有助於認識和控制職業病的情況下，醫務紀錄的結果應能以保證不透露人名為前提用於編制有關的健康統計資料和流行病學研究。

急救和緊急情況

19. 根據主管當局提出的要求，應要求雇主制訂程序，包括急救安排，以處理工作中使用有害化學製品導致的緊急情況和事故，並保證對工人進行關於這些程序的培訓。

IV、合　作

20. 雇主、工人及其代表應在實施根據本建議書規定的措施中盡可能密切合作。

21. 應要求工人：

(a)按照其所接受的培訓及其雇主給予的指導盡可能留意他們自身以及可能被他們的行為或疏漏所影響的其他人員的安全和健康；

(b)適當使用為保護他們或其他人員而提供的所有設備；

(c)及時向上級主管報告他們認為可能造成危險和他們自己無法適當處理的情況。

22. 關於工作中可能使用的有害化學製品的宣傳材料應提請注意這些〔製〕品的危害及採取預防措施的必要性。

23. 供貨人應要求向雇主提供評估可能因工作中對某種化學製品的特殊使用而造成的不正常危害所需的其可能提供的資料。

V、工人的權利

24. (1)工人及其代表應有權：

(a)從雇主處獲得化學製品安全說明書和其他資料以便能採取適當預防措施，與其雇主合作保護工人避免工作中使用有害化學製品造成的危險；

(b)要求和參與由雇主或主管當局進行的，對工作中使用化學製品造成的可能的危險的調查。

(2)在根據公約第一條第 2〔項〕(b)和第十八條第 4〔項〕，需要提供的資料屬保密的情況下，雇主可要求工人或工人代表將資料的使用僅限於評估和控制工作中使用化學製品引起的可能的危險，並採取合理步驟保證該項資料不向潛在的競爭者洩露。

(3)考慮到關於多國企業和社會政策原則的三方宣言，多國企業應要求向其開展經營活動的所有國家的有關工人、工人代表、主管當局、雇主和工人組織提供關於他們在其他國家遵守的、與他們在當地

的經營活動有關的使用化學製品的標準和程序的資料。

25. (1)工人應有權：

(a)提請其代表、雇主或主管當局注意工作中使用化學製品引起的潛在危害；

(b)在有合理的正當理由確信存在對其安全或健康的緊迫和嚴重危險時自行脫離因使用化學製品導致的危險並應立即通知其上級主管；

(c)在諸如化學製品敏感等置工人於有害化學製品造成的傷害危險不斷增加的健康條件下，如能提供其他工作且有關工人具備資格或能經適當培訓後從事此項工作，調做不接觸此種化學製品的工作；

(d)如第(1)〔項〕(c)提及的情況導致失去工作則獲得賠償；

(e)因工作中使用化學製品導致的傷害和疾病而獲得適當治療和賠償。

(2)根據第(1)〔項〕(b)自行脫離危險或根據本建議書行使任何權利的工人應受保護免受不公正對待。

(3)在工人根據第(1)〔項〕(b)自行脫離危險的情況下，雇主應與工人及其代表合作立即調查此種危險並採取必要的糾正步驟。

(4)在有工作機會的情況下，女性工人在懷孕或哺乳期間應有權調換到不使用或接觸對未出生或哺乳期嬰兒健康有害的化學製品的工作，並有權在適當時候返回其原崗位。

26. 工人應得到：

(a)以其易於理解的形式和語言提供的關於化學製品分類和加貼標籤以及關於化學製品安全說明書的資料；

(b)關於其工作過程中使用有害化學製品可能導致的危險的資料；

(c)以化學製品安全說明書為基礎並如屬適當特別針對工作場所的書面或口頭指導；

(d)可用於預防、控制及保護免遭此種危險的方法，包括貯存、運輸和廢棄物處理的正確方法以及緊急情況和急救措施的培訓及在必要情況下的再培訓。

夜間工作公約*

（一九九〇年六月二十六日）

國際勞工組織大會，

經國際勞工局理事會召集，於一九九〇年六月六日在日內瓦舉行其第七十七屆會議，並

注意到關於兒童和未成年人夜間工作的國際勞工公約和建議書的各項規定，特別是 1946 年未成年人夜間工作（非工業職業）公約和建議書、1948 年未成年人夜間工作（工業）公約（修訂本）、以及 1921年兒童和未成年人夜間工作（農業）建議書的各項規定，並

注意到關於婦女夜間工作的國際勞工公約和建議書的各項規定，特別是 1948 年夜間工作（婦女）公約（修訂本）及其 1990 年議定書、1921 年婦女夜間工作（農業）建議書、以及 1952年生育保護建議書第 5 段的各項規定，並

注意到 1958 年歧視（就業和職業）公約的各項規定，並

注意到 1952 年生育保護公約（修訂本）的各項規定，並

經決定採納本屆會議議程第四項關於夜間工作的某些提議，並

經確定這些提議應採取國際公約的形式，於一九九〇年六月二十六日通過以下公約，引用時得稱之為 1990 年夜間工作公約。

第 一 條

就本公約而言，

(a)" 夜間工作 "一詞係指須經主管當局與最有代表性的雇主和工人組織協商確定，或由集體協議確定，在不少於七個連續小時，其中包括午夜至上午五時期間內從事的一切工作；

(b)" 夜間工人 "一詞係指其工作需在超過規定限度的大量夜間工

---

* 中華人民共和國國務院公報，第二十號（總號：七三八），一九九三年九月十八日，頁 926～931。

作小時內進行的雇員，此種限度應由主管當局經與最有代表性的雇主和工人組織協商確定，或由集體協議確定。

第 二 條

1. 本公約適用於除受雇於農業、飼養業、漁業、海上運輸業和內河航運業以外的所有雇員。

2. 凡批准本公約的會員國，經與最有代表性的有關雇主和工人組織協商，得在本公約的適用將引起特殊實質性問題的情況下，對限定類別的工人全部或部分免於適用本公約。

3. 凡利用本條第1〔項〕提供的可能性的會員國，應在其依照國際勞工組織章程第二十二條提交的本公約實施報告中，列明被如此免於適用的具體工人類別及其免於適用的原因。會員國還應說明為使本公約各項規定逐步擴大到有關工人而採取的所有措施。

第 三 條

1. 應為夜間工人採取因夜間工作性質而需要的特殊措施，其中最低限度應包括第四條至第十條提到的措施，以保護他們的健康，幫助他們承擔家庭和社會責任，提供職業晉升機會，以及給予他們適當補償。還應為所有從事夜間工作的工人在安全和生育保護方面採取此種措施。

2. 上述第1〔項〕提到的措施得予以逐步實施。

第 四 條

1. 在下列情況中，應工人的要求，他們有權得到免費健康評估並接受關於如何減少或避免與其工作有關的健康問題的諮詢：

(a)在接受作為夜間工人的任命之前；

(b)在此種任命期間的每隔一定時間；

(c)如他們在此種任命期間遇到不是因從事夜間工作之外的原因而造成的健康問題。

2. 除發現不適合夜間工作的情況外，此種評估的結果在未得到工人同意時不得轉給他人，其使用不應對工人造成損害。

第 五 條

應為從事夜間工作的工人提供適當急救設施，包括做出安排使此類工人在必要時能迅速被送往可提供適當治療的地點。

第 六 條

1. 因健康原因被確定為不適合夜間工作的夜間工人，如可行應被轉到他們適合的相似崗位。

2. 如此種崗位轉換不可行，這些工人應得到與其他不能工作或不能保證就業的工人同樣的津貼。

3. 被確定為臨時性不適合夜間工作的夜間工人應得到與其他因健康原因不能工作的工人同樣的針對解雇的保護或解雇通知。

第 七 條

1. 在下列期間內，應採取措施保證向否則將被要求從事夜間工作的女工提供除夜間工作外的其他選擇：

(a)生育前後至少十六周期間，其中至少八周應為預產期以前；

(b)在下列情況中有醫療診斷書表明對母嬰健康屬必要的更長期間：

(i)懷孕期間；

(ii)超出按照上述(a)確定的生育後期間的一段特定期間，其長度應由主管當局經與最有代表性的雇主和工人組織協商確定。

2. 本條第 1〔項〕提及的措施得包括如可能轉為日間工作，提供社會保障津貼或延長產假。

3. 在本條第 1〔項〕提到的期間內：

(a)女工不得被解雇或被通知解雇，除非因與懷孕或生育無關的正當原因；

(b)女工的收入應維持在依照適當生活標準足以養活其本人和子女的水平。此種收入的維持得通過本條第 2〔項〕所列各項措施，其他適當措施，或綜合這些措施予以保證；

(c)女工不應失去其在正常夜間工作崗位上可得到的地位、年資和晉升方面的利益。

4. 本條各項規定不應具有降低與生育假有關的保護和利益的作

用。

第 八 條

以工時、報酬或類似利益的方式對夜間工人的補償應承認夜間工作的性質。

第 九 條

應向夜間工人，或在必要情況下向從事夜間工作的工人，提供適當的社會服務。

第 十 條

1. 在實行需要夜間工人作業的工作班次前，雇主應就此種班次的細節和對企業及其員工最適宜的夜間工作的組織形式，以及所需的職業衛生措施和社會服務，與有關工人代表進行協商。在雇用夜間工人的企業中，此種協商應定期進行。

2. 就本條而言，"工人代表"一詞係指根據1971年工人代表公約被國家法律或實踐所如此承認的人員。

第十一條

1. 本公約各項規定得通過法律或條例、集體協議、仲裁裁決或法院決定、這些手段的綜合使用、或適合國家條件和實踐的其他形式加以貫徹。在未能通過其他手段生效時，應通過法律或條例加以貫徹。

2. 在本公約各項規定通過法律或條例加以貫徹的情況下，應與最有代表性的雇主和工人組織進行事先協商。

第十二條

本公約的正式批准書應送請國際勞工局長登記。

第十三條

1. 本公約應僅對其批准書已經局長登記的國際勞工組織會員國有約束力。

2. 本公約應自兩個會員國的批准書已經局長登記之日起十二個月後生效。

3. 此後，對於任何會員國，本公約應自其批准書已經登記之日

起十二個月後生效。

第十四條

1. 凡批准本公約的會員國，自本公約初次生效之日起滿十年後得向國際勞工局長通知解約，並請其登記。此項解約通知書自登記之日起滿一年後始得生效。

2. 凡批准本公約的會員國，在前款所述十年期滿後的一年內未行使本條所規定的解約權利者，即須再遵守十年，以後每當十年期滿，得依本條的規定通知解約。

第十五條

1. 國際勞工局長應將國際勞工組織各會員國所送達的一切批准書和解約通知書的登記情況，通知本組織的全體會員國。

2. 局長在將所送達的第二份批准書的登記通知本組織的各會員國時，應提請本組織各會員國注意本公約開始生效的日期。

第十六條

國際勞工局長應將他按照以上各條規定所登記的一切批准書和解約通知書的詳細情況，按照聯合國憲章第一〇二條的規定，送請聯合國秘書長進行登記。

第十七條

國際勞工局理事會在必要時，應將本公約的實施情況向大會提出報告，並審查應否將本公約的全部或部分修訂問題列入大會議程。

第十八條

1. 如大會通過新公約對本公約作全部或部分修訂時，除新公約另有規定外，應：

(a)如新修訂公約生效和當其生效之時，會員國對於新修訂公約的批准，不須按照上述第十四條的規定，依法應為對本公約的立即解約；

(b)自新修訂公約生效之日起，本公約應即停止接受會員國的批准。

2. 對於已批准本公約而未批准修訂公約的會員國，本公約以其

現有的形式和內容，在任何情況下仍應有效。

第十九條

本公約的英文本和法文本同等為準。

夜間工作建議書*

（一九九〇年六月二十六日）

國際勞工組織大會，

經國際勞工局理事會召集，於一九九〇年六月六日在日內瓦舉行其第七十七屆會議，

並

經決定採納本屆會議議程第四項關於夜間工作的某些提議，並

經確定這些提議應採取補充 1990 年夜間工作公約的建議書的形式，

於一九九〇年六月二十六日通過以下建議書，引用時得稱之為 1990 年夜間工作建議書。

Ⅰ、一般規定

1. 就本建議書而言：

(a)"夜間工作"一詞係指須經主管當局與最有代表性的雇主和工人組織協商確定，或由集體協議確定，在不少於七個連續小時，其中包括午夜至上午五時期間內從事的一切工作；

(b)"夜間工人"一詞係指其工作需在超過規定限度的大量夜間工作小時內進行的雇員，此種限度應由主管當局經與最有代表性的雇主和工人組織協商確定，或由集體協議確定。

2. 本建議書適用於除受雇於農業、飼養業、漁業、海上運輸業和內河航運業以外的所有雇員。

3. (1)本建議書各項規定得通過法律或條例、集體協議、仲裁裁

---

*　中華人民共和國國務院公報，第二十號（總號：七三八），一九九三年九月十八日，頁939～943。

決或法院決定、這些手段的綜合使用、或適合國家條件和實踐的其他形式加以貫徹。在未能通過其他手段生效時，應通過法律或條例加以貫徹。

⑵在本建議書各項規定通過法律或條例加以貫徹的情況下，應與最有代表性的雇主和工人組織進行事先協商。

II、工時和休息時間

4.⑴夜間工人的正常工時在他們於其中從事夜間工作的每二十四小時期間應不超過八小時，除非是在其工作包含大量僅僅是在現場停留或準備開始工作的時間，或其他工作安排對不同工作時間給工人以至少同等保護，或特殊例外由集體協議認可，或在不能由集體協議認可時由主管當局認可的情況下。

⑵夜班工人的正常工時一般平均應少於（編者按：此句中文原文有所缺漏，目前出版的**聯合國條約彙編**尚未包括此一建議書，因之無法查到英文原文核對），並在任何情況下不超過有關活動部門或企業中日間按照同樣要求從事同樣工作的工人的正常工時。

⑶夜間工人在減少正常周工時和增加有薪假日的一般措施方面應至少與其他工人在同等程度上受益。

5.⑴工作的組織方式應可盡量避免夜間工人在含有夜間工作的每日工時前後的加班工作。

⑵在有特殊危害或繁重體力或腦力消耗的職業中，夜間工人在含有夜間工作的每日工時前後不應再從事加班工作，除非是在人力不可抗拒或出現事實上或即將發生的事故的情況下。

6. 在倒班工作中包含夜間工作的情況下：

⒜不應連續做兩個滿工時班次，除非是在人力不可抗拒或出現事實上或即將發生的事故的情況下；

⒝應盡量保證在兩個班次之間至少有十一小時的休息時間。

7. 含有夜間工作的每日工時中應包括一次或幾次中間休息，以便工人休息和進食。這些中間休息的安排和時間總長度應考慮夜間工

作性質對工人的要求。

III、經濟補償

8. (1)對夜間工作一般應給予適當經濟補償。此種補償應在給予日間按照同樣要求從事同樣工作的報酬之外，並

(a)應尊重男女同樣工作，或等量工作給予同等報酬的原則；並

(b)得通過協議改為減少工時。

(2)在決定此種補償時，得對工時減少的限度加以考慮。

9. 在夜間工作經濟補償為夜間工人收入的正常部分的情況下，計算帶薪年假、帶薪公共假日、和其他通常帶薪的不工作時間，或確定社會保障繳費和收益時，應將此種補償包括在內。

IV、安全和衛生

10. 雇主和有關工人的代表應能就夜間工作，特別是由輪換班組從事的夜間工作的各種組織形式的後果與職業衛生機構（如存在這種機構）進行磋商。

11. 在決定委派給夜間工人的工作任務時，應考慮夜間工作的性質、環境因素的影響和工作組織的形式。應特別注意諸如有毒物質、噪音、振動和照明水平等因素和包含繁重體力和腦力消耗的工作組織形式。應避免或減少此類因素和工作組織形式的累積影響。

12. 雇主應採取必要措施在夜間工作中保持與日間同等水平的針對職業危害的保護，特別是盡量避免工人的隔絕狀態。

V、社會服務

13. 應採取措施限制或減少夜間工人用在來往於其居住地和工作場所之間的時間，免除或減少他們的額外交通費用，改善他們夜間交通的安全條件。此類措施應包括：

(a)對含有夜間工作的每日工作時間的上下班鐘點和當地公共交通服務的時間表進行協調；

(b)在無公共交通服務的情況下由雇主為夜間工人提供集體交通工具；

(c)幫助夜間工人獲得適當的交通工具；

(d)對額外交通費用給予適當補償；

(e)在工作場所的合理距離內建立居住設施。

14. 應採取措施改善夜間工人的休息質量。此種措施得包括：

(a)就夜間工人住房的防噪音問題提供諮詢，或如適宜提供幫助；

(b)設計和配備考慮到降低噪音水平需要的居住設施。

15. 應為夜間工人在企業的適當地點提供有適當配備的休息設施。

16. 雇主應採取必要措施使從事夜間工作的工人獲得食品和飲料。為滿足夜間工人需要而採取的此類措施得包括：

(a)在企業的適當地點提供適合夜間用的食品和飲料；

(b)為工人在夜間可能製做或加熱及食用其攜帶的食物提供方便。

17. 在決定建立托兒所和照料兒童的其他設施，選擇其地點及確定開放時間時，當地從事夜間工作的範圍應是考慮因素之一。

18. 在採取措施鼓勵工人的培訓和再培訓，以及文化、體育或娛樂活動時，公共當局、其他機構和雇主應適當考慮夜間工人的特殊困難。

VI、其他措施

19. 無論處於懷孕的任何階段，只要一經發現，凡提出要求的女夜間工人如可行均應被委派日間工作。

20. 在倒班工作的情況下，當決定夜班班組的組成時，應對有家庭負擔的工人、正在參加培訓的工人、以及老年工人的特殊情況給予考慮。

21. 除非在人力不可抗拒或出現事實上或即將發生的事故的情況下，工人應得到關於要求從事夜間工作的有適當理由的通知。

22. 如適宜應採取措施使夜間工人能與其他工人同樣從培訓機

會，包括帶薪教育假中受益。

23. ⑴已完成規定年限夜間工作的夜間工人在獲得他們具備必要資格的日間工作崗位方面應得到特殊考慮。

⑵應通過必要時為夜間工人提供關於通常在日間從事的工作的培訓，為此種轉換做準備。

24. 如存在機會，作為夜間工人從事多年工作的工人在自願提前或分階段退休方面應得到特殊考慮。

25. 負有工會或工人代表職責的夜間工人，應與負有此種職責的其他工人一樣，能在適當條件下行使這種職責。在做出任命夜間工作工人代表的決定時應考慮行使工人代表職責的需要。

26. 應完善夜班工作的統計資料，並深入進行有關夜間工作，特別是在實行倒班制時的不同組織形式的後果的研究。

27. 在可能的情況下，應對科技進步和工作組織方面的創新加以利用，以限制對夜間工作的依賴。

關於一九四八年夜間工作（婦女）公約（修訂本）的一九九〇年議定書*

（一九九〇年六月二十六日）

國際勞工組織大會，

經國際勞工局理事會召集，於一九九〇年六月六日在日內瓦舉行其第七十七屆會議，並

經決定採納本屆會議議程第四項關於夜間工作的某些提議，並

經確定這些提議應採取關於 1948 年夜間工作（婦女）公約（修訂本）（以下稱"公約"）的 1990 年議定書的形式，

於一九九〇年六月二十六日通過以下議定書，引用時得稱之為關於1948 年夜間工作（婦女）公約（修訂本）的 1990 年議定書。

第 一 條

1. (1)在下列情況中，經與最有代表性的雇主和工人組織協商通過的國家法律或條例得規定可由主管當局做出決定，採用公約第二條限定的不同夜間工作時間和公約第三條包括的對限制夜間工作的免於實施：

(a)在有關雇主和工人組織的代表達成協議或同意的特定活動部門和職業；

(b)在根據上述(a)做出的決定未包括的一個或多個特定企業，條件是：

(i)有關企業的有關雇主和工人代表達成了協議；

(ii)經與有關活動部門或職業的雇主和工人組織的代表或最有代表性的雇主和工人組織進行協商；

(c)在根據上述(a)做出的決定未包括以及依照上述(b)(i)未達成協議

---

* 中華人民共和國國務院公報，第二十號（總號：七三八），一九九三年九月十八日，頁 944～946。

的特定企業，條件是：

（i）經與企業工人代表以及有關活動部門或職業的雇主和工人組織代表或最有代表性的雇主和工人組織進行協商；

（ii）主管當局認可企業存在關於職業安全衛生、社會服務和對女工的平等機會和待遇的適當保障措施；

（iii）主管當局做出的決定將在特定期間內適用並可通過根據上述（i）和（ii）採用的程序給予展期。

（2）就本款而言，"工人代表"一詞係指根據1971年工人代表公約被國家法律或實踐所如此承認的人員。

2. 第1〔項〕提及的法律或條例應決定允許此種不同夜間工作時間和免於實施的環境以及其應滿足的條件。

第 二 條

1. 根據上述第一條允許的不同夜間工作時間和免於實施應禁止在生育前後至少十六周，其中至少八周應為預產期以前期間適用於女工。國家法律或條例得准許在對本人及其子女健康均無害的情況下應有關女工的明確要求解除此種禁止。

2. 在下列情況中，本條第1〔項〕規定的禁止還應適用於醫療診斷書表明對母親或子女健康屬必要的更長期間：

(a)懷孕期間；

(b)超過按照上述第1〔項〕確定的生育後期間的特定期間。

3. 在本條第1和2〔項〕提及的期間內：

(a)女工不得被解雇或被通知解雇，除非有與懷孕或生育無關的正當原因；

(b)有關女工的收入應維持在依照適當生活標準足以養活其本人和子女的水平。此種收入的維持得通過委派日間工作、延長生育假、社會保障津貼或其他措施、或這些措施的綜合使用給以保證。

4. 本條第1、2和3〔項〕各項規定不應具有降低與生育假有關的保護和利益的作用。

第 三 條

　　根據本議定書採用的不同夜間工作時間和免於實施方面的資料應納入依照國際勞工組織章程第 22 條提交的公約實施報告。

第 四 條

　　1. 會員國得以向國際勞工局長提交對本議定書的正式批准書請其登記的方式在批准公約的同時或其後任何時間對本議定書加以批准。此項批准書應自其已經局長登記之日起十二個月後生效。此後，公約及本議定書第一至三條應對有關會員國有約束力。

　　2. 國際勞工局長應將批准公約各方所送達的一切本議定書的批准書的登記情況通知本組織全體會員國。

　　3. 國際勞工局長應將他按照本條第 1〔項〕規定所登記的一切批准書的詳細情況，按照聯合國憲章第 102 條的規定，送請聯合國秘書長進行登記。

第 五 條

　　本議定書的英文本和法文本同等為準。

乙、涉外法律與行政規則

外國人在我國取得土地權利作業要點

內政部七十七年十一月二十三日台(77)內地字第六五〇二一八號函訂定
內政部七十八年二月二十七日台(78)內地字第六七三八〇三號函修定

一、外國人申請在中華民國境內取得或設定土地權利案件，應請當事人檢附由其本國適當機關出具載明該國對我國人民得取得或設定同樣權利之證明文件；如該外國（如美國）有關外國人土地權利之規定，係由各行政區分別立法，則應提出我國人民得在該行政區取得或設定同樣權利之證明文件。

依現有資料已能確知有關條約或該外國法律准許我國人民在該國取得或設定土地權利者，得免由當事人檢附前項證明文件。

二、旅居國外華僑，取得外國國籍而未喪失中華民國國籍者，其在國內取得或設定土地權利所適用之法令，與本國人相同；其原在國內依法取得之土地或建物權利，不因取得外國國籍而受影響。

三、中國人在喪失國籍前，原在國內依法取得之土地或建物權利，不因喪失國籍而受影響。但屬於土地法第十七條所列之土地，應依國籍法第十四條規定於喪失國籍後一年內，將該土地權利讓與中國人。

喪失國籍者將土地權利移轉與本國人，無土地法第二十條規定之適用。

四、外國法人在我國取得或設定土地權利，應先依我國法律規定予以認許，始得為權利主體；經認許之外國公司申辦土地登記時，應以總公司名義為之，並應檢附認許證件。

外國宗教法人之認許，現行有關法律尚無規定，不得以外國法人

〔392〕

之地位取得或設定土地權利。

外國公司依公司法第三百八十六條規定申請備案者，不得為權利主體。

五、外國人在我國取得土地權利，應以自行使用為限。

六、外國人得否承受法院拍賣之工業用地，於有具體訴訟事件時，由法院依法認定之。

七、外國法人國籍之認定，依「涉外民事法律適用法」規定，其經中華民國認許成立者，以其住所地法為其本國法。

八、外國人處分其在我國不動產，仍應審查其是否已成年或有無行為能力。

外國人之有無行為能力，依其本國法，惟如其依中華民國法律有行為能力者，就其在中華民國之法律行為，視為有行為能力，故外國人如依我國法律已有行為能力，或雖未滿二十歲而經其舉證依其本國法已有行為能力者，應准其以意思表示處分土地或建物權利。

未成年外國人處分其在我國不動產，應依民法規定，由法定代理人代為或代受意思表示，或應得法定代理人允許或承認。

九、外國人申請設定土地權利案件，無須依土地法第二十條第三項規定辦理。

十、外國銀行因行使債權拍賣承受土地權利，其取得與嗣後處分仍應依土地法第二十條規定辦理。

十一、外人地權案件簡報表格式如附件：

縣市政府處理外國取得移轉土地、房屋權利案件簡報表

聲請人	姓　名	護照號碼	籍　貫 (國州或省)	現　　　　住　　　　所
權　利　人				
義　務　人				

土地標示	鄉鎮市區	段	小段	地號	地目	面積			權利範圍
						公頃	公畝	平方公尺	

建物標示	建號	基地座落				門牌				面積 (平方公尺)	權利範圍
		鄉鎮市區	段	小段	地號	鄉鎮市區	街路段	巷弄	號數		

土地使用分區或編定		無違反土地法第十七條規定	（請打✓）
為土地法第十九條第〇款之使用		符合土地法第十八條規定	（請打✓）
備註			

〔地政法令彙編續編，頁301～304。〕

國際貿易局暫停核發貨品輸出入至
塞爾維亞及蒙地那哥羅兩國許可證之公告

經濟部國際貿易局 公告

中華民國八十二年一月十四日
貿(82)二發字第〇〇二七三號

副　本
收受者：詳如後列名單

主　旨：公告自即日起貨品輸往塞爾維亞(Serbia)及蒙地那哥羅
　　　　(Montenegro)暨自該二國輸入貨品均需至本局申請輸出入許
　　　　可證。另在聯合國未撤銷對塞、蒙兩國之經濟制裁措施以
　　　　前，本局暫停核發輸出入許可證。

說　明：依據外交部八十二年元月六日致本部外(82)北美四字第八二
　　　　三〇〇三六一號函辦理。

　　　　　　　　　　　局　　長　許　柯　生

副本收受者名單：〔略〕

農委會禁止捕撈或持有鮭鱒魚之公告

法 務 部 函

中華民國八十二年四月十九日
法八十二參字第○七三八八號
附件：如文

受文者：最高法院檢察署、臺灣高等法院檢察署、福建高等法院金門
　　　　分院檢察署、福建金門地方法院檢察署、司法官訓練所

副　本
收受者：本部法律事務司、檢察司、參事室

主　旨：行政院農業委員會依據漁業法第四十四條第一款、第二款規
　　　　定，公告自民國八十二年四月一日起，我國漁船不得在公海
　　　　捕撈或持有鮭鱒魚，非經中央主管機關核准不得在他國經濟
　　　　海域從事捕撈鮭鱒魚漁業合作，作業漁船如有意外捕獲應立
　　　　即全部拋回海中。請查照。

說　明：

　　一、依行政院農業委員會八十二年四月一日八十二農漁字第
　　　　二○四○二一七Ａ號公告辦理。

　　二、檢附前揭公告影本乙份。

　　　　　　　　　　　　　　　　部長　馬　英　九

行政院農業委員會公告

中 華 民 國 八 十 二 年 四 月 一 日
八十二農漁字第二○四○二一七Ａ號

副　本
收受者：司法院、法務部、外交部、內政部警政署、臺灣省政府、高
　　　　雄市政府、臺灣省政府農林廳漁業局、高雄市政府建設局漁

〔396〕

業處、高雄市漁船進出港聯合服務中心、臺灣區遠洋鮪漁船魚類輸出業同業公會、臺灣區遠洋魷漁船魚類輸出業同業公會、高雄市漁輪商業同業公會、基隆市漁輪商業同業公會、臺灣省漁會、高雄區漁會、本會漁業幹部船員訓練中心、本會駐新加坡漁業專員鄭師師、本會法規會、本會秘書室（刊登公報）、本會漁業處

主　旨：公告自即日起，我國漁船不得在公海捕撈或持有鮭鱒魚，非經中央主管機關核准不得在他國經濟海域從事捕撈鮭鱒魚漁業合作。作業漁船如有意外捕獲應立即全部拋回海中，違者除移送法辦外，並依漁業法第十條撤銷漁船漁業執照及船長執業證書。

依　據：漁業法第四十四條第一、二款。

主任委員　孫　明　賢

〔法務部公報，第一五六期，民國八十二(一九九三)年六月三十日，頁64。〕

修正著作權法第八十七條；並增訂第八十七條之一條文

中華民國八十二年四月二十四日
總　　統　　公　　布

第八十七條

有〔下〕列情形之一者，除本法另有規定外，視為侵害著作權或製版權：

一、以侵害著作人名譽之方法利用其著作者。

二、明知為侵害著作權或製版權之物而散布或意圖散布而陳列或持有或意圖營利而交付者。

三、輸入未經著作財產權人或製版權人授權重製之重製物或製版物者。

四、未經著作財產權人同意而輸入著作原件或其重製物者。

五、明知係侵害電腦程式著作財產權之重製物而仍作為直接營利之使用者。

第八十七條之一

有〔下〕列情形之一者，前條第四款之規定，不適用之：

一、為供中央或地方機關之利用而輸入。但為供學校或其他教育機構之利用而輸入或非以保存資料之目的而輸入視聽著作原件或其重製物者，不在此限。

二、為供非營利之學術、教育或宗教機構保存資料之目的而輸入視聽著作原件或一定數量重製物，或為其圖書館借閱或保存資料之目的而輸入視聽著作以外之其他著作原件或一定數量重製物，並應依第四十八條規定利用之。

三、為供輸入者個人非散布之利用或屬入境人員行李之一部分而輸入著作原件或一定數量重製物者。

四、附含於貨物、機器或設備之著作原件或其重製物，隨同貨物、機

　　器或設備之合法輸入而輸入者，該著作原件或其重製物於使用或
　　操作貨物、機器或設備時不得重製。

五、附屬於貨物、機器或設備之說明書或操作手冊隨同貨物、機器或
　　設備之合法輸入而輸入者。但以說明書或操作手冊為主要輸入
　　者，不在此限。

前項第二款及第三款之一定數量，由主管機關另定之。

　　〔法務部公報，第一五六期，民國八十二(一九九三)年六月三十日，頁1。〕

內政部公告有關著作權法第八十七條之一第一項第二款及第三款之一定數量

內政部公告

中華民國八十二年四月二十四日
臺(82)內著字第八二七四八七〇號

著作權法第八十七條之一第一項第二款及第三款之一定數量

一、本一定數量依著作權法（以下簡稱本法）第八十七條之一第二項規定訂定之。

二、本法第八十七條之一第一項第二款及第三款規定之一定數量如〔下〕：

　　㈠為供非營利之學術、教育或宗教機構保存資料之目的而輸入視聽著作重製物者，以一份為限。

　　㈡為供非營利之學術、教育或宗教機構之圖書館借閱或保存資料之目的而輸入視聽著作以外之其他著作重製物者，以五份以下為限。

　　㈢為供輸入者個人非散布之利用而輸入著作重製物者，每次每一著作以一份為限。

　　㈣屬入境人員行李之一部分而輸入著作重製物者，每次每一著作以一份為限。

〔法務部公報，第一五六期，民國八十二(一九九三)年六月三十日，頁83。〕

交通部禁止南斯拉夫控制之船舶進入
我國港口之公告

交 通 部 函

中華民國八十二年六月十日
交航(82)字第〇一六二四七號

受文者：外交部
行文單位
　正　本：如說明五
　副　本：如說明五
主　旨：為配合聯合國安全理事會第 757、 787、 820號決議案，執
　　　　行經濟制裁措施，自即日起對南斯拉夫控制之船舶（詳如附
　　　　件船舶名單）〔略〕採行禁止進入我國港口等管制措施，請查
　　　　照轉知。
說　明：一、依據外交部八十二年六月七日外(82)北美四字第八二三
　　　　　　一三八六二號函辦理。
　　　　二、右稱南斯拉夫控制之船舶含南斯拉夫籍船舶及由南斯拉
　　　　　　夫人民或法人所經營或控制之非南斯拉夫籍船舶。
　　　　三、右述管制措施含禁止進港、禁止油、水、燃料補給等。
　　　　四、船舶名單如附件。
　　　　五、正本分送：基隆港務局、臺中港務局、花蓮港務局、高
　　　　　　雄港務局、蘇澳港務分局、中華民國輪船商業同業公會
　　　　　　全國聯合會、中華民國船務代理同業公會全國聯合會、
　　　　　　臺北市船舶貨運承攬商業同業公會、中華民國海運聯營
　　　　　　總處。
　　　　　　副本抄送：外交部、經濟部、財政部、臺灣省政府交通
　　　　　　處、經濟部國際貿易局、財政部金融局、財政部關稅總

局、全國商業總會、全國工業總會、臺北市進出口商業同業公會、臺灣省進出口商業同業公會、高雄市進出口商業同業公會、中華民國託運協會、中華民國貨櫃儲運事業協會。

部長　劉　兆　玄

各級法院檢察署與外國檢察機關結盟或交流應行注意事項及盟約範本

法 務 部 函

中華民國八十二年六月十日
法 82 檢字第一一五三二號

受文者：最高法院檢察署、臺灣高等法院檢察署、福建高等法院金門
分院檢察署、福建金門地方法院檢察署

副　本
收受者：外交部、本部人事處、檢察司

主　旨：檢發「各級法院檢察署與外國檢察機關結盟或交流應行注意
事項」及「盟約範本」各乙份，請查照。

說　明：各級法院檢察署與外國檢察機關締盟，原則上以引用中華民
國紀元及兩國正式國號為優先；惟如二國間無正式外交關
係，而外國檢察機關就此有異議時，則可權宜採行西曆及略
去雙方國號僅由兩國檢察機關首長具名簽署。

部長　馬　英　九

各級法院檢察署與外國檢察機關結盟或交流應行注意事項

一、各級法院檢察署與外國檢察機關結盟或交流，應以配合國家總體
外交，促進雙方文教、法務、資訊、經驗等交流，增進彼此間瞭
解與友誼及加強兩國之合作關係為宗旨。

二、各級法院檢察署與外國檢察機關結盟或交流，雙方層級應力求對
等相當。

三、各級法院檢察署獲外國檢察機關結盟、交流之建議或擬主動與外
國檢察機關結盟、交流時，應先層報法務部核准。在未奉核准
前，不得逕向對方預作承諾或洽訂締盟。

四、各級法院檢察署與外國檢察機關結盟或交流，應請外交部通知我
　　國駐在該國之使領館或代表機構。

五、各級法院檢察署經核准與外國檢察機關結盟或交流後，應擬定結
　　盟或交流計畫，層報法務部核定。

六、前項結盟或交流計畫經核定後，由雙方商議締盟或交流計畫之時
　　間，地點及方式。締盟儀式應由檢察（總）長主持；盟約原則上
　　並應由我方準備。

七、結盟及交流所需經費，應由各級法院檢察署自行籌措。

八、各級法院檢察署於結盟前後，為促進雙方關係，可應邀組團出國
　　訪問。團員應以檢察官為主，並應於每年度概算編製前擬定訪問
　　計畫，層報法務部核定。

九、訪問團應由各級法院檢察署檢察（總）長或主任檢察官率領，並
　　應有熟諳英語或當地語文之團員參加。

十、各級法院檢察署組團出國訪問結盟之外國檢察機關，每年以一次
　　為原則。

十一、各級法院檢察署每年應彙整與外國檢察機關結盟或交流之資料
　　　及建議事項層報法務部。

十二、訪問團在國外訪問，應與我駐外使領館或代表機構密切聯繫合
　　　作，俾發揮總體力量，增進國家整體對外關係。

十三、本注意事項未規定之事項，悉依公務人員因公出國之其他有關
　　　規定辦理。

盟約範本

中華民國臺灣臺北地方法院檢察署　姊妹署結盟聯合聲明
美 國 加 州 洛 杉 磯 郡 檢 察 署

鑒於中美兩國為維護人類正義和平所作之奮鬥，及兩國人民傳統之友
好合作關係，臺灣臺北地方法院檢察署與美國洛杉磯郡檢察署，秉持
共同發揚司法正義之願望，為切磋司法實務經驗，促進人員交流、交

換資訊，並協力打擊犯罪，維持社會安定，促進社會進步，願締約結為姊妹署。

此項目標之實現條款如下：

一、促進兩署間法律，業務及經驗等各方面資訊之交換及期刊等出版品之交換。

二、促進兩署間檢察官等人員之交流、訪問並得擴及至臺北及洛杉磯郡之其他檢察署。

三、提供新進或在職司法人員觀摩或其他進修之機會。

中華民國　　　　年　　　　月　　　　日於

中華民國　　　　　　　　　　美國

　臺灣臺北地方法院檢察署　　　加州洛杉磯郡檢察署

　檢察長　　　（簽名）　　　　檢察長　　　　（簽名）

〔**法務部公報**，第一五七期，民國八十二(一九九三)年七月三十一日，頁82。〕

修正歸國僑民服役辦法第三條〔及〕第十一條條文

中華民國八十二年六月十六日
行　政　院　發　布

第　三　條　前條第一項屆滿一年之計算，以回國連續居住滿一年，或居住逾四個月達三次者為準。

中華民國八十二年六月三十日之前回國居住逾四個月在三次以上，依修正施行前之規定累積計算未屆滿一年者，自中華民國八十二年七月一日起，遇有回國居住逾四個月時，應即辦理徵兵處理，徵集服役。

第十一條　本辦法自發布日施行。

本辦法中華民國七十九年五月九日修正條文自中華民國八十年一月一日施行。

〔法務部公報，第一五八期，民國八十二(一九九三)年八月三十一日，頁35。〕

貨品輸入管理辦法

中華民國八十二年七月十四日
經　濟　部　發　布

第一章　總　　則

第　一　條　本辦法依貿易法（以下簡稱本法）第十五條規定訂定
　　　　　　之。

第　二　條　本辦法之適用範圍，包括貨品及附屬於貨品之智慧財產
　　　　　　權之輸入。

第　三　條　本辦法所稱簽證，係指經濟部國際貿易局（以下簡稱貿
　　　　　　易局）或其委託之單位簽發輸入許可證；所稱免證，係
　　　　　　指免除輸入許可證。

第　四　條　本辦法所稱廠商，係指依出進口廠商登記管理辦法辦妥
　　　　　　登記之民營出進口廠商。

第　五　條　輸入附屬於貨品之智慧財產權，其管理規定及貨品範
　　　　　　圍，由貿易局會商有關機關後公告之。

第　六　條　輸入貨品，應為新品。但因其他法令規定或經貿易局准
　　　　　　許輸入之舊品，不在此限。
　　　　　　前項准許輸入舊品之範圍及規定，由貿易局公告之。

第二章　輸入規定

第　七　條　依本法規定限制輸入之〔下〕列貨品，貿易局應就其貨品
　　　　　　名稱及輸入規定，彙編限制輸入貨品表，公告辦理之：
　　　　　　一、本法第五條所指特定國家或地區產製之貨品。
　　　　　　二、本法第六條採取必要措施限制輸入之貨品。
　　　　　　三、本法第十一條第一項但書規定限制輸入之貨品。

　　　　　　　四、本法第十六條採取輸入配額之貨品。

　　　　　　　五、本法第十八條因進口救濟採取限制輸入之貨品。

　　　　　　　輸入限制輸入貨品表內之貨品，除其他法令另有規定外，應依該表所列規定申請辦理簽證。表列規定屬管制進口者，非經貿易局專案核准，不得輸入。

第　八　條　廠商輸入限制輸入貨品表外之貨品，免證輸入。

　　　　　　　政府機關及公營事業輸入限制輸入貨品表外之貨品，其價值在貿易局規定限額以內者，免證輸入。

第　九　條　免證輸入之貨品，其他法令另有管理規定者，貿易局得就海關能予配合辦理部分之相關貨品名稱及輸入規定，彙編委託查核輸入貨品表，公告辦理之。

　　　　　　　輸入前項委託查核輸入貨品表內之貨品，報關時應依該表所列規定辦理。

第　十　條　廠商、政府機關及公營事業以外非以輸入為常業之進口人依本法第十條之規定輸入貨品，應辦理簽證。但有〔下〕列情形之一者，得免證輸入：

　　　　　　　一、入境旅客及船舶、航空器服務人員攜帶行李物品，量值在海關規定範圍以內者。

　　　　　　　二、各國駐華使領館、各國際組織及駐華外交機構持憑外交部簽發之在華外交等機構與人員免稅申請書辦理免稅公、自用物品進口者。

　　　　　　　三、其他進口人以海運、空運或郵包寄遞進口限制輸入貨品表外之貨品，其離岸價格(FOB)為美幣五千元以下等值者。

　　　　　　　前項免證輸入之貨品，其屬本辦法第七條或第九條表列貨品者，報關時仍應依表列規定辦理。但有其他特別規定者，應從其規定。

　　　　　　　第一項之進口人，申請簽證輸入之特定項目貨品，除經貿易局專案核准者外，以供自用者為限。

第 十 一 條　進口人輸入限制輸入貨品表內之貨品，其屬少量自用或
　　　　　　餽贈者，海關得視情形依表內規定酌量免證稅放〔行〕。
　　　　　　但有其他特別規定者，應從其規定。

第 十 二 條　製造業未辦妥工廠登記前，得憑公司執照及省（市）建
　　　　　　設廳（局）或縣（市）政府核發之工廠設立許可文件，
　　　　　　申請簽證輸入相關自用機器設備或原料。

第 十 三 條　政府機關及公營事業招標採購國外貨品應以國際標購為
　　　　　　原則。但經經濟部指定採購地區者，不在此限。

第 十 四 條　為貿易管理需要，貿易局得公告指定進口貨品項目，應
　　　　　　標示原產地，或應於報關時繳驗產地證明書。

第三章　簽證規定

第 十 五 條　進口人申請簽證輸入貨品時，應具備〔下〕列書件：
　　　　　　一、輸入許可證申請書全份。
　　　　　　二、依其他相關規定應附繳之文件。
　　　　　　輸入許可證及其申請書格式由貿易局定之。

第 十 六 條　輸入許可證申請書依式逐項填載一次套打，並應符合
　　　　　　〔下〕列事項：
　　　　　　一、貨品名稱繕打英文。但有其他規定者，從其規定。
　　　　　　二、申請之貨品，非同一發貨人者，應分別填具輸入許
　　　　　　　　可證申請書。
　　　　　　三、其他經主管機關指定之事項。

第 十 七 條　輸入許可證應於簽證日起十四日內領取，逾期由簽證單
　　　　　　位予以註銷。

第 十 八 條　輸入許可證不得轉讓或質押。但提供承辦結匯銀行擔保
　　　　　　者，不在此限。

第 十 九 條　輸入許可證有效期限為自簽證之日起六個月。
　　　　　　對特定貨品之輸入或自特定地區輸入貨品，貿易局或其
　　　　　　委託單位得核發有效期限較短之輸入許可證。

申請進口貨品不能於有效期限內交運者，申請人應於申請時敍明理由並檢附證件，向貿易局申請核發有效期限較長之輸入許可證。

第 二 十 條　輸入貨品應於輸入許可證有效期限屆滿前，自原起運口岸裝運，其裝運日期以提單所載日期為準；提單所載日期有疑問時，得由海關另行查證核定之。

輸入許可證逾期而未經核准延期者，不得憑以輸入貨品。

第二十一條　輸入貨品不能於輸入許可證有效期限內自國外起運者，除經貿易局公告指定之貨品應於期限內輸入不得延期外，申請人得於期限屆滿前一個月內向原簽證單位申請延期，其每次延期不得超過六個月，延期次數不得超過二次。

前項以外申請展延輸入許可證有效期限者，均須向貿易局申請專案核准。

第二十二條　輸入許可證所載各項內容之更改，除貨品業經貿易局收回簽證者，應改向貿易局申辦外，申請人得於有效期限屆滿前繕打輸入許可證更改申請書，連同原輸入許可證正本聯及有關證件，向原簽證單位申請更改。

申請人於有效期限屆滿後始申請更改內容者，應向貿易局申請專案核准。

輸入許可證申請人名稱不得更改。但經貿易局核准變更登記者，不在此限。

第二十三條　輸入許可證之延期或更改內容，應依申請延期或更改時之有關輸入規定辦理。

第二十四條　輸入許可證遺失時，得申請補發。但以原證遺失時貨品尚未報運進口者為限。

申請補發輸入許可證，應繕具補發申請書及輸入許可證申請書向原簽證單位申請。但原申請輸入之貨品於申請

補發時，其輸入規定已變更者，應向貿易局申請核准。

第四章　附　則

第二十五條　輸入貨品其屬應施檢驗或檢疫之品目，應依有關檢驗、
　　　　　　檢疫之規定辦理。

第二十六條　基於輸入貿易管理需要，貿易局得依本法或本辦法公告
　　　　　　其他有關輸入規定事項。

第二十七條　本辦法自發布日施行。

〔**法務部公報**，第一五八期，民國八十二(一九九三)年八月三十一日，頁
　28～29。〕

貨品輸出管理辦法

中華民國八十二年七月十九日
經 濟 部 發 布

第一章 總　則

第 一 條　本辦法依貿易法（以下簡稱本法）第十五條規定訂定
之。

第 二 條　本辦法之適用範圍，包括貨品及附屬於貨品之特定智慧
財產權之輸出。

第 三 條　本辦法所稱簽證，係指經濟部國際貿易局（以下簡稱貿
易局）或其委託之單位簽發輸出許可證；所稱免證，係
指免除輸出許可證。

第 四 條　本辦法所稱廠商，係指依出進口廠商登記管理辦法辦妥
登記之出進口廠商。

第二章　輸出規定

第 五 條　〔下〕列依本法規定限制輸出之貨品，貿易局應就其貨品
名稱及輸出規定，彙編限制輸出貨品表，公告辦理之：

一、本法第五條所指輸出特定國家或地區之貨品。

二、本法第六條採取必要措施限制輸出之貨品。

三、本法第十一條第一項但書規定限制輸出之貨品。

四、本法第十三條規定之高科技貨品。

五、本法第十五條規定之附有智慧財產權之貨品。

六、本法第十六條採取輸出配額之貨品。

輸出前項表列貨品，應依該表所列規定申請辦理簽證。

第 六 條　廠商輸出未列入限制輸出貨品表之貨品，免證。

廠商以外之出口人，輸出未列入限制輸出貨品表之貨

　　　　　　　品，應向貿易局申請簽證。但金額在離岸價格(FOB)美
　　　　　　　幣五千元以下或其等值者，免證。

　　　　　　　未列入限制輸出貨品表之貨品中，其他法令另有管理規
　　　　　　　定者，貿易局得就海關能予配合辦理部分之相關貨品名
　　　　　　　稱及其輸出規定，彙編委託查核輸出貨品表，公告辦理
　　　　　　　之。

　　　　　　　輸出前項委託查核輸出貨表內之貨品，於報關時，應依
　　　　　　　該表所列規定辦理。

第　七　條　有〔下〕列情形之一者，免證輸出：

　　　　　　　一、停靠中華民國港口或機場之船舶或航空器所自行使
　　　　　　　　　用之船用或飛航用品，未逾海關規定之品類量值
　　　　　　　　　者。

　　　　　　　二、漁船在海外基地作業，所需自用補給品，取得漁業
　　　　　　　　　主管機關核准文件者。

　　　　　　　三、軍事機關輸出軍用品，取得國防部或其指定授權機
　　　　　　　　　構之同意文件者。

　　　　　　　四、寄送我駐外使領館或其他駐外機構之公務用品。

　　　　　　　五、停靠中華民國港口或機場之船舶或航空器使用之燃
　　　　　　　　　料用油。

　　　　　　　六、中華民國對外貿易發展協會及中華民國紡織業外銷
　　　　　　　　　拓展會，輸出商展用品。

第　八　條　郵包寄遞出口小量物品、旅客出境攜帶自用物品，依海
　　　　　　　關之規定辦理，並免受第五條及第六條第二項規定之限
　　　　　　　制。

第三章　商標之標示

第　九　條　出口人輸出之貨品標示有商標者，應自行查明所標示之
　　　　　　　商標之專用權歸屬，不得有仿冒情事。貨品之內外包裝
　　　　　　　或容器標示有商標時，適用前項之規定。

第　十　條　出口人輸出貨品，應於輸出許可證及出口報單上載明標
　　　　　　　示之商標，未標示商標者應載明「無商標」。
　　　　　　　商標為圖形或不易在輸出許可證或出口報單標示者，得
　　　　　　　以另紙浮貼，並由出口簽證單位或海關加蓋騎縫章。

第 十 一 條　出口人輸出標示有商標之特定貨品項目者，應檢附申請
　　　　　　　書及第十三條所規定之文件，經貿易局或其委託之財團
　　　　　　　法人准予備查後，屬於須憑輸出許可證輸出之貨品，應
　　　　　　　憑准予備查文件，向出口簽證單位辦理簽證後再向海關
　　　　　　　辦理報關；免憑輸出口許可證輸出之貨品，逕憑准予備
　　　　　　　查文件，向海關辦理報關。
　　　　　　　前項特定貨品，由貿易局公告之。

第 十 二 條　出口人輸出標示有商標之非特定貨品項目者，免先申請
　　　　　　　標示商標備查。但須憑輸出許可證輸出之貨品，出口人
　　　　　　　應檢附申請書及第十三條所規定之文件，向出口簽證單
　　　　　　　位辦理標示商標報核及出口簽證後再向海關辦理報關；
　　　　　　　免憑輸出許可證輸出之貨品，出口人可逕向海關辦理報
　　　　　　　關。

第 十 三 條　出口人依第十一條規定向貿易局或依第十二條規定向出
　　　　　　　口簽證單位辦理標示商標報核時，應依〔下〕列情形，分
　　　　　　　別檢附有關文件辦理之：
　　　　　　　一、標示已在中華民國註冊之商標，應檢附商標專用權
　　　　　　　　　人同意之證明文件及商標註冊證影本。
　　　　　　　二、標示已在輸入國註冊之商標，應檢附輸入國商標專
　　　　　　　　　用權人同意之證明文件及商標註冊影本。
　　　　　　　三、標示在中華民國及輸入國雙方均已註冊之商標，應
　　　　　　　　　檢附雙方商標專用權人同意之證明文件及商標註冊
　　　　　　　　　證影本。但該商標在一方註冊或使用在先，足認其
　　　　　　　　　非侵害他方商標專用權者，得免附他方同意之證明
　　　　　　　　　文件及商標註冊證影本。

四、標示未在中華民國與輸入國註冊之商標，應檢附進口商指定標示該商標及願負一切責任之聲明文件，或原商標專用權人同意出口人標示及願負一切責任之聲明文件。

前項同意文件，應載明同意標示商標之商品類別、註冊證號碼及其他必要事項。

出口人輸出免證且屬非特定貨品項目，應於貨品輸出前取得第一項之文件，並自報關出口日起保存二年。

第 十 四 條　輸出有標示商標之貨品，不得於輸出許可證或出口報單上載明無商標。

第 十 五 條　出口人輸出非特定貨品項目，以電腦連線或電子資料傳輸方式，申辦出口簽證及報關，除另有規定者外，免向簽證單位申辦標示商標報核。

第 十 六 條　出口人輸出之貨品標示商標，依第十二條或第十五條之規定免予報核者，貿易局或其委託之財團法人應事後抽樣稽核之。

第 十 七 條　為配合執行前條稽核之規定，海關於非特定貨品出口放行時，應隨機抽選部分載明貨品有標示商標之出口報單，影印送貿易局供辦理事後稽核之用。

第 十 八 條　依前條海關檢送之出口報單影本，貿易局得通知出口人檢送第十三條規定之文件供查核，出口人不得拒絕。

貿易局於必要時得派員實地查證。

第 十 九 條　輸出之貨品或其內外包裝或容器上標示之記號、標籤、符號、印戳、進口商名稱縮寫或其他文字符號，在外觀上構成疑似商標者，海關得要求出口人具結聲明無仿冒商標之情事後予以放行。必要時，得函主管機關事後查證。

第四章　附有著作之貨品之輸出

第 二 十 條　輸出附有特定著作之特定貨品時，應憑著作權相關文件
　　　　　　向貿易局或其委託之單位辦理出口手續。
　　　　　　前項所稱之著作係指著作權法第五條所例示規定者。

第二十一條　前條所稱之特定著作、特定貨品、著作權相關文件及其
　　　　　　他有關規定由貿易局公告之。

第五章　產地之標示

第二十二條　輸出貨品，應於貨品本身或內外包裝上標示產地，其標
　　　　　　示方式應具顯著性與牢固性。

第二十三條　輸出貨品係在中華民國製造者，不得標示其他國家或地
　　　　　　區製造之字樣，或加標外國地名國名或其他足以使人誤
　　　　　　認係其他國家或地區製造之字樣。但有〔下〕列情形之一
　　　　　　經專案核准者，不在此限：
　　　　　　一、原標示於進口貨品或零組件上之原產地標示，得予
　　　　　　　　保留。
　　　　　　二、供國外買主裝配之零組件，其產地標示在表明其最
　　　　　　　　後產品之產地者。
　　　　　　三、供國外買主盛裝之容器或包裝材料者。

第二十四條　輸出貨品係中華民國製造者，應標示中華民國製造或中
　　　　　　華民國臺灣製造，以其他文字標示者，應以同義之外文
　　　　　　標示之。但輸往美國以外之無邦交地區者，得標示臺灣
　　　　　　製造或其同義之外文。
　　　　　　前項輸出之貨品，因特殊原因須免標產地，或標示其他
　　　　　　產地者，應向貿易局申請專案核准。

第六章　簽證規定

第二十五條　出口人申請輸出許可證時，應向簽證單位填送輸出許可

　　　　　　證申請書，經簽證單位核與規定相符後予以簽證。

第二十六條　輸出許可證自簽證日起三十日內有效。但貿易局另有規
　　　　　　定者從其規定。

　　　　　　輸出許可證不得申請延期，未能於有效期間內出口者，
　　　　　　申請重簽時，應將原輸出許可證申請註銷。

第二十七條　輸出許可證之修改、註銷及補發，出口人應填具申請書
　　　　　　向原簽證單位申請辦理。

　　　　　　依前項規定申請註銷輸出許可證時，並應將所持各聯繳
　　　　　　回。

第二十八條　輸出許可證之修改，應依〔下〕列規定辦理：

　　　　　　一、未報關前發現錯誤者，應註銷重簽，不得申請修
　　　　　　　　改。

　　　　　　二、已報關未放行前或報關放行後須修改者，應檢附輸
　　　　　　　　出許可證有關聯及修改申請書向原簽證單位辦理。
　　　　　　　　但修改內容涉及商標、貨物名稱、品質、品類、單
　　　　　　　　位或數量者，應先經海關簽署證明始可申請修改、
　　　　　　　　如因屬免驗或抽中免驗，海關無資料可資查證者，
　　　　　　　　應由海關在修改申請書有關聯簽署證明。

　　　　　　三、申請修改時，仍應依原輸出規定辦理。

　　　　　　四、輸出許可證申請人名稱，不得修改。但經貿易局專
　　　　　　　　案核准修改者，不在此限。

　　　　　　前項各款之修改，應自簽證單位簽證之日起六個月內為
　　　　　　之。但未逾三年經貿易局核准者，不在此限。

第二十九條　輸出許可證，於報關出口前遺失者，應申請註銷重簽，
　　　　　　於報關出口後遺失而有申請補發需要者，得向原簽證單
　　　　　　位申請辦理之。

第 三 十 條　輸出許可證申請書、修改申請書及註銷補發申請書，各
　　　　　　聯應一次套打（寫），不得塗改，其經塗改者，無效。
　　　　　　但商品分類號列經簽證單位更正後蓋有校對章者，不在

此限。

輸出許可證及其申請書格式由貿易局定之。

第七章　附　　則

第三十一條　廠商輸出之貨品，屬應施出口檢驗品目，且其國外客戶指定採購規範低於國家標準者，基於貿易上之特殊需要，得向貿易局申請核轉商品檢驗局准予專案報驗出口。但以使用上無安全顧慮，或不致使消費者發生誤認或有任何欺騙行為者為限。

第三十二條　基於輸出貿易管理需要，貿易局得依本法或本辦法公告其他有關輸出規定事項。

第三十三條　本辦法自發布日施行。

〔**法務部公報**，第一五九期，民國八十二(一九九三)年九月三十日，頁35～37。〕

修正外國護照簽證辦法部分條文

中華民國八十二年九月十五日
外　交　部　發　布

第　一　條　外國護照之簽證，除法律、條約或協定另有規定外，依本辦法辦理之。

第　六　條　對於前條所列人士，得視實際需要，核發效期一年以下及不限定停留期間之一次或多次入境之外交簽證。

第　七　條　禮遇簽證適用於持外交護照、公務護照、普通護照或其他旅行證件之〔下〕列人士：

　　一、外國卸任元首、副元首、總理、副總理、外交部長等及其眷屬來華短期停留者。

　　二、外國政府派遣來華執行公務之人員及其眷屬。

　　三、第五條第四款各國際組織高級職員以外之其他職員因公來華者及其眷屬。

　　四、政府間國際組織之外國籍職員應中華民國政府邀請來華短期停留者及其眷屬。

　　五、應中華民國政府邀請或對中華民國有貢獻之外國社會人士及其眷屬來華短期停留者。

第　八　條　對於前條所列人士，得視實際需要，核發效期三個月至五年之一次或多次入境之禮遇簽證。

第　十　條　對於前條所列人士，得視實際需要，核發效期四年以下及停留期間六個月以上之一次或多次入境之居留簽證。

第十一條　持居留簽證者，應於入境後，依外人居留之有關規定辦理外僑居留證。但法令另有規定者不在此限。

第十三條　對於前條所列人士，得視實際需要，核發效期五年以下及停留期間六個月以下之一次或多次入境之停留簽證。

第 十 四 條　外國人有〔下〕列各款情形之一者，得拒發來華簽證：

一、在中華民國境內或境外曾有犯罪紀錄或曾被中華民國政府拒絕入境、限令出境或驅逐出境者。

二、患有足以妨害公共衛生或社會安寧之傳染病、精神病或其他疾病者。

三、對申請來華之目的作虛偽之陳述或隱瞞重要事實者。

四、有關主管機關具有充分理由認為其言行有危害中華民國利益、公共安全、公共秩序或善良風俗之虞者。

五、在華曾逾期停留、逾期居留或非法工作者。

六、有事實足證其在中華民國境內無力維持生活，或意圖在境內非法工作者。

七、所持外國護照或其外國人身分不為中華民國政府承認或接受者。

第 十 五 條　簽證持有人有〔下〕列各款情形之一，外交部得撤銷其簽證並通知持有人：

一、有前條第一款至第三款情事之一者。

二、未經有關主管機關許可，在華工作或從事與原簽證目的不符之活動者。

三、在中華民國境內或境外從事詐欺、販毒、顛覆、暴力或其他危害中華民國利益或社會安寧之言行與活動者。

第 二 十 條　華僑持外國護照申請來華簽證，適用本辦法有關之規定。

第二十一條　香港、澳門及琉球地區，其外國護照之簽證，由外交部另定之。

第二十四條　外交簽證及禮遇簽證免費，其他各類簽證之收費由外交部定之。

前項簽證費之徵收，應依預算程序辦理。

〔**法務部公報**，第一六一期，民國八十二(一九九三)年十一月三十日，頁
76～77。〕

駐華使領館及駐華外國機構人員之眷屬
申請在華工作要點

中 華 民 國 八 十 二 年 十 月 十 三 日
外交部外(82)禮三字第八二三二六二七九號函實施

一、本要點依據「維也納外交關係公約」、「駐華外國機構及其人員
　　特權暨豁免條例」等有關規定以及行政院八十二年八月十一日臺
　　八十二外字第二八八七一號函訂定之。

二、駐華使領館及駐華外國機構人員之眷屬申請在華工作，應依本要
　　點之規定辦理，並以外交部為主管機關。

三、本要點所稱「駐華使領館及駐華外國機構人員之眷屬」係指各國
　　駐華使領館及駐華外國機構享有外交特權人員之配偶、未成年子
　　女及已成年而未婚之子女。

四、駐華使領館及駐華外國機構人員之眷屬依本要點享受之工作權，
　　應基於互惠原則，以其所屬國家亦畀予中華民國駐該國人員之眷
　　屬同等之工作權者為限。

五、依本要點申請在華工作之範圍應以中華民國國內法所允許外國人
　　在中華民國國境內從事之工作為限。

六、依本要點申請在華工作，應由申請人填具申請表格乙份，連同已
　　簽名之最近一吋半身照片二張，經由其所屬機構備文，並檢附我
　　政府派駐該國工作人員眷屬亦得在該國工作之聲明，轉送外交部
　　禮賓司辦理。

七、依本要點所發之工作許可證，其有效期間自核發之日起為期一
　　年；屆期前一個月應由其所屬機構備文向外交部禮賓司申請延期
　　一年。

八、駐華使領館及駐華外國機構人員之眷屬依本要點領取工作許可證
　　時，應同時繳回原持之「免徵營業稅證明卡」，並就其工作報酬

　　依中華民國法令繳納有關稅捐。

九、駐華使領館及駐華外國機構人員之眷屬依本要點在華工作，有
　　〔下〕列情事之一者，外交部得撤銷其工作許可：

　　㈠該據以申請之駐華使領館及駐華外國機構人員離任者。

　　㈡違反中華民國法令及本要點情節重大者。

　　㈢檢具之申請表格記載不詳或不符規定，經通知補正，逾期未補
　　　正者。

十、外交部許可駐華使領館及駐華外國機構人員之眷屬申請在華工
　　作，應將許可函副知財政部、行政院勞工委員會、居留地所在之
　　警察局及其他有關機關。許可申請延期時亦同。

十一、本要點規定未盡事宜，依據互惠原則辦理。

駐華使領館及駐華外國機構人員之眷屬
申請在華工作的申請表

Department of Protocol
Ministry of Foreign Affairs
Republic of China

Application for : __ Work Permit
                  __ Work Permit Extension

A. To be completed by Sponsor:

1. Name: _____ Chinese Name: _____

2. Date and Place of Birth : _____

3. Marital Status: __ Single __ Married

4. Nationality: _____ Sex: _____

5. Date and Port of Entry : _____

6. (a) Passport No.: _____

   (b) Category: __ Diplomatic __ Official __ Regular

   (c) Expiry Date: _____

7. Residential
   Address: _____ Tel: _____

8. Title: _____

9. Organization: _____

   Signature of Sponsor: _____ Date: _____

B. To be completed by Applicant applying for Work Permit or Work Permit
   Extension:

1. Name: _____ Relationship
                                  to the Sponsor: _____

2. Date and Place of Birth: _____

3. Marital Status: ___ Single ___ Married

4 (a). Passport No.: _____

   (b). Category: __ Diplomatic __ Official __ Regular

   (c). Expiry Date: _____

5 (a). Visa Category: _____

   (b). Expiry Date: _____

6. Qualifications (To be completed only if this is your first application
   for work in the ROC):

   Education: _____

   Experiences: _____
   _____

7. Record of Employment:

   (a) Job Title: _____

   (a) Job Description: _____

   (c) Period: From _____ to _____

8. Name of the Employer: _____

   Address: _____ Tel: _____

   Nature of Business: _____

9. Employer's Tax Reference Number: _____

   Signature of
   Applicant : _____ Date: _____

核准機關註:

For Official Use Only

收件日期: _____

核准日期: _____

核准文號: _____

承辦人簽名: _____

Photo

大法官會議釋字第三二八號有關
中華民國領土之解釋

司法院令

中華民國八十二年十一月二十六日
(八二)院臺大一字第〇六二八八號

公布本院大法官議決釋字第三二八號解釋
附釋字第三二八號解釋

院長 林 洋 港

司法院釋字第三二八號解釋

解 釋 文

　　中華民國領土，憲法第四條不採列舉方式，而為「依其固有之疆域」之概括規定，並設領土變更之程序，以為限制，有其政治上及歷史上之理由。其所稱固有疆域範圍之界定，為重大之政治問題，不應由行使司法權之釋憲機關予以解釋。

解釋理由書

　　國家領土之範圍如何界定，純屬政治問題；其界定之行為，學理上稱之為統治行為，依權力分立之憲政原則，不受司法審查。我國憲法第四條規定，「中華民國領土，依其固有之疆域，非經國民大會之決議，不得變更之」，對於領土之範圍，不採列舉方式而為概括規定，並設領土變更之程序，以為限制，有其政治上及歷史上之理由。其所稱「固有之疆域」究何所指，若予解釋，必涉及領土範圍之界定，為重大之政治問題。本件聲請，揆諸上開說明，應不予解釋。

　　大法官會議主　席　林洋港

大法官　翁岳生　翟紹先　楊與齡　李鐘聲　楊建華
　　　　楊日然　馬漢寶　劉鐵錚　鄭健才　吳　庚
　　　　史錫恩　陳瑞堂　張承韜　張特生　李志鵬

抄立法院聲請書

中華民國八十二年四月十二日
（82）臺院議字第一○八四號

受文者：司法院

主　旨：本院委員陳婉真等十八人，聲請解釋憲法第四條中規定中華
　　　　民國領土範圍之提案，請　查照惠予解釋見復。

說　明：

　　一、前開提案經提本院第二屆第一會期第十次會議討論決議：
　　　　「函請司法院解釋」。

　　二、檢附關係文書壹份。

院長　劉　松　藩

臨　時　提　案

立法院議案關係文書　　　　　中華民國八十二年三月二十六日印發

案　由：

　　　　本院委員陳婉真等十八人，為行使「審查中央政府總預算」職權
在即，然對憲法第四條「中華民國領土，依其固有之疆域，非經國民
大會之決議，不得變更之」中之所謂「固有疆域」究何所指各界未有
定論，此攸關本院於審查對行政院大陸委員會、蒙藏委員會及其他相
關性質單位預算之審查時應刪除之項目，同時亦影響本院於審議有關
臺灣、中華人民共和國、蒙古間，雙邊或多邊之相關法令時所持之立
場，如此刻正於本院審議的「臺灣地區與大陸地區人民關係條例修正
案」等。按司法院大法官會議對憲法所做之解釋與憲法有同一位階之
效力，故依據司法院大法官審理案件法第五條第一項「中央或地方機
關，於其行使職權，適用憲法發生疑義，或因行使職權與其他機關之

職權，發生適用憲法之爭議」，聲請解釋憲法第四條中所規定中華民國領土之範圍。

　聲請釋憲總說明

壹、聲請解釋憲法之目的

　憲法第四條規定「中華民國領土，依其固有之疆域，非經國民大會之決議，不得變更之」，此「固有疆域」究何所指實與本院於依法行使職權所抱持之立場息息相關，然各界對此「固有疆域」之認定至今未有定論，故聲請司法院大法官會議解釋此「固有疆域」所涵指之範圍。

貳、釋憲疑義及其經過

　一、本院即將進行八十二會計年度中央政府總預算之審查工作，屆時必將面臨中華民國領土範圍之疑義，蓋若中華民國之領土範圍，如僅包括本席等十八位立委所指及於臺灣、澎湖、金門、馬祖、綠島、蘭嶼、及其他附屬島嶼，而不及於中華人民共和國及蒙古共和國之領土，則職司大陸事務之行政院大陸委員會即應裁撤或併入外交部亞東太平洋司或透過修改外交部組織法之方式單獨成立一「中國司」，而職司蒙古、西藏之行政及各種興革事項之蒙藏委員會亦應因其所負責之工作乃他國之內政事務而應予裁撤。上述二機關所獨立編列之預算自應由本院予以全數刪除。

　二、本院於三月四日的司法、法制、內政委員會聯席會議中，審查「臺灣地區與大陸地區人民關係條例修正案」，與會之行政院陸委會與本院就該條例施行細則將蒙古人民共和國納入此條例之適用範圍內之條文，發生嚴重之見解歧異，致使審查工作無法順利進行，此係因立法、行政兩機關對憲法第四條有關中華民國領土之認知差距所致，行政機關對此憲法條文之解釋為中華民國之領土包括中國大陸與外蒙古，然本席等十八位立委則認為上述三領域分別屬中華人民共和國及蒙古共和國之領土範圍，因此除主張修改施行細則第三條之規定，排除外蒙古對本條例之適用外，更主張修改母法第二條關於適用範圍之規定，並將此條例正名為「中國關係法」，然就長期而言，則

主張廢止此類特別法規，關於臺灣、中國間之事務比照一般對外關係處理之。此段爭議適足以說明憲法第四條對於中華民國領土所做之界定，對本院行使職權時有關鍵性之影響，故透過聲請釋憲之方式由大法官會議對此疑義做成解釋，以俾吾等職權之行使。

參、聲請人對本釋憲案所持之立場及理由

一、外蒙古非屬中華民國之領土：

外蒙古之領土主權屬於蒙古人民共和國所有，該國於一九四五年十月二十日以公民投票之方式宣佈獨立，並隨即獲得許多國家的承認，當時位於南京的中華民國政府亦於一九四六年承認蒙古人民共和國為一主權獨立之國家，自此外蒙古即正式脫離中華民國之主權管轄範圍，而中華民國與蒙古人民共和國之間即成為國際關係，須受國際法之規範，根據一九三三年於烏拉圭首府蒙特維的亞所簽署的「國家權利暨責任公約」，該公約第六條明白地揭示了各國所遵行的國際習慣法：「對國家承認是無條件且不得撤銷」。因此中華民國政府於一九五三年片面廢止中蘇友好條約而後如行政部門所言撤銷了對蒙古人民共和國的承認，甚至進而對內外宣示外蒙古為其領土，凡此種種均違反了國際法之規範，對於外蒙古人民共和國身為一獨立之國際法主體的國家人格，自然亦無任何影響，而蒙古人民共和國亦已於一九六一年加入聯合國（今為蒙古共和國），至今仍為聯合國之會員國之一，國家之獨立人格早為國際社會所承認，行政院對我國領土範圍及於外蒙古之說法不過是「囈人夢語」，實不足採。且中蘇友好條約之廢止與外蒙之獨立與否並無法理上之關聯，而事實上立法院亦從未如行政部門所述曾通過撤銷承認外蒙獨立之決議，故行政部門對外宣示外蒙為我國領土範圍，更是毫無立場(jus standi)可言。

另一方面，由立憲之歷史面言之，西元一九四六年，當時於南京召開之制憲國民大會正就國民政府所送「中華民國憲法草案」進行審議，因此草案係由立法院於一九四六年十一月二十二日通過，故由當時之立法院院長孫科向大會說明草案之內容，當孫科先生解釋憲法第四條有關領土之變更時，即以「外蒙古」（即今日之蒙古共和國之領

土）來說明中華民國「領土放棄」之實例，亦即當時之國民黨政府除已於一九四六年承認外蒙古之獨立，並於同年對外宣示放棄此一領土，而制憲國民大會於一九四六年十二月二十五日通過之中華民國憲法，其中第四條所規範中華民國之固有疆域亦當然不包括外蒙古在內，當一國對外宣示放棄領土並承認該領土上新獨立之國家時，即應受此宣示所生之法律效果之拘束，不得再為相反之實體宣示，此乃法律基本原則「禁反言」之真意，今中華民國政府因歷史之政治因素，先同時以違反國際習慣法及「禁反言」之方式撤銷對外蒙古的承認，後又以違反「國家主權平等原則」之立場宣示外蒙古為中華民國之領土，凡此種種不僅不合國際現實，亦違背憲法第一百四十一條所揭櫫之「平等互惠、敦睦邦交」原則，更將平白斷送臺灣參與國際事務之空間。

　　而近年在中華民國與外蒙古人民共和國的雙邊關係方面，由蒙藏委員會委託蒙藏基金會設立的「臺北經濟暨文化中心」即將於六月以前在該國首府烏蘭巴成立，依照我國設立駐外辦事處的先例，此一「臺北經濟暨文化中心」又是另一個披著「民間團體」外衣的官方駐外單位，而在「本國領土」內設立「駐外」辦事處亦是無法令人理解之行為，由此可知中華民國政府事實上亦將外蒙古視為「外國」，只是礙於政治因素而不便明示而已。

　　故不論以論理、歷史、體系、合憲或個別問題取向等各套解釋憲法之理論言之，外蒙古皆不應屬於憲法第四條所述之領土範圍，故自應由貴院做成解釋對外宣示，以正視聽。

　　二、中國大陸(Mainland China)不屬於中華民國之領土

　　憲法第四條規定「中華民國之領土，依其固有之疆域非經國民大會之決議，不得變更之」。此一排除「列舉方式」而採「概括方式」規定領土範圍的條文係當初制憲者為避免在領土問題上與鄰國發生爭議而採取之領土定位方式，亦即在制憲之初即考量到領土的「非恆定性」，須隨國家的局勢做不同的規範。依照國際法的通說，領土係指「一國得據以事實存在並行使國家主權及法律權力之特定領域」，依

此一國際間通行的領土規範方式，中華民國之領土自然不及於中國大陸與外蒙古，而上述二領域亦如國際間的一般認知分別屬於中華人民共和國及蒙古共和國之領土。中華民國政府之行政部門單方面對外宣稱中國大陸及外蒙古屬於中華民國之領土顯然亦是不合國際現實及國際法的規範的，蓋自一九四九年以後中華民國便未曾於上述兩領域內行使過分秒的領土主權，單方面的宣示在國際法上並無任何的拘束力，亦當然不會影響這些領土的主權歸屬。在現階段的大陸政策上，亦可看出行政部門已逐漸調整看法，承認中華人民共和國的「國家人格」，表現最明顯的，即是所謂「雙重承認」的外交策略。

「雙重承認」之意涵指承認海峽兩岸現分別由兩個政治實體所統治，在一個中國的原則下，對此二政治實體同時分別給予承認，然事實上國際法上關於「承認」(Recognition)之規範，並無所謂的「雙重承認」，國際上亦不可能認同此一說法，而雙重承認事實上所造成積極的法律效果則是海峽兩岸分別為兩個國家。因「政治實體」在國際法上並不具有國際法主體的地位，同時也不得為「被承認」的客體，而只是一概括性字眼，衡諸現今海峽兩岸之局勢與國際間之看法，此政治實體之意涵當為「國家」(State)。在國統綱領中亦明白的揭示，海峽兩岸互為對等的「政治實體」，其意涵即為海峽兩岸分別存在著兩對等的「國家」，因海峽東岸為主權獨立的中華民國，依照對等原則，海峽之西岸自然亦為主體獨立之國家，即中華人民共和國，亦即追求兩個國家的兩岸定位模式即為中華民國政府現階段的目標。此係所謂雙重承認之真意。「一個中國」僅具有「血統上」或「文化上」之意涵。

根據憲法第二條，「中華民國之主權，屬於國民全體」，此主權包括「領土主權」，第三條則規定「具有中華民國國籍者，為中華民國國民」，依照目前之實際情形，即可歸納出，中華民國之領土主權屬於具有中華民國國籍者，而事實上依照目前的大陸政策，中華民國政府亦從未將中華人民共和國之國民視為其「國民」，同時因國際法上將「人民」列為國家成立要件之一，且他國國民居住生活之領域原

則上不可能為本國之領土，固將此二條文歸納後依反面解釋的原則即成為「中華民國之領土主權存在於中華民國國民生活居住之領域」，即臺灣、澎湖、金門、馬祖、綠島、蘭嶼及附屬島嶼。

凡此種種均證明中華民國之領土及於臺灣、澎湖、金門、馬祖、綠島、蘭嶼及附屬島嶼而不及於中國大陸及外蒙古，此為憲法增修條文中所謂「自由地區」之範圍，此「自由地區」即為現階段中華民國領土主權之所在，即其所得以施行法律權力之領域，即為其所擁有之領土。

行政機關有時因政治因素，或因對法律制度的陌生，而會有違憲的行為發生，此亦即司法審查制度存在之原因之一。為尊重國際社會既有之規範及他國之領土主權，亦即遵行憲法第一百四十一條所揭櫫之精神，盼貴院能盡速做成解釋，以俾本院職權之行使，同時亦使全國國民加深對憲法及我國領土的認知。

提　案　人：陳婉真　沈富雄　彭百顯　顏錦福　尤　宏　葉菊蘭
　　　　　　李慶雄　黃爾璇　林濁水　邱垂貞　劉文慶　翁金珠
　　　　　　邱連輝　呂秀蓮　盧修一　張俊雄　廖大林　侯海熊

〔司法院公報，第三十六卷第一期，民國八十三(一九九四)年一月，頁18～21。〕

大法官會議釋字第三二九號有關條約是否應送立法院審議之解釋

司 法 院 令

中華民國捌拾貳年拾貳月貳肆日
(八二)院臺大一字第〇八五八六號

公布本院大法官議決釋字第三二九號解釋
附釋字第三二九號解釋

院長 林 洋 港

司法院釋字第三二九號解釋

解 釋 文

　　憲法所稱之條約係指中華民國與其他國家或國際組織所締結之國際書面協定，包括用條約或公約之名稱，或用協定等名稱而其內容直接涉及國家重要事項或人民之權利義務且具有法律上效力者而言。其中名稱為條約或公約或用協定等名稱而附有批准條款者，當然應送立法院審議，其餘國際書面協定，除經法律授權或事先經立法院同意簽訂，或其內容與國內法律相同者外，亦應送立法院審議。

解 釋 理 由 書

　　總統依憲法之規定，行使締結條約之權；行政院院長、各部會首長，須將應行提出於立法院之條約案提出於行政院會議議決之；立法院有議決條約案之權，憲法第三十八條、第五十八條第二項、第六十三條分別定有明文。依上述規定所締結之條約，其位階同於法律。故憲法所稱之條約，係指我國（包括主管機關授權之機構或團體）與其他國家（包括其授權之機構或團體）或國際組織所締結之國際書面協定，名稱用條約或公約者，或用協定等其他名稱而其內容直接涉及國

防、外交、財政、經濟等之國家重要事項或直接涉及人民之權利義務且具有法律上效力者而言。其中名稱為條約或公約或用協定等名稱而附有批准條款者，當然應送立法院審議，其餘國際書面協定，除經法律授權或事先經立法院同意簽訂，或其內容與國內法律相同（例如協定內容係重複法律之規定，或已將協定內容訂定於法律者外，亦應送立法院審議。其無須送立法院審議之國際書面協定，以及其他由主管機關或其授權之機構或團體簽訂而不屬於條約案之協定，應視其性質，由主管機關依訂定法規之程序，或一般行政程序處理。外交部所訂之「條約及協定處理準則」，應依本解釋意旨修正之，乃屬當然。

至條約案內容涉及領土變更者，並應依憲法第四條之規定，由國民大會議決之。而臺灣地區與大陸地區間訂定之協議，因非本解釋所稱之國際書面協定，應否送請立法院審議，不在本件解釋之範圍，併此說明。

大法官會議主席	林 洋 港
大法官	翁 岳 生
	翟 紹 先
	楊 與 齡
	李 鐘 聲
	楊 建 華
	楊 日 然
	馬 漢 寶
	劉 鐵 錚
	鄭 健 才
	吳 庚
	史 錫 恩
	陳 瑞 堂
	張 承 韜
	張 特 生
	李 志 鵬

一部不同意見書　大法官　張　特　生
陳　瑞　堂

一、本件係立法委員陳建平等八十四人聲請解釋憲法，其聲請書「主旨」所載聲請解釋之事項有四：

　　㈠憲法第三十八條、第五十八條第二項、第六十三條及第一百四十一條有關「條約」一詞之內容及範圍如何？

　　㈡條約以外之國際書面協定，何者應送立法院審議，何者僅須送立法院備查？

　　㈢前項協定送審查或備查之分類標準如何？其有權認定之機關應為立法院或行政院？

　　㈣外交部訂定發布之「條約及協定處理準則」第七條及第九條是否違憲違法，而應屬無效。

二、就前述第一項問題而言，固可認係立法院行使條約案審議權時，適用憲法所生疑義，聲請解釋，符合司法院大法官審理案件法第五條第一項第三款之規定，自當予以受理，並依據憲法有關規定之意旨及國際法之學理，為適當之解釋。然就多數意見所作成之解釋全文以觀，有下列各項尚值商榷：

　　㈠條約指國家與其他國家或國際組織間依合意締結之國際書面協定而具有國際法上拘束力者而言。條約有時用協定、協約等名稱，但只要雙方當事人具有國際法主體之地位，依國際間合意所作成之書面協定而有國際法上之拘束力者，無論用何種名稱均屬實質上之條約。依我憲法第六十三條規定立法院有議決條約案之權，具有前述實質上條約要件之書面協定皆應送立法院審議。本件多數意見之解釋文（以下簡稱解釋文）謂用協定等名稱者，以其內容直接涉及國家重要事項或人民之權利義務，且具有法律上效力者始為條約，而應送立法院審議，不啻於實質上為條約之書面協定，附加「直接涉及國家重要事項或人民之權利義務」等條件，此與憲法意旨及國際法原理是否相符？反成疑問。且關於條約是否「直接涉及國家重要事項」，如何認定，

尤易引起爭議。

㈡在權力分立之民主政治中，法律由代表民意之國會制定，條約（包括名為協定，實為條約者）既具有法律之效力，且多攸關國家利益與人民之權利義務，自有使國會參與決定之必要。本件解釋文泛稱條約「具有法律上效力」，固可解為具有國際法及國內法上之效力，但條約之主要效力，當為具有國際法上之拘束力。其批准之效果，就批准國而言，係就條約予以確定同意，嗣後在國際法上，應予遵守，不得隨意變更或拒絕適用，如有違反，將發生違反條約之責任問題。國際法與國內法之效力係屬二事，在國際法上僅有條約在國內法上能否自動履行之問題，並無國內法有規定者，是否發生條約效力之問題。本件解釋文謂具有條約實質之協定，「其內容與國內法律相同者」，不必送立法院審議，忽略國家在國際條約上之權利義務，以及立法院就涉及國家利益與人民權義之條約同意權，亦有欠妥。又經法律授權或事先經立法院同意，固可逕與其他國家或國際組織締約，但所締結之條約或協定未必與授權或同意之內容完全相同，縱令完全相同，依據上述理由，亦難謂無送立法院審議之必要。

㈢依「條約法公約」第二條規定，條約係國際法主體間所締結而受國際法規範之書面協定，不論其所具形式或名稱如何均屬之。條約有以條約本身之主體，即國家或國際組織為當事人者，亦有以簽訂條約者本身，即國家元首或其代表為當事人者。條約雖可授權由特定機構締結，但應以具有國際法主體地位者為限，國家與公司或其他相類之團體，或公司與其他相類團體相互間之協定，不論採何種形式，有無經政府授權，均難認為係國際法主體所締結，自不能認係具有憲法或國際法意義之條約。本件解釋理由書末段將「其他由主管機關或其授權之機構或團體簽訂而不屬於條約案之協定」列為無須送立法院審議之範圍，卻於前段就經授權之任何我國及外國團體所締結之協定均視為有條約之效力，應送審議，未免前後矛盾，此種協定如須經行政院及立法院議決，並經總統公布，與憲法意旨及國際法原理是否相符，亦成疑問。

三、就前述立法委員聲請解釋之其餘三項問題而言，本院不宜解釋亦不必解釋，茲分述其理如次。

　　㈠不宜解釋之理由：

　　　1. 我國與他國或國際組織所締結之國際書面協定 —— 無論其所用名稱為條約、公約、協定或其他相類之名詞，如其內容具有條約之實質者，皆應認為憲法所稱之條約，依憲法第六十三條規定，固應送立法院審議。惟上述條約以外之書面協定，何者應送立法院審議，何者僅須送立法院備查？其分類標準如何？憲法未設明文，原非釋憲機關之權責範圍，且涉及外交實務及國際政治問題。尤以我國目前處境特殊，更使此一問題之政治性益為明顯。據悉行政院為研修「條約及協定處理準則」，曾邀請熟悉外交實務之專家學者多人，組成專案小組，研討數月，修正草案，數易其稿，其修正理由說明有謂：「鑒於我國現今與無邦交國家締結之國際書面協議，對方因政治顧慮，往往不願以政治層次較高之『條約』形式締結，而出之於『協定』形式」。據外交部發行之中華民國八十年外交年鑑記載，與我無正式外交關係之國家常因對我國名、簽約代表之職銜或機構名稱有所顧慮，以致影響談判之進行。又據新聞報導，我國最近五年內，與他國間簽訂有五個條約、二五六個協定。而上述二五六個協定中，與有邦交國簽訂者有八八個，與無邦交國簽訂者有一六八個。足見以我國目前之非常處境，外交條約之處理，已難以常態方式進行。有若干國家在國際上不承認我國國際人格地位，我國與此等國家所簽訂之協定，如須送立法院審議，常發生意想不到之困難。為推展務實外交，爭取我國在國際上之生存空間，不得不從權處理。立法院關於條約審議權之行使亦當顧慮及此。由此更可見本件確屬涉及高度政治性之問題。

　　　2. 依我國現行法之規定，大法官雖可就抽象之憲法疑義為解釋，然對顯然牽涉高度政治性之問題，仍宜自我節制，若介入過多，不惟易致越權之譏，且治絲愈棼，可能招怨致尤，有損司法之立場與尊嚴。

　　㈡無解釋必要之理由：

1. 依憲法第五十七條第一項第二款前段規定「立法院對於行政院之重要政策不贊同時，得以決議移請行政院變更之」。依本件聲請書「說明」貳之二記載，過去立法院曾有三次，因不贊同行政院對條約或協定之處理，作成決議，明白表示何種條約或協定必須送立法院審議，要求行政院改進，依同上條款下段之規定，行政院對於立法院之決議，即應遵照執行。否則應報經總統核可，移請立法院覆議，「覆議時，如經出席立法委員三分之二維持原決議，行政院院長應即接受該決議或辭職」。由此可見行政院與立法院之間，就何種條約或協定應送立法院審議，何者僅須送立法院備查，可依憲法所定程序協調解決。如行政院就應送審議之條約，未送審議，立法院可依上述規定，以決議方式迫使其照辦，初無由司法機關以釋憲方式解決之必要。如兩院之間就具體個案之特定條約未送立法院審議是否合憲發生爭執，聲請本院解釋，本院固應受理解釋，其未指明具體個案就涉及高度政治性之抽象問題，聲請解釋，則非本院所宜置喙。

2.關於協定之分類標準如何？其認定權究屬行政院或立法院之問題，當依前述憲法所定程序解決，換言之，即先由行政院認定，如立法院不贊同時，可以決議促其變更。

3. 關於「條約及協定處理準則」第七條及第九條是否違憲之問題，行政院既在積極研修該準則，將來研修完成，依中央法規標準法第七條規定，應於發布後即送立法院，立法院如不贊同，可以決議促其修正，亦無先由本院解釋之必要。

4. 現行「條約及協定處理準則」共計十六條，前述修正草案增為十八條，其內容相當複雜，殊難由本院以簡短之解釋文及理由書予以涵蓋。而憲法解釋之效力與憲法同，一經公布，變更不易。「準則」則屬行政命令之性質，如發布後，發見有窒礙難行之處，可隨時修正。權衡得失，亦不宜以解釋代替準則，或為該準則之修正預設底線或預訂指導原則。

5. 本件解釋雖就應送立法院審議之條約及協定，設有若干除外規定，但是否周延，亦難斷言，如有掛漏，則不特行政院及外交部

將受不應有之束縛，國家拓展國際活動空間之努力，亦將受其影響。

　　6. 本件立法委員聲請解釋，係因辜汪會談，我方與中共海協會所簽訂之協議應否送立法院審議而起，本件解釋僅於理由書內表示該項協議並非國際書面協定，「不在本件解釋之範圍」，對於實際問題之處理，毫無裨益。據近月新聞報導，立法院已有立委提議研訂「涉外關係締約法」及規範兩岸協議之特別法，以解決國際條約及兩岸協議之審議問題，由此可見立法院亦有自行解決問題之途，殊無由本院越俎代庖之必要。

四、綜上所述，本院大法官依本件聲請意旨，就憲法上「條約」一詞之含義，加以釐清，固屬責無旁貸，惟解釋內容，尚須再加斟酌。至於聲請意旨所提其他三問題，則因涉及外交實務及國家特殊處境等政治性問題，本院不宜予以解釋，亦無解釋之必要。

五、基於上述體認，本件解釋文宜修正如下：

解　釋　文

　　憲法所稱之條約，係指中華民國與其他國家或國際組織所締結之國際書面協定，具有國際法上拘束力者而言。凡符合上述意旨之國際書面協定，不論所用名稱為何，均應送立法院審議。至條約以外之國際書面協定，何者應送立法院審議，何者僅須送立法院備查，應由行政與立法兩院斟酌當前國家特殊處境，協商決定，或依憲法第五十七條第二、三兩款所定程序解決，外交部發布之「條約及協定處理準則」第七條、第九條規定是否妥適之問題，其解決方法亦同。

解釋理由書，亦宜依前開解釋文意旨予以修正如下：

解　釋　理　由　書

　　總統依憲法之規定，行使締結條約之權；行政院院長、各部會首長，須將應行提出於立法院之條約案提出於行政院會議議決之；立法院有議決條約案之權，憲法第三十八條、第五十八條第二項、第六十三條分別定有明文。憲法所稱之條約，係指我國與其他國家或國際組織所締結之國際書面協定，具有國際法上之效力者而言。凡符合上述意旨之國際書面協定，不論其所具形式或名稱如何均屬之。此種條約

自應送立法院審議。條約以外之國際書面協定，何者應送立法院審議，何者僅須送立法院備查，因我國當前情況特殊，應由行政、立法兩院斟酌國家特殊處境，協商決定，或依憲法第五十七條第二款、第三款規定之程序，謀求解決。外交部發布之「條約及協定處理準則」第七條、第九條規定是否妥適之問題，其解決方法亦同。不宜由釋憲機關以抽象之解釋，設定指導原則。

至條約案內容涉及領土變更者，並應依憲法第四條之規定，由國民大會議決之。而臺灣地區與大陸地區間訂定之協議，因非本解釋所稱之國際書面協定，應否送請立法院審議，不在本件解釋之範圍，併此說明。

不同意見書　　　　大法官　楊　與　齡

一、本件應就司法院大法官審理案件法第五條第一項第三款之程序為程序上之解釋。

司法機關受理聲請案件，應先審查聲請程序是否合法，對於聲請程序不備法定要件之案件，應不予受理。司法院大法官受理案件時，亦同。

司法院大法官審理案件法第五條第一項第三款關於「依立法委員現行總額三分之一以上之聲請，就其行使職權，適用憲法發生疑義或適用法律發生牴觸憲法之疑義者」，得聲請解釋憲法之規定，乃依德、奧等國憲法保護少數黨議員釋憲聲請權之法制，並增設「行使職權」之限制[1]。因此，立法委員聲請解釋憲法，以立法委員因行使職權所發生及由少數黨委員提出為要件。就前者而言，立法院係採合議制，立法委員須集體集會行使職權，立法委員因行使憲法所定職權，適用憲法所生疑義或適用法律所生牴觸憲法疑義，欲聲請司法院解

---

[1]　**德國基本法**第九十三條第一項第二款、奧地利聯邦憲法第一四〇條第一項對於少數黨議員聲請釋憲，並無「行使職權」之明文限制。又本款規定係保護少數黨議員之釋憲聲請權，以解決政黨政治爭議為立法本旨。請閱立法院法制、司法兩委員會審查「司法院大法官會議法修正草案」案陳委員水扁等提增設本款規定原提案第九頁以下，另見立法院公報第八十二卷二期三八〇至三八二及三九六頁陳水扁委員發言。

釋，須將其疑義提出於會議討論，俾其他委員有知悉及表示意見之機會，方符集體行使職權之原則，而得認為係因「行使職權」所發生之憲法上疑義。就後者而言，政黨黨員應遵守政黨約束，始能維持政黨政治之健全。司法院大法官依本款規定立法本旨，僅有解決政黨間上述疑義（爭議）之權責，而無解決政黨內部爭議之責任。僅少數黨立法委員得依上述規定聲請解釋憲法，且須其提案未經立法院院會通過時，始得依上開規定聯署提請司法院解釋，以謀救濟。

　　本件聲請解釋案既未提經立法院院會討論，亦非由聲請釋憲案未獲通過之少數立法委員提出，又非合併於相牽連之合法受理案件辦理，自應僅就司法院大法官審理案件法第五條第一項第三款規定之程序作成解釋。多數意見，忽視上開規定之本旨，對於部分立法委員不合程序之聲請為實體上之解釋，無異不計程序是否合法，均為少數立法委員提供法律意見，並剝奪多數立法委員事前知悉及討論之權利。未便苟同，爰提出不同意見如上。

二、對外交部所訂之「條約及協定處理準則」不應在解釋理由中表示意見。

　　立法委員得依司法院大法官審理案件法第五條第一項第三款聲請解釋者，並不包括適用行政命令牴觸憲法所生之疑義在內，部分立法委員自不得以行政命令有牴觸憲法疑義為聲請解釋之對象。又釋憲機關裁判之拘束力，不以主文所示內容為限，其於裁判理由中所表示之意見，亦有拘束力。司法院大法官就解釋文相關事項，於解釋理由書中表示意見者，顯示該事項具有重要性，其意見自有拘束力，此為中外學者及實務上所遵循[2]。本件多數大法官所通過之解釋理由書中，

---

[2]　參考施啟揚博士著**西德聯邦憲法法院論**，一一五頁（商務印書館六十年十月版）；德國卡爾・蓋克(Wilhelm Karl Geck)博士著「西德聯邦憲法法院及其管轄權」，載七十一年十一月司法院秘書處印行之**德意志聯邦共和國法院組織法**，二五二頁。我國實務上最顯著之先例為釋字第二六一號解釋，該解釋於解釋理由書中認中央政府應「在自由地區適時辦理含有全國不分區名額之次屆中央民意代表選舉，以確保憲政體制之運作」，其中「含有全國不分區名額」部分為解釋文所無，但為全國不分區中央民意代表最早之法源。

認「外交部所訂之條約及協定處理準則，應依本解釋意旨修正之」，係對聲請人不得聲請解釋之事項，表示意見，無異變相予以解釋。且聲請人僅對該準則第七條及第九條聲請解釋，上開解釋理由書竟認外交部應將該準則其他條文一併修正，而又未指明何一條文與解釋文所示意旨有何不合，自欠妥洽，故本件在程序上即令可作實體解釋，上述部分，亦應刪除。

不同意見書 大法官 李志鵬

國際條約為國際法之重要法源之一。世界文明國家無不重視國際條約，多數均在憲法、法律或判例中，確認國際條約在國內法上具有優先的地位。我國憲法第一百四十一條規定：中華民國尊重國際條約及聯合國憲章。即表示國際條約在我國國內法上，具有優先地位。各級法院及行政機關適用法律時，均有尊重國際條約之義務。即其一例。

聯合國各會員國於一九六九年五月二十三日通過簽訂「條約法公約」，作為國家之間訂立條約之規範。根據該公約規定，締結國際條約之主要程序如下：⑴派遣代表並授與全權證書，⑵有關代表協商條約內容，⑶簽署條約，⑷立法機關批准條約，⑸條約生效，⑹履行條約義務等等。

我國憲法第三十五條規定：總統為國家元首，對外代表中華民國。第三十九條又規定：總統依本憲法規定，行使締結條約之權。所謂「依本憲法之規定」係指憲法第五十七條第三款、第五十八條第二項及第六十三條等規定而言。依上開規定，我國締結國際條約之權，專屬於總統，除總統或其授權之人外，任何人無權代表中華民國締結國際條約，自屬當然。

國家締結條約，須先指派全權代表談判，以決定條約之內容，達成協議後則簽署之。簽署後即成為條約案，應送立法機關批准。在我國依憲法第五十八條第二項規定，行政院院長、各部會首長，須將應行提出於立法院之條約案，提出於行政院院會議決之。蓋行政院為國

家最高行政機關，凡應提出於立法院之條約案，自應在提出之前，先經行政院院會審查是否適當，以免窒礙難行。條約案經行政院院會議決，如認為適當，應提出於立法院，請依憲法第六十三條規定議決。所謂「議決」，即「條約法公約」所稱之「批准」（Ratification）之意。條約經立法機關批准，換文完畢，隨即生效。

立法院議決之條約案，如有異於行政院院會議決者，行政院如認為窒礙難行時，得經總統之核可，於該議決案送達行政院十日內，移請立法院覆議。覆議時，如經出席立法委員三分之二維持原案，依憲法第五十七條第三款規定，行政院長應即接受該決議或辭職。

從以上說明，可知無論依「條約法公約」或是我國憲法之規定，締結國際條約，有一定之程序。在條約內容未確定前，立法機關同意締結條約並放棄條約之議決（批准）之權，有違「條約法公約」及憲法之規定。多數大法官意見著成本件解釋文，竟允許立法院得在事先同意總統締結國際書面協定。凡經事先同意所簽之國際書面協定，無須於簽署後，由行政院送立法院議決，此項解釋顯已牴觸憲法第三十九條、第五十八條第二項及第六十三條等規定。本席礙難同意，此其一。

次查我國憲法除第三十九條規定總統有依本憲法締結條約之權外，並未規定任何人或機關有權締結國際條約。因此代表中華民國締結國際條約者，除總統本人外，僅有總統授權之全權代表。凡未經總統或其全權代表所簽署之條約，均係無權代理，應不生效力。故多數大法官意見在理由欄中稱：憲法所稱之條約，包括我國主管機關授權之機構或團體，與其他國家或國際組織所締結之國際書面協定等節，顯然牴觸憲法第三十九條。蓋所謂「主管機關」，不僅意義含混不明，且依憲法規定並無締結條約之權，何來權利授權其他機構或團體締結國際書面協定？無理至明，本席礙難同意，此其二。

末查外交部所定之「條約及協定處理準則」，依中央法規標準法第三條規定，應為行政命令。核其內容僅係規定外交部處理條約案之程序，對於憲法授予總統締結條約之權、行政院院會議決條約案之

權、行政院請求覆議條約案之權及立法院議決條約案之權，均無任何拘束力。又據司法院大法官審理案件法第五條第一項第三款規定，立法委員得請求解釋之客體，以憲法及法律為限，不包括「行政命令」在內。大法官多數意見，在理由欄稱：「外交部所訂之『條約及協定處理準則』，應依本解釋意旨修正之」云云，顯已牴觸上開司法院大法官審理案件法，本席不能同意，此其三。

綜上所述，本件解釋，部分違憲，本席不能同意，爰依法提出不同意見書，請隨解釋文一併公布為幸。

不同意見書　　　　　　大法官　李鐘聲

本件聲請解釋案件，揆諸一般憲政國家所採司法審查制之通例，我國大法官釋憲之先例，及憲法明文規定以衡量之，在程序上應不予受理解釋；矧經實體解釋，司法因此介入立法、行政二院之憲政爭議，捲入政治漩渦，後果堪虞。分述如下：

一、本件不應受理解釋

㈠一般憲政國家所採司法審查制(Judicial Review)之通例，對於政治問題(Political Question)不予受理解釋，乃溯自美國創始以來，歷經近二百年之演進，衍為德、日諸憲政國家所共同奉行之政治問題原則。此一原則係奠基於分權理論，政府之行政、立法、司法三部門，均為憲法機關，均應自主與互相尊重。司法機關並不因有法令違憲審查權而高出於行政與立法機關之上，如非法令違反憲法明文規定，即不得認為違憲，而應作合憲性之推定——合憲解釋原則。司法機關對於其他憲法機關從事之自由政治運作與決定，浸漸累積成為自我約束之司法自制(Judicial Self-Restraint)範圍與原則，稱之為非司法性的政治問題(Non-Justiciable political question)，諸如：領土、條約、外交、戰爭等等事項，都不插手介入，拒絕受理解釋。

關於外交條約事項方面，茲舉美、日、德三國之司法案例，可以概見一斑。

1. 我國與美國所簽訂之「中美共同防禦條約」，十分重要，

而美國總統於一九七九年片面宣布取消，未經美國參議院同意，不合美國聯邦憲法，舉世震驚，參議員高華德（B. Goldwater）等訴之於美國聯邦法院，法院卒以政治問題為由不予受理。

　　2. 日本從戰敗國脫離占領狀態，所簽「和平條約」與「日美安全保障條約」，日本法院（裁判所）一貫認為條約屬於政治問題。其判決：「和平條約之締結及解釋具有極高度之政治性，關係於國家統治之基本，故對之審查法律上有效、無效，依承認三權分立之旨趣本身而言，應認為不屬於司法裁判所之權限。」（昭和四五年九月十八日東高判）。又：「日美安全保障條約之內容，實質上是否違憲，加以判斷，乃不屬於裁判所司法審查權之範圍。」（昭和四七年十二月五日名古屋高刑二判。）

　　3. 西德與東德簽訂「兩德基本關係條約」，德國聯邦憲法法院於一九七三年七月三十一日判決，宣示：「聯邦憲法法院自行設定之司法自制原則，並不表示減少或削弱其權限，而是放棄推動政治，也就是在憲法規定並限制的範圍內，不插手政治的自由運作，其目的在於為憲法保障之其他憲法機關從事自由政治運作的範圍，保留空間。」（德國聯邦憲法法院裁判選輯㈡一三〇頁）

　　由上可知，諸國司法奉行外交條約方面的政治問題原則。尤其美、日兩國更不論條約在程序處理上或實體上是否違憲，一概不予受理。

　　㈡我國大法官釋憲之先例，對於政治問題不予解釋，已著有釋字第三二八號解釋，其文如下：「中華民國領土，憲法第四條不採列舉方式，而為『依其固有之疆域』之概括規定，並設領土變更之程序，以為限制，有其政治上及歷史上之理由。其所稱固有疆域範圍之界定，為重大之政治問題，不應由行使司法權之釋憲機關予以解釋。」

　　於解釋理由書中，並說明：「國家領土之範圍如何界定？純屬政治問題」，「依權力分立之憲政原則，不受司法審查」。表示我國憲政之分權原則，司法不審查政治問題，自與一般憲政國家相同。

　　㈢本件聲請，根據「釋憲聲請書」所述：「條約」與「協定」應

送「審議」或「備查」，「係長期存在於立法院與行政院間之憲政爭議」，「立法院四十多年來曾針對協定之監督權限作過三次決議」，「行政院從未真正遵守過」，並指外交部所訂「條約及協定處理準則」第七條及第九條第一項應屬無效。

惟我國憲政體制，憲法第三十八條及第五十八條第二項規定總統及行政院之條約權責，第六十三條規定立法院之條約權責。依第五十三條規定，行政院為國家最高行政機關，第六十二條規定，立法院為國家最高立法機關。兩院發生條約及協定之憲政權限爭議，則依憲法第五十七條、第四十條關於兩院間質詢、決議、覆議及總統核可、處理等規定，以解決之。今捨憲法明文規定解決憲政權限爭議之正當程序於不由，而聲請司法審查權作違憲解釋，陳述其主觀上之法規適用意見。按與司法院大法官審理案件法第五條第一項第三款：立法委員「就其行使職權，適用憲法發生疑義，或適用法律發生有牴觸憲法之疑義者」聲請解釋之規定，文義精神，自不相合。綜合已述如前之我國釋憲先例及一般釋憲國家通例，即不應受理解釋。

二、本件解釋後果堪虞

㈠一般憲政國家體制常例，行政部門之總統或內閣主管外交條約事務，送由立法部門審議。又各機關於執行職務適用法令時，多可解釋法令，惟採司法審查制國家，則賦與司法部門專為之，但不得於審查法令是否違憲而乘機干預政治問題，為司法審查制之重要原則。

今就本件解釋文義而論：

1. 解釋稱條約指條約、公約、協定等名稱之國際書面協定，我們知道，國際間簽訂書面協定稱：條約(Treaty)、公約(Convention)、協定(Agreement)外，而稱之為：協商(Understanding)、協議(Mutual Consent)、議定書(Protocol)、換文(Exchange of Letters or Notes)、備忘錄(Memorandum)、宣言(Declaration)、綱領(Guidelines)、計畫(Program)、合約(Contract)、辦法(Arrangement)等等，曷勝枚舉。所以解釋「協定等」外之空間很大，又非明確。

2. 解釋雖稱「協定等」「其內容直接涉及國家重要事項或人

民之權利義務，且具有法律上效力者」，列入條約範圍之內。又稱：
「其餘國際書面協定除經法律授權或事先經立法院同意簽訂，或其內容與國內法律相同者外，亦應送立法院審議」。由於協定等之應否送立法院審議，視其內容等究竟如何？恍如水流洄洑之眩人心目，行將仁智各見，易滋爭議。

　　3. 解釋前稱：協定等事先經立法院同意簽訂云云，則立法院事先同意簽訂協定等豈非立法部門主導行政部門外交條約事務？外交關係之如何建立，乃國家獨立自主生存之國際政治課題，於世界風雲變幻中，折衝於樽俎之間，撲朔迷離，錯綜複雜，故外交事務由行政部門任之。解釋稱立法院事先同意簽訂協定等，不免授之以柄，背道而馳，其後果堪虞。

　　㈡我國憲法，依據　孫中山先生之遺教而制定。基於五權分治彼此相維之憲政體制，建置五院，本憲法原始賦與之職權，各於所掌範圍內，為國家最高機關，獨立行使職權，相互平等，初無軒輊。此經前輩大法官迭加闡明，著為解釋先例（釋字第三號、第七六號、第二七五號等）。本屆大法官於本年十一月二十六日，作成釋字第三二八號解釋，闡明依權力分立憲政原理，政治問題不應由行使司法權之釋憲機關予以解釋。前後相應，表示我國憲政體制之一貫精神。

　　乃本件解釋，於本年十二月十六日審查會多數表決通過，對外交條約事務之政治問題加以解釋。其時間甫及一月，而解釋先後相反，出爾反爾。如何昭大信於天下？最重要的問題是：此解釋為行政部門對外協定「事先經立法院同意簽訂」，白紙黑字。因之，外交條約事務之政治問題由立法院主導，而非行政部門。豈非立法院凌駕於行政部門之上？此例一開，攸關憲政爭議之政治問題，紛至沓來，五權有上下大小，扭曲五院，破壞我國五院獨立行使職權，互相平等之憲法制度，而國危矣！即就司法審查制而言，係行使司法權，而非立法權。本件解釋未曾對外交部所訂「條約及協定處理準則」宣告違憲，則僅是院部之間如何修正問題而已。本件為立法、行政兩院解決爭議，而遽作法律性解釋，自高於兩院主管政治問題之上，儼然自居於

太上立法機關(Super Legislature)。美國聯邦最高法院在釋憲歷程中，曾被論者譏評為太上立法機關，而後自歛，亦堪為鑑。

三、結語

對於本件解釋，筆者以為有違一般憲政國家實施釋憲制不受理政治問題之釋憲通例，又背我們不久前之釋憲先例，且與我國憲法規定及精神均有未合，關係司法審查制至為重大，爰瀝陳所見，筆之於書，文責自負，請正於國人，並昭來者。

抄立法院立法委員陳建平等八十四人聲請書

受文者：司法院

副　本
收受者：立法院秘書處

主　旨：立法委員陳建平等八十四人，為⑴憲法第三十八條、第五十八條第二項、第六十三條及第一百四十一條之條文中，有關「條約」一詞之內容及範圍如何，迭起爭議，亟待釐清，以弭憲政上之紛爭；⑵條約以外之國際書面協定，究竟何種協定應送立法院審議，何種協定僅須送立法院備查，係長期存在於立法院與行政院間之憲政爭議，此一爭議隨立法委員全面改選後，有愈演愈烈之趨勢，有必要儘速予以明確界定；⑶有關何種協定應送立法院審查或備查之分類標準，其有權認定機關應為立法院或行政院，攸關此一憲政爭議之解決，應一併予以釐清；⑷外交部訂定發布之「條約及協定處理準則」第七條及第九條第一項，明顯侵犯憲法第六十三條賦予立法院之條約審議權，而其中第九條亦違反中央法規標準法第七條，依憲法第一百七十二條之規定，該準則第七條及第九條應屬無效。爰依司法院大法官審理案件法第五條第一項第三款，聲請解釋。

說　明：

壹、聲請解釋憲法之目的

一、「條約」一詞分見於憲法第三十八條、第五十八條第二項、第六十三條及第一百四十一條，然憲法上所謂之條約的內容及範圍如何，因涉及立法院與行政院間之職權分際，且常引起爭議，亟待予以釐清，以弭憲政上之紛爭。

二、條約，依憲法第六十三條之規定，立法院擁有審議之權，殆無疑義，然有關條約以外之國際書面協定，何種協定應送立法院審查，何種協定僅須送立法院備查，其分類之標準又涉及憲法第五十八條第二項及第六十三條有關「條約案」之意義與範圍的爭議，應予明確釐清。

三、有關釐定何種協定應送立法院審查或備查之標準，究竟應由立法院或行政院予以判斷，攸關此一憲政爭議之釐清，對於此一分類標準之有權認定機關應屬立法院或行政院，聲請大法官會議解釋。

四、外交部發布之「條約及協定處理準則」第七條賦予主管機關在時機緊迫之際，得不經行政院核可及立法院同意，逕行簽訂條約或協定草案之協議，另該準則第九條第一項規定，協定內容涉及國家機密或有外交顧慮者，得不送立法院查照，嚴重藐視憲法第六十三條賦予立法院之條約審議權，係屬違憲，應宣告其為無效。

貳、疑義性質及經過

　　本聲請書所聲請之事項有四，均為本院行使職權適用憲法發生疑義之事項，爰說明如下：

一、憲法第三十八條規定：「總統依本憲法之規定，行使締結條約及宣戰媾和之權」、第五十八條第二項規定：「行政院院長、各部會首長，須將應行提出於立法院之法律案、預算案、戒嚴案、大赦案、宣戰案、媾和案、條約案及其他重要事項，或涉及各部會共同關係之事項，提出於行政院會議議決之」、第六十三條規定：「立法院有議決法律案、預算案、戒嚴案、大赦案、宣戰案、媾和案、條約案及國家

其他重要事項之權」、第一百四十一條規定：「中華民國之外交應本
獨立自主之精神，平等互惠之原則，敦睦邦交，尊重條約及聯合國憲
章，以保護僑民權益，促進國際合作，提倡國際正義，確保世界和
平」，該四項條文有關「條約」一詞之含義及範圍，攸關總統之締約
權、行政院與立法院對條約案之職權分際及我國遵守國際書面協定之
範圍，如不予以明確釐清，不但有礙我國憲政運作及發展，並可能影
響我國對國際書面協定遵守之義務。

二、立法院四十多年來曾針對協定之監督權限作過三次決議如下：

(1)民國三十七年十一月九日的立法院第一屆第二會期第十八次會
議作成決議，內容共有四項── 一、凡具有「條約」名稱之國際協
定，不論其內容為何，均應認為條約案；二、凡載有批准條款之國際
協定，雖未採用「條約」名稱，均應認為條約案；三、一、二兩項所
稱條約案，其設有批准條款者，應先經立法院審議通過，始得咨請總
統頒發批准書，完成批准手續，其未設有批准條款者，其草約之主要
內容，應先經立法院審議授權，始得簽訂；四、凡未具條約名稱，亦
無批准條款的國際協定，其內容如涉及國際組織、國家財政、變更現
行法律或具有特別重要性者，仍應先經立法院審議授權，始行簽訂，
其無此種內容者，得由政府先行簽訂，再報立法院。

(2)立法院第一屆第八十四會期，民國七十九年一月十三日立法院
外交委員會針對中美北太平洋流刺網協定有所討論時，作成協議，要
求「事關國家主權及人民重大利益之行政協定，均應送立法院報
告」。

(3)民國八十一年六月十六日立法院第一屆第八十九會期第三十四
次會議，以「建請行政院研處」方式通過決議，要求「我國對外簽訂
之協議，實質上具有條約性質者，均應送立法院審議」。

然而，對於立法院有關協定應送立法院審查或備查之決議，行政
院從未真正遵守過，四十多年來，送立法院審查的協定也只有美軍在
臺地位協定及北美事務協調委員會與美國在臺協會著作權保護協定，
顯然立法、行政兩部門兩部間有關條約審議權之爭議，並未因立法院

之決議而有所改善。

　　今年四月廿七日至廿九日，由行政院大陸委員會授權之財團法人海峽交流基金會董事長辜振甫與大陸方面的海峽兩岸關係協會會長汪道涵在新加坡進行會談，並簽署「辜汪會談共同協議」、「兩會聯繫與會談制度協議」、「兩岸公證書使用查證協議」及「兩岸掛號函件查詢、補償事宜協議」等四項協議，部分朝野立委要求大陸委員會必須將上述四項協議送立法院審議，再度引發有關條約審議權之爭議。對於何種協定應送立法院審議，何種協定僅須送立法院備查，涉及憲法第五十八條第二項及第六十三條有關「條約案」之意義與範圍之釐清，故聲請解釋。

三、依前述第一點及第二點，外交部自行訂定發布「條約及協定處理準則」，以作為何種協定應送立法院審查或查照之依據，而立法院也先後三次作成決議，以作為決定何種協定應送立法院審查或備查之標準，然由於所定標準難免含糊、抽象，在適用上如有疑義，行政部門與立法院也認定不一，因此，即使有一雙方共同接受之分類標準，仍難以避免因在適用上之解釋、認定不同而導致紛爭，因此，有關何種協定應送立法院審議或備查，應由那一個有權機關作最後之認定，仍存有疑義，故聲請解釋。

四、外交部於八十一年二月十九日以外(81)條二字第八一三○四○八三號令訂定發布「條約及協定處理準則」，該準則第七條規定：「條約或協定草案內容獲致協議時，除時機緊迫者外，主辦機關應先報請行政院核可，始得簽訂」，及第九條第一項規定：「協定應於簽署後，報請行政院核備；除內容涉及國家機密或有外交顧慮者外，並應於生效後，送立法院查照」，上述兩項規定明顯侵犯憲法第六十三條賦予立法院之條約審議權，依憲法第一百七十二條規定：「命令與憲法或法律牴觸者無效」，此兩項規定應屬違憲而為無效。

參、聲請解釋之理由及對本案所持之見解

一、關於憲法中有關「條約」一詞聲請解釋部分

⑴憲法第三十八條有關總統之締約權的規定，應作狹義解釋，僅指須經總統批准，或以國家或國家元首名義締結之條約或協定，而不包括不須經批准，或以行政機關或其授權之團體、機構與其他國家政府機關或其授權之團體所締結之國際書面協定在內，因為我國之總統並非總統制國家具有實際行政及外交權力之總統。且此所謂「締結」，不包括談判、簽字，而僅指派代表國家談判之全權代表、批准條約、協定或公布條約、協定等程序而言。

⑵有關憲法第五十八條第二項、第六十三條部分，依維也納條約法公約，稱「條約」者，謂國家間所締結而以國際法為準之國際書面協定，目前與我國邦交國家僅有二十九個，我國對無邦交國家難以「條約」方式簽訂國際書面協定，在國家現時外交困境下，對於無邦交國家透過政府間或政府授權之民間團體間簽訂協定的方式來拓展「實質外交」，便有其必要性。近年來，我國亟力推展與無邦交國家之實質關係，依外交部八十一年十二月出版之外交報告書指出，我國與無邦交國家締結之協定數目不斷增加，自民國七十五年至八十一年十月底達二百四十八項，對象範圍遍及澳大利亞等五十九國家、地區或國際組織（見該報告書第二六二頁），而同一期間，我國與各國簽訂之條約及協定共計三百四十項（見該報告書第二六六頁），換言之，我國對外關係所簽訂的國際書面協定，有百分之七十二以上係以協定方式簽訂。

其次，行政部門為規避國會監督與審議，常以協定方式而不以條約方式來簽訂國際書面協定，此一趨勢，為世界各民主國家之共同的現象，尤其以美國總統利用「行政協定」（ Administrative Agreement)方式規避參議院之條約審議權之例，最為典型。為避免此一導致國會對政府外交關係之民主控制空洞化之現象，各民主國家均透過立法等各種途徑規範此一破壞民主機制、無視國民主權意思的不合理現象。

再者，中央法規標準法第五條第二款明定，關於人民之權利、義務之事項，應以法律定之，此一規定主要是賦予立法院對有關人民權

利義務事項以審議權，避免行政部門擅斷致影響民眾權益。依外交報告書所言，「由於協定之締結生效程序類似法規性命令之訂定，因此僅能取得相當於行政命令之法規效力。故本部（指外交部）及其他機關與外國簽訂國際協定，如內容涉及人民權利義務，或與國內現行法律有所出入時，應注意以條約為之，以期望立法程序取得法律地位，以示尊重憲法賦予立法機關之外交監督權之規定，並使該協定能為我國法院適用於處理具體案件」（見該報告書第二五七、二五八頁）、由此可知，如有涉及人民權利義務之協定，立法院亦應享有條約審議權，以符合民主政治及權力分立制衡之憲政原理。

依以上所述，顯見憲法第五十八條第二項、第六十三條之條文中所謂應行提出於立法院審議之「條約案」，不應以國際書面協定之名稱等形式標準來界定，而應以其實質內容來釐定其意義及範圍。依中央法規標準法第五條第二款之規定及上述外交報告書之說明，至少有關人民權利義務之協定，即應送立法院審議，係屬憲法第五十三條第二項及第六十三條所謂之「條約案」。

(3)憲法第一百四十一條我國外交政策之最高指導原則，其中「尊重條約」一詞，是指我國對所有對外關係所簽訂之國際書面協定均有遵守之誠信義務，並非謂我國只對具有「條約」名稱之國際書面協定才有遵守之義務，因此，憲法第一百四十一條所謂之「條約」，應為最廣義之內容，凡屬我國對外簽訂之一切國際書面協定均包括在內。

二、有關條約以外之國際書面協定，何種協定應送立法院審查或備查之分類標準部分：

協定係屬行政命令之法律位階，依中央法規標準法第七條之規定：「各機關依其法定職權或基於法律授權訂定之命令，應視其性質分別下達或發布，並即送立法院」，因此，行政部門對外所簽訂之一切協定，均應送立法院，此點殆無疑義。

至於何種協定應送立法院審查，何種協定僅須送立法院備查，依歷年來立法院就此一憲政爭議所作之有關決議，以民國三十七年十一月九日的立法院第一屆第二會期第十八次會議所作成之決議，最為週

延完整，應可作為協定應送立法院審議或備查之分類標準。

三、有關釐定何種協定應送立法院審查或備查之標準，究竟係立法院或行政院為有權認定機關部分：

目前雖無法律規範何種協定應送立法院審查或備查，但立法院依憲法第六十二條，為國家最高立法機關，對於此一憲政爭議，未來立法院亦得行使憲法所賦予之立法權，制定法律予以規範，立法院既然得立法規範此一憲政爭議，當然亦應以立法院為釐定何種協定應送立法院審查或備查之有權認定機關。

再者，行政部門送立法院備查之行政命令，立法院有權將備查案改為審查案，協定既屬行政命令之一種，對於送立法院備查之協定，立法院當然亦有權將備查改為審查，因此，當行政院與立法院間對何種協定應送立法院審查或備查存有爭議時，當以立法院之認定為準。

四、有關「條約及協定處理準則」第七條及第九條第一項違憲，應屬無效部分：

(1)立法院對條約案有議決之權，為憲法第六十三條所明定，在立法院未審議通過之前，行政院不得以任何理由對外進行條約之草簽或正式簽署，而該準則第七條卻以「除時機緊迫者外」，作為除外規定，此一規定已明顯侵犯立法院之條約審議權，係屬違憲之行政命令。

(2)該準則第九條以協定涉及國家機密或有外交顧慮為由，不將協定送立法院查照，不但違反中央法規標準法第七條有關行政命令應送立法院之規定，且該協定之性質或內容如係屬憲法第六十三條所謂應送立法院審議之協定，則此一規定已明顯違反憲法第六十三條之規定。

再者，即使協定涉及國家機密或有外交顧慮，立法院亦可以舉行秘密會議且以密件方式處理，並無因送立法院備查或審查而有妨害國家機密或引起外交顧慮之虞。

依上所述，該準則第七條及第九條第一項明顯違反憲法第六十三條有關賦予立法院以條約審議權之規定，而其第九條第一項亦違反中

央法規標準法第七條之規定，依憲法第一百七十二條規定：「命令與
憲法或法律牴觸者無效」，外交部訂定發布之「條約及協定處理準
則」第七條、第九條第一項應為無效。

肆、關係文件之名稱及件數

外交部八十一年二月十九日訂定發布之「條約及協定處理準則」
乙份。

聲請人：

立法委員：	陳建平	鄭逢時	詹裕仁	李友吉
	游淮銀	吳東昇	高天來	李顯榮
	潘維綱	林聰明	趙永清	陳志彬
	張建國	何智輝	莊金生	嚴啟昌
	洪性榮	翁重鈞	劉政鴻	陳宏昌
	游日正	曹爾忠	陳哲男	劉光華
	曾永權	徐成焜	楊吉雄	蔡勝邦
	陳癸淼	劉炳華	徐中雄	王世雄
	許添財	劉國昭	丁守中	彭百顯
	林光華	賴英芳	戴振耀	洪冬桂
	陳定南	周荃	趙少康	施台生
	趙娃	李宗正	趙振鵬	陳清寶
	黃昭輝	黃朝容	黃昭順	林志嘉
	陳傑儒	張文儀	朱星羽	曾振農
	郭金生	林壽山	劉瑞生	關中
	郭廷才	翁大銘	侯海熊	高巍和
	李必賢	王顯明	林明義	洪濬哲
	郭政權	周書府	洪秀柱	李慶雄
	陳錫章	王天競	廖大林	余政憲
	蔡中涵	陳唐山	許國泰	柯建銘
	李進勇	余玲雅	洪昭男	韓國瑜

丙、行政或司法機關涉外法令解釋

法務部函覆外交部有關擬在國內籌設一社團法人以在國外無邦交地區購置公用房地是否可行疑義

中華民國八十一年二月二十六日
法務部法（八十一）律字第〇二六九八號

主　旨：關於　貴部函詢有關擬在國內籌設一社團法人以在國外無邦
　　　　交地區購置公用房地乙案，本部意見如說明二。請　查照參
　　　　考。

說　明：

一、復　貴部八十年十一月二十日外（80）總庶字第八〇三
　　三一五八二號暨八十一年一月三十日外（81）總庶字第
　　八一三〇二七九五號函。

二、按公司應以營利為目的，而公益社團法人係以增進社會
　　全體之利益為目的。成立公司或公益社團法人之目的，
　　如僅為在外置產，既非營利，又非從事公益活動，即與
　　該等法人之性質有違。另公務員服務法第十三條前段規
　　定：「公務人員不得經營商業或投機事業。」故公務人
　　員除法令另有規定外，不得兼任公司之董、監事或職
　　員。至於公務員雖得依法令兼職，惟「法令」之涵義範
　　圍如何？宜徵詢主管機關銓敍部之意見。來函所述情
　　節，係為解決海外無邦交地區駐外代表機構使用之房地
　　問題，除租用外，似可考慮以成立投資公司方式，在海
　　外無邦交地區購置房地後，出租給駐外代表機構使用；

　　或成立財團法人，以其名義置產方式辦理。惟其可行性
如何？因事涉各有關部會之權責，宜否邀請有關機關開
會研商，請本於職權自行審酌之。

〔法令月刊，第四十三卷第七期，民國八十一（一九九二）年七月一日，頁50。〕

法務部函覆行政院秘書處有關在國外
無邦交地區購置公用房地之疑義

法務部函

中華民國八十二年一月七日
法（八二）律字第〇〇四九九號

受文者：行政院秘書處

副　本
收受者：本部秘書室、參事室、檢察司、法律事務司

主　旨：關於外交部為確保我在有邦交國家使領館館產產權及解決該
　　　　部駐在無邦交國家代表處購置館產之困難，建議由該部在新
　　　　加坡設立公司並以該公司名義為駐館購置館產乙案，本部意
　　　　見如說明二，請　查照轉陳。

說　明：

一、復　貴處八十一年十二月十日臺(81)外字第七〇〇六
　　　　五號交議案件通知單。

二、關於本案本部意見如後：

　　㈠為適應外交情勢，外交部擬在新加坡設立星籍公司代
　　　　表我政府在各駐在國購置使領館（代表處）館產，以
　　　　確保其產權，此種模式如為政府既定政策，則由於該
　　　　星籍公司僅係因應購置館產而成立，並非處理我外交
　　　　事務，故其性質非「政府機關」，似無中央法規標準
　　　　法第五條之適用。至於是否符合國有財產法或其他相
　　　　關法令之規定，宜徵詢主管機關之意見。

　　㈡由於該星籍公司非依我國公司法成立，未在我國登
　　　　記，性質上亦無營利之行為，故外交部指派所屬人員

擔任該公司之股東或董、監事，似可認為奉機關長官
之命執行公務；若不兼領薪給，尚無違背公務員服務
法第十三條不得經營商業及第十四條不得兼職之規
定。

㈢除此模式外，似亦可考慮以在國內成立財團法人或信
託國內跨國公司等模式購置館產，以分散各項風險。

部長　呂　有　文

〔法務部公報，第一五二期，民國八十二（一九九三）年二月二十八日，頁72。〕

法務部函覆外交部有關在國外無邦交地區購置公用房地之疑義

法 務 部 函

中華民國八十二年八月十二日
法 82 律 字 第 一六八四五號

受文者：外交部

副　本
收受者：本部秘書室、檢察司、參事室、法律事務司

主　旨：關於貴部擬出資在新加坡設立境外公司並以信託方式為駐外館處購置館產乙案，有關信託問題之法律關係，本部意見如說明二，請　查照參考。

說　明：

一、復　貴部八十二年七月十四日外(82)條二字第八二三一七六九九號函。

二、按不動產所有權之法律關係，一般均以不動產所在地法為準據法（涉外民事法律適用法第十條第一項參照），故貴部擬出資，信託所屬職員以個人名義在新加坡設立境外公司，並依信託方式以該公司名義購置館產，首先似宜探討新加坡及不動產所在地之信託法制，始能明瞭依當地法律對我國政府本此方式信託購置之不動產有無保障。另查接受信託之職員與在星國設立之境外公司，為兩個獨立之權利義務主體，因此若以該公司之名義所購置之不動產，其所有權自屬該公司所有，而非該接受信託之職員所有，該職員之個人債務尚不致影響該公司對該不動產所有權之行使，惟宜留意防止該公司之債權人對該公司所有之不動產主張權利，及該職員處理該公

司所有不動產產權可能發生之舞弊行為。至於本部研擬
之信託法草案因尚未完成立法程序，自無適用之餘地，
併此說明。

　　　　　　　　　　　　部長　馬　英　九

〔**法務部公報**，第一五九期，民國八十二（一九九三）年九月三十日，頁72
　～73。〕

臺中地檢處法律座談會有關以脫法方式
以本國人名義登記之香港作品
是否應予保護之疑義

著作權法第九十一條

法律問題：

因我國非著作權保護協約之簽約國，我國人之著作，在香港地區不受保護，致主管機關將以前准予註冊之香港法人（香港法人非依我國法律組織成立，係外國法人）之著作權，基於互惠之原則，均撤銷其註冊。撤銷後就同一著作物，又變更名稱，以本國人之名義，申請註冊，主管機關亦准予註冊。再經註冊後，如有擅自重製或仿製該著作物之行為，應否依著作權法之規定加以處罰。

討論意見：

甲說：該著作物既另以本國人之名義完成註冊，如有侵害其著作權之行為，經依法提出告訴，自仍應依著作權法之規定加以處罰。

乙說：香港法人之著作，既不准許其註冊，即不予保護，其另以本國人之名義註冊，係變相之脫法行為，該著作物在我國仍不能享有著作權，故縱有擅自重製或仿製該著作物之行為，亦不得依著作權法之規定加以處罰。

結論：採甲說。

臺高檢署
研究意見：採肯定說（即甲說）。

法務部檢
察司研究：同意原結論，以甲説為當。
意　　見

發文字號：法務部檢察司法 81. 檢二字第〇七四八號函復臺高檢。

座談機關：臺中地檢（八十一年一月份法律座談會）

〔**法務部公報**，第一四九期，民國八十一(一九九二)年十一月三十日，頁85。〕

士林分地檢處法律座談會有關享有外國著作權之色情錄影帶是否在國內應受著作權互惠之保護

著作權法第三十八條

法律問題：

　　某甲在美國地區取得色情錄影帶著作權（有合法授權書，且經認證），嗣在臺灣控訴某影視社陳列、出租未經合法授權盜錄該影帶圖利，該影視社負責人是否構成著作權法第三十八條罪嫌？

討論意見：

甲說：構成。

　　對於美國著作物，本國採創作主義，不以登記為準，某甲既已取得該影帶著作權，在臺影視社自不得予以盜錄陳列出租圖利。且著作權法第九條規定，不得為著作權標的，並不包括色情錄影帶，某甲自擁有該影帶著作權。

乙說：不構成。

　　依憲法第廿二條規定，人民之權利，不妨害社會秩序公共利益者，均受憲法之保障，某甲在美取得色情錄影帶著作權，在臺係違反公序良俗，依第廿三條規定，自得以法律限制之，故本國對該錄影帶如公然陳列、出租，均以刑法第二百卅五條科罰，某甲在臺灣對該影帶不得擁有著作權，該影視社負責人自不構成著作權法罪，至於是否涉嫌刑法妨害風化罪，係另一問題。

結論：多數採甲說。

臺高檢署．
研究意見：採乙說。（法律問題內之「第三十八條」係舊法條文，應改為「第九十一條第二項」）

法　務　部
檢　察　司：
研究意見

按著作權法上所稱「著作」，依同法第三條第一項第一款定義規定，係「指屬於文學、科學、藝術或其他學術範圍之創造」而言。題示錄影帶，如經認定為猥褻物品，因其有違法律及公序良俗，並與著作權法立法目的相悖，即難謂係同法所稱著作，自不在同法保護之列（參見施文高著國際著作權法制析論（上冊）三〇九頁、「臺灣高等法院檢察署暨所屬各級法院檢察署七十八年度法律座談會彙編」九五至九七頁所載第四十案法律問題）。同意臺灣高等法院檢察署研究意見，以乙說為當。

發文字號：法務部檢察司法 82. 檢二字第三九〇號函復臺高檢。

座談機關：士林分地檢（八十一年七月份法律座談會）

〔法務部公報，第一五八期，民國八十二（一九九三）年八月三十一日，頁94。〕

臺灣高等法院檢察署法律座談會有關播放享有外國著作權色情錄影帶之刑責

臺灣高等法院檢察署暨所屬各級法院檢察署八十年度法律問題座談會提案

中華民國八十二年八月二十五日
法 82 檢㈡字 第 一一二一 號

一、案號：第十案

二、提案機關：臺灣桃園地方法院檢察署

三、法律問題：

> 甲明知「女歡男愛」之男女性交色情錄影帶，係美商乙公司在美國公開發行享有著作權之著作，竟擅自在國內將該錄影帶片頭之發行公司、製片人、導演姓名等及其內容予以重製，出租與不特定人觀覽，事為乙公司查獲，乃訴請偵辦，問甲所為究係觸犯何罪？

四、相關法條：

> 刑法第二百十條、第二百十六條、第二百卅五條第一項。

五、提案機關討論意見：

> 甲說：依據中美友好通商航海條約，雖給予美國著作權人以同等之國民待遇，惟依據我國著作權法第四條第一項規定左列著作，除本法另有規定外，其著作權人於著作完成時享有著作權，所謂「本法另有規定」係指著作權法第五條、第六條之情形（見行政院草案說明），男女性交之色情錄影

帶依出版法第三十九條第一項第三款屬禁止出售或散佈之出版品，合於著作權法第六條第一項第三款之著作權排除事由，可見違反出版法應查禁之著作，並無著作權（見蕭雄淋所著之著作權法逐條釋義第九十頁），故甲重製乙公司之色情錄影帶並不構成著作權侵害，至於重製該錄影帶片頭之發行公司、製片人、導演姓名等而出租他人觀覽，亦由於該錄影帶內容本身並不受著作權之保護而不致生損害於公眾或他人，不能以偽造或行使偽造私文書相繩，故甲之行為，只係構成刑法第二百三十五條第一項以他法供人觀覽猥褻之其他物品罪。

乙説：同甲説之論理，認甲並不構成侵害著作權，惟認甲重製該錄影帶片頭之發行公司、製片人、導演姓名等而出租他人觀覽，應另行成立刑法第二百十六條、第二百十條之行使偽造私文書罪，與所犯刑法第二百三十五條第一項之罪間有方法結果之牽連關係，應從重論以行使偽造私文書罪（見臺灣高等法院七十九年度上訴字第五一四號）。

丙説：認著作權之取得與著作之取締管理，係屬二事，不可混淆，又應受取締之著作如無著作權，將使盜版者更加猖獗，加速其流傳，並無實益（見蕭雄淋前揭書第一〇三頁），故認甲重製乙公司之色情錄影帶並出租他人觀覽，仍係構成侵害著作權，其中出租行為係重製行為之低度行為，只論以著作權法第三十八條第一項之罪，並與行使偽造私文書及刑法第二百三十五條第一項之罪間具方法結果之牽連關係，應從重論以行使偽造私文書罪。

結論：採甲説。

六、審查意見：

按經依法禁止出售或散布者，不得申請著作權註冊，為著作權法第六條第一項第三款所明定，而出版品之記載違反出版法第三十

二條第三款（觸犯或煽動他人觸犯…妨害風化者）之規定者，禁止其出售及散佈亦為出版法第三十九條第一項第三款所明定，本題色情錄影帶既屬出版法第三十三條（編者按：三十三條乃三十二條之誤植）第三款規定之出版品，依上開法條規定，即不構成著作權侵害。又按行使偽造私文書，須提出偽造之文書，本於該文書之內容有所主張，方得成立（最高法院廿六年滬上字第廿三號、四七年臺上字第一〇四八號判例），錄影帶之出租業者將錄影帶出租，僅在提供影帶內之娛樂與客戶未就片頭上之片名、出品人公司等對客戶有何權利義務之主張，核與行使偽造私文書之構成要件尚屬有間，且錄影帶片頭上之片名、出品人公司等係收錄於錄影帶內，須借助放映機放映始能顯示於螢光幕，肉眼根本無法看出。擅自重製之錄影帶片頭上究竟有無片名；出品人公司等字樣，出租業者未必盡然知曉，不能因其以出租錄影帶為業，遽行推測其看過該錄影帶，而有文書之認識。又承租擅自重製之錄影帶者，以租賃關係為基礎租用錄影帶觀賞，如該錄影帶有所瑕疵，僅能依據租賃關係而為主張，與該錄影帶內有否片名、出品人公司等字樣無關，並非因錄影帶內有上述字樣而生若何損害，更難認出租業者有行使偽造私文書之故意，亦難認應另成立刑法第二百十六條、第二百十條（或第二百二十條）之行使偽造文書罪。故甲之行為，只係構成刑法第二百三十五條第一項之罪。擬採甲說。

七、座談會研討結果：

同意審查意見，採甲說。

八、法務部檢察司研究意見：

按著作權法上所稱「著作」，依同法第三條第一項第一款定義規定，係「指屬於文字、科學、藝術或其他範圍之創作」而言。題示錄影帶，如經認定為猥褻物品，因其有違法律及公序良俗，並與著作權法立法目的相悖，即難謂係同法所稱著作，自不在同法

保護之列（參見施文高著國際著作權法制析論（上冊）三〇九頁、「臺灣高等法院檢察署暨所屬各級法院檢察署七十八年度法律座談會彙編」九五至九七頁所載第四十案法律問題）。是甲之所為，僅論以刑法第二百三十五條第一項之罪。以甲說結論為當（修正著作權法業於中華民國八十一年六月十日公布施行，原研討意見及審查意見中所引著作權法條文與新法之規定不同，併予敍明）。

〔法務部公報，第一六〇期，民國八十二(一九九三)年十月三十日，頁103及頁 121 ～ 122 〕。

法務部函覆內政部關於大陸地區人民著作自大陸地區進入臺灣地區是否屬於著作權法第八十七條第四款所稱之輸入疑義

法務部函

中華民國八十二年六月十四日
法務部法(八二)律字第一一八二八號

主　旨：關於大陸地區人民著作自大陸地區進入臺灣地區，是否屬於著作權法第八十七條第四款所稱之輸入疑義乙案，本部意見如說明二。請　查照參考。

說　明：

一、復　貴部八十二年五月廿五日臺(82)內著字第八二七五四一一號函。

二、關於大陸地區人民著作自大陸地區進入臺灣地區，是否屬於著作權法第八十七條第四款（以下簡稱本款）所稱之「輸入」，本部認為宜採肯定之見解，其理由如〔下〕：

㈠本款係為執行中、美雙方於七十八年七月十三日草簽之「北美事務協調委員會與美國在臺協會著作權保護協定」，而賦予著作財產權人專屬輸入權之規定（參見八十二年四月廿一日立法院內政委員會第二屆第一會期第一次會議紀錄，貴部吳部長就「著作權部分條文修正草案」之說明，載立法院公報第八十二卷第二十六期第五六五頁、第五六六頁）；按諸上開協定第十四條第一項及第一條第二項規定，解釋上本款所稱

「輸入」之區域似應限於「中華民國管轄區域」，本案自不宜作不同解釋。

㈡本款規定既係為賦予著作財產權人之專屬輸入權而設，而臺灣地區與大陸地區又分屬不同之關稅領域（參見「臺灣地區與大陸地區人民關係條例第四十條規定」），且懲治走私條例第十二條亦規定自大陸地區私運物品進入臺灣地區，以私運物品進口論處，則本款所稱之「輸入」，解釋上似宜包括大陸地區之著作原件或其重製物進入臺灣地區之情形在內，始符合其保障著作財產權人專屬輸入之意旨；此與大陸地區人民之著作應以本國人受我著作權法之保護一事，兩者並無衝突。

〔**法令月刊**，第四十四卷第十一期，民國八十二(一九九三)年十一月一日，頁35。〕

法務部函示由立法院議決通過之
非官方條約優於國內法之適用

法 務 部 函

中華民國八十二年九月二十一日
法 82 檢決字第一九九六八號
附件：如說明三

受文者：本部直屬各機關

副　本
收受者：本部各司、處、室、中心

主　旨：中美雙方業於本（八十二）年七月十六日簽署「北美事務協
　　　　調委員會與美國在臺協會著作權保護協定」，請查照。

說　明：

一、依據內政部八十二年九月十日臺（82）內著字第八二
　　八〇八六七號函辦理。

二、內政部（上）開函略以：前開協定已經立法院於八十二
　　年四月二十二日議決通過，且經中美雙方於同年七月十
　　六日正式簽署生效，依著作權法第四條但書之規定，嗣
　　後凡涉及該協定之適用事項，請優先於著作權法而適
　　用。

三、檢附內政部前揭函影本一份及上開協定中英文合訂本一
　　冊。〔略〕

　　　　　　部　　長　馬　英　九
　　　　　檢察司司長　陳　耀　東　代決

內政部函

中華民國八十二年九月十日
臺(82)內著字第八二八〇八六七號
附件：如文

受文者：法務部、總統府秘書長等

副　本
收受者：本部著作權委員會（第四、五組）

主　旨：「北美事務協調委員會與美國在臺協會著作權保護協定」
　　　　（如附件）〔略〕業經中美雙方於八十二年七月十六日正式簽
　　　　署生效，請　查照並惠轉所屬機關遵行。

說　明：

　　　一、依據外交部八十二年八月十八日外（八二）北美四字第
　　　　　八二三二一三四五號函辦理。

　　　二、按「北美事務協調委員會與美國在臺協會著作權保護協
　　　　　定」已經立法院於八十二年四月二十二日議決通過且經
　　　　　中美雙方於八十二年七月十六日正式簽署生效，依著作
　　　　　權法第四條但書「條約或協定另有約定，經立法院議決
　　　　　通過者，從其約定」規定，其位階與著作權法同，且優
　　　　　先於該法之適用。嗣後凡涉該協定之適用事項，敬請依
　　　　　法辦理。

　　　三、隨文檢送首揭外交部函影本一份及協定之中英文合訂本
　　　　　五冊。〔略〕

　　　　　　　　　　　　　　部長　吳　伯　雄

〔法務部公報，第一六一期，民國八十二(一九九三)年十一月三十日，頁
　92～93。〕

法務部函覆有關專利權經公告雖暫有專利權效力，但權利尚未確定時之侵害行為是否適用專利法罰則之疑義

法 務 部 函

中華民國八十一年十二月廿四日
法（八十一）檢字第一九二五九號

受文者：臺北律師公會

副　本
收受者：司法院秘書長、最高法院檢察署、本部調查局、臺灣高等法院檢察署、福建高等法院金門分院檢察署、福建金門地方法院檢察署

主　旨：本部八十一年五月二十二日法（八十一）檢字第〇七六一三號函釋專利案經公告後，依專利法第四十四條第一項規定，雖係暫准發生專利權之效力，然因其權利尚未確定，如對之有侵害情事，並無專利法有關罰則之適用。各級檢察機關之檢察官於司法警察機關以有前開情事，聲請核發搜索票時不應受理乙節，於法並無不合，復請查照。

說　明：

一、復貴會八十一年十二月七日八一北律文字第二五八號函。

二、按專利法有關罰則規定，係屬於特別刑法之規定，其犯罪構成要件不宜有不確定之情形。專利案公告後，依專利法第四十四條第一項規定，雖暫准發生專利權之效力，惟依同法條第二項規定「前項效力，因申請不合程序作為無效或因異議不予專利視為自始即不存在。」足

〔473〕

見其權利尚不確定，侵害此不確定之權利之行為，核與專利法有關罰則所規定之犯罪構成要件尚難謂合，應無依刑事訴訟程序予以保護之必要。至申請專利人欲保護其權利，非不可自行依民事程序為之。又專利法修正過程中，經濟部中央標準局曾將是否對於侵害暫准專利犯罪化提請公聽會討論，多數說認為日本法例之所以將暫准專利權之侵害犯罪化，係因該國採假保護制度，我國法制與之不同，不宜採同一立法。故本部上開函之見解，於法並無不合，尚無變更之必要。

　　　　　　　　　　　　　部長　呂　有　文

〔法務部公報，第一五二期，民國八十二(一九九三)年二月二十八日，頁58～59。〕

衛生署同意對擅自輸入或攜帶進入
臺灣地區之大陸地區產製藥品以禁藥論處

法 務 部 函

中華民國八十二年一月八日
法（八十二）檢字第〇〇五八〇號

受文者：最高法院檢察署、本部調查局、臺灣高等法院檢察署、福建
　　　　高等法院金門分院檢察署、福建金門地方法院檢察署

副　本　內政部警政署、憲兵司令部、本部參事室、法律事務司、檢
收受者：察司

主　旨：關於將大陸地區產製之藥品擅自輸入或攜帶進入臺灣地區，
　　　　司法院建議應以藥物藥商管理法第十六條第二款規定之禁藥
　　　　處理，已經行政院衛生署同意。請查照參考。

說　明：

　　一、依司法院八十一年十二月三十日（八十一）院臺廳二字
　　　　第二一一〇五號函辦理。

　　二、檢附司法院〔上〕開函及行政院衛生署八十一年十二月
　　　　十四日衛署藥字第八一六一二八四號函影本各一份。

　　　　　　　　　　　　　　　　　部長　呂　有　文

司 法 院 函

中華民國八十一年十二月三十日
（八一）院臺廳二字第三一一〇五號

受文者：最高法院、臺灣高等法院、福建高等法院金門分院、福建金
　　　　門地方法院

副　本
收受者：法務部、本院民事廳、刑事廳、秘三科、司法周刊社

主　旨：行政院衛生署對有關大陸地區產製藥品擅自輸入或攜帶進入臺灣地區同意認屬藥物藥商管理法第十六條第二款之禁藥處理，請查照參考。

說　明：

一、本院前於本年八月二十六日秘臺廳㈡字第一四〇一二號函以大陸地區產製之藥品，既經中共當局核准，並在大陸地區銷售，臺灣地區人民亦有為醫療之使用，若以事實上之不能經由我國衛生主管機關之核准，如有擅自輸入者概視孳為藥物藥商管理法第十四條第一款之偽藥，似非妥適，建議應以同法第十六條第二款禁藥之規定論處，已獲行政院衛生署八十一年十二月十四日衛署藥字第八一六一二八四號函復同意辦理。

二、本院前於八十一年一月卅日以（八十一）院臺廳二字第一〇九九號函轉行政院衛生署關於大陸藥品請逕以偽藥認定，勿庸個案送請鑑定或函詢之函示，不再適用。

三、檢附衛生署前函影本一份。

　　　　　　　院長　林　洋　港

行政院衛生署函

中華民國八十一年十二月十四日
衛署藥字第八一六一二八四號

受文者：司法院

副　本
收受者：行政院大陸委員會、臺灣省政府衛生處、臺北市政府衛生局、高雄市政府衛生局、本署企劃室、藥政處

主　旨：「臺灣地區與大陸地區人民關係條例」施行後，有關大陸地

區產製藥品輸入或攜帶進入臺灣地區，該條例第四十條既有以進口論之明文，其未經我國衛生主管機關核准擅自輸入者，本署同意認屬藥物藥商管理法第十六條第二款之禁藥，復請　查照。

說　明：

一、依　貴院秘書長八十一年八月二十六日（八一）秘臺廳㈡字第一四〇一二號函辦理。

二、查在臺灣地區查獲大陸地區產製未經本署核准之藥品，本署前係引用最高法院七十三年度臺上字第一五七二號判決要旨之法律見解，認屬「偽藥」，此項法律見解於臺灣地區與大陸地區人民關係條例施行後，既已與現實環境不符，請函轉各級法院勿再引用。

署長　張　博　雅

〔**法務部公報**，第一五二期，民國八十二(一九九三)年二月二十八日，頁56～57。〕

法務部函覆有關認證外國人兩願離婚疑義

法務部函

中華民國八十二年一月二十日
法（八十二）律字第〇一三九八號

受文者：外交部

副　本
收受者：本部檢察司、秘書室、參事室、法律事務司

主　旨：關於黃季琛律師事務所為其美籍當事人威廉馬丁柯迪二世夫妻離婚協議請求認證，涉及離婚效力是否符合我國法律疑義乙案，復如說明二。請查照參考。

說　明：

一、復　貴部八十一年十一月五日外（八十一）領三字第八一三二九五三二號函。

二、案經轉准司法院秘書長八十二年一月五日（八十二）秘臺廳民三字第二一二一六號函略以：「按外國人兩願離婚，其法律行為之方式，參照我國涉外民事法律適用法第五條第一項但書規定，依行為地法所定之方式亦為有效；其離婚之事實原因，準用同法第十四條規定，應以夫之本國法及中華民國法律為準據法；離婚之效力依同法第十五條規定以夫之本國法為準。來文所提美籍夫妻協議離婚之事例，倘核與上開準據法之規定尚無違背，參照公證法第四十七條第四項準用第十七條之規定，自得依法就其協議離婚書上之簽名予以認證。」

三、檢附司法院秘書長前開函影本乙份。

部長　呂　有　文

司法院秘書長函

中華民國八十二年一月五日
（八二）秘臺廳民三字第二一二一六號

主　旨：關於外國人夫妻請求我國駐外館處辦理協議離婚書認證，涉及離婚效力是否符合我國法律疑義一案，本院意見復如說明二，請查照參考。

說　明：

一、復　貴部八十一年十二月十六日法八十一律字第一八八〇九號函。

二、按外國人兩願離婚，其法律行為之方式，參照我國涉外民事法律適用法第五條第一項但書規定，依行為地法所定之方式亦為有效；其離婚之事實原因，準用同法第十四條規定，應以夫之本國法及中華民國法律為準據法；離婚之效力依同法第十五條規定以夫之本國法為準。來文所提美籍夫妻協議離婚之事例，倘核與上開準據法之規定尚無違背，參照公證法第四十七條第四項準用第十七條之規定，自得依法就其協議離婚書上之簽名予以認證。

秘書長　王　甲　乙

〔法務部公報，第一五三期，民國八十二（一九九三）年三月三十一日，頁93。〕

法務部函覆有關臺灣與大陸地區簽署協議效力之疑義

法務部函

中華民國八十二年二月四日
法（八二）律字第〇二五八四號

受文者：行政院大陸委員會

副　本
收受者：本部秘書室、本部參事室、本部檢察司、本部法律事務司

主　旨：關於將來財團法人海峽交流基金會經　貴會授權與中共「海峽兩岸關係協會」簽署之各項協議，在我法律上之地位及效力疑義乙案，復如說明二，請　查照。

說　明：

一、復　貴會八十二年一月二十日（八十二）陸法字第〇二八九號函。

二、關於來函所詢疑義，牽涉層面過於廣泛，宜於將來有具體案件時，分別審認判斷，較為妥適。

　　　　　　　　　　　　　　　部長　呂　有　文

〔法務部公報，第一五三期，民國八十二(一九九三)年三月三十一日，頁99。〕

司法院函覆有關臺灣與大陸地區簽署協議效力之疑義

司法院函

中華民國八十二年十月二十六日
（八二）院臺廳司三字第〇一五五九號

受文者：行政院大陸委員會

主　旨：關於貴會授權財團法人海峽交流基金會與中共「海峽兩岸關係協會」簽署之各項協議，在我法律上之地位及效力等問題，本院意見如說明二，請　卓參。

說　明：

一、復貴會八十二年一月二十日(82)陸法字第二八九號函。

二、貴會將來授權海基會與中共海協會簽署之各項協議，在我法律上之地位及效力，本院提供以下三點意見供參考：

　　㈠依「臺灣地區與大陸地區人民關係條例」第五條規定，海基會非經主管機關許可，不得與中共海協會訂定任何形式之協議，所訂協議於經主管機關核准後始生效力。

　　㈡兩會所訂協議內容若屬政府機關職權範圍事項，或依法律規定須經法定程序者，仍應依適當方法經法定程序後，始生法律上之效力。

　　㈢兩會所訂其他協議之法律效力，應視各該協議之內容，參酌前開原則分別認定之。

院長　林　洋　港

法務部函覆有關放棄外國國籍與公職人員之疑義

法務部函

中華民國八十二年三月十五日
法(82)律字第〇五二二五號

受文者：中央選舉委員會

副　本
收受者：本部秘書室、參事室、檢察司、法律事務司

主　旨：有關第二屆國民大會代表當選人莊海樹向日本政府申請放棄
　　　　日本國籍，日本政府因故未予核准，於公職人員選舉罷免法
　　　　第六十七條之一規定適用發生疑義乙案，本部意見如說明
　　　　二。請　查照參考。

說　明：

一、復　貴會八十二年三月一日八十二中選一字第四五三九
　　三號函。

二、關於公職人員選舉罷免法第六十七條之一規定所稱「放
　　棄外國國籍」之適用疑義，業經本部於八十一年三月十
　　七日以法 81 律字第〇三七八六號函（如附件）函釋在
　　案。本件第二屆國民大會代表當選人莊海樹向日本政府
　　申請放棄日本國籍，日本政府因故未予核准，是否符合
　　該法「放棄外國國籍」之規定，請貴會參考上開函釋，
　　本於職權自行審酌之。

　　　　　　　　　　　　　　　　部長　馬　英　九

〔附　件〕

法　務　部　函

中華民國八十一年三月十七日
法（八十一）律字第〇三七八六號

受文者：中央選舉委員會

副　本
收受者：本部秘書室、參事室、檢察司、法律事務司

主　旨：關於中央公職人員選舉罷免法第六十七條之一所稱「放棄外
國國籍」之適用疑義一案，本部意見如說明二。請　查照參
考。

說　明：

一、復　貴會八十一年二月二十一日中選雄密字第〇四〇號
函。

二、按公職人員選舉罷免法第六十七條之一規定：「當選人
兼具外國國籍者，應於當選後就職前放棄外國國籍，逾
期未放棄者，視為當選無效，其所遺缺額依前條規定辦
理。」所謂「放棄外國國籍」，係指以喪失該外國國籍
之意思，並符合該外國法令規定備齊所需之申請文件，
以書面向該外國主管機關申請放棄國籍者而言。

部長　呂　有　文

〔法務部公報，第一五五期，民國八十二(一九九三)年五月三十一日，頁63。〕

法務部函覆有關撤銷具有外國籍公職人員職位之主管長官疑義

法務部函

中華民國八十二年五月十八日
法 82 律決字第〇九六九九號

受文者：內政部

副　本
收受者：本部秘書室、參事室、檢察司、法律事務司

主　旨：關於國籍法施行條例第十條所稱「該管長官」之定義疑義一
　　　　案，復如說明二，請　查照。

說　明：

一、復　貴部八十二年五月五日臺(82)內戶字第八二七七
　　五三六號函。

二、按國籍法施行條例係屬　貴部主管之法規，貴部對於該
　　條例第十條規定：「國籍法施行前及施行後，中國人已
　　取得外國國籍仍任中華民國公職者，由該管長官查明撤
　　銷其公職。」之「公職」範圍，既曾以五十二年十月二
　　十九日臺內戶字第二四五六六號函釋在案，則本件來函
　　所詢同條規定之「該管長官」之定義如何，宜由　貴部
　　參酌該條規定之立法意旨，本於職掌自行審酌。

　　　　　　　　　　　　　部長　馬　英　九

　　　　　　　法律事務司司長　葉　賽　鶯　代決

〔法務部公報，第一五七期，民國八十二(一九九三)年七月三十一日，頁
102～103。〕

法務部函覆有關平衡稅及反傾銷稅案件之損害調查主管機關之疑義

法務部函

中華民國八十二年五月十七日
法 82 律字第〇九五八六號

受文者：財政部

副　本
收受者：經濟部、本部秘書室、參事室、檢察司、法律事務司

主　旨：關於　貴部函詢有關平衡稅及反傾銷稅案件中涉及損害調查之處理機關，究以何機關處理較為適法疑義乙案，本部意見如說明二，請　查照參考。

說　明：

一、復　貴部八十二年四月三十日臺財關字第八二一九八六六九九號函。

二、按貿易法第十九條規定：「外國以補貼或傾銷方式輸出貨品至我國，對我國競爭產品造成實質損害、有實質損害之虞或對其產業之建立有實質阻礙，經經濟部調查損害成立者，財政部得依法課徵平衡稅或反傾銷稅。」揆其立法意旨，認為有關外國補貼或傾銷之問題，既規定在「關稅法」及「平衡稅及反傾銷稅課徵實施辦法」（依關稅法第四十六條之二第三項授權訂定），原係以財政部為主管機關，但因其與產業競爭有更密切之關聯，故於貿易法第十九條明定將其事實認定與損害調查之主管機關改為經濟部（參照立法院議案關係文書，八十二年一月八日印發）。惟因貿易法並無過渡條款之規

定，故在經濟部貿易調查委員會組織尚未成立，且於現行「平衡稅及反傾銷稅課實施辦法」修正或廢止之前，似仍宜由貴部依「平衡稅及反傾銷稅課徵實施辦法」有關規定辦理。

部長　馬　英　九

法律事務司司長　葉賽鶯代決

〔法務部公報，第一五七期，民國八十二(一九九三)年七月三十一日，頁102。〕

法務部函覆有關財團法人海峽兩岸商務發展基金會是否可受託處理海峽兩岸商務糾紛之調解或仲裁疑義

法 務 部 函

中華民國八十二年五月二十八日
法 82 律字第一〇四九九號

受文者：行政院大陸委員會

副　本
收受者：本部秘書室、檢察司、參事室、法律事務司

主　旨：關於「財團法人海峽兩岸商務發展基金會第一次董事會議（董事會成立會）紀錄」，本部意見如説明二，請　查照參考。

説　明：

一、復　貴會八十二年五月六日(82)陸經字第八二〇五二〇四號函。

二、本部意見如〔下〕：

　　㈠該項會議紀錄附件五「財團法人海峽兩岸商務發展基金會調解仲裁委員會設置簡則」第三條第三款所定「受託處理海峽兩岸商務糾紛之調解或協助仲裁事項」與「商務仲裁條例」規定商務仲裁協會辦理之仲裁或仲裁和解、調解業務有無不同？如係相同，須受「商務仲裁條例」及其相關法規規範。由於該基金會並非「商務仲裁條例」所定之商務仲裁協會，自不得以該基金會名義辦理商務仲裁協會之業務。

　　㈡又查該基金會章程第三條並未規定該基金會辦理之業

務包括海峽兩岸商務糾紛調解、協助仲裁事項，其於
第一次董事會議決議設置調解仲裁委員會，辦理前揭
「受託處理海峽兩岸商務糾紛之調解或協助仲裁事
項」，是否妥適？似亦不無疑義，併請參酌。

部長　馬　英　九

〔法務部公報，第一五七期，民國八十二(一九九三)年七月三十一日，頁107。〕

法務部函示有關檢察機關囑託駐外單位送達訴訟文書至外國應注意事項

法 務 部 函

中華民國八十二年七月五日
法 82 檢字第一三五五九號

受文者：臺灣高等法院檢察署、福建高等法院金門分院檢察署、福建
　　　　金門地方法院檢察署

副　本　最高法院檢察署、本部秘書室、檢察司、外交部（均無附
收受者　件）

主　旨：檢察機關囑託駐外單位外國送達訴訟文書，希依說明二所列
　　　　注意事項辦理，請照辦。

說　明：

　　　　一、依外交部八十二年六月十八日外(82)條二字第八二三
　　　　　　一五○七九號函辦理。

　　　　二、檢察機關囑託駐外單位於外國送達訴訟文書，應注意
　　　　　　〔下〕列事項：

　　　　　　㈠應於囑託函內載明應受送達人之外文姓名、地址，有
　　　　　　　如應受送達人之聯絡電話號碼，並應載明。

　　　　　　㈡應預留足夠時間，供受囑託單位處理文書及送達文
　　　　　　　書。

　　　　三、檢附外交部〔上〕開函影本一份。〔略〕

部長　馬　英　九

〔**法務部公報**，第一五八期，民國八十二（一九九三）年八月三十一日，頁64。〕

法務部函覆有關外國駐華外交人員之眷屬申請在華工作疑義

法務部函

中華民國八十二年七月三十日
法82律字第一五七六六號

受文者：行政院秘書處

副　本
收受者：本部秘書室、檢察司、參事室、法律事務司

主　旨：關於外交部及行政院勞工委員會建議依據互惠原則，以「特案」方式處理駐華外交人員之眷屬申請在華工作問題乙案，本部意見如說明二，請　查照轉陳。

說　明：

一、復貴處八十二年七月十九日臺82外字第三九二六五號交議案件通知單。

二、按「駐華外國機構及其人員特權暨豁免條例」第三條規定：「駐華外國機構及其人員依本條例享受之特權暨豁免，應基於互惠原則，以該外國亦畀予中華民國駐該外國之機構及人員同等之特權暨豁免者為限。…」，準此，若該外國賦予我駐外人員之眷屬工作之特權，在互惠之原則下，並參酌同條例第二條、第六條第一項第三款、第七條及維也納外交關係公約第三十七條第一項等規定之精神，似亦得賦予該國駐華外交人員之眷屬工作之特權。

部長　馬英九

〔法務部公報，第一五九期，民國八十二(一九九三)年九月三十日，頁67。〕

丁、我國法院涉外判決

行政法院關於使用外國文字雖與阿拉伯數字同義但不當然構成商標近似之判決

行政法院判決

八十二年度判字第二一四號

原　　　告　味王股份有限公司　設臺北市中山北路二段七九號五樓
代　表　人　林文昌　　　　　　住同〔上〕
訴訟代理人　陳文郎　律師
　　　　　　賴麗春　律師
被　　　告　經濟部中央標準局

〔上〕當事人間因商標評定事件，原告不服行政院中華民國八十一年十月三日臺八十一訴字第三三〇八四號再訴願決定，提起行政訴訟，本院判決如〔下〕：

　　主　文

再訴願決定、訴願決定及原處分均撤銷。

　　事　實

緣原告於民國七十一年四月一日以「味王A-One及圖」商標，指定使用於當時商標法施行細則第二十七條第二十三類之味精、鹽、醬、醋、調味品商品申請註冊，經被告審查核准，列為註冊第一九六五九號商標。嗣關係人德誠食品有限公司以該商標有違註冊當時商標法第三十七條第一項第十二款之規定，對之申請評定。案經被告為申請

不成立之評決。關係人訴經經濟部經（八十）訴字第六二六八一九號
訴願決定將原處分撤銷，由被告另為適法之處分。被告遂重行評決，
以系爭註冊第一九六五五九號「味王 A-One 及圖」商標圖樣與據以
評定之註冊第九二九○三號「紅人及〔A.1.〕」商標圖樣上之外
文，一為 A-One 、一為 A.1. ，均有一 A 字母，而外文 one 與數字 1
同義，於一般交易及唱呼之際，極易產生混同誤認之虞，應屬近似之
商標，復均指定使用於同類商品，有違註冊當時商標法第三十七條第
一項第十二款之規定，乃評決第一九六五五九號「味王 A-One 及
圖」商標之註冊應作為無效，其聯合註冊第二三四五三二號「味王
〔H'WIFE〕」商標應一併撤銷，發給中臺評字第八一○○○二號
商標評定書。原告不服，循序提起訴願、再訴願遞遭駁回，遂向本院
提起行政訴訟。茲摘敘兩造訴辯意旨如次：

原告起訴意旨略謂：一、按商標圖樣相同或近似於他人同一商品或同
類商品之註冊商標者，不得申請註冊，固為商標法第三十七條第一項
第十二款所規定，惟判斷商標圖樣是否構成近似，應站在消費者立
場，以消費者主觀之判斷力為考量，就兩造商標圖樣之外觀、觀念、
讀音，甚至予消費者之認知印象等方面，異時異地通體隔離觀察，視
其有無足使一般消費者滋生混淆誤認之虞為斷，不能僅以相互比對之
觀察作為判斷之標準。倘兩造商標於隔離觀察或唱呼之際，能予一般
消費者深刻明晰之識別印象，且有具體明顯之差異處，足供作為分辨
之基礎，不虞發生混淆誤認者，即非屬近似之商標，凡此迭經鈞院於
各有關判例及判決中一再釋明在案。二、查再訴願決定機關遞以本案
系爭註冊第一九六五五九號「味王及圖 A-One 」商標與據以評定之
註冊第九二九○三號「紅人及(A. 1.)」商標，兩商標圖樣主要部分
之一之「 A-ONE 」與「 A.1. 」，均有相同之字母「 A 」，而外文
「 ONE 」與數字「 1 」為同義，異時異地隔離觀察，觀念上自難謂
無使人混同誤認之虞為由，審認系爭註冊第一九六五五九號「味王及
圖 A-One 」商標應有違首揭條款之規定。惟細繹再訴願決定理由，
關於本案兩造商標是否近似部分，不過撿拾原訴願決定理由，陳陳相

因，再訴願決定機關根本未就本案兩造商標圖樣殊別之處予以客觀地審酌，更完全低估當今消費者之辨識能力，尤其將其他實務見解恝置不顧，所為近似之認定，殊屬偏頗不當，實難昭原告信服。茲謹就原處分之違失，一一指駁於後：㈠原處分於審認商標近似與否之際，公然違反通體觀察原則，至為不當 —— 本案系爭註冊第一九六五五九號「味王及圖 A-One」商標與據以評定之註冊第九二九〇三號「紅人及(A.1.)」商標，二者圖樣是否構成近似，要與系爭商標違法之是否成立攸關，惟就上述兩造商標圖通體隔離以觀，分野灼然，根本不虞滋生混淆誤認，緣因：系爭「味王及圖 A-One」商標係由書有反白碩大中文「味王」之墨色橢圓、細小外文「 A-One」與瓢匙波浪線條圖形所組合而成；而據以評定之「紅人及（ A.1.)」商標則由碩大中文「紅人」二字、英文字母與阿拉伯數字之組合「 A.1.」所構成。就圖樣整體而言，二者不僅在構圖設計上繁簡有別，所用之中外文字亦顯著不同，一目瞭然，各自予消費者之視覺印象根本不同，極易辨識區分，實不待言。即使專就爭點所在之外文部分而論：系爭商標圖樣上之「A-One」係脫胎自原告早在民國五十年間即申准註冊列為第一二七九三號「愛王及圖」商標圖樣上之外文「 *Aone*」（已二度延展），因此，絕非係違法仿襲據以評定之註冊第九二九〇三號「紅人及(A.1.)」商標外文之作，事證顯然。而「 A-One」與「 A.1.」二者固均有外文「 A」字母，惟前者後接外文「 One」，後者後接阿拉伯數字「 1」，在外觀設計上及消費者之認知印象上亦迥然有別，極易清楚釐分。原告尤其要強調的是，系爭商標外文「A-One」係夾置於圖形之間，於圖樣所占比例微小，顯非圖樣上引人注目之顯著部分，再者，「 A-One」既為上述註冊第一二七九三號「愛王及圖」商標中文「愛王」之音譯，且其讀音亦與系爭商標中文「味王」之讀音相諧，關係一脈相承，已然可見，若不與中文「味王」二字合併以觀，實不足以引起一般消費大眾之認知與注意，是一般消費者視及系爭「味王及圖 A-One」商標圖樣，斷無僅單獨析取夾置其中之微小外文「 A-One」，進而與據以評定商標之外文

部分「 A.1. 」細為比對，致生混淆誤認之虞，事理至明。更何況退
萬步言之，縱使本案兩造商標外文「 A-One 」與「 A.1. 」，均相同
之字母「 A 」，外文「 One 」與數字「 1 」同義，惟「判斷商標之
是否近似，應總括商標全體，就其外觀、名稱、觀念加以觀察，至商
標中之一定部分特易引起一般人之注意，因該一定部分之存在而發生
或增加商標識別功能者，雖亦須就一定部分加以比對觀察，然此係為
得全體觀察之正確結果之一種方法，並非某一定部分相同或近似，該
商標即屬近似之商標」，鈞院七十二年判字第一三九五號判決意旨業
已指明綦詳。乃原處分機關罔顧本案兩造商標圖樣繁簡有別、中外文
字殊別易辨，根本不虞混淆誤認之客觀事實，徒違法以分割比對之審
查方式，逕認兩造商標外文部分構成近似云云，認事用法顯然嚴重違
反上述鈞院判決所一再確認與揭示之通體觀察原則，違誤不當，實至
昭然。㈡原處分罔顧本案兩造商標外文註冊併存達十年之事實，率爾
評決系爭商標註冊無效，嚴重損及原告商標權益至巨，出情悖理，難
昭信服 ── 1、外文「 A-One 」係原告首創使用於味精商品之著名
標誌，早在民國五十年間即以之作為商標圖樣申准註冊取得第一二七
九三號商標專用權在案，歷經兩次延展，目前仍有效存續中。該商標
商品廣泛行銷迄今已逾三十年之悠久歷史，業已成為原告信譽之表徵
（請參見附件六之使用資料），是一般消費者視及「 A-One 」標誌
所表彰之商品，咸知其為原告所產製，絕不會有誤為他認之虞，事理
甚明。茲查本案系爭註冊第一九六五五九號「味王及圖 A-One 」商
標圖樣上之外文「 A-One 」既係脫胎自上述註冊第一二七九三號
「愛王及圖」商標圖樣上之外文「 A-One 」，絕非係仿襲據以評定
「紅人及(A.1.) 」商標外文之作，事證顯然。因此，就設計意匠而
言，本案兩造商標之外文根本迥不相侔，絕不虞令消費者聯想誤認，
洵堪確認。 2、次就商標註冊實務而言，系爭註冊第一九六五五九
號「味王及圖 A-One 」商標（專用期間：七十一年十一月十六日至
八十一年十一月十五日止，已辦理延展）與據以評定之註冊第九二九
○三號「紅人及(A.1.) 」商標（專用期間：六十六年十一月一日至七

十六年十月三十一日，延展至八十六年十月三十一日止），雙方併存
註冊已達十年之久；而該註冊第一二七九三號「愛王及圖」商標係於
民國五十年間申請註冊，不僅較據以評定商標之申請註冊日期約早十
六年，二者註冊併存迄今更達十五年之久。衡諸上述商標分別經被告
機關核准註冊併存均達十年以上，從未聞消費者滋生混淆誤認情事之
客觀事實，要足以證明系爭商標圖樣上之外文「 A-One 」與據以評
定商標圖樣上之外文「 A.1. 」並不近似，絕無令消費者滋生混淆誤
認之虞，至為明灼。鈞院七十九年度判字第三三八號判決等案例所揭
櫫之意旨，即足佐證審認商標近似與否，除就商標圖樣整體觀察之
外，並應考慮商標專用權之穩定性，及商標在長期使用後對社會經濟
之影響，事理至明。乃原處分罔顧本案之特殊背景，不深究交易實
情，且將原告所列舉之實務見解恝置不論，即率為近似之論處，顯屬
偏頗妄斷，有欠允當。3、原告末欲強調者，乃商標評定制度之
設，其真正之目的，應係在防止不正當之競爭，以及防杜利用不正當
手段欺騙或矇混而取得商標專用權者所採取之不得已之手段。因此，
對於已註冊使用多年之商標，倘重行審查其註冊是否違法，基於既得
權之維護、商標專用權之安定，及避免專用權人遭受不測之經濟損失
起見，自應慎重評判，絕非可輕率為之，此即商標法第五十五條第一
項規定：「商標評定案件，由商標主管機關首長指定評定委員三人以
上評定之。」之立法理由。此種應經多人合議方式，自與一般異議案
件僅單獨一位承辦人員即可決定之方式不同，即其認定之標準，自得
適宜從寬，殊非可太過嚴苛。職是，商標評定案之審查標準，應以該
商標之註冊是否係出於其申請人之故意或重大之過失，而其註冊是否
有違反公益或不公平競爭之情形，且其情節是否重大者，作為評定是
否成立之準則。換言之，倘不將該商標之註冊評定為無效，即有悖於
商標法之基本精神者，始評定為成立，方得事理之平。衡諸以上事
實，原處分機關根本毫無理由徒以二者外文觀念混同如此主觀荒謬之
理由，即輕率評決系爭商標之註冊無效。原處決之違誤不當，至此已
十分顯然，實不宜維持！觀諸被告機關於本案即初以中臺評字第八

〇〇二九八號商標評定書為「申請不成立」之處分，嗣該處分雖經訴願決定機關無理撤銷，被告機關因受行政監督系統及訴願法第二十四條規定之拘束，故被迫另以中臺評字第八一〇〇〇二號商標評定書為「申請成立」處分。觀其處分理由，顯見被告機關實際上並不同意訴願決定機關之見解，故始有在理由欄末段明示「依訴願法第二十四條規定，該認定自有拘束本局之效力」之舉，被告機關憤憤無耐之情，字裏行間，隱然可見。是一再訴願，決定機關罔顧交易實情，所作評決系爭商標註冊無效之論處，認事用法出情悖理，委實令人無法信服。三、據上論結，本案系爭註冊第一九六五五九號「味王及圖 A-One」商標與據以評定之註冊第九二九〇三號「紅人及(A.1.)」商標，二者圖樣殊別易辨，不虞使人聯想誤認，實至昭然；且經由兩造商標註冊併存達十年不見爭執之客觀事實，更足以佐證兩造商標根本無使消費者產生混淆誤認之虞。乃原處分機關未能剖析毫芒，據法依理，既違法割裂審查率斷近似在先，復對兩造商標併存註冊達十年，消費者不虞混淆誤認之事實恝置不論；僅憑主觀之見率予評決系爭商標之註冊無效，於法於理於情均無一可以成立，原告權益受損至巨，自難默爾而息。為此提起行政訴訟，敬祈鈞院重新詳加審核，賜准判決撤銷再訴願決定、訴願決定及原處分等語。

被告答辯意旨略謂：按商標圖樣相同或近似於他人同一商品或同類商品之註冊商標者，不得申請註冊，為註冊當時商標法第三十七條第一項第十二款前段所規定。而構成商標之圖形、文字，總括其各部分從隔離的觀察，其全體之外觀上苟易發生混同誤認者，固屬近似，若其主要部分於異時異地各別觀察，無論在外觀上或觀念上有足以引起混同誤認之虞時，亦係近似，大院著有三十年判字第十號判例可資參照。查系爭註冊第一九六五五九號「味王 A-One 及圖」商標圖樣與據以評定之註冊第九二九〇三號「紅人及〔 A.1. 〕」商標圖樣相較，兩商標圖樣主要部分之一之 A-One 與 A.1. ，均有相同之字母 A，而外文 One 與數字 1 同義，異時異地隔離觀察，觀念上自難謂無使人混同誤認之虞，則本局認其係屬近似之商標，復均指定使用於同類

商品，乃評決系爭第一九六五五九號「味王 A-One 及圖」商標之註
冊應作為無效，其聯合註冊第二三四五三二號「味王〔
H'WIFE〕」商標亦一併撤銷，並無不當。原告所訴其於五十年間即
以 A-One 作為商標，取得註冊第一二七九三號「愛王及圖」商標專
用權，經廣泛使用，已為著名之商標，以及該註冊第一二七九三號商
標與據以評定之商標併存十餘年，並未被認為近似各節，要屬另案範
疇，與系爭商標有前述構成近似情形之認定，既如前述，尚不得混為
一談。至所舉大院七十六年度判字第五一六號、第一五七六號、七十
七年度判字第一六三三號、七十九年度判字第三三八號判決及本局中
臺異字七八一三二一號、第八一〇一二三號商標異議審定書所為之認
定，其案情各異，且屬另案，非本案所得審究，敬請核判等語。

理　由

本件被評定之註冊第一九六五五九號商標係於七十一年十一月六日核
准註冊，其商標之評定，應適用註冊當時之商標法，合先敍明。

按商標圖樣相同或近似於他人同一商品或同類商品之註冊商標者，不
得申請註冊，為註冊當時商標法第三十七條第一項第十二款前段所規
定。而構成商標之圖形、文字，總括其各部分從隔離的觀察，其全體
之外觀上苟易發生混同誤認者，固屬近似，若其主要部分於異時異地
各別觀察，無論在外觀上或觀念上有足以引起混同誤認之虞時，亦係
近似。本件原告於七十一年四月一日以「味王A-One及圖」商標，指
定使用於當時商標法施行細則第二十七條第二十三類之味精、鹽、
醬、醋、調味品商品申請註冊，經被告審查核准，列為註冊第一九六
五五九號商標。嗣關係人以該商標有違註冊當時商標法第三十七條第
一項第十二款之規定，對之申請評定。案經被告為申請不成立之評
決。關係人訴經經濟部經（八十）訴字第六二六八一九號訴願決定將
原處分撤銷，由被告另為適法之處分。被告遂重行評決，以系爭註冊
第一九六五五九號「味王 A-One及圖」商標圖樣與據以評定之註冊
第九二九〇三號「紅人及〔A.1.〕」商標圖樣上之外文，一為 A-One
、一為 A.1.，均有一 A 字母，而外文 one 與數字 1 同義，於一般交

易及唱呼之際，極易產生混同誤認之虞，應屬近似之商標，復均指定
使用於同類商品，有違註冊當時商標法第三十七條第一項第十二款之
規定，乃評決第一九六五五九號「味王 A-One 及圖」商標之註冊應
作為無效，其聯合註冊第二三四五三二號「味王〔H'WIFE〕」商
標應一併撤銷，固非無見。惟查系爭註冊第一九六五五九號「味王
A-One 及圖」商標圖樣如附圖一，係由一墨色橫式橢圓圖內置反白之
中文味王、外文 A-One 及波浪線條、瓢匙圖形共組而成，據以評定
之註冊第九二九〇三號「紅人及(A.1.) 」商標圖樣如附圖二，則由中

附　圖　一　　　　　　　　　　附　圖　二

文紅人、外文及數字之組合 A.1.所組成，整體圖樣之外觀涇渭分
明，外文予人印象亦有別，且 A-One 為原告名稱特取部分之譯音，
其早於五十年間即以之作為商標圖樣，取得註冊第一二七九三號商標
專用權，經廣泛使用達三十年之久，已為著名之商標，該註冊第一二
七九三號商標與據以評定之商標註冊併存十餘年，並未被認為近似。
被告以兩商標圖樣主要部分之一之 A-One 與 A.1.，均有相同之字母
A，而外文 One 與數字 1 同義，異時異地隔離觀察，觀念上自難謂
無使人混同誤認之虞。由於我國並非英語系國家，外文 One 與數字
1 對國內一般消費者而言，是否當然同義而有混同誤認之虞，非無疑
義，被告遽以評決系爭第一九六五五九號「味王 A-One 及圖」商標
之註冊為無效，乃一併撤銷其聯合註冊第二三四五三二號「味王
(H'WIFE)」商標，有嫌速斷，原告據以指摘，並非全無理由，一再
訴願決定遞予維持，亦有未洽，爰均予撤銷，由被告另為適法之處

分，以昭折服。

據上論結，本件原告之訴為有理由，爰依行政訴訟法第二十六條前段，判決如主文。

中華民國八十二年二月四日

　　　　　　　　　　　　　行政法院第四庭

　　　　　　　　　　審判長　評事　黃　鏡　清

　　　　　　　　　　　　　評事　廖　政　雄

　　　　　　　　　　　　　評事　林　敬　修

　　　　　　　　　　　　　評事　徐　樹　海

　　　　　　　　　　　　　評事　彭　鳳　至

〔上〕正本證明與原本無異

　　　　　　　　　　　　　書記官　王　福　瀛

中華民國八十二年二月六日

臺灣桃園地方法院有關大陸人民劫機至臺灣之刑事判決

臺灣桃園地方法院刑事判決

八十二年度重訴字第三〇號

公訴人　臺灣桃園地方法院檢察署檢察官
被　告　黃樹剛　男二十八歲（民國五十三年九月二十九日生）
　　　　　　　　河北省人業採購員
　　　　　　　　住河北省唐山市龍華小區廿二樓二門四〇二室
　　　　　　　　大陸居民身分證編號：一三〇二〇三六四〇九二九
　　　　　　　　三〇三號（在押）
　　　　劉保才　男二十三歲（民國五十九年三月二十三日生）
　　　　　　　　河北省人業商
　　　　　　　　住河北省豐潤縣河浹溜鄉後庄村
　　　　　　　　大陸居民身分證編號：一三〇二二一七〇〇三二三
　　　　　　　　三七一號（在押）
共同選任辯護人　孫性初律師
　　　　　　　　劉樹錚律師
〔上〕列被告因民用航空法案件，經檢察官提起公訴（八十二年度偵字第四〇六二號），本院判決如〔下〕：

主　文

黃樹剛、劉保才共同以強暴脅迫劫持航空器，各處有期徒刑拾年。
扣案之防暴槍、狩獵槍各壹支、防暴槍子彈、狩獵槍子彈各肆顆、零點貳貳吋制式子彈貳顆、收音機、望遠鏡各壹具、巧克力鐵盒貳盒均沒收。

事　實

一、黃樹剛係中國大陸河北省唐山市唐山鋼鐵公司唐鋼賓館採購員，負責物品採購職務，劉保才為同市從事水產買賣之個體戶。二人於民國（以下同）八十年間因採購物品而相識，過往甚為密切。黃樹剛自七十年間起透過閱讀歷史書籍，深覺中國共產黨之統治帶給民族災難，且對中國大陸政經現況，頗感失望，復經由廣播、中華民國政府之宣傳圖片，獲悉臺灣地區在三民主義體制下各項建設極為進步，甚為嚮往，亟思來臺，實際投入反共工作，開展新生，迨七十八年間發生之六四天安門事件，其因曾簽名題字支持學生運動，遭停止工作三日處分並調職，而益發堅定其決心。乃於八十二年一、二月間起，策劃劫機赴臺，迄八十二年三月底止，陸續利用職務上採購物品之機會，以浮報採購金額數量（累計約人民幣（下同）十四萬元），轉售公有香菸（累計約一萬九千二百六十五元）等方式，共籌得款項約十六萬元，計劃部分供作安家費，餘款充作行動經費，同時依序著手安排劫機事宜。

二、八十二年三月上旬黃樹剛至唐山百貨大樓購買收音機、手錶、望遠鏡（擬自機內瞭望機場用，該望遠鏡在深圳已贈予他人）、衣物、書籍等物品（詳如附表一編號 1 號），復以經商為由，陸續交付當時尚不知情之友人劉保才三萬元，並以至大陸南方做生意，而大陸南方治安差需槍自衛為由，指示劉保才於八十二年三月十九日至二十一日攜帶劉保才前於同年月中旬購買之三顆防暴槍子彈，搭乘中國國際航空公司第五五二號班機往返北京、上海，查探機場及飛機內安全措施，以為因應。八十二年三月中旬黃樹剛分向唐山醫藥總店、唐鋼供銷處化學藥品管理員購得傷風膠囊十枚、氰化鉀一小包，將二顆膠囊裝填氰化鉀，預作事敗自裁之用。八十二年三月二十八日，黃樹剛購閱「女劫機者」一書，作為劫機參考，同月底，再以需槍自衛為由，交付劉保才三千四百餘元，請其至唐山市玉田縣鴉鴻橋市集購買具殺傷力之防

暴槍、狩獵槍及子彈，黃樹剛另透過關係申請「中華人民共和國邊境管理區通行證」（下稱邊境證），並酌給其妻及父母生活費。

三、八十二年四月二日黃樹剛順利取得邊境證（有效期間四月二日至五月二日），同年月三日上午黃樹剛在「唐山賓館民航售票處」以每張七百五十元代價購得「中國民航」北京至廣州機票二張，並於當日下午四時許（當地時間，下同）在唐山賓館以「黃漢燁」別名書立聲明書後，認時機成熟，即於當日下午五時許，在唐山賓館九樓七室，以中共政權腐敗等詞，遊說劉保才參與劫機行動，而劉保才亦對中共政府失望，於六四天安門事件後，對中共之鎮壓統治更感不滿，且因生意關係，常與在大陸之臺灣人民接觸，獲悉臺灣地區繁榮情形，乃同意共同劫機赴臺，黃樹剛並交付先前準備之氰化鉀膠囊一顆予劉保才。當日晚間八時許，二人乘計程車於十一時許抵達北京，待搭乘翌日「中國民航」往廣州之飛機。八十二年四月四日上午八時三十分許，劉保才在北京首都機場將槍彈裝置在餅乾盒內，上置匕首一支通關受檢，當機場偵測儀等安全設施檢查有異，劉保才即取出匕首，中共公安人員誤為係該匕首作祟，沒入後讓渠二人通關；二人登上中國民航由北京往廣州之班機後，因黃樹剛首次搭機，環境陌生，心生緊張，而未採取行動。當日中午飛機抵達廣州白雲機場，二人至旅館稍事休息後，商議認深圳機場安全檢查應較鬆弛，遂決定再至深圳機場搭機。黃樹剛隨即持邊境證，另以八百元代價買通司機將劉保才藏匿在計程車後行李箱內，於當日晚間十時三十分許同車進入深圳特區，夜宿當地「新都酒店」。翌日（四月四日）上午十時許二人購得赴北京機票，中午二時許，黃樹剛為免服務單位起疑，以電話通知唐鋼賓館人員，謂人在天津晚間返回；同日下午至商店購買皮箱、手槍型打火機、鐵盒裝巧克力二盒、望遠鏡等物（詳如附表一編號5號），預作準備。

四、八十二年四月五日清晨劉保才將防暴槍、狩獵槍各一支、防暴槍

子彈、狩獵槍子彈各四顆（附表二編號 4 號防暴槍子彈中之二顆，內部僅有火藥，無彈丸或鋼珠），其以前自友人處取得之具殺傷力之 0.22吋制式子彈二顆藏匿於巧克力鐵盒內，上置手槍型打火機，並放置在皮箱中，黃樹剛（戴眼鏡，身著灰色西裝）、劉保才（蓄鬍、著紅色背心）持之通關受檢，六時許機場安全檢查設施測出異狀，劉保才即仿前開方式以手槍型打火機誤導檢查人員，致僅將打火機沒入而獲通關。八時許二人登上大陸「中國南方航空公司」編號 B -二八一一號波音七五七型 CZ 第三一五七班次客機（內載乘客一八七名、機員十三名）分坐飛機右後方三十排 DE座位，劉保才在機艙中偽裝吃糖，打開皮箱取出巧克力鐵盒，以報紙遮掩將狩獵槍（內裝子彈一顆）遞給黃樹剛，黃樹剛即將狩獵槍藏放在西服上衣內側口袋，另氰化鉀及收音機分別放置在西服表面口袋內，劉保才則另持有防暴槍（內裝子彈一顆）。當地時間八時三十二分飛機起飛，迨爬升至一萬公尺飛臨大陸華南地區上空時，黃樹剛胸前懸掛望遠鏡一具，與劉保才先後起身至廁所檢視槍支、毒藥無誤後，於八時五十五分許，黃樹剛持狩獵槍、收音機、劉保才左手虎口握氰化鉀膠囊，右手執防暴槍，直奔駕駛艙，在機艙前方服務臺前由劉保才持槍把風，黃樹剛則以手勒空服員洪鳳頸部，以槍挾持洪女稱：「我要劫機，希望你合作」，順勢以強暴手段將其拖入駕駛艙內始予釋放，黃樹剛在駕駛艙內復佯以收音機為炸藥，並持槍脅迫機長李高升及副駕駛蔣永金、陸振平等三人，稱：「將通訊設備關掉，保持緘默，對準太陽飛向臺灣桃園機場或臺灣任何一個機場，不要騙人，否則開槍並引爆飛機」等語。李高升為恐傷及無辜旅客，乃依言改變航向，飛往臺灣。

五、八十二年四月六日上午九時十八分（臺北時間，下同）該機於福建海域出海後，在我飛行情報區西北方上空，發出劫機訊號（7500）為我空軍雷達發現監控，九時四十分該機飛越臺灣海峽中線，我空軍戰機即出動伴護，同時民航局飛航服務總臺中正近場

管制塔臺（下稱近場臺）UNISYS雷達亦發現該機在西北六十海浬、二萬八千英呎處，往臺灣飛行，標示(7500)遭劫持識別電碼。九時四十五分許，具偵查權之內政部警政署航空警察局接獲民航局中正國際航空站航務組人員告知，獲悉有劫機事件後，即通知該局保安隊隊長陳良成準備待命。九時四十分五十四秒李高升經黃樹剛同意依次以一一九‧七、一二五‧一、一一八‧七、一二一‧七頻道與近場臺、塔臺、地面管制席聯絡，告以飛機遭劫持，請准降落機場。九時五十九分十三秒該機經我塔臺引導在中正機場航站南端〇五跑道降落。黃樹剛、劉保才違反人民入出境應向內政部警政署入出境管理局申請許可之規定，未經許可入境，黃樹剛並以望遠鏡瞭望機場，以防受騙。十時二分二十三秒，黃、劉二人要求我方派遣警察與機場人員各一名登機，十時十六分航空警察局保安隊隊長陳良成（制服臂章一〇〇一號）、中正國際航空站主任航務員應志強，在北站戰備停機坪搭扶梯車依序進入該二八一一號班機機艙，陳良成依機艙口人員之手勢進入駕駛艙內，見黃樹剛持槍抵住機員後腦部，即知該人為劫機者，乃表明身分，詢問有何要求，並表示「你目的已達，請將槍交給我。」黃樹剛始召喚劉保才一併交出上揭未經許可無故持有之槍彈，黃樹剛另交付聲明書乙紙，復以機內通話系統向旅客致歉及述說中共施政不當暨劫機原因後，於十時三十分許，黃、劉二人下機接受偵訊，並交付上開槍彈外之其他已扣案如附表二、三所示之物品，該機則於當日下午三時四十七分飛返大陸廣州。

六、案經內政部警政署航空警察局移請臺灣桃園地方法院檢察署檢察官偵查起訴。

理　由

一、訊據被告黃樹剛、劉保才對於〔上〕揭時地分持槍彈、收音機偽為炸藥以強暴手段挾持空服員、脅迫機長、副駕駛、劫持大陸「南方航空公司」編號 B -二八一一號波音七五七型第三一五七

班次客機，改變航線飛至臺灣，且未經許可入境之事實自白不諱，核與證人即該機機長李高升、空服員洪鳳、陳玉麗、內政部警政署航空警察局保安隊隊長陳良成、中正國際航空站主任航務員應志強、民航局飛航服務服務總臺中正近場管制塔臺副臺長周光燦、協調員林昌富、管制員林昌國、李宜澄、崔國新、曾金堂、記者錢橋恕等證述情節相符，並有防暴槍、狩獵槍各一支、防暴槍子彈、狩獵槍子彈各四顆、〇‧二二吋制式子彈二顆、望遠鏡、收音機各一具、氰化鉀膠囊二顆、其餘附表二、三所示之物、署名黃漢燁（即黃樹剛）之聲明書、機長李高升書立之切結書各一紙、中國南方航空公司、中國國際航空公司機票各二份、近場臺錄音帶二捲、錄音中文抄件、CZ 三一五七班次旅客名單、飛航計劃書、中正國際航空站航務組八十二年四月六日工作紀錄表影本各乙份在案可稽。

二、次查被告二人所持之槍彈，經聯合勤務總司令部軍品鑑定測試處鑑定，結果為：狩獵槍可裝填扣案之狩獵槍子彈射擊使用，「子彈射擊後不能射出彈丸或鋼珠，但仍會產生相當之火燄氣體，具有恐嚇作用，在近距離對人員射擊仍會造成傷害」；另「0.22吋子彈為制式子彈，若配備口徑相同及擊發機能良好之槍枝射擊使用，具有殺傷力」；至防暴槍子彈中之二顆（附表二編號5號）內部有火藥而無彈丸或鋼珠，射擊後僅有恐嚇作用，但送鑑定另顆完好之防暴槍子彈（附表二編號4號中證物上標示2號者）內有五排鋼珠及火藥可分作五次射擊，「在近距離〔對人員射擊會造成〕疼痛、瘀血、崁入皮膚及眼睛失明等傷害」，此有該處八十二年五月十四日（八二）蔚批字第一〇〇四號函附之鑑定報告乙份附卷可憑；而本院於八十二年七月八日至桃園縣警察局靶場試射防暴槍及子彈（使用附表二編號4號中證物上編號2號子彈），就同一顆子彈射擊四次，前二次各射擊出一粒彈丸，第三、四次均擊發出六粒彈丸，第二次射擊時，距離固定之三夾板（上覆靶紙）約三公尺，結果彈丸穿透靶紙擊裂三夾板，第四

次射擊時距離約二公尺，結果彈丸穿透靶紙並打凹三夾板，此有勘驗筆錄、靶紙一張、三夾板二塊在案足按，由上述試射結果及鑑定報告研判，扣案之防暴槍、狩獵槍、完好之防暴槍子彈二顆（附表二編號 4 號）、狩獵槍子彈四顆、○‧二二吋制式子彈均具殺傷力。

綜合前揭事證以觀，被告二人持槍彈以強暴、脅迫劫持航空器之事實至臻明確，犯行洵堪認定。

三、雖被告黃樹剛辯稱：「我絕對以為中共政權須打倒，我是基於對民族之熱愛始採取此行動，目的是加入反共行列，絕無傷害他人之心，只想不成功便成仁」「不知劫機是非法行為」，被告劉保才辯稱：「為反抗暴政，投奔自由而劫機」「以為劫機是觸犯中共法律，不知會觸犯起訴之法」等語，然被告等所述劫機之動機或目的，僅係量刑之參考，非可為阻卻違法之正當事由。又被告黃樹剛於偵查中供承「知道劫機是違法的」，主觀上顯具違法性之認識，縱其與被告劉保才均不知劫機為違法行為，依其二人對於前揭劫機之具體事實之認識，並無錯誤，而係對於該事實在法律上之評價有錯誤，即對於法律之不知或誤認，此法律錯誤，非能阻卻違法，刑法第十六條前段：「不得因不知法律而免除刑事責任。」規定甚明，至被告等持具殺傷力之槍彈以強暴脅迫方式劫持民用航空器，嚴重危害機上人員及飛航安全，具相當反社會性及惡性，情節非輕，無論其目的如何，均不能視為有正當理由，是無以依刑法第十六但書：「但按其情節得減輕其刑。如自信其行為法律所許可而有正當理由者，得免除其刑。」之規定，減輕或免除其刑。

四、核被告二人所為，係犯民用航空法第七十七條第一項、國家安全法第六條第一項、槍砲彈藥刀械管制條例第十條第三項、第十一條第三項之罪。被告等無故持有具殺傷力之槍支、子彈，係同一行為而觸犯二罪，為想像競合犯，應依較重之上開條例第十條第一項之罪論處。又被告所犯上開各罪間有方法結果之牽連關係，

應依較重之民用航空法第七十七條第一項之罪處斷。

五、又雖公訴人認被告等於降落中正機場，犯罪行為未被發覺前，即向有偵查權之內政部警政署航空警察局保安隊隊長陳良成陳述劫機經過、目的，並自動繳納槍彈、假炸藥之行為，已符合自首要件云云。惟自首乃以行為人向具偵查權之機關自行申告自己尚未被發覺之犯罪行為，而自願接受法院之裁判為要件。經查：證人即該機機長李高升於警訊中證稱：「約九點多我就向臺灣飛，快到臺灣的時候，我就要求他（指被告黃樹剛）同意聯繫臺灣…」等語，另參以卷附該機降落中正國際機場航管管制錄音抄件記載機長李高升係於九時四十分五十四秒與民航局飛航服務總臺中正近場管制塔臺（近場臺）聯絡告知該機遭劫持，卷附民航局中正國際航空站航務組八十二年四月六日工作記錄表記載「○九四○（即九時四十分）塔臺袁善梅小姐通知：有一架中共民航機、機號Ｂ二八一一被劫持，預計一○○○（即十時）飛往中正機場，立刻將上情報告組長、高勤官、主任、大局值日官，並通知中控室、航警局勤務指揮中心…」，可見於當日九時四十分機長李高升與近場臺聯絡後，具偵查權之航空警察局經由民航局中正航空站航務組人員通知而獲悉有劫機犯行發生，並非因被告等自行申告而獲知，縱認機長李高升與近場臺聯絡該機遭劫持，係被告黃樹剛所授意，因近場臺非有權偵查機關，向近場臺申告劫機犯行並不生自首之效力。次查，該機降落中正機場後，被告黃樹剛雖有要求我方派遣警察及機場人員各一名上機，但據上開錄音抄件內容，機長李高升於通話時並未說明劫機者係何人，亦未明確說明要警察登機係要向警察自首之意，證人航空警察局保安隊隊長陳良成於偵查中證稱：「航空警察局的指揮中心通知我的（九時四十五分），代號平安五號演習（意思是劫機狀況），當時劫機者是誰我並不知道」足見被告等於陳良成上機前並未主動告知係其等劫持飛機。復依證人陳良成於本院調查時證述：「飛機停下來，我在前（著制服，有臂章號碼一○○一），應志強在

後，上去後，我首先表明身分，站在機艙口約三、四人⋯他們用手指向裏面，我往駕駛艙內走，先見到黃樹剛，他拿著槍，押著駕駛員，我即向他表明身分之後，黃樹剛要求我出示證件，我出示臂章且說明之，他仍猶豫，我本要出示證件給他，然黃樹剛表示：『那我相信你』我說：『你有何要求？』他回：『不滿中共腐化』等語，我即答：『你目的已達，是否可將槍交給我？』他仍猶豫，我說：『這裡空間窄，我們到下面辦公室談』之後，黃樹剛叫劉保才之名字，劉保才就主動將槍拿給我。」等語，就本院二次詢以「上飛機後被告二人有無主動向你表明是劫機者？」證人陳良成均證陳：「沒有」，另證人陳良成於偵查中證稱：「我進去時，艙門有穿便服、制服的，其中有一人事後才知是劉保才，我跟他們表明我們是機場警察主管，並問要跟那一個人談，他們就指著駕駛艙⋯」等語，足見被告二人在飛機降落中正機場，航空警察局保安隊隊長陳良成上飛機進入駕駛艙與被告黃樹剛對話前，已查悉被告黃樹剛為劫機者之一，待被告黃樹剛確認陳良成為我方警察並召喚被告劉保才至機艙，劉保才尚未供述其犯行前，陳良成亦已知悉被告劉保才為另一名劫機者，即在陳良成先後發覺被告等為劫機犯前，被告等並未自行向陳良成申告劫機犯行，此亦與前述行為人需於有權偵查機關發覺其罪行前自行申告犯罪行為之自首要件不合，自不得依刑法第六十二條前段規定減輕或免除其刑。

六、復查被告等係不滿中共政權之高壓統治，人民生活不自由，嚮往臺灣地區之民主、繁榮，而決心離開大陸，前往臺灣投身反共工作，追求理想，且因身處大陸，資訊缺乏，囿誤於曩昔海峽兩岸之政治情勢，加以我政府前對卓長仁等人劫機後之營救及接待方式，增強其等信心，乃以劫持民用航空器，作為彰顯反共信念、達成心願之手段，甚且為遂其等之政治理念，抱必死之決心，事先準備氰化鉀毒藥作為行動失敗自戕之用，以致觸犯重典，其等犯行固應予嚴厲非難，但其情堪屬可憫，縱科以法定最輕本刑無

期徒刑，猶嫌過苛，茲依刑法第五十九條規定減輕其刑。爰審酌被告等犯罪之動機、目的、其等持槍械、假炸藥以強暴脅迫方式劫持民用航空器，嚴重影響飛航安全、危害機內乘客、機員之生命、身體、自由、財產甚鉅，於劫機行動中未傷害機內人員，犯罪後復坦承犯行，態度良好等一切情狀，量處如主文所示之刑，以資懲儆。

七、扣案之防暴槍、狩獵槍各一支、防暴槍子彈二顆（附表二編號 4 號）、狩獵子彈四顆、〇‧二二吋制式子彈二顆均具殺傷力，為違禁物，應依刑法第三十八條第一項第一款宣告沒收；另收音機、望遠鏡各一具、防暴槍子彈二顆（附表二編號 5 號、子彈內部已無彈丸、鋼珠）、巧克力鐵盒二盒乃被告黃樹剛所有，供犯罪所用之物，併依刑法第三十八條第一項第二款規定沒收之。至公訴人所請沒收之氰化鉀二顆（已潮解成黏稠狀），乃被告等預供劫機失敗自裁之用，與其他扣案之物，均非為供劫機犯行使用之物，縱屬被告黃樹剛或劉保才所有，亦無由沒收，併此敘明。

據上論斷，應依刑事訴訟法第二百九十九條第一項前段、民用航空法第七十七條第一項、國家安全法第六條第一項、槍砲彈藥刀械管制條例第十條第三項、第十一條第三項、刑法第十一條前段、第二十八條、第五十五條、第五十九條、第三十八條第一項第一款、第二款判決如主文。

本案經檢察官邢泰釗到庭執行職務。

中華民國八十二年八月十八日

臺灣桃園地方法院刑事第一庭

審判長法官　林雅鋒

法官　丁蓓蓓

法官　林　凱

〔上〕正本證明與原本無異。

如不服本判決，應於判決送達後十日內，向本院提出上訴狀。

　　　　　　　　　　　　　　　書記官　楊美容

中華民國八十二年八月十八日

附論罪科刑依據之法條：

民用航空法第七十七條第一項：

以強暴脅迫或其他方法劫持航空器者、處死刑、無期徒刑。

戊、重要涉外聲明與説明

南海政策綱領

法務部函

中華民國八十二年四月二十三日
法八十二參字第〇七七八五號
附件：如文

受文者：最高法院檢察署、臺灣高等法院檢察署、福建高等法院金門
　　　　分院檢察署、福建金門地方法院檢察署、本部調查局、司法
　　　　官訓練所

副　本
收受者：抄陳　　部次長、本部各司、處、室、中心（均含附件）

主　旨：「南海政策綱領」業經行政院核定實施，茲檢送該綱領影本
　　　　一份，請查照。

説　明：依行政院八十二年四月十三日臺八十二內字第〇九六九二號
　　　　函辦理。

部長　馬　英　九

南海政策綱領（核定本）

一、前言

　　南沙群島、西沙群島、中沙群島及東沙群島，無論就歷史、地
理、國際法及事實，向為我國固有領土之一部分，其主權屬於我國。

　　南海歷史性水域界線內之海域為我國管轄之海域，我國擁有一切
權益。我國政府願在和平理性的基礎上，及維護我國主權原則下，開
發此一海域，並願依國際法及聯合國憲章和平解決爭端。

二、目標

　　㈠堅定維護南海主權。

　　㈡加強南海開發管理。

　　㈢積極促進南海合作。

　　㈣和平處理南海爭端。

　　㈤維護南海生態環境。

三、實施綱要

　　㈠內政事項：

　　　　1. 辦理土地測量與登記。

　　　　2. 籌建海域巡邏警力。

　　　　3. 加強漁民服務。

　　　　4. 籌開南海問題國際研討會或兩岸及港澳多邊會議。

　　㈡國際合作事項：

　　　　1. 針對各沿海國或其他國家對南海的立場及主張，研擬因
應對策。

　　　　2. 透過適當途徑，依國際法及聯合國憲章研究爭端之防止
及解決。

　　　　3. 促進南海區域合作。

　　㈢安全維護：

　　　　1. 研析潛在衝突問題。

　　　　2. 加強護漁、護航及海上開發作業安全。

　　　　3. 強化戰備整備加強巡弋、捍衛南海諸島。

　　㈣交通事項：

　　　　1. 建立衛星通訊設施。

　　　　2. 加強氣象臺設施與功能。

　　　　3. 設立導航及助航設施。

　　　　4. 興建機場及碼頭設施。

　　　　5. 研究開放南海觀光之可行性。

　　㈤衛生事項：

強化衛生醫療設施及服務。

㈥環保事項：

    1. 建立環境資料庫及環保設施。

    2. 加強公害防治及生態保育。

    3. 促進南海地區國際環保合作事項。

㈦兩岸關係：

    1. 配合國家統一綱領研擬相關對策及計畫。

    2. 研究兩岸涉及南海問題有關事項。

㈧學術研究：

    1. 研究有關南海之戰略、政治及法律問題。

    2. 海洋科學及自然資源調查研究。

    3. 蒐集、編譯及研究分析南海史料。

    4. 其他研究調查事項。

㈨資源開發：

    1. 探勘及開發可利用之資源。

    2. 探討合作開發之可行性。

「南海政策綱領」實施綱要分辦表（核定本）

實施綱要	任務事項	主辦機關	協辦機關	辦理進度
內政事項	1. 辦理土地測量與登記。	高雄市政府	內　政　部 國　防　部	八十三年度規劃及實施
	2. 籌建海域巡邏警力。	內　政　部	國　防　部	八十三年度規畫研究
	3. 加強漁民服務。	高雄市政府	農　委　會 國　防　部	經常辦理，八十三年度編列預算加強辦理
	4. 籌開南海問題國際研討會或兩岸及港澳多邊會議。	內　政　部 外　交　部 陸　委　會	經　濟　部 農　委　會	俟機辦理
國際合作事　　項	1. 針對各沿海國或其他國家對南海的立場及主張，研擬因應對策。	外　交　部	內　政　部 經　濟　部	經常辦理
	2. 透過適當途徑，依國際法及聯合國憲章研究爭端之防止及解決。	外　交　部	內　政　部 經　濟　部 陸　委　會	經常辦理
	3. 促進南海區域合作。	外　交　部	內　政　部 經　濟　部 陸　委　會 農　委	經常辦理
安全維護	1. 研析潛在衝突問題。	國　防　部	外　交　部 陸　委　會	經常辦理，並定期提報相關資訊
	2. 加強護漁、護航及海上開發作業安全。	國　防　部 內　政　部	交　通　部 經　濟　部 農　委　會	機動辦理
	3. 強化戰備整備加強巡弋、捍衛南海諸島。	國　防　部	內　政　部	經常辦理
交通事項	1. 建立衛星通訊設施。	交　通　部	國　防　部	東沙島已通話 太平島正在規劃中
	2. 加強氣象臺設施與功能。	交　通　部	國　防　部	經常辦理
	3. 設立導航及助航設施。	交　通　部	國　防　部 財　政　部 高雄市政府	八十三年度評估
	4. 興建機場及碼頭設施。	交　通　部	國　防　部 農　委　會 高雄市政府	八十三年度評估
	5. 研究開放南海觀光之可行性。	交　通　部	高雄市政府 內　政　部 國　防　部	八十三年度評估

衛生事項	強化衛生醫療設施及服務。	衛　生　署 國　防　部	高雄市政府	配合實際需求 由衛生署提供支援
環保事項	1. 建立環境資料庫及環保設施。	環　保　署 國　防　部	國　科　會 國　農　委　會	陸續蒐集資料 逐步建立資料庫
	2. 加強公害防治及生態保育。	環　保　署 國　防　部	國　科　會 國　農　委　會	八十三年度現場勘察再行規劃
	3. 促進南海地區國際環保合作事項。	環　保　署 國　防　部 外　交　部	國　科　會 農　委　會	俟機辦理
兩岸關係	1. 配合國家統一綱領研擬相關對策及計畫。	陸　委　會	內　政　部	八十三年度辦理
	2. 研究兩岸涉及南海問題有關事項。	陸　委　會	內　政　部	八十三年度辦理
學術研究	1. 研究有關南海之戰略、政治及法律問題。	內　政　部 國　防　部 外　交　部 陸　委	教　育　部 法　務　部	八十三年度 由各機關分別辦理
	2. 海洋科學及自然資源調查研究。	國　科　會 農　委　會 經　濟　部	國　防　部 外　交　部 教　育	國科會於八十三年度提有關人文及漁業資源部分的初步規劃，實地勘察視海研一號船期安排，迅速辦理。
	3. 蒐集、編譯及研究分析南海史料。	內　政　部 國　科	教　育　部 陸　委　會 高雄市政府	八十三年度 研訂工作計畫
	4. 其他研究調查事項。	國　科　會		視需要辦理
資源開發	1. 探勘及開發可利用之資源。	經　濟　部 農　委　會	外　交　部 國　防　部 國　科　會 陸　委	一、非生物資源已由經濟部函請中油公司研究規劃，調查地質資料 二、生物資源由農委會研究規劃辦理
	2. 探討合作開發之可行性。	經　濟　部 農　委　會	外　交　部 國　防　部 國　科　會 陸　委	配合〔上〕項辦理

〔**法務部公報**，第一五六期，民國八十二(一九九三)年六月三十日，頁53～56。〕

犀牛角事件處理案報告

行政院函

中華民國八十二年五月十四日發文
臺八十二農字第一四五三三號

受文者：法務部

副　本
收受者：內政部、外交部、經濟部、財政部、法務部、本院新聞局、本院衛生署、本院環境保護署

主　旨：本院農委會所擬「英美保育團體以保護犀牛不力為由，發起對我採取貿易抵制」因應措施，經准備查，請就貴管部分依權責辦理。

說　明：

一、依農委會八十二年五月三日 82. 農林字第二一一八九七○Ａ號函及八十二年五月六日本院第二三三○次會議決定辦理。

二、檢附「犀牛角事件處理案報告」一份。

三、本件分行內政部、外交部、經濟部、財政部、法務部、本院新聞局、本院衛生署、本院環保署。

院長　連　　戰

犀牛角事件處理案報告

中華民國八十二年五月　日

壹、前　言

近年，野生動植物保護問題已日趨為國際保育界重視，其中尤以

瀕臨絕種動物犀牛為甚。身為國際社會之一員，我國除了嚴重關切瀕臨絕種的野生動植物外，也採取一連串有效措施，配合國際保育組織從事防止瀕臨絕種動植物或保育類動物遭受獵殺、走私、非法進口、非法買賣之惡運的行動，並獲得顯著改善成果。

貳、緣　　起

一、八十一年十一月十六日，英國 Environmental Investigation Agency（EIA），舉行「拯救犀牛」運動發起會，指控臺灣為目前世界上最大之犀牛角及其他稀有野生動物產品之消費國，呼籲各國政府、公司行號及消費者抵制我國商品。

二、八十一年十一月二十六日上午，英國 EIA 及美國「地球島」代表於華視召開記者會，指責我國為瀕絕野生動物黑洞，犀牛及老虎產製品主要消費國，並指責我國執法不力，走私及非法販賣野生動物產製品情形仍然猖獗，導致犀牛、老虎等瀕危動物數量銳減。

三、八十二年二月二十五日，美國四個環保組織舉行聯合記者會，指責我國司法單位對非法販售野生動物行為取締不力，且欠缺執法決心，籲請美國政府及企業對我實施貿易制裁，並揚言將持續是項抵制行動。

參、國外反應

一、若干保育團體陸續提出甚多訴求，其發展情形摘要如次

　　㈠美國方面：

　　　　1. 促成華盛頓公約組織（CITES）第二十九屆常設委員會作成對我實施貿易制裁之決議。

　　　　2. 圖援美國政府以培利修正案（Pelly Amendment)對我採取貿易制裁。本案正由美政府魚類暨野生動物署研究處理中。

　　　　3. 要求美國政府不要支持我加入 GATT。

　　　　4. 向美國 AT&T 公司施壓，要求取消與我簽訂合約。

　　5. 要求我銷燬所有庫存犀牛角，否則將繼續抵制。

　㈡歐洲方面：

　　1. 多位歐體議員日前致函歐體執行委員會促降低我產品進口配額，直至我政府提出補償，並悉數銷燬犀牛角存貨為止。

　　2. 歐體執委會副署長 Paemen 日前致函我國駐比利時代表，對我犀牛角非法交易情形表示關切，並表示除非情況獲得改善，否則歐體將無法協助我國參與國際環保事務。

　　3. 比利時電影院於影片放映前曾播放抵制我國產品之宣傳片。

　㈢非洲方面：

　　南非報紙、電視及廣播電臺已有抵制我國產品之報導。

二、八十二年三月一日至五日第二十九屆 CITES 常設委員會於華盛頓召開，其決議如次：

　㈠由 CITES 秘書處致函中共、南韓、葉門及我國，要求：

　　1.全面禁止犀牛產製品衍生物之買賣交易及進出口。

　　2.銷燬所有政府（含州省）擁有之庫存犀牛角。

　　3.採取嚴屬措施取締涉及非法走私及盜獵犀牛角者。

　㈡常設委員秘書長將於九月份召開之常設委員會時檢討，若我國被認定執行不力，秘書長將通告各會員國不接受或不核發 CITES 所列物種之貿易許可給我國。此項貿易制裁與 CITES 有關之品目約有二、三〇〇種，一旦對我制裁，則如蘭花等之輸出，將被限制，情形將甚嚴重。

三、至八十二年四月二十一日止，總統府、行政院、農委會及我國駐外單位計收到國外民眾有關犀牛保護抗議信函四百餘封。

肆、我國因應措施

一、法令執行

　　八十一年十一月十九日農委會依野生動物保育法之規定，採取下列禁止措施：

1. 依該法第二十三條規定，自即日起停止核發犀牛角（粉）及其製品進口、出口或買賣之許可文件及全面禁止進口、出口、買賣或意圖販賣而陳列犀牛角（粉）與含犀牛角（粉）之調劑藥品。

2. 依該法第三十三條第二項之規定，非法進口、出口、買賣、交換或意圖販賣而陳列犀牛角（粉）及其調劑藥品者，處一年以下有期徒刑、拘役或科或併科一萬元以下罰金。常業犯，處三年以下有期徒刑、拘役或科或併科三萬元以下罰金（同條第三項）。不以營利為目的，非法購買犀牛角（粉）者，處一萬元以下罰鍰（該法第四十條第七款）。

二、違法案件查緝

㈠八十一年十一月二十六日下午，農委會會同臺北市政府建設局以分區抽樣方式展開查緝工作。入在上述突擊行動中並已查獲一業主公然陳列疑似犀牛角粉二罐。

㈡八十一年十二月九日內政部警政署航空警察局緝獲走私犀牛角及鹿茸案，在農委會及該局人員之合作無間下，已緝獲犀牛角二十二支、鹿茸四十餘箱，並逮捕嫌犯十三人。目前該等人員均已移送司法單位審理中。

三、加強宣導

㈠八十一年十一月十七日新聞局胡局長偕同農委會林副主委享能在新聞局召開記者會，說明我國執行保育工作之現況及決心，及近年來配合國際社會致力保護野生犀牛之努力，以端正國際視聽。會中新聞局並發表聲明，重申政府對本案之嚴正立場。

㈡為澄清上開記者會中若干保育團體對我之指控，農委會均備妥中英文說帖，並提供相關單位參考。

㈢我國駐外人員於上開記者會中，就我之立場及所採各項措施，積極爭取發言機會，以表明我政府對生態保育，犀牛角進口管理等之努力。並蒐集資料提供相關單位參考。

㈣我國駐外人員於各媒體有不實報導時，均主動予以澄清。

㈤八十二年三月十八日，農委會正式發表新聞呼籲國人主動捐贈

犀牛角，以表明我國保護犀牛之決心。

四、國際合作

㈠八十一年十一月二十七日，農委會邀請在國際間極具影響力之 TRAFFIC International 總部負責人 Mr. J. Thomsen 君來華，就本案及未來保育工作之推展相互交換意見，並借重其影響力，期在英國產生牽制作用。

㈡農委會業於八十一年十二月十五日將部分扣押之疑似犀牛角粉樣品送請美國內政部魚類暨野生動物署(USDI, Fish and Wildlife Service)刑事鑑定實驗室(Forensics Laboratory)鑑定。

㈢八十一年十二月九日內政部警政署航空警察局在中正機場緝獲空運走私犀牛角及鹿茸案，依嫌犯之供詞及貨品包裝上之標示顯示似有香港及紐西蘭方面之人員涉入，為此，農委會除透過國際保育組織籲請英國加強其轄區內非法貿易之查緝行動外，另並與紐西蘭貿易促進會人員緊密聯繫。由於貿易促進會人員之協助，紐西蘭之相關單位於取得我國所提供之資料後，也進行進一步追查。目前業已鎖定二家業者進行深入調查中。此外，我方並派員前往香港作進一步追查，唯嫌犯對質並無結果，目前仍由港方繼續調查中。我方人員於香港期間曾拜訪 WWF 香港分會，説明我國取締走私野生動物及其產品之決心。 WWF 香港分會會長對我國取締走私野生動物及其產製品之決心甚表敬佩，並應允日後將與我方合作共同打擊不法活動。

伍、建　議

一、擬請衛生署加強對中藥店之管理與宣導，禁止利用野生動物或其產製品入藥。

二、擬請財政部、內政部加強查緝野生動物及其產製品之走私及非法販賣。

三、擬請經濟部儘速評估該等保育團體之活動對我加入 GATT 之影響，並採取必要之措施。

四、擬請新聞局配合製作介紹我國在生態保育方面建設與成果之影

片，並製成英、法、西、葡、德等外語配音，提供我駐外單位運用，以加強對國內外之宣導工作。

五、擬請外交部加強對國際間之宣傳，促使友我國家認識我落實生態保育方面之成果，勿因誤解而採取有損我國家形象之制裁行動，並協助加入國際保育組織及加強在野生動物保育方面之國際合作，尋求先進國家如英、美等國之技術支援。以提昇各相關執法人員對野生動物及其產製品之鑑定能力。

六、擬請法務部合作，請對違反野生動物保育法之案件，速予審判，並從重量刑。

七、擬由經濟部、教育部、衛生署、環保署及本會代表以及民間團體組團參加本（八十二）年六月舉行之「犀牛保育國際會議」及明（八十三）年舉行之第九屆華盛頓公約會議，並由鈞院代表為團長。

八、擬發行自然保育票及接受民間捐贈籌募經費成立基金，俾與以推動本會及民間團體共同從事自然保育工作。

〔附 錄〕

犀牛角事件紀要

● 八十一年十一月十六日，英國 Environmental Investigation Agency（EIA），舉行「拯救犀牛」運動發起會，指控臺灣為目前世界上最大之犀牛角及其他稀有野生動物產品之買賣商，呼籲英國政府、公司行號及消費者抵制我國商品。新聞局駐英人員偕同經濟部駐英人員於會中，就我之立場及所採各項措施，積極爭取發言機會，以表明我政府對生態保育，犀牛角進口管理等之努力。

● 八十一年十一月十七日新聞局胡局長偕同行政院農委會林副主委享能在新聞局召開記者會，說明我國執行保育工作之現況及決心，及近年來配合國際社會致力保護野生犀牛之努力，以端正國際視聽。會中新聞局並發表聲明，重申政府對本案之嚴正立場。

● 八十一年十一月十八日，行政院農委會邀集相關單位，研商因應對

策。會中決議由新聞局轉知國內新聞界，對於轉載國外媒體之報導及相關新聞時，宜審慎處理，以避免造成負面宣傳或影響。

● 八十一年十一月十九日農業委員會依野生動物保育法第二十三條公告犀牛角（粉）及其製品進口、出口或買賣等管理規定，其中並明述：

1. 自即日起停止核發犀牛角（粉）及其製品進口、出口或買賣之許可文件及全面禁止進口、出口、買賣或意圖販賣而陳列犀牛角（粉）與含犀牛角（粉）之調劑藥品。

2. 非法進口、出口、買賣、交換或意圖販賣而陳列犀牛角（粉）及其調劑藥品者，依野生動物保育法第三十三條第二項規定處一年以下有期徒刑、拘役或科或併科一萬元以下罰金。常業犯，處三年以下有期徒刑、拘役或科或併科三萬元以下罰金（野生動物保育法第三十三條第三項）。不以營利為目的，非法購買犀牛角（粉）者，處一萬元以下罰鍰（野生動物保育法第四十條第七款）。

● 八十一年十一月二十三日新聞局，將生態保育列年度國家形象廣告案之企劃主題。

● 八十一年十一月二十四日新聞局，將農委會及內政部合編之Island of Diversity 一百冊遞交英處英國保育團體及人士。

● 八十一年十一月二十五日新聞局，將介紹我國推動保育稀有生物工作之視聽文字資料（包括：「藍鵲飛過」、「臺灣野鳥百年紀」、「臺灣獼猴」及「臺灣集錦生態篇」等錄影帶，「觀鳥」及「大自然雜誌」等書刊，以及「臺灣溪鳥」、「臺灣瀕臨絕種動物」郵票專冊及首日封）送交英處運用。

● 八十一年十一月二十六日上午，英國 EIA 及美國「地球島」代表於華視召開記者會，指責我國為瀕絕野生動物黑洞，犀牛及老虎產製品主要消費國，並指責我國執法不力，走私及非法販賣野生動物產製品情形仍然猖獗，導致犀牛、老虎等瀕危動物數量銳減。

● 八十一年十一月二十六日下午，行政院農業委員會會同臺北市政府建設局以分區抽樣式展開查緝工作。在上述突擊行動中並已查獲一

業主公然陳列疑似犀牛角粉二罐。行政院農業委員會業於八十一年十二月十五日將部分樣品送請美國內政部魚類暨野生動物署(USFWS. Fish and Wildlife Service)刑事鑑定實驗室(Forensics Laboratory)鑑定中。

- 八十一年十一月二十七日，農委會邀集在國際間極具影響力之 TRAFFIC International 總部負責人 Mr. J. Thomsen君會談，就本案及未來保育工作之推展相互交換意見。

- 八十一年十二月三日，新聞局駐英國新聞處鍾主任接受英國 BBC 廣播公司 Worldservice新聞節目採訪，就犀牛角問題及我政府立場予以闡明。

- 八十一年十二月四日，新聞局將 EIA 之登記及財務收支資料送請相關單位參用，以探究該組織發起此一運動之背後經濟動機。

- 八十一年十二月九日內政部警政署航空警察局緝獲走私犀牛角及鹿茸案，在行政院農業委員會及該局人員之合作無間下，已緝獲犀牛角二十二支、鹿茸四十餘箱，並逮捕嫌犯十三人。

- 八十一年十二月二十一日及八十二年一月六日農委會備妥犀牛角事件中英文說帖，並提供相關單位參考。

- 八十二年一月六日，新聞局駐美單位事先獲知美「新聞週刊」將於該刊一月十一日刊出臺灣為瀕臨絕種野生動物黑洞之消息，即報知國內有關單位，俾事先妥擬因應對策。

- 八十二年一月間農業委員會寄發保護犀牛說帖予世界各國保育組織及國外媒體駐臺單位。

- 八十二年元月八日，行政院農委會召集「研商組團出席犀牛保育國際會議及華盛頓公約會議事宜會議。」

- 八十二年元月二十日，新聞局將各國內外單位配合辦理犀牛暨其他野生動植物之作為及成果（報導、專輯、雜誌等）之具體資料提供行政院農委會彙整運用，以製印宣傳資料。

- 八十二年一月二十一日，駐華府新聞處派員參加美國內政部「魚類暨野生動物署」舉行之公聽會，會後將我國保護野生動物之說帖快

遞予「美國新聞與世界報導」及 Bureau of National Affairs 之採訪記者供參。

- 八十二年二月一日，針對美「新聞週刊」元月十一日刊登我販賣犀牛角引起保育人士呼籲對我進行貿易抵制一事，駐華新聞處撰寫駁斥投書，並獲該刊國際版刊登。

- 八十二年二月九日，駐華府新聞處就美國政府針對犀牛角事件對我採取貿易制裁可能性研提評析報告，供有關部會參考。

- 八十二年二月十五日，美「新聞週刊」版刊登駐華府新聞處陳述在野生保育方面所作努力之投書。

- 八十二年二月二十二日，美國「新聞週刊」國際版再次刊出駐華府新聞處所撰之投書，內容與前者大同小異。

- 八十二年二月二十四日，美國四個環保團體聯名發出新聞稿表示，彼等將於二月二十五日舉行聯合記者會，呼籲對我進行抵制。美國BBC電視網 Today 節目（週一至週五全國聯播晨間新聞節目）計劃報導是項記者會消息，嗣經駐華府新聞處詳述我國所採取行政及立法措施，提供我方有關書面資料後，該電視網決定不予報導。

- 八十二年二月二十四日，美國維州 Greenwire 報(主要係報導國際事務)記者 Mr. Paul Ciamlrli 查詢該事件之評論，駐華府新聞處將新聞週刊投書及農委會說帖等相關資料電傳 C 君，以求平衡。

- 八十二年二月二十四日，農委會備妥「保育犀牛措施」中英文說帖。

- 八十二年二月二十五日，美國四個環保組織舉行聯合記者會，指責我國司法單位對非法販售野生動物行為取締不力，且欠缺執法決心，籲請美國政府及企業對我實施貿易制裁，並揚言將持續是項抵制行動。駐華府新聞處派員於現場發表四項口頭聲明散發行政院農委會之說帖資料等外，並現場接受 WJLA-TV-AP, Washington Radio News, VOA 及 USA Today 記者等訪問，說明我國對保育工作之關切及所作之各項努力。另該處事先取得該等環保團體公布之影帶、幻燈片，以及書面資料，並轉請有關單位參考。

- 八十二年三月一日至五日第二十九屆 CITES 常設委員會於華盛頓

召開，其決議如次：

1. 由 CITES 秘書處致函中共、南韓、葉門及我國，要求：

　　(1)全面禁止犀牛產製品衍生物之買賣交易及進出口。

　　(2)銷燬所有政府（含州省）擁有之庫存犀牛角。

　　(3)採取嚴厲措施取締涉及非法走私及盜獵犀牛角者。

2. 常設委員會秘書長將於一九九三年七月就上述各點提出我國執行情形報告，並將於九月份召開之常設委員會時檢討，若 ROC〔中華民國〕被認定執行不力，秘書長將通告各會員國不接受或不核發CITES 所列物種之貿易許可給 ROC。

● 八十二年三月十四日下午，CNN 播出四個環保團體指控我對野生動物保護不力之報導，在簡短之報導中，播出由行政院農委會製作之影帶。

● 八十二年三月十八日，農委會正式發表新聞呼籲國人主動捐贈犀牛角，以表明我國保護犀牛之決心。

● 八十二年三月二十六日，CITES 常設委員會主席致函我國提出前述訴求。

● 八十二年三月二十五日，新聞局駐南非新聞處代表接受電視訪問有關保育犀牛事宜，新聞局及農委會並適時提供資料供參。

● 八十二年四月下旬，農委會發布保育犀牛資料予美國保育團體。

● 至八十二年四月二十一日止，總統府、行政院、農委會及我國駐外單位計收到國外民眾有關犀牛保護抗議信函四百餘封。

犀牛保育措施

中華民國八十二年二月二十七日

壹、前　　言

　　近年，野生動植物保護問題已日趨為國際保育界所重視，其中尤以瀕臨絕種動物犀牛為甚。身為國際社會之一員，我國除了嚴重關切

瀕臨絕種的野生動植物外，也採取一連串有效措施，配合國際保育組織從事防止瀕臨絕種動植物或保育類動物遭受獵殺、走私、非法進口、非法買賣之惡運的行動，並獲得顯著改善成果。

貳、法令執行

就以犀牛角而言，國內相關單位多年並已執行下列數項措施：

一、七十四年八月十六日公告犀牛角為管制進出口品目。犀牛皮等相關產製品其後亦相繼列入管理。

二、七十五年三月六日公告明令各藥廠，凡含犀牛角成分之藥品，除「藥物輸出證明書」不予核發及新申請查驗登記藥品不准登記外，原核發之藥品許可證於有效期間屆滿時不予核准展延，並予公告註銷。

三、七十八年六月二十三日及七十九年三月三十一日分別公告野生動物保育法暨其施行細則，以加強對野生動物及其產製品之管理。其中，第二十三條及第三十三條對於野生動物產製品之管理及違法之罰則並已有明定。

四、依野生動物保育法七十八年八月四日公告世界現有之五種犀牛為保育類瀕臨絕種野生動物。

五、七十九年八月三十一日依野生動物保育法第四條暨其施行細則第二十九條之規定，將犀牛角（粉）列為應辦理登記之品目。未依法登記者，在野生動物保育法新修正草案中並已明定罰則。目前已辦理登記之總數量計一四七○公斤左右。

六、八十一年十一月十九日依野生動物保育法第二十三條公告犀牛角（粉）及其製品進口、出口或買賣等管理規定，其中並明述：

1. 自即日起停止核發買賣犀牛角（粉）及其製品進口、出口或買賣之許可文件及全面禁止進口、出口、買賣或意圖販賣而陳列犀牛角（粉）與含犀牛角（粉）之調劑藥品。

2. 非法進口、出口、買賣、交換或意圖販賣而陳列犀牛角（粉）及其調劑藥品者，依野生動物保育法第三十三條第二項規定處

一年以下有期徒刑、拘役或科或併科一萬元以下罰金。常業犯，處三年以下有期徒刑、拘役或科或併科三萬元以下罰金（野生動物保育法第三十三條第三項）。不以營利為目的，非法購買犀牛角（粉）者，處一萬元以下罰鍰（野生動物保育法第四十條第七款）。

參、違法案件查緝

然而去（八十一）年十一月間由於英國環境調查協會（EIA）指責我國係犀牛終結者，並於媒體公開播放對我不利廣告，致使英、美二地部分保育團體因此產生誤解並採取支持該協會之呼籲對我發動貿易抵制之行動。至此，我國際形象遭到嚴重扭曲。行政院農業委員會有鑑於此，特別就查緝方面之採取措施說明如下：

自民國七十八年六月野生動物保育法施行迄去（八十一）年十二月間，違反該法並經移送司法單位審理者計有一三八件，其中哺乳動物六十六件，鳥類五十二件，爬蟲類七件，魚類十一件，甲〔蟲〕類二件。另對於臺北市區部分，行政院農業委員會並會同臺北市政府建設局於去年十一月間以分區抽樣方式展開查緝工作。在上述突擊行動中並已查獲一業主公然陳列疑似犀牛角粉二罐。行政院農業委員會業於八十一年十二月十五日將部分樣品送請美國內政部魚類暨野生動物署（USFWS, Fish and Wildlife Service）刑事鑑定實驗室（Forensics Laboratory）鑑定中。未來仍企盼各保育界能隨時予以協助技術支援，俾達成保育之真諦。

此外，去年十二月間由內政部警政署航空警察局緝獲之走私犀牛角及鹿茸乙案，在行政院農業委員會及該局人員之合作無間下，已緝獲犀牛角二十二支、鹿茸四十餘箱，並逮捕嫌犯十三人。目前該等人員均已移送司法單位審理中。同時鑑於本案依嫌犯之供詞及貨品包裝上之標示顯示似有香港及紐西蘭方面之人員涉入，為此，行政院農業委員會除透過國際保育組織籲請英國加強其轄區內非法貿易之查緝行動外，另並與紐西蘭貿易促進會人員緊密聯繫。由於貿易促進會人員之協助，紐西蘭之相關單位於是取得我國所提供之資料，並進行進一

步追查。目前業已鎖定二家業者進行深入調查中。此外，在近期內，我方並將派員前往香港做進一步追查，冀望近期在鍥而不捨之查緝下，能將幕後之主使者全數揪出，以期達成聯合打擊犯罪之目的。

針對部分保育團體所提，由政府沒收民間現有庫存犀牛角乙節，鑑於以下理由我國目前尚難依所求辦理：

一、依我國現行法令不追溯既往之原則，此舉不合現行規定。

二、依華盛頓公約第七條第二款「輸出或再輸出國之管理機構，經查一標本之取得，如係在適用本公約規定以前，則在該管理機構發給證明書時不適用第三、第四及第五條之規定」之原則，我國之管理不但符合華盛頓公約之規定，同時有較嚴之勢。

由於中藥的使用，在東南亞國家而言，淵源已久且素為社會大眾所接受，因此，隨著歷史的演進，它也無形之間成了一種傳統的文化。對於具有此傳統文化的民族來說，偏激的指責中藥的不是的行為，不但無法令中醫藥界欣然接受，而且這種不予妥協的控訴，無疑的對這些研究中醫藥的人是一種否認其成就及污蔑其傳統文化的表象。

為此，農委會誠摯的希望各保育團體在推展保育觀念時，能以緩和而循序漸進之方式宣導，如此，才能使保育工作長遠而有效的拓展建立。至於那些忽視傳統文化之價值和意義並尋求以貿易抵制為手段以達成保育目的方式，農委會也深以為不妥。因為犀牛的瀕臨滅絕是起因於少數盜獵者和走私者之唯利是圖所致，但是這樣的自然資源的損失卻是要大多數謹守法律的一般社會大眾共同負擔這是不公平的。因此，於此之際，最實際而有效的方法應該是大家盡速共同努力將這些不法之徒繩之以法才是根本之道。

肆、國際合作

中華民國雖非華盛頓公約（CITES）組織之一員，但在野生動物保護之政策上，一直遵循該公約之原則及精神執行，並與國際重要保育組織密切配合、聯繫，茲將重要者說明如下：

一、華盛頓公約特別輸出許可證之查證

　　　行政院農業委員會自接掌野生動物保育工作以來，對於列屬華盛頓公約（CITES）附錄物種之申請進出口文件均以傳真方式，透過國際瀕臨絕種野生動植物貿易調查記錄委員會日本分會（TRAFFIC Japan）予以查證，並在經該組織函復該文件查證屬實、有效、且不違反華盛頓公約規定之情況下，行政院農業委員會方考慮對申請案中之其他相關資料進行審核。

二、野生動物保育法所指定公告之瀕臨絕種動物其所含之種類較華盛頓公約所列之種類為多，且在管理上亦較嚴。

三、主動提供可疑之走私訊息並請國際保育組織予以傳達

　　　七十八年間我國海關及相關查緝人員在短短數月內查獲相當數量之娃娃魚。由於走私行為之遏止亟須出、入口國家或地區等雙方之密切配合，因此，在各方（包括我國、中國大陸及國際保育組織）之努力及合作協調下，此等走私行為業經杜絕、遏止。

四、立即傳達可疑之走私訊息並籲請海關等相關查緝人員嚴密監視

　　　七十九年九月間，行政院農業委員會於接獲國際保育組織之訊息，說明近期將有內含犀牛角之郵包由南非經史瓦濟蘭寄至臺灣後，該會隨即電告財政部海關總稅務司署（現今之財政部海關總局）、交通部郵政總局和臺灣省北區、中區及南區郵政管理局加強查核，同時對於空運、海運等部分亦請併同配合辦理。此案並經上述各單位之允諾密切配合。對於來自上述地區之所有包裹自接獲訊息起並隨即展開逐案逐件拆封檢驗之措施。

五、重要案件徵詢國際保育專家、學者及團體之意見

　　　七十七年間行政院農業委員會接獲由民間業者提出自大陸經香港轉口輸入貓熊乙對之申請。由於貓熊係屬國際公認之瀕臨絕種動物，為了保護此等瀕臨絕種動物，行政院農業委員會在嚴格審理並徵詢於此方面有卓越經驗及專長之世界各保育團體、學者及專家之寶貴意見後，遵循華盛頓公約之精神及原則而核不予同意。

　　　　雖然七十七年間我國之野生動物保育法尚未公告施行，但為
履行國際保護瀕臨絕種動物之決心，農委會仍然以保護野生動物
之精神及理念請申請者曉以大義以配合國家整體政策並積極投入
保護野生動物之行列。

六、積極爭取尋求技術支援

　　　　鑑識野生動物或其產製品的種類和來源是執行野生動物保育
法最基本的工作。以目前我國執行野生動植物或其產製品鑑識之
能力看來，其最大問題在於相關技術開發之不足及該等鑑識人員
之嚴重欠缺，而解決此困境之最大助力在於國際之合作。為此，
行政院農業委員會於去（八十一）年六月間邀鱷魚小組中之美方
專家來臺指導該等動物產製品之鑑定。另並教授實物之判定技
術，以提昇各相關單位執行人員對野生動物及其產製品之鑑定能
力。該研習會，共計有法務部調查局；海關、檢驗人員；各動物
園和學術單位及地方執行人員等約五十人受惠。未來，農委會仍
將繼續推動各項野生動物產製品之鑑定研習會，俾更有效防堵不
法行為之發生。

伍、重要保育措施

一、銷燬走私沒入之犀牛角

　　　　為貫徹保護野生動物之決心，行政院農業委員會自七十九年
五月起共舉辦五次聲明放棄、逾期不退運及走私經沒入確定之野
生動物產製品銷燬活動。其中有三次含犀牛角，包括：

　　　　1. 八十年一月三十日假淡水家畜衛生試驗所舉辦由財政部臺北
關稅局緝獲之走私經沒入確定之犀牛角銷燬活動，共計銷燬犀牛角七
支。

　　　　2. 八十年十月五日假淡水家畜衛生試驗所舉辦分別假財政部臺
北關稅局及高雄關稅局緝獲之走私經沒入確定之犀牛角銷燬活動，共
計銷燬犀牛角十五支。

　　　　3. 八十一年二月二十八日假高雄萬壽山動物園舉辦由財政部臺

北關稅局緝獲之走私經沒入確定之犀牛角銷燬活動，共計銷燬犀牛角二十支。

二、適度修法，以期未來保育工作之推展得以更臻完善。

野生動物保育法自七十八年六月二十三日總統明令公布施行逾今已逾三年。三年餘來，農業委員會曾邀集相關單位討論野生動物保育法執行之有關事宜，並陸續發現若干條文未盡妥適，為瞭解本法執行之困難並研究改進之道，農委會已召集數十餘單位舉辦幾近十次之大型會，會中並就修法之原則性問題及執法之情形充分討論。目前已擬出該法之修正草案條文並依一定程序送核中。未來，在該法修訂後，野生動物保護工作之執行將更臻完善。

本次野生動物保育法修正之重點包括：

1. 增列野放行為之規範及其相關罰則。

2. 增列無主或流蕩之保育類動物、卵及其產製品之處理。

3. 增列野生動物之重要棲息環境，不得任意破壞之規定，並明定其相關罰則。

4. 增列野生動物收容所設立之規定。

5. 將現有「野生動物之管理」中有關進出口規範以「野生動物之輸入」專章來管理。

6. 中央主管機關對動物或其產製品之進口，認為有破壞國家形象或危害生態之情形時，得採取必要限制措施，並明定其相關罰則。

7. 增列瀕臨絕種野生動物進口及出口，其申請人資格限制及馬戲團表演用動物復運出口之規定，並明定其相關罰則。

8. 以營利為目的，飼養、繁殖保育類野生動物者，應先向直轄市、縣（市）主管機關申請許可，並依法領得營業證照，方得為之；並明定其相關罰則。

9. 增列保育類野生動物活體、卵、瀕臨絕種及珍貴稀有野生動物產製品，非經主管機關之許可，不得買賣、陳列之規定，並明定其相關罰則。

10.罰金及罰鍰予以提高。

11.部分違法行為，除處罰其行為人外，對行為人所屬單位之法人或自然人亦得科以各該違法行為相關條文之罰金。

陸、教育宣導

保育觀念之建立有賴全民之共識和努力。行政院農業委員會為順利推展保育工作除舉辦各項研討會外並加強以下數項工作，包括：

一、協助有關機關及民間團體從事自然保育活動。

二、協助有關機關及民間團體編〔排〕自然保育書刊、摺頁等教育宣導資料。

三、利用傳播媒體廣為宣導自然生態保育觀念。

四、獎勵具有實績之公私保育行為。

五、加強與社會大眾及有關單位溝通，協調經濟開發與生態保育共存。

同時，為響應世界保護野生動物之趨勢和實現野生動物回歸自然的理念，行政院農業委員會於七十九年十一月二十八日遣返紅毛猩猩十隻。同時配合該項遣返，舉辦各項徵文、徵畫等宣導活動。

另外，在犀牛之保育部分，行政院農業委員會並已早自七十八年十二月起即已邀集學者專家、衛生署、省衛生處、市政府衛生局、國貿局及中藥商、中醫師公會等有關單位商討犀牛角及其產品之管理並藉機宣導。八十一年二月間農委會更邀請世界野生生物柏港基金會人員及南非保育警察等多人，就犀牛角之管理及其非法販賣之查緝等提供具體而實際之實務經驗，此等經驗對與會之相關機關包括衛生署、省衛生處、市政府衛生局、財政部各關稅局、法務部調查局、警政署、省警務處、市警局、經濟部國際貿易局及中藥商、中醫師公會等頗具參考價值。此外，在會中農委會並放映「犀牛之戰」影片乙部，以加強宣導並研擬臺灣地區庫存犀牛角之管理辦法草案乙份。其後，鑑於犀牛之保護在近幾年來已為全民之共識和世界之趨勢，農委會及衛生署等相關單位爰於中醫藥界支持政府呼籲不使用犀牛角之政策

下，責成前述管理辦法暫停施行並公告未來國內不得使用犀牛角粉於
調劑藥品中。

柒、結　語

　　我國並非華盛頓公約之一員，然而鑑於保育工作係各國共同之責
任及義務，行政院農業委員會在過去數年間一直依循公約之原則及精
神努力執行。縱然在這些年間，我國只有盡義務而無法享權利，但這
並不會改變我國自始自終堅持保育自然資源之理念。

　　華盛頓公約第七、八屆會員大會，我方承蒙 TRAFFIC Japan 之
協助而得以觀察員身分出席，惟因無發言權，因此在與會人員對臺灣
之犀牛角問題熱烈討論之際，我方在會議進行中完全沒有說明、澄清
之機會，也因此無形間造成多數國家對我方之誤解。

　　聯合國環境教育組織(UNEP, United Nations Environment Pro-
gramme)預定今（一九九三）年六月〔 … 〕於肯亞或尚比亞擇地舉
行「犀牛產地國及犀牛角消費國犀牛保護會議」。另華盛頓公約組織
亦將於明（一九九四）年下半年假美國華盛頓 DC召開第九屆會員大
會。行政院農業委員會非常有意願也有興趣出席此二項會議。同時並
將考慮依 TRAFFIC International Director, Mr. Jorgen Thomsen 之
建議會同其他相關部會出席上述兩項會議並發表報告，除了期待世界
各國均有機會瞭解我方執行概況外，也希望藉此機會與世界各國共同
分享我國保育工作之豐碩成果。在此也亟盼未來我方在出席類似國際
會議時，各界能夠給與最大之鼓勵和支持。

　　〔法務部公報，第一五七期，民國八十二(一九九三)年七月三十一日，頁
　　　86～94。〕

行政院新聞局處理野生動物保育案説帖

八十二年十一月十五日修訂

壹、前　言

　　近年，野生動植物保護問題已為國際保育界日益重視，其中尤以瀕臨絕種動物之犀牛為甚。

　　自從犀牛角事件發生後，本局暨所屬駐外單位，一直都在主動、積極的協調行政院農業委員會，研商處理方法，並擔任澄清、溝通及辯釋的角色。

　　繼英國「環境調查協會」於上（八十一）年十一月十六日指控我國買賣犀牛角，並呼籲國際間杯葛我國產品一事後，本局即積極與本案業務主管機關「行政院農業委員會」保持密切聯繫，隨時將我政府有關管理犀牛角進口暨相關保育措施資料以及國內輿情傳供外館運用，俾對外說明澄清；而相關駐外單位亦積極主動配合本局之指示，隨時將轄區內有關本案之最新發展情勢及輿情報導，提供國內相關單位參處，俾期將本案可能之傷害減至最小的程度。

貳、因應措施

一、英國部分：

　　● 英處於八十一年十一月十三日報稱：英國 Environmental Investigation Agency（EIA），將於同月十六日舉行「拯救犀牛」運動發起會，指控臺灣〔為〕目前世界上最大之犀牛角及其他稀有野生動物產品之買賣商，呼籲英國政府、公司行號及消費者抵制我國商品。本局旋即洽請行政院農委會提供我國執行犀牛保育及犀牛角管理措施等相關資料，以供我駐英單位對外闡釋澄清之參考。

　　● 上年十一月十六日，本局英處人員偕同經濟部駐英人員出席前

開運動發起會，並就我之立場及所採各項措施，積極爭取發言機會，以表明我政府對生態保育，犀牛角進口管理等之努力。

● 本局胡局長於上年十一月十七日偕同行政院農委會林副主委享能在本局召開記者會，說明我國執行保育工作之現況及決心，及近年來配合國際社會致力保護野生犀牛之努力，以端正國際視聽。會中本局並發表聲明，重申政府對本案之嚴正立場。

● 上年十一月十八日，本局派員參加由行政院農委會邀集相關單位所舉行之會議，以研商因應對策。會中決議由本局轉知國內新聞界，對於轉載國外媒體之報導及有關新聞時，宜審慎處理，以避免造成負面宣傳或影響。

● 上年十一月十八日，本局除電示英處本案「勿主動渲染」之處理原則外，並促該處加強與各保育團體之溝通聯繫。

● 上年十一月廿日，再將我方聲明及執行犀牛保育工作之新增資料傳供外館參用，以利對外說明澄清。

● 上年十一月廿三日，將生態保育列為本局年度國家形象廣告案之企劃主題。

● 上年十一月廿四日，將農委會及內政部合編之 “ Island of Diversity ” 一百冊遞交英處分送英國保育團體及人士。

● 上年十一月廿五日，將介紹我國推動保育稀有生物工作之視聽文字資料（包括：「藍鵲飛過」、「臺灣野鳥百年紀」、「臺灣彌猴」及「臺灣集錦生態篇」等錄影帶，「觀鳥」及「大自然雜誌」等書刊，以及「臺灣溪鳥」、「臺灣瀕臨絕種動物」郵票冊及首日封）送交英處運用。英國籍之歐洲議會議員 Mr. Lyndon Harrison 曾於接獲前述郵票後，致函感謝並肯定我方之努力。

● 本局派員參加由農委會所邀集與在國際間極具影響力之 TRAFFIC International 總部負責人 Mr. J. Thomsen 君會談，就本案及未來保育工作之推展相互交換意見。

● 本局駐英國新聞處鍾主任於十二月三日接受英國 BBC 廣播公司 World Service 新聞節目採訪，就犀牛角問題及我政府立場予以闡

明。

● 上年十二月四日，將 EIA 之登記及財務收支資料送請相關單位參用，以採究該組織發起此一運動之背後經濟動機。

● 上年十二月十七日，續將行政院農委會所提供之「我國執行野生動物保護成果」資料，送供各駐外單位參用。

● 本（八十二）年元月五日，依據英國 BBC 第四廣播電臺上年十二月廿三日之報導，電示駐美各新聞處注意瞭解杯葛我國產品以挽救犀牛之訴求在美國所引發之反應。

● 本年元月八日，研議與英籍保育影片製片人兼導演 Mr. Philip Cayford 君合作拍攝十六釐米保育影片以收國際宣傳之效。

● 本年元月八日，派員參加由行政院農委會召集之「研商組團出席犀牛保育國際會議及華盛頓公約會議事宜會議。」

● 依前開會議決議於本年元月廿日將本局所屬各國內外單位配合辦理犀牛暨其他野生動植物之作為及成果（報導、專輯、雜誌等）之具體資料提供行政院農委會彙整運用，以製印宣傳資料。

● 本年元月廿一日續電傳行政院農委會所提供之保護犀牛角及其他保育措施最新中英文說帖及背景資料予外館參用。

● 英國 BBC 全球廣播電臺(WORLD SERVICE)八月十九日下午二時以四分半鐘時間播出該臺記者 Simon Long 專訪農委會林副主委享能及法務部馬部長英九談論我國加強立法並嚴格執行野生動物保育之決心與努力。

● 英國泰晤士報九月十八日曾以圖文報導布丹公主走私犀牛角入境遭我海關逮捕之消息。

二、美國部分：

● 本年一月三日，自英國環保組織於上年十一月中旬指控我買賣犀牛角後，截至本年一月三日駐華府新聞處共接獲抗議信函四十二封，該處已一一回復，函中除說明我國對保護野生動物之決心及所作之努力外，並檢附新聞資料供渠等參考。

● 本年一月五日，本局就華府新聞處有關犀牛角事件所作之努

力，撰發新聞稿，並說明我政府貫徹保護野生動物政策的決心。

● 本年一月六日，本局駐美單位事先獲知美「新聞週刊」將於該刊一月十一日刊出美國動物保育人士恐將呼應英國的保育界向臺灣施壓之消息，即報知國內有關單位，俾事先妥擬因應對策。

● 同日駐華府新聞處主動蒐集轄區內五十八個保護動物組織之名址，並提供我方處理犀牛角之聲明資料供參。

● 本年一月廿一日，駐華府新聞處派員參加美國內政部「魚類暨野生動物署」舉行之公聽會，會後將我國保護野生動物之說帖快遞予「美國新聞與世界報導」及 " Bureau of National Affairs " 之採訪記者供參。

● 本年二月一日，針對美「新聞週刊」元月十一日刊登我販賣犀牛角引起保育人士呼籲對我進行貿易抵制一事，駐華府新聞處撰寫駁斥投書，並獲該刊國際版刊登。

● 本年二月九日，駐華府新聞處就美國政府針對犀牛角事件對我採取貿易制裁可能性研提評析報告，供有關部會參考。

● 本年二月十五日，美國「新聞週刊」美國版刊登駐華府新聞處陳述在野生保育方面所作努力之投書。

● 本年二月廿二日，美國「新聞週刊」國際版再次刊出駐華府新聞處所撰之投書，內容與前者大同小異。

● 本年二月廿四日，美國四個環保團體聯名發出新聞稿表示，彼等將於二月廿五日舉行聯合記者會，呼籲對我進行抵制。美國 NBC 電視網 " Today " 節目（週一至週五全國聯播晨間新聞節目）計劃報導是項記者會消息，嗣經駐華府新聞處詳述我國所採取行政及立法措施，提供我方有關書面資料後，該電視網決定不予報導。

● 本年二月廿四日，美國維州 " Greenwire " 報（主要係報導國際事務）記者 Mr. Paul Ciamloli 查詢該事件之評論，華〔府新聞〕處將新聞週刊投書及農委會說帖等相關資料電傳 C 君，以求平衡。

● 本年二月廿五日，美國四個環保組織舉行聯合記者會，指責我國司法單位對非法販售野生動物行為取締不力，且欠缺執法決心，籲

請美國政府及企業對我實施貿易制裁，並揚言將持續是項抵制行動，本局鑒於此類團體的杯葛，勢將引起美國媒體之關切，為免事態惡化後益增處理難度，特函請行政院農委會等相關單位，儘速協調國內執法機關確實嚴加取締，並趕製我國致力保育工作之錄影帶，提供駐外單位運用，以確保中美間經貿關係不受危及。

● 本年二月廿五日，駐華府新聞處主動派員參加美國四個環保團體舉行之聯合記者會，該處人員除在現場發表我針對記者會之四項口頭聲明，散發行政院農委會之說帖資料等外，並現場接受WJLA-TV，AP，Washington Radio News，VOA 及 USA Today 記者等訪問，說明我國對保育工作之關切及所作之各項努力。另該處事先取得該等環保團體公佈之錄影帶幻燈片，以及書面資料，業經本局轉請有關單位參考。

● 本年三月十四日， CNN於是日下午二時播出四個環保團體指控我對野生動物保護不力之報導，在簡短之報導中，播出由駐華府新聞處所寄供由行政院農委會製作之影帶。

● 本年四月十七日本局就行政院農業委員會所製作之野生動物宣導錄影帶及本局處理犀牛角事件之說帖分送各駐外新聞處運用。

● 本年六月十二日行政院農業委員會為化解美國民間保育團體向該國內政部魚類暨野生動物署請求依培利修正案對我實施貿易制裁，特邀相關單位派員組團並由林副主委享能率團赴美諮商。本局就農委會所撰之出國報告書其中因應措施部分，亦電請駐華府新聞處向紐約時報、華府郵報及新聞週刊等新聞媒體投書，說明我國早已全面禁止犀牛角及老虎產品之進口，並呼籲國際間應通力合作打擊犀牛角及老虎產品之走私。

● 林副主委返國後，並於六月三十日上午十時三十分農委會邀請各相關單位商討全面查緝犀牛角及虎骨事宜暨成立「跨部會查緝督導會報」。有關成立跨部會查緝督導會報事宜，農委會將研擬執行計畫及設置要點報請行政院核定後執行，本局分工負責加強國際宣導任務。

● 本年七月一日本局將農委會製作之我國查緝及焚燒野生動物製品之宣導短片分送各駐外新聞處運用。

● 本局駐亞特蘭達新聞處於九月十日投書「亞特蘭達記事報」，針對該報引述美聯社報導指稱我與中共及香港仍有非法販賣犀牛角與老虎行為，提出我方歷年來執行取締之數據予以澄清說明。

● 本局駐舊金山新聞處於十一月十三日投書「紐約時報」，針對舊金山保育團體「地球島協會」在該報刊登廣告，指責中華民國對老虎等瀕臨絕種動物保護不力一事，指出該協會所刊廣告不負責任，因在該廣告中所用的殺虎照片是在一九八四年所拍攝的，且自從該事件之後，由於臺灣嚴格執行野生動物保育法，因此未再有類似的事件發生。

　　三、南非部分：

● 本年三月八日本局駐南非新聞處（以下稱斐處）呈報有關南非國家廣播公司(SABC)三月七日在專門節介紹自然生態之「五十／五十」節目中播出 EIA 組織在美播放電視廣告抵制我國產品及其他國際間保護犀牛組織抗議我國民間使用犀角粉品情形。本局即與行政院農委會聯繫，並於三月十日電傳該會新近所撰「犀牛保育措施」中、英文說帖乙份送請駐南非新聞處參用，俾對外說明澄清（併另函送本局各外館參考）。

● 本年三月十二日斐處根據上述資料分別撰函該節目製作人 Danie Vander Walt 及該電視公司總經理 W. J. J. Harmse ，列舉我政府近年來對禁止販賣犀角及保護犀牛運動所採取之各項重要措施，並要求與 W 君面商澄清我方立場。

● 本年三月廿二日斐處陳參事兆熙等在該電視公司總經理安排下與該節目總製作人 Danie Vander Walt 及製作人 A. Viljoen 晤面，並達成協議，由該臺派員專訪陳參事並允以字幕播報上述斐處專函所列舉之我政府各項重要措施。

● 本年三月廿三日本局會請農委會研擬陳參事電視專訪問答稿，另並提供本局最近所擬之「犀牛角事件說帖」。

● 本年三月廿五日該臺派員赴斐處先行錄影專訪陳參事。斐處另將本局以往錄製之焚燒沒入之走私犀角、象牙等錄影帶及照片，提供該錄影小組運用。

● 本年三月廿八日晚間七時 SABC 在「50/50」節目中播放早先製作有關捕殺犀牛問題之節目後，播出訪問陳參事之錄影（共計六分鐘），並播出斐處提供之錄影帶與照片之部分內容及列出我國各項有關重要措施之字幕。

● 本年六月廿一日農委會孫主委明賢抵約堡訪問，本局即電請斐處配合孫主委行程安排斐國新聞媒體訪問孫主委，發佈新聞送交南非通訊社（SAPA）及其他重要新聞媒體運用，藉此擴大宣傳我國保育野生動物政策及執行成果。併電傳農委會所提供之我國犀牛角管制措施英文說帖乙份供斐處參用。

● 本年六月廿四日斐處安排南非 Channel Africa 廣播電臺訪問孫主委，談論我國遏止走私犀牛角之努力。

● 本年六月廿二日南非廣播公司（SABC）第五頻道新聞節目亦播報有關孫主委訪斐以及我國戮力遏止走私犀牛角措施之報導。

● 本年六月廿三日南非「公民報」（The Citizen）引用南非通訊社（SAPA）轉發斐處六月廿二日撰發之新聞稿，報導孫主委訪斐及有關我國保育野生動物政策之談話。

四、其他

● 為加強國內對野生動物保育之認識，本局已製作一分鐘電視短片及電視卡通短片各三集安排於三電視臺播出：

⑴電視短片部分

主題一：呼籲大眾勿購買市面上商業性放生動物，以免破財並造成虐待動物，無法達到善心誠意之舉。

主題二：流浪街頭的貓狗多半是被豢養家庭遺棄，愛護動物應有恆心照顧與看養。

主題三：籲請民眾勿捕殺野生動物，維護生態自然保育。

播出時間：本年六月廿九日至七月廿一日三臺21：00—21：

03 公〔視〕時段，三支短片各播放六次。

七月廿二日至八月二日三臺 23：00—23：03 公視時段，三支短片各播放四次。

(2)電視卡通短片部分：

主題一：宣導大地萬物皆有情、野生動物亦是大自然生命體觀念，請大眾多愛護。

主題二：臺灣特有的鳥類目前已瀕絕種，請大家勿再捕獵殺食。

主題三：宣導大眾勿私自購（養）野生保育動物，以免感染疾病並延誤就醫。

播出時間：本年八月二日至八月廿二日三臺 21：00—21：03 公視時段，三支短片各播放五次。

八月廿三日至九月十二日三臺 17：30—17：33 公視時段，三支短片各播放四次。

● 本年九月十八日我海關查獲不丹公主王巧客走私大宗犀牛角入境案，本局即蒐集相關資料電發駐外單位參考運用，駐南非新聞處隨即撰發新聞稿予南非境內各重要媒體參用。另駐英新聞處亦將農委會駁斥 EIA 所拍不實內容影片聲明函分送 BBC 及 ITN (Independent Television News)兩電視臺新聞主播。ITN 主編回函表示已將我方聲明函轉交該公司駐亞洲特派員 MARK AUSTIN 及國外新聞主編參考。

參、評　估

各類環保團體就犀牛角問題要透過修法或行政措施對我實施貿易制裁，依照過去經驗，必須有若干前提，一為我未制訂相關法律，致顯示我政府允許犀牛角交易之政策，此與目前實情不符。二為我有大量違法交易行為存在，顯示政府執法不力，而此一部分除各環保團體所引用之非官方調查報告資料外，尚無其他具公信力資料，恐不易為美政府引以為採取貿易制裁措施之決策依據。其三為具有政治力量之

國會議員，就此一問題向行政部門施壓，目前到底有那些國會議員對此一問題採強硬立場，仍有待觀察。基於前述，目前美行政部門雖已就此一問題舉行公聽會，但是否即會對我採取貿易制裁措施，恐仍需觀察。*

　　環保團體發起抵制我產品在美銷售之可能性有多大？此類杯葛行動雖無法律上之強制性，但亦不容忽視，從目前本局駐華府新聞處所接到超過一百封以上抗議信內容觀之，環保團體雖已呼籲其成員拒購我產品，此仍屬個人行為，影響尚不大；但如果此一情況繼續下去，造成我整體形象之傷害，其影響實不容忽視，以「新聞週刊」二月十五日一期有關若干美國廠商就人權、童工、奴工問題對若干供應商之進口主動設限之報導觀之，此一可能性值得我國人警惕。

肆、結論暨建議

　　自從犀牛角事件發生以來，我國政府就保護野生動物所做的一連串努力，確已達到相當效果，獲得部分國際保育人士之認同，但此項努力絕非解決問題的根本之道。鑒於美國環保組織不斷指責我國對非法販售野生動物行為取締不力，並籲請美國政府及企業對我實施貿易制裁，且揚言將持續是項抵制行動，故此類團體的杯葛勢將引起美國媒體之關切。為免事態惡化後益增處理難度，國內方面除應由執法機關確實嚴加取締走私及違法販售行為，將不法之徒繩之以法外，對國外亦應隨時提供我國行政、立法及司法部門所採行之各項措施資訊予國際新聞媒體，同時長期積極地與國際重要保育組織密切溝通，闡述我在保育工作及禁止販售方面所作之努力。惟治本之道，似為教育國人摒棄利用珍稀動物補益本身之陳舊作法，並建立保育動物之觀念。

＊　編者按：美國總統於 1994 年4 月 11 日決定對臺灣實施貿易制裁並正式在 1994年 8 月 2 日之總統備忘錄宣佈此項貿易制裁於 1994 年 8月 19 日起生效。見 " Imposition of Prohibitions Pursuant to Section 8 (a) (4) of the Fishermen's Protective Act of 1967, as Amended, " *Federal Register*, Vol. 59, No. 152 (August 9, 1994), p. 40463 ； 又見 BNA, *International Trade Reporter*, Vol. 11, No. 33 (August 17, 1994), p. 1274. 我國外交部於1994年4月12日發表聲明表示遺憾。我國政府因此修改野生動物保護法並加強執法，成果卓著，美國總統因此於1995年6月30日取消制裁。見 *International Trade Reporter*, Vol. 12, No. 27 (July 5, 1995), p. 1135.

中華民國與尼加拉瓜共和國聯合公報

中華民國外交部長錢復閣下
尼加拉瓜共和國外交部長雷阿爾閣下 聯合公報

　　基於加強中華民國與尼加拉瓜共和國政府與人民間友好合作關係之堅定意願，尼加拉瓜共和國外交部長雷阿爾閣下偕夫人應中華民國外交部長錢復閣下之邀請，於一九九三年七月四日至八日正式訪問中華民國。

　　兩國外交部長在互信及誠懇之氣氛下舉行會談。雙方同意加強兩國間現有之政治、經貿、財政、文化、科技及合作關係，特別強調在農業、工業、漁業以及觀光方面之合作，並相互承諾繼續實施有助於兩國人民技術水準之獎學金及其他職訓計畫。

　　兩國外長同時重申加強雙邊投資關係之決心，並基於雙方政府於一九九二年簽署之兩國投資保證協定，繼續鼓勵投資業者發展投資計畫。

　　中華民國外交部長對尼加拉瓜共和國總統查莫洛夫人上年在聯合國大會演說中，呼籲國際社會應重視中華民國在經濟、政治及社會方面之成就，向雷阿爾部長重申中華民國政府之謝忱；尼加拉瓜外交部長認為中華民國為國際社會具有活力的成員，有權利參與聯合國等各主要國際組織；尼加拉瓜政府基於國際正義及公正，堅決支持中華民國參與聯合國及其他國際組織。同時，尼加拉瓜政府亦可望提案推動中華民國成為美洲國家組織之觀察員。

　　雙方重申支持一個以尊重國際法規範、人權、不干涉他國內政以及和平解決爭執等原則為基礎之國際秩序之理念。

　　尼加拉瓜共和國外交部長訪華期間曾獲中華民國總統李登輝閣下接見，雙方曾進行有益且誠懇之會談。尼加拉瓜共和國外長並向李總統閣下轉達尼國總統查莫洛夫人誠摯之候忱並正式邀請中華民國總統

〔543〕

訪問尼加拉瓜。中尼兩國將在最適當之時機下，循外交途徑安排此項訪問。另並獲中華民國副總統李元簇閣下接見，李副總統曾追憶一九九一年訪尼愉快之旅。

　　中華民國外交部長並代表政府頒贈大綬景星勳章予尼加拉瓜共和國外交部長，以表彰其對促進中尼兩國友好關係所作之卓越貢獻。尼加拉瓜共和國外交部長則代表政府頒贈中華民國外交部長荷西・多羅雷斯・艾斯特拉達將軍・聖哈信杜戰役大十字級勳章。

　　尼加拉瓜外交部長對渠本人暨夫人訪華期間所受之殷勤款待向中華民國政府及人民表示最誠摯之謝忱。

　　本聯合公報以中文及西班牙文各繕兩份，同一作準。

　　中華民國八十二年七月八日即西曆一九九三年七月八日在中華民國臺北市簽署。

　　　　　　　　中 華 民 國 外 交 部 部 長　　錢　　復
　　　　　　　　尼加拉瓜共和國外交部部長　　雷 阿 爾

己、涉外統計資料

目前我國仍保有會籍的政府間國際組織

組　織　名　稱	簡　　　稱	創立日期	總　　部
1.國際稅則局	International Union for the Publication of Customs & Tariffs	1891.4.1.	布魯塞爾
2.常設公斷法院①	Permanent Court of Arbitration	1899.7.29.	海牙
3.國際刑警組織②	INTERPOL	1923.9.	巴黎
4.國際畜疫會	IOE	1924.1.25.	巴黎
5.國際棉業諮詢委員會③	ICAC	1939.9.5.	華盛頓
6.亞洲生產力組織	APO	1961.5.26.	東京
7.亞非農村復興組織	AARRO	1962.3.31.	新德里
8.亞太理事會	ASPAC	1966.7.14.	曼谷
9.亞洲開發銀行④	ADB	1966.8.22.	馬尼拉
10.國際軍事醫藥委員會⑤	International Committee of Military Medicine	1921.7.21.	列日
11.亞太經濟合作〔組織〕	Asia-Pacific Economic Cooperation (APEC)	1989.11.6.	尚無總部輪流在各國開會。
12.亞太糧食肥料技術中心⑥	FFT C/ASPAC	1970.4.24.	臺北
13.中美洲經濟整合銀行	CABEI	1961.5.31.	德古西卡巴
14.東南亞中央銀行總裁聯合會	SEACEN	1966	吉隆坡
15.國際種子檢查協會	ISTA	1921	蘇黎士
16.亞洲蔬菜研究發展中心	AVRDC	1971.5.22.	臺南

①常設公斷法院的行政理事會(Administrative Council)在民國六十一（一九七二）年四月六日決定在其年度報告中將略去「中華民國」及其所任命之仲裁員名字，對此事須俟一八九九年及一九〇七年和平解決國際爭端公約的締約國諮商後再作決定。見美國國務院法律事務局所編之 Treaties in Force, January 1, 1985, Washington, D.C. :U.S. Government Printing Office, 1985, p. 278.

②國際刑警組織已於民國七十三（一九八四）年九月接納中共入會，我會籍問題正由該組織執委會研究中。

③一九六三年後以 China (Taiwan) 名義參加。

④亞洲開發銀行於民國七十五（一九八六）年宣布接納中共入會，並擅自將我國改為「中國臺北」，我國已嚴重抗議，並不出席一九八七年之會議，在一九八八年後每年均在抗議下參加年會。

⑤中華民國已喪失會籍，但中華民國軍醫仍得以個人身分參加其活動。見世界日報，紐約，民國79年5月16日，頁2。

⑥亞太糧食肥料技術中心原為亞太理事會(Asian and Pacific Council ，簡稱 ASPAC)下設之專業機構。自一九七一年我退出聯合國後，ASPAC之部長級會議已不再召開，該組織可謂名存實亡，惟亞太糧食肥料技術中心仍繼續維持功能，我國均積極參與其活動。

我國至民國八十三(1994)年三月底止加入之 非政府間（民間）國際組織分類表

組　織　類　別	數目	組　織　類　別	數目
1. 科技類	78	12. 交通觀光類	39
2. 醫藥衛生類	114	13. 休閒娛樂類	25
3. 農林漁牧水利類	48	14. 貿易金融保險類	66
4. 宗教類	61	15. 工礦類	7
5. 慈善福利類	12	16. 工程類	43
6. 教育類	24	17. 研究發展訓練類及 生產管理類	49
7. 新聞類	17	18. 能源類	10
8. 文化藝術類	46	19. 體育類	92
9. 政治行政類	33	20. 婦女童軍聯誼類	13
10. 法律警政安全類	20		
11. 工會類	14	總　　數	811

中華民國八十二年我國與世界各國
雙邊條約協定一覽表

中文名稱：北美事務協調委員會與美國在臺協會間期貨交易資訊合作備忘錄
外文名稱：Memorandum of Understanding between the American Institute in
Taiwan and the Coordination Council for North American Affairs on
the Exchange of Information Concerning Commodity Futures and
Options Matters
簽約日期：1993／01／11　　　　　　　　生效日期：1993／01／11

中文名稱：中斐仲裁協會仲裁協定
外文名稱：Agreement between the Commercial Arbitration Association of the
Republic of China and Association of Arbitrators of South Africa
簽約日期：1993／01／15　　　　　　　　生效日期：1993／01／15

中文名稱：新加坡金融局與臺北證券管理委員會間期貨及選擇權資訊交換合作備
忘錄
外文名稱：Memorandum of Understanding between the Securities and
Exchange Commission in Taipei and the Monetary Authority of
Singapore on the Exchange of Information Concerning Commodity
Futures and Options
簽約日期：1993／02／08　　　　　　　　生效日期：1992／10／29

中文名稱：北美事務協調委員會與美國在臺協會有關能源及水資源技術合作之協
定附錄一條正案
外文名稱：Amendment to Annex No.1 to the Agreement between the American
Institute in Taiwan and the Coordination Council for North American
Affairs for Technical Cooperation in Energy and Water Resources
簽約日期：1993／02／12　　　　　　　　生效日期：1993／02／12

中文名稱：中沙（烏地阿拉伯）電力合作契約
外文名稱：Electricity Cooperation Contract between Electricity Corporation of
the Kingdom of Saudi Arabia and Taiwan Power Company of the
Republic of China
簽約日期：1993／02／14　　　　　　　　生效日期：1992／10／29

中文名稱：中馬（來西亞）投資保護協定
外文名稱：Agreement between the Taipei Economic and Cultural Office in
　　　　　Malaysia and Malaysian Friendship and Trade Center, Taipei for the
　　　　　Promotion and Protection of Investments
簽約日期：1993／02／18　　　　　　　　　生效日期：1993／02／18

中文名稱：中宏（都拉斯）農牧技術合作協定延期換文
外文名稱：Exchange of Letters on the Extension of Agricultural and Pastural
　　　　　Technology Agreement between the Republic of China and Honduras
簽約日期：1993／03／08　　　　　　　　　生效日期：1993／03／01

中文名稱：中華民國對外貿易發展協會與瑞士商會聯合會間貨品暫准通關證制度
　　　　　執行議定書
外文名稱：Protocol Regarding Temporary Admission of Goods between the
　　　　　Republic of China and Switzerland
簽約日期：1993／03／18　　　　　　　　　生效日期：1993／03／18

中文名稱：中華民國政府與馬拉威共和國政府間技術合作協定
外文名稱：Agreement for Technical Cooperation between the Government of
　　　　　the Republic of China and the Government of Malawi
簽約日期：1993／03／29　　　　　　　　　生效日期：1993／03／29

中文名稱：中斐（南非）醫療合作協議修正換文
外文名稱：Exchange of Letters on the Amendment of Medical Cooperation
　　　　　Agreement between the Republic of China and South Africa
簽約日期：1993／03／30　　　　　　　　　生效日期：1993／01／01

中文名稱：中帛琉技術合作協定續約協議書
外文名稱：Extension of Technical Cooperation Agreement between the
　　　　　Government of the Republic of China and the Government of the
　　　　　Republic of Palau
簽約日期：1993／03／31　　　　　　　　　生效日期：1992／12／06

中文名稱：駐越南臺北經濟文化辦事處和駐臺北越南經濟文化辦事處投資促進和
　　　　　保護協定
外文名稱：Agreement between the Taipei Economic and Cultural Office in
　　　　　Hanoi and the Vietnam Economic and Cultural Office in Taipei on
　　　　　the Promotion and Protection of Investments
簽約日期：1993／04／21　　　　　　　　　生效日期：1993／04／21

中文名稱：北美事務協調委員會與美國在臺協會間臺灣芒果處理及通關前工作計畫
外文名稱：Work Plan for Taiwan Mango Treatment and Preclearance between the American Institute in Taiwan and the Coordination Council for North American Affairs
簽約日期：1993／04／28　　　　　　　　生效日期：1993／04／28

中文名稱：北美事務協調委員會與美國在臺協會經由其各別指定之代表—農委會監督之臺灣青果運銷合作社及美國農業部動植物檢疫之合作服務協定
外文名稱：Cooperative Service Agreement between the American Institute in Taiwan and the Coordination Council for North American Affairs to Facilitate Fruit and Vegetable Inspection through Their Designated Representatives ; United States Department of Agriculture APHIS and TPFMC Supervised by the Taiwan COA
簽約日期：1993／04／28　　　　　　　　生效日期：1993／04／28

中文名稱：中華民國國家科學委員會與玻利維亞國家科學院間科技合作協定
外文名稱：Convenio de Cooperacion Cientifica y Tecnica entre la Academia Nacional de Ciencias de Bolivia y el Consejo Nacional de Ciencias de la Republica de China en Taiwan
簽約日期：1993／04／28　　　　　　　　生效日期：1993／04／28

中文名稱：北美事務協調委員會與美國在臺協會有關核能物質保全措施換文
外文名稱：Exchange of Letters between the Coordination Council for North American Affairs and the American Institute in Taiwan Concerning Safeguards Arrangements for Nuclear Materials Transferred from France to the United States
簽約日期：1993／05／13　　　　　　　　生效日期：1993／05／13

中文名稱：中德民航協定
外文名稱：Agreement on Exchange of Air Traffic Rights between the Taipei Airlines Association and the German Airlines Group(CFG)
簽約日期：1993／05／15　　　　　　　　生效日期：1993／05／15

中文名稱：中拉（脫維亞）空運業務協定
外文名稱：Agreement Concerning the Airline Business between the Republic of China and Latvia
簽約日期：1993／05／27　　　　　　　　生效日期：1993／05／27

中文名稱：中巴（拉圭）第六屆經濟合作會議協定
外文名稱：The Sixth Economic Cooperation Conference and Agreement
        between the Republic of China and the Republic of Paraguay
簽約日期：1993／05／29   生效日期：1993／05／29

中文名稱：中荷（蘭）技術合作協定
外文名稱：Mutual Technical Cooperation Agreement between the Netherlands
        Measurement Institute of the Netherlands and the National
        Measurement Laboratory of the Republic of China
簽約日期：1993／06／07   生效日期：1993／06／07

中文名稱：中俄（羅斯）量測與儀器技術合作諒解備忘錄
外文名稱：Memorandum of Understanding of Technical Cooperations in
        Metrology and Instrumentation Technology between National
        Scientific and Research Institute for Physical Technical and
        Radiotechnical Measurements, Russia and National Measurement
        Laboratory of the Republic of China
簽約日期：1993／06／09   生效日期：1993／06／09

中文名稱：中英證券投資委員會期貨交易資訊交換備忘錄
外文名稱：Memorandum of the Exchange of Information between the Securities
        and Investment Board of the United Kingdom and the Securities and
        Exchange Commission in Taipei
簽約日期：1993／06／16   生效日期：1993／06／16

中文名稱：北美事務協調委員會與美國在臺協會間環境保護技術合作協定
外文名稱：Agreement between the American Institute in Taiwan and the
        Coordination Council for North American Affairs for Technical
        Cooperation in the Field of Environmental Protection
簽約日期：1993／06／21   生效日期：1993／06／21

中文名稱：北美事務協調委員會與美國在臺協會間紡織品貿易協定修正換文
外文名稱：Exchange of Letters Revising the Textile Agreement between the
        Coordination Council for North American Affairs and the American
        Institute in Taiwan of June 4 and June 24,1993
簽約日期：1993／06／24   生效日期：1990／01／01

中文名稱：北美事務協調委員會與美國在臺協會有關參與美國核能規劃委員會之

重大災害研究計畫協定
外文名稱：Agreement between the Coordination Council for North American
Affairs and the American Institute in Taiwan Relating to
Participation in the USNRC Program of Severe Accident Research
簽約日期：1993／06／24　　　　　　　生效日期：1993／01／01

中文名稱：美國在臺協會與北美事務協調委員會有關水資源發展技術協助協議之
附件之六
外文名稱：Appendix No. 6 to the Agreement between the American Institute in
Taiwan and the Coordination Council for North American Affairs for
Technical Assistance in Area of Water Resource Development
簽約日期：1993／06／28　　　　　　　生效日期：1993／06／28

中文名稱：中奈（及利亞）仲裁協會合作協議
外文名稱：Cooperative Agreement between the Commercial Arbitration
Association of the Republic of China and the Association of
Arbitrators of Nigeria
簽約日期：1993／07／13　　　　　　　生效日期：1993／07／13

中文名稱：北美事務協調委員會與美國在臺協會著作權保護協定
外文名稱：Agreement for the Protection of Copyright between the Coordination
Council for North American Affaris and the American Institute in
Taiwan
簽約日期：1993／07／16　　　　　　　生效日期：1993／07／16

中文名稱：臺北外交部與漢城外務部間關於中韓新關係架構協定
外文名稱：Agreement regarding New Structure of Relationship between the
Ministry of Foreign Affairs in Taipei and Ministry of Foreign Affairs
in Seoul
簽約日期：1993／07／27　　　　　　　生效日期：1993／07／27

中文名稱：中俄（羅斯）民航合作協定
外文名稱：Agreement on Mutual Cooperation in Civil Aviation between
Taipei-Moscow Economic and Cultural Coordination Commission
and Moscow-Taipei Economic and Cultural Coordination
Commission
簽約日期：1993／07／28　　　　　　　生效日期：1993／07／28

中文名稱：中越（南）第一屆經貿諮商會議備忘錄
外文名稱：The First Economic and Trade Consultation Conference between the
　　　　　Republic of China and the Republic of Vietnam
簽約日期：1993／07／29　　　　　　　　　　生效日期：1993／07／29

中文名稱：中美氣象預報系統技術合作協議之第六號執行協定
外文名稱：Implementing Arrangement #6 Continuing Development of the
　　　　　Operational Central Facility & Workstation to the Agreement for
　　　　　Technical Cooperation in Meteorology and Forecast Systems
　　　　　Development between the American Institute in Taiwan and the
　　　　　Coordination Council for North American Affairs
簽約日期：1993／07／30　　　　　　　　　　生效日期：1993／07／30

中文名稱：中星（新加坡）第四屆經技合作會議協議要點
外文名稱：The Fourth Economic and Technical Cooperation Conference
　　　　　between the Republic of China and the Republic of Singapore
簽約日期：1993／08／1-4　　　　　　　　　　生效日期：1993／08／1-4

中文名稱：中美地震測報系統發展計畫技術合作協議之第二號執行協定
外文名稱：Implementing Arrangement #2 to the Agreement between the
　　　　　Coordination Council for North American Affairs and the American
　　　　　Institute in Taiwan for Technical Cooperation in Seismology and
　　　　　Earthquake Monitoring System Development for a Project
　　　　　Implementation Plan for the Joint Earthquake Monitoring System
　　　　　Project
簽約日期：1993／08／02　　　　　　　　　　生效日期：1993／08／02

中文名稱：中菲（律賓）技術合作協議
外文名稱：Technical Cooperation Agreement between the Ministry of Economic
　　　　　Affairs of the Republic of China and the Department of Finance of
　　　　　the Philippines
簽約日期：1993／08／06　　　　　　　　　　生效日期：1993／08／06

中文名稱：中奧（地利）學術合作協議
外文名稱：Agreememt of Academic Cooperation between Austrian Academic
　　　　　Exchange Service and Bureau of International Cultural and
　　　　　Educational Relations of the Ministry of Education of the Republic of
　　　　　China

簽約日期：1993／08／07　　　　　　　　　生效日期：1993／08／07

中文名稱：中澳（大利亞）鼓勵投資與技術移轉瞭解備忘錄
外文名稱：Memorandum of Understanding on the Promotion of Investment and Technology Transfer of the Republic of China and Australia
簽約日期：1993／08／17　　　　　　　　　生效日期：1993／08／17

中文名稱：中澳（大利亞）關於保護工業財產權之備忘錄
外文名稱：Memorandum of Understanding between the National Bureau of Standards in Taipei and the Australian Commerce and Industry Office on the Protection of Industrial Property
簽約日期：1993／08／17　　　　　　　　　生效日期：1993／08／17

中文名稱：中華民國農業委員會與巴布亞紐幾內亞農牧部間農業技術合作協定續約
外文名稱：Extension Agreement on Agricultural Technical Cooperation between the Council of Agriculture of the Republic of China and the Department of Agriculture and Livestock of Papua New Guinea
簽約日期：1993／08／31　　　　　　　　　生效日期：1992／09／19

中文名稱：中約（旦）學術交換換文
外文名稱：Exchange of Letters on Exchange of Scholarships between Commercial Office of the Republic of China (Taiwan) and the Ministry of Planning of the Hashemite Kingdom of Jordan
簽約日期：1993／08／31　　　　　　　　　生效日期：1993／08／31

中文名稱：中匈（牙利）仲裁協定
外文名稱：Agreement between the Commercial Arbitration Association of the Republic of China and the Arbitration Court at the Hungarian Chamber of Commerce
簽約日期：1993／09／01　　　　　　　　　生效日期：1993／09／01

中文名稱：中華民國與宏都拉斯共和國漁業技術合作協定延期換文
外文名稱：Canje de Notas Entre la Republica de China y la Republica de Honduras Relacionad a la Extension del Acuerdo de Cooperacion Tecnica-Pesquera
簽約日期：1993／09／13　　　　　　　　　生效日期：1993／11／01

中文名稱：中捷（克）科學合作協定

外文名稱：Agreement on Scientific Cooperation between the National Science
Council of the Republic of China and the Academy of Sciences of the
Czech Republic
簽約日期：1993／09／24　　　　　　　　生效日期：1993／09／24

中文名稱：中挪科學合作協定
外文名稱：Agreement of Scientific Cooperation between the Research Council
of Norway, Oslo and the National Science Council, Taipei
簽約日期：1993／09／27　　　　　　　　生效日期：1993／09／27

中文名稱：中荷（蘭）農業合作協定
外文名稱：Agricultural Cooperative Agreement between the Council of
Agriculture in Taipei and the Ministry of Agriculture, Nature
Management and Fisheries in the Hague
簽約日期：1993／10／04　　　　　　　　生效日期：1993／10／04

中文名稱：駐印尼臺北經濟貿易代表處與駐臺北印尼商會農業技術合作協定延期
換函
外文名稱：Extension of Agricultural Technical Cooperation Agreement between
the Taipei Economic & Trade Office in Indonesia (TETO) and the
Indonesian Chamber of Commerce to Taipei
簽約日期：1993／10／23　　　　　　　　生效日期：1991／10／27

中文名稱：中馬（爾地夫）通航協議
外文名稱：Aviation Agreement between the Republic of China and Maldive
簽約日期：1993／10／28　　　　　　　　生效日期：1993／10／28

中文名稱：中美有關衛生暨農業標準備忘錄協議
外文名稱：Memorandum of Agreement between the American Institute in
Taiwan and the Coordination Council for North American Affairs
Regarding Sanitary ／Phytosanitary and Agricultural Standards
簽約日期：1993／11／04　　　　　　　　生效日期：1993／11／04

中文名稱：中斐（南非）國家校正服務相互認可技術協議
外文名稱：Technical Undertaking on Mutual Recognition of the National
Calibration Services between the Chinese National Laboratory
Accreditation of the Republic of China and the National Calibration
Service of the Republic of South Africa
簽約日期：1993／11／06　　　　　　　　生效日期：1993／11／06

中文名稱：中華民國政府與索羅門群島間農業技術合作協定
外文名稱：Agreement of Agricultural Technical Cooperation between the
　　　　　Government of the Republic of China and the Government of
　　　　　Solomon Islands
簽約日期：1993／11／15　　　　　　　　　　生效日期：1992／12／12

中文名稱：中美 AIT-G-001051 號契約第十三次續約
外文名稱：Thirteenth Extension to Contract No. AIT-G-001051 between the
　　　　　Coordination Council for North American Affairs and the American
　　　　　Institute in Taiwan
簽約日期：1993／11／15　　　　　　　　　　生效日期：1993／01／01

中文名稱：中美有關農業科學合作計畫之提昇產品及前景報導之合作備忘錄之第
　　　　　2 號修正協議
外文名稱：Amendment No.2 to the Memorandum on Cooperation in Enhancing
　　　　　Commodity Situation and Outlook Reporting under the Cooperative
　　　　　Program in the Agricultural Sciences between the American Institute
　　　　　in Taiwan and the Coordination Council for North American Affairs
簽約日期：1993／11／22　　　　　　　　　　生效日期：1993／11／22

中文名稱：中美有關設立一個核能合作共同委員會執行協議換文
外文名稱：Exchange of Letters under the Implementing Agreement Relating to
　　　　　the Establishment of a Joint Standing Committee on Civil Nuclear
　　　　　Cooperation between the Coordination Council for North American
　　　　　Affairs and the American Institute in Taiwan
簽約日期：1993／11／23　　　　　　　　　　生效日期：1993／11／23

中文名稱：中越（南）通航協定
外文名稱：Agreement between Taipei Airlines Association and the Airline
　　　　　Association of Vietnam
簽約日期：1993／11／25　　　　　　　　　　生效日期：1993／11／25

中文名稱：中澳（大利亞）仲裁協定
外文名稱：Arbitration Agreement between the Republic of China and Australia
簽約日期：1993／11／29　　　　　　　　　　生效日期：1993／11／29

中文名稱：中布（宜諾艾利斯）投資保護協定
外文名稱：Agreement between the Ministry of Economy and Public Works and

Services in Bueros Aires and the Ministry of Economic Affairs in
Taipei for the Promotion and Protection of Investment

簽約日期：1993／11／30 生效日期：1993／11／30

中文名稱：中紐（西蘭）貨品暫准通關證諒解備忘錄
外文名稱：Memorandum of Understanding between the Board of Foreign Trade
in Taipei and the New Zealand Commerce and Industry Office on
NZCIO／BOFT Carnet for the Temporary Admission of Goods

簽約日期：1993／12／02 生效日期：1993／12／02

中文名稱：中吐（瓦魯）漁業協定
外文名稱：Access Fishing Agreement between Taiwan Deepsea Tuna
Boatowners and Exporters Association of the Republic of China and
the Government of Tuvalu

簽約日期：1993／12／17 生效日期：1994／02／01

庚、我國駐外及外國駐華機構

外國駐華使領館

大使館

(1)Embassy of Burkina Faso　布吉納法索大使館

(2)Embassy of the Central African Republic　中非共和國大使館

(3)Embassy of the Republic of Costa Rica　哥斯大黎加共和國大使館

(4)Embassy of the Dominican Republic　多明尼加共和國大使館

(5)Embassy of the Republic of El Salvador　薩爾瓦多共和國大使館

(6)Embassy of the Republic of Guatemala　瓜地馬拉共和國大使館

(7)Embassy of the Republic of Guinea-Bissau　幾內亞比索共和國大使館

(8)Embassy of the Republic of Haiti　海地共和國大使館

(9)Apostolic Nunciature (Holy See)　教廷大使館

(10)Embassy of the Republic of Honduras　宏都拉斯共和國大使館

(11)Embassy of the Republic of Nicaragua　尼加拉瓜共和國大使館

(12)Embassy of the Republic of Panama　巴拿馬共和國大使館

(13)Embassy of the Republic of Paraguay　巴拉圭共和國大使館

(14)Embassy of the Republic of South Africa　南非共和國大使館

領事館

Consulate of the Republic of Nauru　諾魯共和國領事館

名譽總領事館或名譽領事館

(1)Honorary Consulate of the Commonwealth of the Bahamas　巴哈馬名譽領事館

(2)Honorary Consulate of Belize　貝里斯名譽領事館

(3)Honorary Consulate of Côte d'Ivoire　象牙海岸名譽領事館

⑷Honorary Consulate-General of the Republic of Costa Rica　哥斯大黎加名譽總領事館

⑸Honorary Consulate-General of the Commonwealth of Dominica　多米尼克名譽總領事館

⑹Honorary Consulate of Grenada　格瑞那達名譽領事館

⑺Honorary Consulate of the Republic of Guinea-Bissau　幾內亞比索名譽領事館

⑻Honorary Consulate-General of the Republic of Honduras　宏都拉斯名譽總領事館

⑼Honorary Consulate of the Republic of Malawi　馬拉威名譽領事館

⑽Honorary Consulate of the Republic of Nicaragua　尼加拉瓜名譽領事館

⑾Honorary Consulate-General of the Republic of Panama　巴拿馬名譽總領事館

⑿Honorary Consulate-General of Saint Christopher and Nevis　聖克里斯多福及尼維斯名譽總領事館

⒀Honorary Consulate of Saint Lucia　聖露西亞名譽領事館

⒁Honorary Consulate-General of the Kingdom of Swaziland　史瓦濟蘭王國名譽總領事館

⒂Honorary Consulate-General of the Kingdom of Tonga　東加王國名譽總領事館

⒃Honorary Consulate-General of Tuvalu　吐瓦魯名譽總領事館

外國駐華官方、準官方及非官方機構

地　　區	機　構　名　稱	是否接受簽證
(1)亞洲 Indonesia 印尼	Indonesian Chamber of Commerce to Taipei 駐臺北印尼商會	是
Israel 以色列	Israel Economic and Trade Office in Taipei 駐臺北以色列經濟貿易辦事處	是
Japan 日本	(Chinese/Japanese) Interchange Association, Taipei Office 交流協會臺北事務所	是
	(Chinese/Japanese) Interchange Association, Kaohsiung Office 交流協會高雄事務所	是
Jordan 約旦	The Jordanian Commercial Office 約旦商務辦事處	是，同時接受中東沙烏地以外國家之簽證申請
Kampuchea 柬埔寨	Phnom Penh Economic and Cultural Representative Office in Taipei 駐臺北金邊經濟文化代表處	是
Korea(South) 南韓	Korean Mission in Taipei 駐臺北韓國代表處	是
Malaysia 馬來西亞	Malaysian Friendship and Trade Centre, Taipei 馬來西亞友誼及貿易中心	是
Palau 帛琉	ROC-Palau Cultural Economic & Trade Interchange Association 中華民國－帛琉共和國文化經濟貿易交流協會	不詳
Philippines 菲律賓	Manila Economic and Cultural Office 馬尼拉經濟文化辦事處	是
	Manila Economic & Cultural Office, Extension Office in Kaohsiung 菲律賓經濟文化辦事處高雄分處	是

Oman 阿曼	Oman Commercial Office, Taipei (Sultanate of Oman) 阿曼駐華商務辦事處	是
Saudi Arabia 沙烏地阿拉伯	Saudi Arabian Trade Office 沙烏地阿拉伯商務辦事處	是
Singapore 新加坡	Singapore Trade Office in Taipei 新加坡駐臺北商務辦事處	是
Thailand 泰國	Thailand Trade and Economic Office 泰國貿易經濟辦事處	是
Turkey 土耳其	Turkish Economic Mission in Taipei 土耳其駐臺北經濟代表團	是
Vietnam 越南	Vietnam Economic and Cultural Office in Taipei 越南駐臺北經濟文化辦事處	是

(2)歐洲

Austria 奧地利	Austrian Trade Delegation, Taipei Office 奧地利商務代表團臺北辦事處	是
Belgium 比利時	Belgian Trade Association, Taipei 比利時貿易協會駐華辦事處	是
Czech Repub- lic 捷克	Czech Economic and Cultural Office 捷克經濟文化辦事處	是
Denmark 丹麥	Danish Trade Organizations, Taipei Office 丹麥商務辦事處	是
Finland 芬蘭	The Finnish Foreign Trade Association 芬蘭外貿協會	是，接受商務 簽證申請
France 法國	French Institute in Taipei 法國在臺協會	是
Germany 德國	German Trade Office, Taipei 德國經濟辦事處	是，接受商務 ／觀光簽證申 請
	German Cultural Centre 德國文化中心	是，接受學生 簽證申請
Greece 希臘	Office of Representative A.H. Hellenic Organization for the Promotion of Exports (Greece) 希臘共和國外貿促進組織駐華名譽代表辦事 處	否
Ireland 愛爾蘭	The Institute for Trade and Investment of Ireland 愛爾蘭投資貿易促進會	是

Italy 義大利	Italian Trade Promotion Office 義大利貿易推廣辦事處	是，接受商務 簽證申請
Latvia 拉脫維亞	The Mission of the Republic of Latvia to the Republic of China 拉脫維亞共和國駐華代表團	否
The Netherlands 荷蘭	Netherlands Trade and Investment Office 荷蘭貿易暨投資辦事處	是
Norway 挪威	Norwegian Trade Council 挪威貿易委員會	是
Spain 西班牙	Spanish Chamber of Commerce 西班牙商務辦事處	是
Sweden 瑞典	Exportadet Taipei, Swedish Trade Council 瑞典貿易委員會臺北辦事處	是
Switzerland 瑞士	Trade Office of Swiss Industries 瑞士商務辦事處	是
United Kingdom 英國	British Trade and Cultural Office 英國貿易文化辦事處	是
(3)北美洲 Canada 加拿大	Canadian Trade Office in Taipei 加拿大駐臺北貿易辦事處	是
United States 美國	American Institute in Taiwan, Taipei Office 美國在臺協會臺北辦事處	是
	American Institute in Taiwan, Kaohsiung Office 美國在臺協會高雄辦事處	是
(4)中南美洲 Argentina 阿根廷	Argentine Trade and Cultural Office 阿根廷商務文化辦事處	是
Bolivia 玻利維亞	Bolivian Commercial and Financial Representation 玻利維亞駐華商務暨金融代表處	是
Brazil 巴西	Brazil Business Center 巴西商務中心	是
Chile 智利	Chilean Trade Office, Taipei 智利商務辦事處	是
Colombia 哥倫比亞	Colombia Trade Office in Taiwan 哥倫比亞商務辦事處	否
Mexico 墨西哥	Mexican Trade Services 墨西哥商務辦事處	是

Peru 秘魯	Peruvian Trade Office, Taipei 秘魯商務辦事處	是
(5)非洲 Nigeria 奈及利亞	Nigeria Trade Office in Taiwan, R.O.C. 奈及利亞駐華商務辦事處	否
(6)大洋洲 Australia 澳大利亞	Australian Commerce and Industry Office 澳大利亞商工辦事處	是
New Zealand 紐西蘭	New Zealand Commerce and Industry 　　Office 紐西蘭商工辦事處	是
Papua New Guinea 巴布亞紐幾內 亞	Office of Honorary Representative of 　　Papua New Guinea 巴布亞紐幾內亞駐華名譽代表處	是

我國駐外使領館

Bahamas 兼理英屬土克凱可群島 (Turks and Caicos Islands)之領務	Embassy of the Republic of China （駐巴哈馬大使館） Orissa House, East Bay Street Nassau, Commonwealth of the Bahamas （函件請僅用信箱號碼） P. O. Box N-8325 Nassau, Commonwealth of the Bahamas Tel:809-322-6832
Belize	Embassy of the Republic of China （駐貝里斯大使館） 3rd Fl., James Black Bldg. Corner Hutson/Eyre Streets, Belize City, Belize （函件請僅用信箱號碼） P. O. Box 1020, Belize City, Belize(Central America) Tel:501-2-31862
Burkina Faso 兼理多哥(Togo)及象牙 海岸(Côte d'Ivoire)之 領務	Ambassade de la Republique de Chine au Burkina Faso （駐布吉納法索大使館） 01 B.P. 5563 Ouagadougou 01 Burkina Faso Tel: (226)316195
Centrafricaine 兼理查德(Chad)、喀 麥隆(Camaroon)、加 彭(Gabon)及赤道幾內 亞(Equatorial Guinea) 之領務	Ambassade de la Republique de Chine （駐中非共和國大使館） B.P. 1058, Bangui Republique Centrafricaine Tel:236-613628
Costa Rica	Embassy of the Republic of China San Jose, Republic of Costa Rica （駐哥斯大黎加共和國大使館） Embajade de la Republica de China San Pedro Motes de Oca Del I. C. E. de San Pedro. 700 m. Sur Carretera lateral izquierda, San José Republic of Costa Rica, C.A. （函件請僅用信箱號碼） Apartado 907-1000, San José Costa Rica, C. A. Tel:506-2-248180,2-248433

Dominica 兼理法屬瓜地洛普 (Guadaloupe)、法屬 聖巴瑟米(St. Bar- thelemy)及馬利葛蘭地 (Marie Galante)之領務	Embassy of the Republic of China （駐多米尼克大使館） Check Hall/Massacre Commonwealth of Dominica, West Indies （函件請僅用信箱號碼） P. O. Box 56, Merne Daniel Roseau, Commonwealth of Dominica, West Indies Tel: 809-449-1385
Dominican Republic 兼理古巴(Cuba)之領 務	Embassy of the Republic of China （駐多明尼加共和國大使館） Edificio Palic - Primer Piso Ave. Abraham Lincoln, Esq. Jose Amado Soler, Santo Domingo, Republica Dominicana （函件請僅用信箱號碼） Apartado Postal 4797, Santo Domingo, Republica Dominicana Tel: 809-562-5555,562-5565
El Salvador	Embassy of the Republic of China （駐薩爾瓦多共和國大使館） 89 Avenida Notre No. 335, Colonia, Escalon San Salvador, El Salvador, C. A. （函件請僅用信箱號碼） Apartado Postal (06)956 San Salvador, El Salvador, C. A. Tel: 503-983-464
Grenada 兼理荷屬古拉梳 (Curaçao)、阿魯巴暨 波奈(Aruba & Bo- naire)、千里達托巴哥 (Trinidad & Tobago)、 蓋亞那(Guyana)、牙 買加(Jamaica)、幾內 亞(Guinea)、蓋曼島 (Cayman Islands)及蘇 利南(Suriname)之領務	Embassy of the Republic of China （駐格瑞那達大使館） Archibald Avenue, St. George's, Grenada (West Indies) （函件請僅用信箱號碼） P. O .Box 36, St. George's Grenada (West Indies) Tel: 809-440-3054
Guatemala	Embassy of the Republic of China （駐瓜地馬拉共和國大使館） 4a Avenida " A " 13-25, Zona 9, Guatemala City Guatemala C. A. （函件請僅用信箱號碼） Apartado Postal 1646, Guatemala City, Guatemala, C.A. Tel: 502-2-390711

Guinea-Bissau 兼理塞內加爾 (Senegal)、馬利(Ma- li)、幾內亞(Guinea)及 維德角島(Cape Verde) 之領務	Embassy of the Republic of China （駐幾內亞比索共和國大使館） Embaixada da Republica de China 35A, Avenida Amilcar Cabral, Bissau Guinee-Bissau （函件請僅用信箱號碼） Boîte Postale No. 66, Bissau Guinee-Bissau Tel: 245-201501, 201504
Haiti	Embassy of the Republic of China （駐海地共和國大使館） Ambassador de la Republique de Chine 2 Rue Canape Vert et Ruelle Riviere Port-au-Prince, Haiti （函件請僅用信箱號碼） P. O. Box 655, Port-au-Prince Haiti Tel: 506-450361, 450363
Holy See 兼理阿爾巴尼亞 (Albania)之領務	Embassy of the Republic of China （駐教廷大使館） Ambasciata Della Republica di Cina Presso la Santa Sede Piazza Delle Muse, 7 00197 Roma, Italia Tel: 39-6-808-3166, 808-3278
Honduras	Embassy of the Republic of China （駐宏都拉斯共和國大使館） Colonia Lomas Del Guijarro Calle Eucaliptos No. 3750 Tegucigalpa, D. C. Honduras, C. A. （函件請僅用信箱號碼） Apartado Postal 3433 Tegucigalpa, D. C. Honduras, C. A. Tel: 504-311484
Latvia 兼理愛沙尼亞 (Estonia)及立陶宛 (Lithuania)之領務	Consulate-General of the Republic of China （中華民國駐里加總領事館） Rm. #602, World Trade Center 2 Elizabets Street, LV-1340 Riga, Latvia Tel: 371-2-7321166 [via Finland]

Liberia 兼理獅子山(Sierra Leone)之領務	Embassy of the Republic of China Monrovia, Republic of Liberia （駐賴比瑞亞共和國大使館） 06 B. P. 904, Cidex-1 Abidjan-06 Côte d'Ivoire （函件請僅用信箱號碼） P. O. Box 5970, Monrovia Liberia (West Africa) Tel: 231-224044,EXT 304
Malawi 兼理肯亞(Kenya)、烏干達(Uganda)、坦尚尼亞(Tanzania)、尚比亞(Zambia)、索馬利亞(Somalia)、盧安達(Rwanda)及蒲隆地(Burundi)之領務	Embassy of the Republic of China （駐馬拉威共和國大使館） Area 40, Plot No. 9, Capital City, Lilongwe Malawi (Africa) （函件請僅用信箱號碼） P. O. Box 30221, Capital City, Lilongwe 3, Malawi, Africa Tel: 265-783611
Nauru 兼理吉里巴斯(Kiribati)之領務	Embassy of the Republic of China （駐諾魯共和國大使館） P .O .Box 294, Republic of Nauru (Central Pacific) Tel: 674-4399
Nicaragua	Embassy of the Republic of China （駐尼加拉瓜共和國大使館） Embajada de la Republica de China Planes de Altamira, Lotes # 19 y 20 Frente de la Cancha, de Tenis, Managua 5, Republica de Nicaragua （函件請僅用信箱號碼） Apartado Postal 4653 Managua 5, Nicaragua Tel: 505-2-674024, 771333
Niger 兼理查德(Chad)及馬利(Mali)之領務	Embassy of the Republic of China （駐尼日共和國大使館） Ambassade de la Republique de Chine B.P. 743 Niamey Republique du Niger Tel: 227-752716

Nigeria 兼 理 喀 麥 隆(Cama- roon)、貝南(Benin)及 迦納(Ghana)之領務	Consulate-General of the Republic of China （駐奈及利亞總領事館） 101 A, Ndidem Usang Iso Road (Marian Exten- sion) Calabar, Cross River State, Nigeria （函件請僅用信箱號碼） Consulate-General of the Republic of China P. O. Box 398, State Housing Post Office Calabar City, Cross River State, Nigeria Tel: 234-87-222783
Panama	Embassy of the Republic of China （駐巴拿馬共和國大使館） Edificio Torre Banco Union, 10°Piso, Avenida Samuel Lewis, Panama City, República de Panamá （函件請僅用信箱號碼） Apartado 4285, Panamá 5, República de Panamá Tel: 507-223-3424, 264-0851
	Consulate-General of the Republic of China （駐箇郎總領事館） Apartado 540, No. 9085, Calle 9, Ave. Roosevelt, Colon, Republic of Panama （函件請僅用信箱號碼） Apartado No. 540, Colón República de Panamá Tel: 507-2413403
Paraguay	Embassy of the Republic of China （駐巴拉圭共和國大使館） Avenida Mcal. López No. 1133 Asunción, Paraguay （函件請僅用信箱號碼） Casilla de Correos 503, Asunción, Republique of Paraguay Tel: 595-21-213362
	Consulate-General of the Republic of China （駐東方市總領事館） No. 1349 Avda. Mcal. Estigarribia Ciudad del Este, Paraguay （函件請僅用信箱號碼） Casilla Postal #131 Ciudad del Este Alto Parana, Paraguay Tel: 595-061-500329

St. Christopher and Nevis 兼理英屬維爾京群島 (British Virgin Islands)、安吉拉（蒙哲臘）(Anguilla)(Montserrat)、安地卡暨巴布達 (Antigua & Barbuda)、荷屬聖佑達修斯（沙巴）(St. Eustatius)(Saba)及法荷共管之聖馬丁(St.Martin)之領務	Embassy of the Republic of China （駐聖克里斯多福大使館） Taylor's Range, Basseterre, St. Kitts, West Indies （函件請僅用信箱號碼） P. O. Box 119, Basseterre St. Kitts, West Indies Tel: 1-809-465-2421
Saint Lucia 兼理法屬馬丁尼克 (Martinique)之領務	Embassy of the Republic of China （駐聖露西亞大使館） Cape Estate, St. Lucia (West Indies) （函件請僅用信箱號碼） P. O. Box 690, Castries, St. Lucia, West Indies Tel: 1-809-450-0643
St. Vincent & the Grenadines 兼理巴貝多(Barbados)之領務	Embassy of the Republic of China （駐聖文森國大使館） Murray's Road, St. Vincent and the Grenadines （函件請僅用信箱號碼） P. O. Box 878 St. Vincent & the Grenadines (West Indies) Tel: 1-809-4562431
Solomon Islands	Embassy of the Republic of China （駐索羅門群島大使館） Lengakiki Ridge, Honiara, Solomon Islands （函件請僅用信箱號碼） P. O. Box 586 Honiara, Solomon Islands Tel: 677-22590
South Africa	Embassy of the Republic of China （駐南非共和國大使館） 1147 Schoeman St., Hatfield, Pretoria 0083 Republic of South Africa （函件請僅用信箱號碼） P. O. Box 649, Pretoria 0001, Republic of South Africa Tel: 27-12-436071～3

兼理納米比亞 (Namibia)之領務	Consulate-General of the Republic of China （駐開普敦總領事館） 1004, 10th Floor, Main Tower, Standard Bank Centre Foreshore, Cape Town, Republic of South Africa （函件請僅用信箱號碼） P. O. Box 1122, Cape Town, 8000, Republic of South Africa Tel: 27-21-4181188
兼理辛巴威(Zimbab- we)及波札那(Botswa- na)之領務	Consulate-General of the Republic of China （駐約翰尼斯堡總領事館） 10th Floor, Safren House, 19 Ameshoff St., Braamfontein, Johannesburg 2001, Republic of South Africa （函件請僅用信箱號碼） P.O. Box 32458, Braamfontein 2017 Republic of South Africa Tel: 27-11-4033281
兼理賴索托(Lesotho) 之領務	Consulate-General of the Republic of China （駐德班總領事館） 22nd. Fl., Embassy Building, 199 Smith Street Durban, South Africa 4001 （函件請僅用信箱號碼） P. O. Box 3400, Durban 4000, Republic of South Africa Tel: 27-31-378235～6
Swaziland 兼理莫桑比克 (Mozambique)之領務	Embassy of the Republic of China （駐史瓦濟蘭王國大使館） Warner Street, Mbabane Kingdom of Swaziland （函件請僅用信箱號碼） P. O. Box 56, Mbabane Kingdom of Swaziland (Africa) Tel: 44740
Tonga	Embassy of the Republic of China （駐東加王國大使館） Holomui Road, Nuku'alofa Kingdom of Tonga (South Pacific) （函件請僅用信箱號碼） P. O. Box 842, Nuku'alofa, Kingdom of Tonga (South Pacific) Tel: 676-21-766

Tuvalu	Embassy of the Republic of China Funafuti, Tuvalu （駐吐瓦魯國大使館） （函件請僅用信箱號碼） Embassy of the Republic of China c／o　P. O. Box 842, Nuku'alofa, Kingdom of Tonga (South Pacific)

我國駐外官方、準官方及非官方機構

Angola	Special Delegation of the Republic of China, Luanda, Angola （中華民國駐安哥拉特別代表團） Caixa Postal 6051 Luanda, República de Angola Tel: 2442-323679
Argentina	Oficina Comercial de Taiwan Buenos Aires, Republic of Argentina （駐阿根廷商務代表辦事處） Av. de Mayo 654, piso 4°, 1084, Capital Federal Argentina （函件請僅用信箱號碼） Casilla de Correo No. 196, 1401 Capital Federal, Buenos Aires, Argentina Tel: 54-1-3340653
Australia	Taipei Economic and Cultural Office, Australia （駐澳大利亞臺北經濟文化辦事處） Unit 8, Tourism House, 40 Blackall Street Barton, ACT 2600, Australia Tel: 61-6-2733344 Taipei Economic and Cultural Office Sydney, Australia （駐雪梨臺北經濟文化辦事處） Suite 1902, Level 19, M. L. C. Centre, King St., Sydney, N.S.W. 2000, Australia Tel: 61-2-2233207 Taipei Economic and Cultural Office Melbourne, Australia （駐墨爾本臺北經濟文化辦事處） B407-408 World Trade Centre, Cnr. Spencer & Flinders Streets Melbourne, VIC 3005, Australia Tel: 61-3-96508611

Austria	Taipei Economic and Cultural Office Institute of Chinese Culture Vienna, Austria （臺北經濟文化辦事處中國文化研究所） Praterstr. 31/15　OG A-1020, Wien Austria Tel: 43-1-2124720
Bahrain	Trade Mission of the Republic of China Manama, Bahrain （中華民國駐巴林商務代表團） Flat 1 , Abulfatih Building Road 1906 Al-Hooro Area Manama, Bahrain （函件請僅用信箱號碼） P.O.Box 5806, Manama Bahrain Tel: 973-292578
Belgium 兼理聖多美及普林西比 (Sâo Tomé and Princi- pe)、剛果(Congo)、 加彭(Gabon)、查德 (Chad)、喀麥隆 (Camaroon)、盧安達 (Rwanda) 及蒲隆地 (Burundi)之領務	Taipei Economic and Cultural Office Bruxells, Belgium （駐比利時臺北經濟文化辦事處） Avenue des Arts 41 1040 Bruxelles Belgium Tel: 32-2-5110687
Bolivia	Oficina Comercial-Consular de la Republica de China (Taiwan) （中華民國駐玻利維亞商務及領務辦事處） Calacoto, Calle 12, No. 7978, La Paz, Bolivia （函件請僅用信箱號碼） Casilla 13680, La Paz, Bolivia Tel: 591-2-797307
Brazil	Escritório Econômico e Cultural de Taipei, Brasil Brazil Seup （駐巴西臺北經濟文化辦事處） W3/Norte Quadra 513, Bloco D-n°30, Edificio Imperador-1 andar, Salas 121 a 131, 70760 Brasilia DF, Brasil Tel: 55-61-3491218, 3491266

	Escritório Econômico e Cultural de Taipei, Sâo Paulo （駐聖保羅臺北經濟文化辦事處） Av. Paulista, 2073, Ed. Horsa II Conj. 1023 e 1204, 12°andar, 01311-Sâo Paulo SP, Brasil Tel: 55-11-2856194
	Escritório Econômico e Cultural de Taipei, Rio de Janeiro, Brasil （駐里約熱內盧臺北經濟文化辦事處） Rua Voluntarios da Patria, 45, Sala 405, CEP 22270-000 Rio de Janerio-RJ, Brasil （函件請僅用信箱號碼） P.O.Box 9200 Rua Sao Clemente 24 Loja 13 Cep 22260-000-Rio de Janeiro-Rj Brasil Tel: 55-21-2860039
Brunei	Far East Trade and Cultural Center B.S. Begawan, Brunei Darussalam （駐汶萊遠東貿易文化中心） No. 5, Simpang 1006, Jalan Tutong, B.S. Begawan, Brunei Darussalam （函件請僅用信箱號碼） P.O.Box 2172, B.S. Begawan, 1921 Brunei Darussalam Tel: 673-2-661817
Canada	Taipei Economic and Cultural Office,Toronto （駐多倫多臺北經濟文化辦事處） Suite 1202, 151 Yonge Street, Toronto, ONT. Canada M5C 2W7 Tel: 1-416-3699030
	Taipei Economic and Cultural Office,Vancouver （駐溫哥華臺北經濟文化辦事處） 2008, Cathedral Place, 925 W. Georgia St. Vancouver, B.C., Canada V6C 3L2 Tel: 1-604-6894111-5
	Taipei Economic and Cultural Office,Canada （駐加拿大臺北經濟文化代表處） Suite 1960, World Exchange Plaza 45 O'Connor Street, Ottawa ONT, K1P 1A4 Canada Tel: 1-613-2315080
Chile	Oficina Económica y Cultural de Taipei en Chile （駐智利臺北經濟文化辦事處） Burgos 345, Las Condes, Santiago, Chile

	（函件請僅用信箱號碼） Casilla 175, Santiago 34, Santiago, Chile Tel: 56-2-2282919, 2283185
Colombia 兼理哥屬聖安德烈斯島 (San Andres)之領務	Oficina Comercial de Taipei en Colombia （駐哥倫比亞臺北商務辦事處） Carrera 7, No. 79-75, of. 501, Santafe de Bogotá D. C., Colombia, S.A. （函件請僅用信箱號碼） Apartado Aereo No. 51620 (Chapinero) Santare de Bogotá D. C., Colombia, S.A. Tel: 57-1-2126610, 2354713
Czech Republic 兼理斯洛伐克(Slovak) 之領務	Taipei Economic and Cultural Office, Prague, Czech Republic （駐捷克臺北經濟文化辦事處） Revolučni 13, 7P, 110 00 Prahá 1, Czech Republic Tel: 42-2-24803257
Denmark 兼理冰島(Iceland)之領 務	Taipei Economic and Cultural Office,Copenhagen, Denmark （駐丹麥臺北經濟文化辦事處） Amaliegade 3, 2F 1256　Copenhagen K Denmark Tel: 45-31-197511, 197696
Ecuador	Oficina Comercial de la República de China en Ecuador （中華民國駐厄瓜多商務處） Av. República de El Salvador, 733 y Portugal, 2do. Piso, Quito, Ecuador （函件請僅用信箱號碼） Casilla No. 17-17-1788, Quito, Ecuador Tel: 593-2-242829, 259357
	Sucursal de la Oficina Comercial de la República de China en Guayaquil,Ecuador （中華民國駐厄瓜多商務處惠夜基分處） Edificio San Francisco, #300 (9 de Octubre Entre P. Carbo y Cordova) 8vo Piso, Of. 802 Guayaquil, Ecuador （函件請僅用信箱號碼） Casilla No. 09-01-9245, Guayaquil, Ecuador Tel: 593-4-563501, 561312

Fiji 兼理新喀里多尼亞 (New Caledonia)、萬 那杜(Vanuatu)、西薩 摩亞(Western Samoa) 及法屬玻里尼西亞（大 溪地）(Tahiti)之領務	Trade Mission of the Republic of China Suva, Republic of Fiji （中華民國駐斐濟商務代表團） 6th Floor, Pacific House, Butt St., Suva, Fiji （函件請僅用信箱號碼） G.P.O.Box 53, Suva, Fiji Tel: 679-315922, 315476
Finland	Taipei Economic and Cultural Office Helsinki, Finland （駐芬蘭臺北經濟文化辦事處） Aleksanterinkatu 17, 4th Fl. FIN-00100 Helsinki Finland Tel: 358-0-69692420
France 兼理摩納哥(Mona- co)、安道爾(Andor- ra)、加彭(Gabon)、查 德(Chad)、剛果(Con- go)、盧安達(Rwan- da)、蒲隆地(Burundi) 、法屬蓋亞那(French Guiana)、象牙海岸 (Côte D'Ivoire)、貝南 (Benin)、喀麥隆(Ca- maroon)、多哥(To- go)、馬利(Mali)、茅 利塔尼亞(Mauri- tania)、阿爾及利亞 (Algeria)、突尼西亞 (Tunisia)、塞內加爾 (Senegal)、幾內亞 (Guinea)、葛摩 (Comoros)、吉布地 (Djitouti)及摩洛哥 （含西薩哈拉） (Morocco)之領務	Bureau de Representation de Taipei en France （駐法臺北代表處） 78, Rue de l'Universite, 75007 Paris, France Tel: 33-1-44398820
Germany	Taipei Wirtschafts-und-Kulturburo München, Federal Republic of Germany （駐慕尼黑臺北經濟文化辦事處） Tengstrasse 38/2 Stock, 80796 München Federal Republic of Germany Tel: 49-89-2716061

	Taipei Wirtschafts-und-Kulturbüro Bonn, Federal Republic of Germany （駐德國臺北經濟文化代表處） Villichgasse 17/IV. 53177 Bonn Federal Republic of Germany Tel: 49-228-364014-8
	Taipei Wirtschafts-und-Kulturbüro Hamburg, Federal Republic of Germany （駐漢堡臺北經濟文化辦事處） Mittelweg 144, 20148 Hamburg Federal Republic of Germany （函件請僅用信箱號碼） P.O.Box 323 123, 20116 Hamburg Federal Republic of Germany Tel: 49-40-447788
	Taipei Wirtschafts-und-Kulturbüro Berlin, Federal Republic of Germany （駐柏林臺北經濟文化辦事處） Berliner Str. 55, D-10713 Berlin Federal Republic of Germany Tel: 49-30-8612754, 8612576
Greece 兼理南賽普勒斯(South Cyprus) 及 馬 其 頓 (Macedonia)之領務	Taipei Economic and Cultural Office, Athens, Greece （駐希臘臺北經濟文化辦事處） 57, Marathonodromon Ave., 15452 Psychico, Athens, Greece Tel: 30-1-6876750
Hong Kong	Chung Hwa Travel Service, Hong Kong （駐香港中華旅行社） 4th Floor, Lippo Tower Lippo Centre, No. 89 Queensway Hong Kong （函件請僅用信箱號碼） G.P.O.Box 13485 General Post Office Hong Kong Tel: 852-5258315-8

Hungary 兼理羅馬尼亞 (Romania)、保加利亞 (Bulgaria)、新南斯拉 夫(Yugoslavia)、波士 尼亞—赫爾哥維納 (Bosnia-Herzegovina) 、斯洛維尼亞 (Slovenia)及克羅埃西 亞(Croatia)之領務	Taipei Trade Office, Budapest, Hungary （駐匈牙利臺北商務辦事處） 1088 Budapest Rákoczi út 1-3/III. Emelet, Hungary Tel: 361-2662884
Indonesia	Taipei Economic and Trade Office Jakarta, Indonesia （駐印尼臺北經濟貿易代表處） 7th Floor, Wisma Dinarmala Sakti, J1. Jend Sudirman, No. 32, Jakarta 10220, Indonesia （函件請僅用信箱號碼） P. O. Box 2922, Jakarta, Pusat, Indonesia Tel: 62-21-5703047
Ireland	Taipei Economic and Cultural Office, Dublin, Ireland （駐愛爾蘭臺北經濟文化辦事處） 1st Floor, 10-11 South Leinster Street, Dublin 2 Ireland Tel: 353-1-685413
Israel	Taipei Economic and Trade Office in Tel Aviv （駐臺拉維夫臺北經濟貿易辦事處） 270 Hayarkon Street Tel-Aviv 63504 Israel （函件請僅用信箱號碼） P. O. Box 6115 Tel-Aviv 61060 Israel Tel: 972-3-5440250
Italy 兼理聖馬利諾(San Marino)及馬爾他 (Malta)之領務	Ufficio Economico E Culturale di Taipei Roma, Italia （駐義大利臺北文化經濟辦事處） Via Sardegna 50, II. P. Int. 12, 00187 Roma, Italia Tel: 396-8841132

Japan	Taipei Economic and Cultural Representative Office in Japan （臺北駐日經濟文化代表處） 20-2, Shiroganedai 5-Chome, Minato-ku Tokyo 108, Japan Tel: 813-32807811
	Yokohama Branch, Taipei Economic and Cultural Representative Office in Japan （臺北駐日經濟文化代表處橫濱分處） 2nd Fl., Asahi-Seime Building, 60 Nihon-Ohdori, Naka-ku, Yokohama, Japan Tel: (045)641-7645
	Tapiei Economic and Cultural Office in Osaka （臺北駐大阪經濟文化辦事處） 4th Fl., Nichiei Building, 4-8 Tosabori I-Chome, Nisi-Ku Osaka, Japan Tel: 81-6-443-8481～7
	Fukuoka Branch, Taipei Economic and Cultural Office in Osaka （臺北駐大阪經濟文化辦事處福岡分處） 3rd Fl., Sun Life Building III, 5-19, 2-Chome Hakataeki Fukuoka, Japan Tel: 81-92-473-6655-57
Jordan 兼理敍利亞(Syria)、黎巴嫩(Lebanon)、埃及(Egypt)、衣索比亞(Ethiopia)、利比亞(Libya)及伊拉克(Iraq)之領務	Commercial Office of the Republic of China (Taiwan) （中華民國（臺灣）商務辦事處） P. O. Box 2023, Amman 11181, Jordan Tel: 962-6-671530
Kampuchea	Taipei Economic and Cultural Representative Office in Phnom Penh （臺北駐金邊經濟文化代表處） （地址不詳）
Korea	Taipei Mission in Korea （駐韓國臺北代表處） 6 Fl. Kwang Hwa Moon Bldg. 211 Sejong-Ro, Chong Ro-Ku, Seoul, Korea 110-050 Tel: 399-2767170
	Taipei Mission in Korea, Pusan Office （駐韓國臺北代表處釜山分處） （地址不詳）

Kuwait	Commercial Office of the Republic of China to the State of Kuwait （中華民國駐科威特商務辦事處） House No. 18, Block 6, Street No. 111, Al-Jabriah, State of Kuwait （函件請僅用信箱號碼） P. O. Box 732-32008, Hawalli, Kuwait Tel: 965-5339988
Libya 暫停辦理領務	Commercial Office of the Republic of China, Tripoli,　Great Socialist People's Libyan Arab, Jamahiriya （中華民國駐利比亞商務辦事處） （函件請僅用信箱號碼） P. O. Box 6604 (or 6694), Tripoli, Libya Tel: 218-21-75052-75060
Luxembourg	Taipei Economic and Cultural Office, Luxembourg （駐盧森堡臺北經濟文化辦事處） 50, Route d'Esch L-1470 Grand-Duche de Luxembourg Tel: 352-444772-4
Macau	Taipei Trade and Tourism Office,Macau （駐澳門臺北貿易旅遊辦事處） Edificio Comercial Central 15° Andar Avenida Infante D. Henrique 60-64, Macau （函件請僅用信箱號碼） Taipei Trade & Tourism Office P. O. Box 3072 Macau Tel: 853306-282
Madagascar	Délégation Spéciale de la République de Chine, Antananarivo, République Démocratique de Madagascar （中華民國駐馬達加斯加共和國特別代表團） Villa Bakoly VIII, Lot Près VR61 B, Ambohimiandra, Madagascar （函件請僅用信箱號碼） B.P. 3117, Antananarivo 101, Madagascar Tel: 261-2-34838

Malaysia	Taipei Economic and Cultural Office in Malaysia （駐馬來西亞臺北經濟文化辦事處） 9.01 Level 9, Amoda Bldg., 22 Jalan Imbi, 55100 Kuala Lumpur, Malaysia Tel: 60-3-2425549
Mauritius 兼　理　塞　席　爾 (Seychelles)、留尼旺 葛 (Reunion) 及 葛摩 (Comoros)之領務	Trade Mission of the Republic of China, Port Louis, Mauritius （中華民國駐模里西斯商務代表團） 5th Fl., British American Insurance Building, 25 Pope Hennessy Street, Port Louis, Mauritius （函件請僅用信箱號碼） P. O. Box 695, Bell Village Port Louis, Mauritius Tel: 230-2128534
Mexico	Taipei Economic and Cultural Office in Mexico （駐墨西哥臺北經濟文化辦事處） Paseo de la Reforma 905, Lomas de, Chaputepec, C.P. 11000 Mexico D.F. Tel: (525)202-1681
The Netherlands	Taipei Economic and Cultural Office The Hague, Netherlands （駐荷蘭臺北經濟文化辦事處） Javastraat 46-48, 2585 AR The Hague, The Netherlands Tel: 31-70-3469438
New Zealand	Taipei Economic & Cultural Office in New Zealand （駐紐西蘭臺北經濟文化辦事處） 21st Fl., 105 The Terrace Wellington, New Zealand （函件請僅用信箱號碼） P. O. Box 10-250, The Terrace Wellington, New Zealand Tel: 64-4-4736474, 4736475
	Taipei Economic & Cultural Office, Auckland, New Zealand （駐奧克蘭臺北經濟文化辦事處） 11F., Norwich Union House, Cnr Queen & Durham Streets, Auckland, New Zealand （函件請僅用信箱號碼） CPO Box 4018, Auckland, New Zealand Tel: 64-9-3033903

Nigeria 兼理喀麥隆(Cama- roon)、貝南(Benin)及 迦納(Ghana)之領務	The Trade Mission of the ROC (Taiwan) Lagos, Federal Republic of Nigeria （中華民國駐奈及利亞聯邦共和國商務代表團） Plot 292E Ajose Adeogun St., Victoria Island Annex, Lagos, Nigeria （函件請僅用信箱號碼） P. O. Box 80035, Victoria Island, Lagos, Nigeria Tel: 234-1-2616350
Norway	Taipei Economic and Cultural Office, Oslo, Kingdom of Norway （駐挪威臺北經濟文化辦事處） P. O. Box 2643 Solli, 0203 Oslo, Norway Tel: 47-2-2555471
Oman	Taipei Economic and Cultural Office, Oman （駐阿曼王國臺北經濟文化辦事處） P. O. Box 1536, Ruwi, Postal Code 112, Muscat, Sultanate of Oman Tel: 968-605695
Papua New Guinea	Trade Mission of the Republic of China on Taiwan （中華民國駐巴布亞紐幾內亞商務代表團） 6F, Defense Haus, Hunter St., Port Moresby, Papua New Guinea （函件請僅用信箱號碼） P. O. B. 334, Port Moresby, Papua New Guinea Tel: 675-212922
Peru	Oficina Económica y Cultural de Taipei en Peru （駐秘魯臺北經濟文化辦事處） Av. Gregorio Escobedo, No. 426, Jesus Maria, Lima 11, Peru （函件請僅用信箱號碼） Casilla: 18-1052, Lima 18, Peru Tel: 51-1-4639743
The Philippines 兼理帛琉(Palau)之領 務	Taipei Economic and Cultural Office in the Philippines （駐菲律賓臺北經濟文化辦事處） 28th Fl., Pacific Star Building Sen. Gil J. Puyat Ave. Corner Makati Ave., Makati Metro Manila, the Philippines （函件請僅用信箱號碼） P. O. Box 1097, Makati Central Post Office, 1250 Makati, Metro Manila, the Philippines Tel: 63-2-8921381-85

Poland	Taipei Economic and Cultural Office in Warsaw, Poland （駐波蘭臺北經濟文化辦事處） 4th Fl., Koszykowa St. 54, 00-675 Warszawa, Poland （函件請僅用信箱號碼） P. O. Box 51, UI Senatorska 40 Urzad Pocztowo-Telekomunikacyjny, Warszawa 84, Poland Tel: 402-48-2-6308438
Portugal 兼理葡萄牙之自治區：馬德拉(Madeira)及亞速群島(Azores)、聖多美及普林西比(Sâo Tomé & Principe)及維德角島(Cape Verde)之領務	Taipei Economic and Cultural Center, Lisbon, Portugal （駐葡萄牙臺北經濟文化中心） Rua Castilho, 65° - 1 Andar Direito 1200 Lisboa, Portugal Tel: 351-1-3860617
Russia 兼理烏克蘭(Ukraine)、白俄羅斯(Belarus)、亞塞拜然(Azerbaijan)、亞美尼亞(Armenia)、哈薩克(Kazakhstan)、吉爾吉斯(Kyrgyzstan)、摩爾多瓦(Moldova)、塔吉克(Tajikistan)、烏茲別克(Uzbekistan)、土庫曼(Turkmenistan)及喬治亞(Georgia)之領務	Representative Office in Moscow for the Taipei-Moscow Economic and Cultural Coordination Commission （臺北莫斯科經濟文化協調委員會駐莫斯科代表處） 5th Fl., 24/2 Korpus 1, Tverskaya St. Gate 4, Moscow 10350, Russian Federation Tel: 7503-9563617-21
Saudi Arabia 兼理阿富汗(Afghanistan)、卡達(Qatar)、巴基斯坦(Pakistan)、南、北葉門(Yemen)、衣索匹亞(Ethiopia)、吉布地(Djibouti)、蘇丹(Sudan)及土耳其(Turkey)之領務	Taipei Economic and Cultural Representative Office in the Kingdom of Saudi Arabia （駐沙烏地阿拉伯王國臺北經濟文化代表處） Diplomatic Quarter, Riyadh, Saudi Arabia （函件請僅用信箱號碼） P. O. Box 94393, Riyadh 11693, Saudi Arabia Tel: 966-1-4881900
	Taipei Economic and Cultural Representative Office in the Kingdom of Saudi Arabia, Jeddah Office （駐沙烏地阿拉伯王國臺北經濟文化代表處吉達分處） No. 15, Al Abagerah St. (19), Rouwais Dist. (7), Jeddah, Saudi Arabia （函件請僅用信箱號碼） P. O. Box 1114, Jeddah 21431, Saudi Arabia Tel: 966-2-6602264

Singapore 兼理北韓(North Ko- rea)之領務	Taipei Representative Office in Singapore （駐新加坡臺北代表處） 460 Alexandra Road, #23-00, PSA Building, Singapore 119963 （函件請僅用信箱號碼） PSA Building Post Office, P.O.Box 381, Singapore 911143 Tel: 65-2786511
Spain 兼理安道爾(Andorra) 及赤道幾內亞(Equa- torial Guinea)之領務	Oficina Economica y Cultural de Taipei, España （駐西班牙臺北經濟文化辦事處） C/Rosario Pino 14-16, 18 Dcha. 28020 Madrid, Spain （函件請僅用信箱號碼） Apartado 36016, 28080 Madrid, España Tel: 34-1-4113711
Sweden	Taipei Mission in Sweden （駐瑞典臺北代表團） Wenner-Gren Centre, 18th Fr. Sveavagen 166, S-113 46 Stockholm, Sweden Tel: 46-8-7288513
Switzerland 兼理列支敦斯登 (Liechtenstein)之領務	Délégation Culturelle et Economique de Taipei （駐瑞士臺北文化經濟代表團） 54, Avenue de Béthusy, 1012 Lausanne, Suisse Tel: 41-31-3822927
Thailand 兼理緬甸(Myanmar)之 領務	Taipei Economic and Trade Office in Thailand （駐泰國臺北經濟貿易辦事處） 10th Fl., Kian Gwan Building (1) 140 Witthayu Road Bangkok, Thailand Tel: 66-2-2519274-6, 2519393-6
Turkey 兼理北賽普勒斯(Northern Cyprus)之領 務	Taipei Economic and Cultural Mission in Ankara, Turkey （駐安卡拉臺北經濟文化代表團） Resit Galip Cad, No. 97, Gaziosmanpasa, Ankara, Turkey Tel: 90-312-4367255

United Arab Emirates 兼理伊朗(Iran)之領務	Commercial Office of the Republic of China to Dubai, United Arab Emirates （中華民國駐阿拉伯聯合大公國杜拜商務辦事處） Al Nokheel Building Office No. 109 Plot, No.273 at Al Hamriyah Dubai, U.A.E. （函件請僅用信箱號碼） P. O. Box 3059, Dubai, U. A. E. Tel: 971-4-358177
United Kingdom 兼理塞席爾(Sey- chelles) 及 獅 子 山 (Sierra Leone)之領務	Taipei Representative Office in the United Kingdom （駐英臺北代表處） 50 Grosvenor Gardens London, SW1W OEB England, U. K. Tel: 44-171-930-5767
United States	Taipei Economic and Cultural Representative Office in the United States of America （駐美國臺北經濟文化代表處） 4201 Wisconsin Ave., N.W. Washington, D.C. 20016-2137, U. S. A. Tel: 1-202-895-1800
	Taipei Economic and Cultural Office in Atlanta （駐亞特蘭達臺北經濟文化辦事處） Suite 1290, Two Midtown Plaza 1349 West Peachtree St., N. E. Atlanta, Georgia 30309, U. S. A. Tel: 1-404-872-0123
	Taipei Economic and Cultural Office in Boston （駐波士頓臺北經濟文化辦事處） 99 Summer St., Room 801, Boston, MA 02110, U.S.A. （函件請僅用信箱號碼） P. O. Box 120529, Boston, MA 02112, U. S. A. Tel: 1-617-737-2050
	Taipei Economic and Cultural Office in Chicago （駐芝加哥臺北經濟文化辦事處） Two Prudential Plaza, 57 & 58 Floors 180 North Stetson Ave. Chicago, Illinois 60601, U.S.A. Tel: 1-312-616-0100
兼 理 加 羅 林 群 島 (Carolina Islands)、馬 紹 爾 群 島(Marshall	Taipei Economic and Cultural Office in Guam （駐關島臺北經濟文化辦事處） Suite 505, Bank of Guam Bldg.

Islands) 及馬利安納 (Marianas Islands) 之領務	111 Chalan Santo Papa Agana, Guam 96910, U. S. A. （函件請僅用信箱號碼） P. O. Box 3614, Agana, Guam 96910, U. S. A. Tel: 1-671-472-5865
	Taipei Economic and Cultural Office in Honolulu （駐檀香山臺北經濟文化辦事處） 2746 Pali Highway Honolulu, Hawaii 96817, U. S. A. Tel: 1-808-595-6347
	Taipei Economic and Cultural Office in Houston （駐休士頓臺北經濟文化辦事處） Eleven Greenway Plaza, Suite 2006 Houston, Texas 77046, U. S. A. Tel: 1-713-6267445
	Taipei Economic and Cultural Office in Kansas City, Missouri （駐堪薩斯臺北經濟文化辦事處） 3100 Broadway, Suite 800 Kansas City, Missouri 64111, U. S. A. （函件請僅用信箱號碼） P. O. Box 413617, Kansas City, MO 64141, U. S. A. Tel: 1-816-531-1298, 531-1299
	Taipei Economic and Cultural Office in Los Angeles （駐洛杉磯臺北經濟文化辦事處） 3731 Wilshire Boulevard, Suite 700 Los Angeles, California 90010, U. S. A. Tel: 1-213-3981215
兼理百慕達(Bermuda) 之領務	Taipei Economic and Cultural Office in Miami （駐邁亞密臺北經濟文化辦事處） 2333 Ponce de Leon Blvd., Suite 610 Coral Gables, FL 33134, U. S. A. Tel: 1-305-443-8917
	Taipei Economic and Cultural Office in New York （駐紐約臺北經濟文化辦事處） 885 Second Ave., 47th Fl. New York, N.Y. 10017, U. S. A. Tel: 1-212-697-1250-54
	Taipei Economic and Cultural Office in San Francisco （駐舊金山臺北經濟文化辦事處） No. 555 Montgomery St., Suite 501 San Francisco, Ca 94111, U. S. A. Tel: 1-415-362-7680

	Taipei Economic and Cultural Office in Seattle （駐西雅圖臺北經濟文化辦事處） Westin Building, Ste. 2410, 2001 Sixth Ave., Seattle, Washington 98121, U. S. A. Tel: 1-206-441-4586
Uruguay	Oficina Econômica de Taipei en Uruguay （駐烏拉圭臺北經濟辦事處） Echevarriarza 3478, Montevideo, Uruguay （函件請僅用信箱號碼） Casilla de Correo N 16042 Distrito 6 C. P. 11600 Montevideo, Uruguay Tel: 598-2-620801
Venezuela	Oficina Econômica y Cultural de Taipei, Caracas, República de Venezuelai （駐委內瑞拉臺北經濟文化辦事處） Avenida Francisco de Miranda, Torre Delta, Piso 4, Altamira Caracas, Venezuela （函件請僅用信箱號碼） Apartado 68717, Altamira 1062-A, Caracas, Venezuela Tel: 58-2-265-2184
Vietnam 兼理寮國(Laos)之領務	Taipei Economic and Cultural Office, Hanoi, Vietnam （駐越南臺北經濟文化辦事處） 2D Van Phuc, Hanoi, Vietnam （函件請僅用信箱號碼） GPO Box 104, Hanoi, Vietnam Tel: 844-234402
	Taipei Economic and Cultural Office, Ho Chi Minh City, Vietnam （駐胡志明市臺北經濟文化辦事處） 68 Tran Quoc Thao St. District 03, Ho Chi Minh City, Vietnam
Zaire 兼理剛果(Congo)、盧 安達(Rwanda)、蒲隆 地(Burundi)及聖多美 及普林西比(Sâo Tomé and Principe)之領務	Délégation de la République de Chine République du Zaire （中華民國駐薩伊共和國代表團） No. 9, Avenue Zongo Ntolo Kinshasa/Gombe Republique du Zaire （函件請僅用信箱號碼） Delegation de la Republique de Chine B. P. 4834 Kinshasa/Gombe Republique du Zaire

捌、中華民國八十一(1992)年至八十二（1993）年國內出版的國際法及國際事務書籍與論文選錄

中華民國八十一(1992)年至八十二(1993)年國內出版的國際法及國際事務書籍與論文選錄*

陳 純 一

歐陽純麗

(一)書籍

(1)國際法

徐熙光著，**國際法與國際事務論叢**，臺北市：臺灣商務，一九九三年。

張克文著，**關稅與貿易總協定及其最惠國待遇制度**，臺北市：天肯出版，一九九三年。

陳治世著，**條約法公約析論**，臺北市：臺灣學生，一九九二年。

黃異著，**國際海洋法**，臺北市：渤海堂，一九九二年。

傅崑成著，**國際海洋法：衡平劃界論**，臺北市：三民，一九九二年。

董霖著，**國際公法與國際組織：自起源至一九九一年**，臺北市：臺灣商務出版，一九九三年。

(2)國際政治與國際關係

外交部編，**中華民國八十一年外交統計年報**，臺北市：編者，一九九二年。

陳鴻瑜著，**東南亞各國的政治與外交政策**，臺北市：渤海堂，一九九二年。

戴萬欽著，**甘迺迪政府對中蘇共分裂之認知與反應**，臺北市：正中，一九九二年。

---

* 編者註：本書目所列的圖書出版公司名稱均省略「股份有限公司」、「文化事業股份有限公司」或「書局」等字，例如「天肯出版」即是「天肯文化出版股份有限公司」；「臺灣學生」即是「臺灣學生書局股份有限公司」。

(二)論文

(1)國際法

王志文，「海峽兩岸法律衝突規範之發展與比較」，**共黨問題研究**，第十九卷第
　　七期（一九九三年七月），頁 3～23。

王泰銓，「大陸涉臺經貿糾紛仲裁及其適用法律之問題」，**國立臺灣大學法學論
　　叢**，第二十二卷第二期（一九九三年六月），頁 245～269。

丘宏達，「美國與中共關於臺灣軍售八一七公報的法律問題」，**美國月刊**，第七
　　卷第十一期（一九九二年十一月），頁 4～9。

丘宏達，「我國南海歷史性水域之法律制度」，**問題與研究**，第三十二卷第八期
　　（一九九三年八月），頁 17～24。

朱婉琪，「美國投資保護條約之探討」，**美國月刊**，第七卷第十二期（一九九二
　　年十二月），頁 109～118。

李念祖，「兩岸人民關係條例中三項基本憲法問題初探」，**理論與政策**，第七卷
　　第二期（一九九三年二月），頁 112～125。

宋燕輝，「歷史性水域之法律制度的探討」，**問題與研究**，第三十二卷第八期
　　（一九九三年八月），頁 25～42。

林東麗，「中共當代國際法與國際法體系之探討」，**共黨問題研究**，第二十卷第
　　一期（一九九四年一月），頁 50～59。

林益山，「國際裁判管轄權衝突之研究」，**中興法學**，第三十六期（一九九三年
　　九月），頁 43～59。

俞寬賜，「從『歷史性水域』制度論我國南海U型線之法律地位」，**理論與政
　　策**，第八卷第一期（一九九三年十一月），頁 87～102。

莊中原，「論外國仲裁判斷之承認」，**臺灣經濟金融月刊**，第二十九卷第十二期
　　（一九九三年十二月），頁 59～63。

陳月端，「兩岸規範臺商投資法律之探討」，**法律評論**，第五十九卷第七／八期
　　（一九九三年八月），頁 26～30。

張虎，「一國兩制與法律衝突之研究」，**東亞季刊**，第二十五卷第二期（一九九
　　三年十月），頁 63～78。

莊金海，「我國與無邦交國間罪犯解送問題之研究」，**中國文化大學政治學研究
　　所學報**，第二期（一九九三年一月），頁 183～221。

陳純一，「論國家豁免原則」，**問題與研究**，第三十二卷第十二期（一九九三年

十二月），頁 77 ~ 92。

陳純一，「非會員國駐聯合國觀察員之地位」，**問題與研究**，第三十三卷第一期
（一九九四年一月），頁 33 ~ 44。

陳荔彤，「臺灣領土主權的國際法定位」，**中興法學**，第三十六期（一九九三年
九月），頁 95 ~ 117。

陳荔彤，「國際法的承認與現實我國的法人人格」，**法學叢刊**，第三十八卷第三
期（一九九三年七月），頁 63 ~ 76。

張新平，「海難救助有關法律問題之探討：兼論國際海難救助最新趨勢」，**政大
法學評論**，第四十七期（一九九三年六月），頁 91 ~ 115。

章瑞卿，「在外國犯罪經外國法院判決之效力」，**刑事法雜誌**，第三十七卷第一
期（一九九三年二月），頁 57 ~ 74。

陳榮傳，「國際私法上無因管理問題之研究」，**法學叢刊**，第三十八卷第四期
（一九九三年十月），頁 63 ~ 77。

陳榮傳，「國際私法上不當得利之概念及其定性問題之研究」，**東吳法律學報**，
第八卷第一期（一九九三年三月），頁 279 ~ 324。

曾陳明汝，「論行為能力之準據法：兼評涉外民事法律適用法第一條規定之得
失」，**國立臺灣大學法學論叢**，第二十二卷第一期（一九九二年十二月），
頁 299 ~ 316。

黃進，「國際私法上的公共秩序問題」，**華岡法粹**，第二十一期（一九九二年七
月），頁 81 ~ 93。

鄒念祖，「我國國際法人地位之困境與突破」，**東亞季刊**，第二十五卷第一期
（一九九三年七月），頁 41 ~ 57。

⑵國際政治與國際關係

王昭麟，「『香港政策法案』對美國、中共關係之影響」，**美國月刊**，第八卷第
一期（一九九三年一月），頁 48 ~ 59。

王昭麟，「美英兩國的矛盾關係」，**美國月刊**，第八卷第七期（一九九三年七
月），頁 121 ~ 132。

王昭麟，「臺灣在美國亞太政策中的地位」，**美國月刊**，第八卷第八期（一九九
三年八月），頁 56 ~ 67。

王健全，「由經濟合作展望亞太集體安全體系之前景」，**亞洲與世界月刊**，第十
七卷第五期（一九九三年一月），頁 36 ~ 41。

包宗和，「務實外交的理論意涵」，**政治科學論叢**，第四期（一九九二年十二月），頁 23～38。

包宗和，「影響柯林頓對華政策的正負因素」，**美國月刊**，第八卷第一期（一九九三年一月），頁 25～32。

石之瑜，「柯林頓的中共政策」，**美國月刊**，第七卷第十二期（一九九二年十二月），頁 45～51。

石之瑜，「外交分析之文化心理御控模式簡介」，**思與言**，第三十卷第四期（一九九二年十二月），頁 169～206。

石之瑜，「中共第三世界外交的限制與調適：心態和作風」，**共黨問題研究**，第十九卷第六期（一九九三年六月），頁 43～56。

石之瑜，「惡鄰亦鄰：中共對日關係的歷史循環」，**東亞季刊**，第二十五卷第一期（一九九三年七月），頁 13～40。

朱松柏，「後冷戰時期的朝鮮半島」，**問題與研究**，第三十二卷第二期（一九九三年二月），頁 23～33。

朱松柏，「中共與南韓的政經關係」，**中國大陸研究**，第三十七卷第一期（一九九四年一月），頁 67～76。

朱張碧珠，「美國中東限武方案之困難」，**美國月刊**，第八卷第六期（一九九三年六月），頁 27～35。

李正中，「亞太集體安全體系建立之探討」，**中華戰略學刊**，一九九三年春季刊（一九九三年三月），頁 23～33。

吳宏達著，于有慧譯，「美國對中共政策的應有轉變」，**美國月刊**，第七卷第十二期（一九九二年十二月），頁 119～121。

李明，「柯林頓政府亞太政策之展望」，**美國月刊**，第八卷第十二期（一九九三年十二月），頁 23～36。

吳東野，「德日爭取聯合國安理會之常任理事席位」，**問題與研究**，第三十二卷第六期（一九九三年六月），頁 11～18。

吳東野，「我國拓展對歐關係的若干省思」，**理論與政策**，第七卷第四期(一九九三年八月)，頁 53～62。

吳東野，「聯合國和平維持部隊在國際區域衝突的角色：從德國派兵海外的爭議談起」，**問題與研究**，第三十二卷第十期（一九九三年十月），頁25～34。

吳東野，「後冷戰時期北約的兵力結構及戰略調整」，**問題與研究**，第三十二卷第十一期（一九九三年十一月），頁 23～36。

吳東野，「歐洲盟邦對美國外交政策的評估」，**美國月刊**，第八卷第十二期（一
　　九九三年十二月），頁 4 ～ 15。

李健，「我們對外蒙應有的認識與作法」，**中華戰略學刊**，一九九三年秋季刊
　　（一九九三年九月），頁 62 ～ 85。

宋國誠，「九〇年代中共的國際觀」，**中國大陸研究**，第三十六卷第十二期（一
　　九九三年十二月），頁 55 ～ 67。

李登科，「柯林頓對華政策之展望」，**美國月刊**，第八卷第一期（一九九三年一
　　月），頁 33 ～ 39。

吳新興，「析論柯林頓新政府的中國政策」，**美國月刊**，第八卷第三期（一九九
　　三年三月），頁 27 ～ 36。

林文程，「美國對波斯灣危機處理之探討」，**美國月刊**，第八卷第十期（一九九
　　三年十月），頁 80 ～ 89。

林永樂，「波士尼亞危機處理與柯林頓政府之外交決策」，**美國月刊**，第八卷第
　　八期（一九九三年八月），頁 49 ～ 55。

芮正皋，「中華民國務實外交的回顧與展望」，**問題與研究**，第三十二卷第四期
　　（一九九三年四月），頁 33 ～ 50。

芮正皋，「八〇年代務實外交的發展」，**中華戰略學刊**，一九九三年夏季刊（一
　　九九三年六月），頁 90 ～ 120。

芮正皋，「參與聯合國及其週邊組織的研析」，**問題與研究**，第三十二卷第十期
　　（一九九三年十月），頁 11 ～ 24。

周世雄，「我國外交政策之制定與執行：淺析決策階層之外交理念」，**中山社會
　　科學期刊**，第二卷第一期（一九九三年二月），頁 185 ～ 209。

林正義，「冷戰後美國與臺海兩岸互動關係初探」，**政治科學論叢**，第四期（一
　　九九二年十二月），頁 39 ～ 67。

邱坤玄，「美國的東北亞政策」，**美國月刊**，第八卷第五期（一九九三年五
　　月），頁 61 ～ 68。

林金莖，「日『中』建交二十年與中華民國」，**日本研究雜誌**，第三三五期（一
　　九九二年十一月），頁 19 ～ 23。

林金莖，「亞洲發展與中日關係的新局面」，**日本研究雜誌**，第三三七期（一九
　　九三年一月），頁 16 ～ 20。

林金莖，「柯林頓與美日關係之展望」，**美國月刊**，第八卷第一期（一九九三年
　　一月），頁 4 ～ 11。

林郁方，「中共擴軍與軍售對美國、中共關係之影響」，**美國月刊**，第八卷第一期（一九九三年一月），頁 40～47。

林郁方，「參與建構亞洲安全體系之意義與策略」，**理論與政策**，第七卷第三期（一九九三年五月），頁 118～130。

林郁方，「美國提升亞太經合會議地位之動機」，**美國月刊**，第八卷第七期（一九九三年七月），頁 12～22。

周煦，「『十四大』後的中共外交政策：持續與改變」，**中國大陸研究**，第三十六卷第一期（一九九三年一月），頁 51～59。

周煦，「論亞太集體安全體系」，**亞洲與世界月刊**，第十七卷第五期（一九九三年一月），頁 31～35。

周煦，「柯林頓政府外交政策初探」，**理論與政策**，第七卷第二期（一九九三年二月），頁 49～62。

周煥彩，「中越共對多祿島爭執之簡析」，**中華戰略學刊**，一九九二年冬季刊（一九九二年十二月），頁 164～168。

周麟，「智利與中共關係二十年（一九七〇至一九九〇）」，**問題與研究**，第三十二卷第六期（一九九三年六月），頁 62～76。

金榮勇，「我國與東南亞各國政經體系之展望」，**理論與政策**，第八卷第一期（一九九三年十一月），頁 103～112。

林碧炤，「中美關係與中華民國研究」，**美國月刊**，第七卷第十一期（一九九二年十一月），頁 10～16。

林碧炤，「美國柯林頓政府外交政策的展望」，**美國月刊**，第八卷第四期（一九九三年四月），頁 4～13。

柯玉枝，「柯林頓的拉丁美洲政策」，**美國月刊**，第八卷第一期（一九九三年一月），頁 80～88。

馬仲可，「北韓退出防止核武器擴散條約和朝鮮半島的核武問題」，**問題與研究**，第三十二卷第六期（一九九三年六月），頁 40～50。

洪茂雄，「美國對前南斯拉夫內戰的態度」，**美國月刊**，第八卷第七期（一九九三年七月），頁 106～120。

畢英賢，「美俄關係的回顧與展望」，**美國月刊**，第八卷第一期（一九九三年一月），頁 60～70。

畢英賢，「俄羅斯的對外政策」，**問題與研究**，第三十二卷第二期（一九九三年二月），頁 1～11。

畢英賢，「美俄關係的發展趨向」，**美國月刊**，第八卷第三期（一九九三年三月），頁 4～16。

畢英賢，「俄羅斯與中共關係的建立與發展」，**問題與研究**，第三十二卷第四期（一九九三年四月），頁 1～11。

畢英賢，「美國與中亞國家區域合作」，**美國月刊**，第八卷第七期（一九九三年七月），頁 95～105。

高朗，「我國重返聯合國的策略與前景」，**理論與政策**，第七卷第三期（一九九三年五月），頁 109～117。

陳一新，「美國與亞太新安全體系」，**美國月刊**，第七卷第十一期（一九九二年十一月），頁 64～74。

陳一新，「柯林頓政府對臺海兩岸政策的變與不變」，**理論與政策**，第七卷第二期（一九九三年二月），頁 63～80。

陳一新，「柯林頓對中共政策的可能走向」，**美國月刊**，第八卷第二期（一九九三年二月），頁 12～21。

陳一新，「柯林頓主義下的美國外交政策新貌」，**美國月刊**，第九卷第一期（一九九四年一月），頁 80～91。

張大同，吳元黎，「美國對俄羅斯及烏克蘭援助計畫之探討」，**美國月刊**，第八卷第八期（一九九三年八月），頁 39～48。

陳文賢，「國際變局中的美國外交政策」，**美國月刊**，第七卷第十二期（一九九二年十二月），頁 36～44。

陳文賢，「美國外交政策中的現實主義因素」，**問題與研究**，第三十二卷第三期（一九九三年三月），頁 69～77。

陳文賢，「聯合國會員國的會籍與代表權問題」，**問題與研究**，第三十二卷第四期（一九九三年四月），頁 51～64。

張台麟，「我國與西歐新關係」，**亞洲與世界月刊**，第十七卷第五期（一九九三年一月），頁 17～21。

張台麟，「歐洲共同體議會之功能與角色」，**問題與研究**，第三十二卷第三期（一九九三年三月），頁 45～54。

張台麟，「第四十九屆歐體哥本哈根高峰會議之研析」，**問題與研究**，第三十二卷第九期（一九九三年九月），頁 45～52。

馭志，「從『十四大』看中共對外關係」，**中共研究**，第二十六卷第十一期（一九九二年十一月），頁 55～63。

馭志，「一九九二年的中共外交」，**中共研究**，第二十七卷第一期（一九九三年
　　一月），頁 37～52。

華泰，「對中共反對港督『憲制方案』之研析」，**中共研究**，第二十六卷第十二
　　期（一九九二年十二月），頁 23～32。

曹異美，「日本與聯合國安全保障體制」，**問題與研究**，第三十二卷第九期（一
　　九九三年九月），頁 26～34。

曹異美，「聯合國安理會改組與日本出任常任理事國之可能性」，**問題與研究**，
　　第三十三卷第一期（一九九四年一月），頁 22～32。

張隆義，「日本天皇中國大陸之行」，**問題與研究**，第三十二卷第一期（一九九
　　三年一月），頁 66～76。

張雅君，「當前中共對美國政策的基本原則與現實利益」，**中國大陸研究**，第三
　　十六卷第六期（一九九三年六月），頁 68～83。

張雅君，「當前中共與俄羅斯的關係」，**中國大陸研究**，第三十六卷第十二期
　　（一九九三年十二月），頁 68～81。

許慶雄，「柯林頓與美日關係」，**美國月刊**，第八卷第一期（一九九三年一
　　月），頁 12～24。

陳鴻瑜，「美國自菲律賓撤軍及其與東南亞之安全關係」，**美國月刊**，第八卷第
　　三期（一九九三年三月），頁 37～43。

湯紹成，「柯林頓的歐洲政策初探」，**美國月刊**，第七卷第十二期（一九九二年
　　十二月），頁 52～57。

彭慧鸞，「新世界秩序下美國『國家角色』之調適」，**問題與研究**，第三十一卷
　　第十二期（一九九二年十二月），頁 58～65。

湯紹成，「柯林頓新政府的南斯拉夫政策」，**美國月刊**，第八卷第六期（一九九
　　三年六月），頁 36～47。

楊日旭，「論中共軍售與美國對策」，**美國月刊**，第八卷第五期（一九九三年五
　　月），頁 115～126。

裘兆琳，「美國大西洋委員會對華政策建言的分析」，**中華戰略學刊**，一九九三
　　年夏季刊（一九九三年六月），頁 85～89。

鄒念祖，「新世界秩序的調整與形成」，**問題與研究**，第三十一卷第十二期（一
　　九九二年十二月），頁 25～35。

葉明德，「中共對外交暨對承認中華民國之立場及其演變」，**東亞季刊**，第二十
　　四卷第三期（一九九三年一月），頁 54～69。

葉明德，「中（共）、英香港問題爭論暨其含義」，**理論與政策**，第七卷第二期
　　（一九九三年二月），頁 106～111。

楊逢泰，「美國對南韓與中共建交的看法」，**美國月刊**，第七卷第十一期（一九
　　九二年十一月），頁 45～49。

楊開煌，「對兩岸談判及談判準備之深度分析」，**中山社會科學期刊**，第二卷第
　　二期（一九九三年十二月），頁 53～72。

楊斐茹，「瑞士參加國際貨幣基金會之過程」，**問題與研究**，第三十二卷第九期
　　（一九九三年九月），頁 67～70。

廖平生，「八〇年代中共與蘇聯關係」，**共黨問題研究**，第十九卷第一期（一九
　　九三年一月），頁 36～45。

廖平生，「中共與第三世界關係」，**共黨問題研究**，第十九卷第三期（一九九三
　　年三月），頁 36～43。

廖平生，「中共『獨立自主的和平外交政策』之解析」，**共黨問題研究**，第十九
　　卷第五期（一九九三年五月），頁 60～67。

廖平生，「中共與東歐關係」，**共黨問題研究**，第十九卷第十期（一九九三年十
　　月），頁 41～46。

趙建民，「一九九〇年代中華民國的務實外交」，**問題與研究**，第三十二卷第一
　　期（一九九三年一月），頁 1～16。

趙建民，「中共對我國重返聯合國之態度與對策」，**問題與研究**，第三十三卷第
　　一期（一九九四年一月），頁 12～21。

鄧中堅，「美國與西半球國家關係之展望」，**美國月刊**，第八卷第三期（一九九
　　三年三月），頁 75～88。

黎明，「也談中共與美國、俄羅斯關係的新發展」，**大陸經濟研究**，第十五卷第
　　一期（一九九三年一月），頁 59～69。

劉國興，「美國外交人員訓練所之革新」，**美國月刊**，第八卷第八期（一九九三
　　年八月），頁 111～118。

劉達材，「倡導亞太集體安全體系之研究」，**中華戰略學刊**，一九九三年春季刊
　　（一九九三年三月），頁 34～65。

蔡瑋，「由 F-16 軍售案看當前的美國—臺灣—中共三角關係」，**美國月刊**，第
　　七卷第十一期（一九九二年十一月），頁 23～33。

蔡瑋，「一九九〇年代美國對臺海兩岸之政策取向」，**問題與研究**，第三十二卷
　　第十二期（一九九三年十二月），頁 1～10。

鄧榮進，「美俄友好關係之回顧」，**美國月刊**，第七卷第十二期（一九九二年十
　　二月），頁 85 ～ 93。

鄭端耀，「美國柯林頓政府的波士尼亞政策」，**問題與研究**，第三十二卷第十一
　　期（一九九三年十一月），頁 9 ～ 22。

劉德海，「從平壤觀點看美國與北韓關係」，**美國月刊**，第七卷第十一期（一九
　　九二年十一月），頁 50 ～ 63。

劉德海，「談美國柯林頓政府未來對東北亞的政策」，**理論與政策**，第七卷第二
　　期（一九九三年二月），頁 81 ～ 89。

潘錫堂，「美國對中共政策的回顧與展望」，**美國月刊**，第八卷第二期（一九九
　　三年二月），頁 22 ～ 31。

衛嘉定，「柯林頓的決策風格及外交理念」，**美國月刊**，第七卷第十二期（一九
　　九二年十二月），頁 29 ～ 35。

衛嘉定，「柯林頓對華政策的回顧與展望」，**美國月刊**，第八卷第二期（一九九
　　三年二月），頁 4 ～ 11。

衛嘉定，「美國總統柯林頓之總體外交新架構」，**問題與研究**，第三十二卷第五
　　期（一九九三年五月），頁 24 ～ 31。

衛嘉定，「柯林頓政府的預防性外交政策」，**美國月刊**，第八卷第十期（一九九
　　三年十月），頁 69 ～ 79。

衛嘉定，「析論柯林頓政府的公共外交政策」，**美國月刊**，第九卷第一期（一九
　　九四年一月），頁 64 ～ 79。

龍舒甲，「『獨立國協』國家與中共之外交關係」，**問題與研究**，第三十二卷第
　　一期（一九九三年一月），頁 51 ～ 65。

龍舒甲，「『獨立國協』國家與中共之經貿與軍事科技關係：兼論邊界問題談
　　判」，**東亞季刊**，第二十四卷第四期（一九九三年四月），頁 14 ～ 25。

戴萬欽，「俄羅斯情勢對柯林頓的挑戰」，**美國月刊**，第八卷第一期（一九九三
　　年一月），頁 71 ～ 79。

蘇秀法，「我國重返聯合國體系下金融組織研析」，**問題與研究**，第三十三卷第
　　一期（一九九四年一月），頁 1 ～ 11。

(三)英文論文

(1)國際法

Chen, Hurng-yu, " A Comparison between Taipei and Peking in Their Policies and Concepts Regarding the South China Sea, " *Issues and Studies*, Vol. 29, No. 9 (September 1993), pp.22-58.

Chen, Li-tung, " The Statehood of the ROC on Taiwan: A Sovereign State in International Law, " *Tung-wu Fa-lu Hsueh-pao* (Soochow Law Review), Vol. 8, No. 1 (March 1993), pp. 153-175.

陳荔彤，我國的國家地位：一個國際法上的主權國家，**東吳法律學報**，8：1（民82，03），頁153-175。

Rest, Alfred, " New Legal Instruments for Environmental Prevention, Control and Restoration in Public International Law, " *Hsien-cheng Shih-tai* (Constitution Times), Vol. 19, No.2 (October 1993), pp. 78-104.

Rest, Alfred ，「國際公法上關於環境污染之防止、管制及回復原狀之新法律文件」，**憲政時代**，19：2，（民82，10），頁78-104。

(2)國際政治與國際關係

Bullard, Monte R., " USA-PRC Relations: The Strategic Calculus, " *Tamkang Journal of American Studies*, Vol. 9, No. 3(March 1993), pp. 1-15.

Feng, Chi-Jen, " An Inquiry on America's Taiwan Policy, " *Tung-hai Hsueh-pao* (Tunghai Journal), Vol.34 (June 1993), pp.377-393.

馮啟人，「美國對臺政策之探討」，**東海學報**，34（民82，06），頁377-393。

Jie, Chen, " The ' Taiwan Problem' in Peking's ASEAN Policy, " *Issues and Studies*, Vol. 29, No. 4 (April 1993), pp. 95-124.

Lasater, Martin L., " USA-ROC-PRC Relations: The Issue of Deterrence in the Taiwan Strait, " *Tamkang Journal of American Studies*, Vol. 9, No. 3 (March 1993), pp. 17-29.

Lee, Thomas & Yu, George, " American Studies in China (PRC) :Present Developments and Future Trends, " *Tamkang Journal of American Studies*, Vol. 9, No. 2 (December 1992), pp. 23-46.

Scalapino, Robert A., " Asia and the Global Revolution, " *Asia and World Quarterly*, Vol. 1, No. 1 (September 1992), pp.1-20.

Su, Chi, " International Relations of the Republic of China during the 1992, " *Issues and Studies*, Vol. 29, No. 9 (September 1993), pp. 1-21.

Sullivan, Roger W., "Discarding the China Card," *Sino-American Relations*, Vol. 19, No. 1 (March 1993), pp. 19-47.

Trimarchi, Anthony G., "Outlook on the Future: USA-ROC Relations—An Interview with General Wego W.K. Chiang, " *Tamkang Journal of American Studies*, Vol. 9, No. 3 (March 1993), pp. 31-55.

Yuan, Jing-Dong, "Intentions, Interpretations, and Deterrence Failure: Mainland China's Entry into the Korean War Reexamined," *Issues and Studies*, Vol. 29, No. 7 (July 1993),pp. 73-92.

Wu, Yu-Shan, "The Collapse of the Bipolar System and Mainland China's Foreign Policy," *Issues and Studies*, Vol. 29, No. 7(July 1993), pp. 1-25.

索 引

一 般 索 引

人名索引

〔607〕

重要判決案例

國名、地名索引

法令索引

〔613〕

國際條約、協定或文件索引

《中國國際法與國際事務年報》第七卷 勘誤

以下各「**投降**」誤為「**受降**」，特為更正。

（請將下列更正文貼在以下各頁）

稿　　約

　　中國國際法與國際事務年報為一份專門討論國際法、國際問題、及我國涉外事務等問題的學術性刊物。本年報除刊登中國國際法學會會員的著述外，亦歡迎外稿。來稿請遵照下列規定撰寫。

一、所有引註均須詳註出處；如引註係轉引自其他書籍或論文，則須另予註明，不得逕錄引註之註解。

二、須書寫於中文稿紙上；如有可能請用單頁橫寫稿紙。

三、無論在正文或註解中，凡書籍、雜誌、報紙、法律案件之名稱均須加書名號（﹏﹏；如為西文著作，則在書名下劃一橫線），文章名加引號（「　」；如為西文著作，則加＂＂標記）。

四、所有註解均列於正文之後，註解格式如下：

　　㈠專書

　　　⑴中文書籍：作者名，書名，出版地，書局，民國××年，頁×～×。

　　　⑵西文書籍：Author's Name, Books Name, Place of Publication: Publisher, Year, pp. ×－×。

　　㈡論文

　　　⑴中文論文：作者名，「篇名」，雜誌名，×卷×期（民國××年×月），頁×～×。

　　　⑵西文論文：Author's Name, "Article's Name," Journal's Name, Vol. ×, No. ×（Year）, pp. ×－×。（如有必要須加註月份或日期）

　　㈢報紙

　　　⑴中文報紙：作者名，「篇名」，報紙名，民國×年×月×日，第×版。（如為一般性新聞報導，可略去作者名和「篇名」。）

　　　⑵西文報紙：Author's Name, "Article's Name," News Paper's Name, Date, p.×。

　　㈣法律案件

　　　⑴引用中文法律案件必須有判決之法院名稱（如：最高法院或行政法院）及法院案號。如已刊登「司法院公報」、「法務部公報」或「法令月

　　刊」等期刊均應註明卷、期（年、月、日）及頁數。

　(2)英文法律案件則照其在外國判決報告中引用之形式，例如：

　　British case: *Reel v. Holder and another*, 〔1981〕3 ALL ER321

　　U. S. case: *United States v. Pink*, 315 U. S. 203 (1942)

　　International Court of Justice case: Nuclear Tests 　（*Australia v. France*）, Judgment of 20 December 1974, I. C.J. Reports 1974, p. 253.

㈤第一次引註須註明出處之完整資料(如上)；第二次以後之引註有兩種格式：(1)作者名，書名（或「篇名」，或特別註明之「簡稱」），前引註○，頁╳～╳；(2)如全文中僅引該作者之一種作品，則可更為簡略──作者名，前引註○，頁╳～╳。（西文作品第二次引註原則與此同）。

㈥所有本文中註解的號碼，均放在標點符號之內（如：並簽署蒙地維多宣言㉝，）。

五、來稿一律須經本年報敦請之專家審查通過，必要時並得予修改、潤飾，唯改稿於刊登前必先送請投稿人核對。來稿一經發表，當酌贈稿酬及該期年報二冊。

六、來稿請寄

PROFESSOR HUNGDAH CHIU

UNIV. OF MARYLAND LAW SCHOOL

500 WEST BALTIMORE STREET

BALTIMORE, MARYLAND 21201-1786

U. S. A.

電話：美國(410)706-7579或(410)706-3870杜芝友女士

傳真機(FAX)：美國(410)706-4045或(410)788-5189。

來稿也可先與本年報編輯趙國材教授（政大外交系）、法治斌教授（政大法律系）、傅崑成教授（臺大法律系）、邵玉銘教授（政大國關中心）或馬英九博士（行政院法務部）聯絡再轉寄總編輯。

中國國際法與國際事務年報. 第八卷〔民國八十一
年至八十三年〕/中國國際法學會，中國國際法
與國際事務年報編輯委員會編. -- 初版. --
臺北市：臺灣商務，1996〔民85〕
　　面；　　公分.
含索引
ISBN 957-05-1287-3（精裝）. --ISBN 957-05
-1288-1（平裝）

1.國際法-論文，講詞等

579.07　　　　　　　　　　　　　85003575

中國國際法與國際事務年報　第八卷
（民國八十一年至八十三年）

精裝本定價新臺幣 800 元
平裝本定價新臺幣 650 元

編 著 者	中 國 國 際 法 學 會 中國國際法與國際事務年報編輯委員會
責任編輯	王 林 齡
校 對 者	呂美賢　陳寶鳳
發 行 人	張 連 生
出 版 者 印 刷 所	臺灣商務印書館股份有限公司

　　　　　　臺北市重慶南路 1 段 37 號
　　　　　　電話：(02)3116118．3115538
　　　　　　傳眞：(02)3710274
　　　　　　郵政劃撥：0000165-1 號
　　　　　　出版事業
　　　　　　登 記 證：局版臺業字第 0836 號

• 1996 年 6 月初版第一次印刷

ISBN　957-05-1287-3（精裝）　　56673170
ISBN　957-05-1288-1（平裝）　　56673180